Altea

SUPER EXTRA DELUX GUÍA ESENCIAL DEFINITIVA

¡Las estadísticas y los datos que debes conocer sobre más de 875 Pokémon!

Altea

El papel utilizado para la impresión de este libro ha sido fabricado a partir de madera procedente de bosques y plantaciones gestionadas con los más altos estándares ambientales, garantizando una explotación de los recursos sostenible con el medio ambiente y beneficiosa para las personas.

Pokémon
Super extra delux guía esencial definitiva

Título original: *Super Extra Deluxe Essential Handbook*

Primera edición en España: noviembre, 2021
Primera edición en México: diciembre, 2021

D. R. © 2021 Pokémon.
D. R. © 1995-2021 Nintendo / Creatures Inc. / GAME FREAK Inc. TM, *
Las especies son propiedad de Nintendo.

D. R. © 2021, Penguin Random House Grupo Editorial, S. A. U.
Travessera de Gràcia, 47-49, 08021, Barcelona

D. R. © 2021, derechos de edición para España y Latinoamérica en lengua castellana:
Penguin Random House Grupo Editorial, S. A. de C. V.
Blvd. Miguel de Cervantes Saavedra núm. 301, 1er piso,
colonia Granada, alcaldía Miguel Hidalgo, C. P. 11520,
Ciudad de México

penguinlibros.com

D. R. © 2016, David Hernández Ortega y Javier Lorente Puchades, por la traducción
D. R. © 2021, Alícia Astorza Ligero, por la actualización de la traducción

ISBN: 978-607-380-726-5

Impreso en México – *Printed in Mexico*

¡TE DAMOS LA BIENVENIDA AL MUNDO POKÉMON!

Kanto… Johto… Hoenn… Sinnoh… Unova… Kalos… Alola Y, ahora, ¡Galar!

Hay ocho regiones Pokémon conocidas rebosantes de fascinantes Pokémon, criaturas que tienen todo tipo de formas, tamaños y personalidades. Viven en océanos, cuevas, antiguas torres, ríos, hierba alta y muchas otras zonas.

Los Entrenadores pueden encontrar, capturar, entrenar, intercambiar, coleccionar y usar los Pokémon en batallas contra sus rivales en su misión por convertirse en los mejores.

La clave para tener éxito con los Pokémon es mantenerte informado. La información sobre los tipos de Pokémon, así como la categoría, la altura y el peso puede marcar la diferencia a la hora de capturarlos, criarlos, luchar con ellos y evolucionarlos.

En esta guía tendrás todos los datos y las estadísticas que puedas necesitar sobre más de 875 Pokémon. Averiguarás cómo evoluciona cada Pokémon y qué movimientos usa.

Así que prepárate, Entrenador: ¡con esta *Super extra deluxe: Guía esencial definitiva* podrás dominar prácticamente cualquier tipo de desafío Pokémon!

CÓMO USAR ESTA GUÍA

Este libro te proporciona las estadísticas y los datos básicos que necesitas saber para comenzar tu viaje Pokémon. Esto es lo que descubrirás sobre cada uno de ellos:

NOMBRE

CATEGORÍA

Todos los Pokémon pertenecen a una determinada categoría de especies.

TIPO

Cada Pokémon tiene un tipo ¡y algunos incluso tienen dos! Los Pokémon con dos tipos se conocen como Pokémon de tipo dual. Cada tipo de Pokémon tiene sus ventajas e inconvenientes. Los veremos a continuación.

DESCRIPCIÓN

¡El conocimiento es poder! Los Entrenadores Pokémon tienen que saber lo que se hacen. Aquí descubrirás todo lo que necesitas saber sobre tu Pokémon.

PRONUNCIACIÓN

Cuando se trata de pronunciación Pokémon, ¡es fácil que se te trabe la lengua! Hay muchos Pokémon con nombres raros, así que te enseñaremos a pronunciarlos. ¡Enseguida dirás los nombres de los Pokémon con tanta perfección que parecerás un auténtico profesor!

ALTURA Y PESO

¿Qué tamaño tiene cada Pokémon? Descúbrelo comprobando sus datos de altura y peso. Y recuerda: las cosas buenas pueden tener cualquier forma y tamaño. Depende de cada Entrenador trabajar con sus Pokémon y maximizar sus puntos fuertes.

MOVIMIENTOS

Cada Pokémon tiene su propia combinación de movimientos. Antes de que aterrices en el campo de batalla, te lo contaremos todo sobre cada uno de los asombrosos movimientos de cada Pokémon. ¡Y no olvides que con un buen Entrenador siempre puede aprender más!

EVOLUCIÓN

Si tu Pokémon tiene una forma evolucionada o una forma preevolucionada, te mostraremos su lugar en la cadena y cómo evoluciona.

PIKACHU

Pokémon Ratón

REGIONES:
ALOLA
GALAR
KALOS
(CENTRO)
KANTO

TIPO: ELÉCTRICO

Cuanto más potente es la energía eléctrica que genera este Pokémon, más suaves y elásticas se vuelven las bolsas de sus mejillas.

Los miembros de esta especie se saludan entre sí uniendo sus colas y transmitiéndose corriente eléctrica.

PRONUNCIACIÓN: pi-KA-chu
ALTURA: 0,4 m
PESO: 6,0 kg

MOVIMIENTOS: Agilidad, Encanto, Chispazo, Doble Equipo, Bola Voltio, Amago, Gruñido, Pantalla de Luz, Maquinación, Moflete Estático, Camaradería, Ataque Rápido, Atizar, Chispa, Beso Dulce, Látigo, Trueno, Impactrueno, Onda Trueno, Rayo

PICHU   PIKACHU   RAICHU

RAICHU DE ALOLA

374

¿Tienes curiosidad sobre qué tipo de Pokémon descubrirás en tu viaje? Averígualo todo sobre los dieciocho tipos que existen en la próxima página.

GUÍA DE LOS TIPOS DE POKÉMON

El tipo de un Pokémon puede decirte mucho sobre él: desde dónde encontrarlo en campo abierto hasta los movimientos que podrá ejecutar en la batalla. El tipo es la clave para desatar el poder de un Pokémon.

Un Entrenador inteligente siempre debe considerar el tipo de Pokémon que elige para un combate, porque este determinará sus fortalezas y debilidades.

Por ejemplo, un Pokémon de tipo Fuego puede derretir a uno de tipo Hielo, pero, contra uno de tipo Agua, puede acabar él mismo con el agua al cuello. Y, mientras que uno de tipo Agua suele tener ventaja contra uno de tipo Fuego, puede ser un simple aspersor para un Pokémon de tipo Planta. En cambio, cuando ese mismo Pokémon de tipo Planta pelea contra uno de tipo Fuego, igual acaba chamuscado.

ESTOS SON LOS DIECIOCHO TIPOS DE POKÉMON:

FUEGO

AGUA

ELÉCTRICO

FANTASMA

LUCHA

ACERO

TIERRA

VENENO

DRAGÓN

PLANTA

NORMAL

BICHO

VOLADOR

PSÍQUICO

ROCA

HIELO

SINIESTRO

HADA

LAS BATALLAS

¿PARA QUÉ SIRVEN?

Hay dos razones básicas para que un Pokémon luche. Una es para entrenar. Puedes combatir contra otro Entrenador en una competición amistosa. Tus Pokémon son los que luchan, pero tú decides cuáles escoger y qué movimientos usar.

La segunda razón es atrapar Pokémon salvajes. Estos Pokémon no están entrenados ni tienen dueño. Se pueden encontrar casi en cualquier lugar. La batalla es una de las principales formas de atrapar Pokémon. Pero los Pokémon de otros Entrenadores no están a tu alcance. No puedes capturar a sus Pokémon aunque les venzas en una competición.

ELEGIR EL MEJOR POKÉMON PARA LA OCASIÓN

Mientras te preparas para tu primera batalla, puedes tener varios Pokémon entre los que elegir. Usa los datos de este libro para ayudarte a decidir qué Pokémon sería el mejor. Si te enfrentas a un tipo Fuego, como Scorbunny, puedes apagar sus chispas con un tipo Agua, como Sobble.

CARA A CARA

Tu Pokémon y tú tendrán que enfrentarse y, con suerte, vencer a todos y cada uno de los Pokémon del equipo del Entrenador rival. Ganas cuando tus Pokémon hayan derrotado a todos los del otro Entrenador. Pero los Pokémon no quedan heridos de gravedad en las batallas. Si son derrotados, se desmayan y luego vuelven a su Poké Ball para descansar y recuperarse. Un aspecto importante del trabajo de los Entrenadores es saber cuidar bien a sus Pokémon.

MEGAEVOLUCIÓN

Un grupo selecto de Pokémon posee la habilidad de megaevolucionar. Un Pokémon solo puede megaevolucionar durante un combate, y la megaevolución aumenta su fuerza hasta niveles inimaginables para cualquier Entrenador.

Pero la megaevolución no requiere solamente capturar a un Pokémon de una especie en concreto. En primer lugar, tiene que haber un vínculo sumamente fuerte y una gran amistad entre el Entrenador y dicho Pokémon. Tienen que fusionarse tanto dentro como fuera del campo de batalla.

En segundo lugar, el Entrenador debe poseer tanto una piedra activadora como la megapiedra adecuada. Cada especie de Pokémon tiene su propia megapiedra. El Entrenador deberá embarcarse en una búsqueda para dar con la piedra perfecta y demostrar que es digno de su poder.

LUCARIO   LUCARIONITA   MEGA-LUCARIO

POKÉMON GIGAMAX

En la Región de Galar, algunos Pokémon cuentan con una forma Gigamax. Es un tipo de Dinamax especial que aumenta el tamaño del Pokémon y, además, modifica su apariencia física. Los Pokémon Gigamax son muy poco frecuentes, y no todos los Pokémon de ciertas especies pueden gigamaximizarse. Además, cada uno tiene un movimiento Gigamax especial.

LAS FORMAS DE ALOLA Y DE GALAR

Los Pokémon de Alola y de Galar pueden tener aspectos muy diferentes y ser de un tipo distinto que su forma habitual. Cuando los Pokémon desarrollan una apariencia diferente según la región en que viven, decimos que es una forma regional. Por ejemplo, los Exeggutor de Alola son más altos debido al clima cálido y soleado de esta región. Es ideal para que los Exeggcute y los Exeggutor se desarrollen. Algunas personas afirman que los Exeggutor de Alola son exactamente como se supone que deben ser gracias al clima de Alola.

POKÉMON ULTRAENTES

Los Ultraentes son muy poderosos. Estas misteriosas criaturas provienen de Ultraumbrales.

POKÉMON LEGENDARIOS Y MÍTICOS

Estos Pokémon tan excepcionales y poderosos son algo misteriosos. Tienen una fuerza inusual, y muchos de ellos han tenido una influencia enorme. Algunos han usado su poder para dar forma a la historia y al mundo. Y son tan poco frecuentes que muy poca gente logra llegar a verlos. Los Entrenadores que han atisbado un Pokémon Legendario o Mítico pueden considerarse muy afortunados.

¿Estás listo para descubrirlo todo sobre cada Pokémon? ¡Empecemos!

ABOMASNOW

Pokémon Árbol Nieve

TIPO: PLANTA-HIELO

Usa sus enormes brazos como si fueran martillos para ahuyentar a los grupos de Darumaka que acechan a los Snover.

Posee la capacidad de generar ventiscas. Si agita su enorme cuerpo, el terreno circundante queda inmediatamente cubierto de nieve.

PRONUNCIACIÓN: a-BO-mas-nou
ALTURA: 2,2 m
PESO: 135,5 kg

MOVIMIENTOS: Puño Hielo, Nieve Polvo, Malicioso, Hoja Afilada, Viento Hielo, Silbato, Contoneo, Neblina, Canto Helado, Arraigo, Mazazo, Ventisca, Frío Polar

MEGA-ABOMASNOW

Pokémon Árbol Nieve

TIPO: PLANTA-HIELO

ALTURA: 2,7 m
PESO: 185 kg

SNOVER

ABOMASNOW

MEGA-ABOMASNOW

TIPO: PSÍQUICO

Es capaz de usar sus poderes psíquicos aun estando dormido. Al parecer, el contenido del sueño influye en sus facultades.

Puede teletransportarse mientras duerme. Se dice que, cuanto más profundo sea su sueño, mayor será la distancia a la que se desplace.

PRONUNCIACIÓN: A-bra
ALTURA: 0,9 m
PESO: 19,5 kg

MOVIMIENTO:
Teletransporte

REGIONES:
ALOLA
KALOS
(CENTRO)
KANTO

ABRA
Pokémon Psi

ABRA   **KADABRA**   **ALAKAZAM**

MEGA-ALAKAZAM

ABSOL

Pokémon Catástrofe

TIPO: SINIESTRO

Aunque su apariencia sea siniestra, en realidad le agradecen que alerte de cualquier catástrofe inminente y que proteja los cultivos.

Pese a que los ancianos lo repudian tildándolo de Pokémon Catástrofe, cada vez es mayor el interés por su capacidad de prever desastres.

PRONUNCIACIÓN: AB-sol
ALTURA: 1,2 m
PESO: 47,0 kg

MOVIMIENTOS: Canto Mortal, Premonición, Arañazo, Amago, Malicioso, Ataque Rápido, Persecución, Mofa, Mordisco, Doble Equipo, Cuchillada, Danza Espada, Tajo Umbrío, Detección, Psicocorte, Yo Primero, Golpe Bajo, Viento Cortante

MEGA-ABSOL

Pokémon Catástrofe

TIPO: SINIESTRO

ALTURA: 1,2 m
PESO: 49,0 kg

ABSOL → MEGA-ABSOL

ACCELGOR
Pokémon Sincaparazón

TIPO: BICHO

Lucha escupiendo veneno y moviéndose a una velocidad de vértigo. Ha protagonizado películas y cómics de gran éxito.

Tras deshacerse del caparazón, su agilidad ha aumentado. Las membranas que le recubren el cuerpo evitan que se deshidrate.

PRONUNCIACIÓN: a-XEL-gor
ALTURA: 0,8 m
PESO: 25,3 kg

MOVIMIENTOS: Absorber, Ácido, Armadura Ácida, Bomba Ácida, Agilidad, Golpe Cuerpo, Zumbido, Maldición, Doble Equipo, Sacrificio, Gigadrenado, Cambiadefensa, Megaagotar, Cambiafuerza, Ataque Rápido, Recuperación, Estoicismo, Rapidez, Tóxico, Ida y Vuelta, Shuriken de Agua, Bostezo

SHELMET ➡ **ACCELGOR**

FORMA ESCUDO

AEGISLASH
Pokémon Espada Real

FORMA FILO

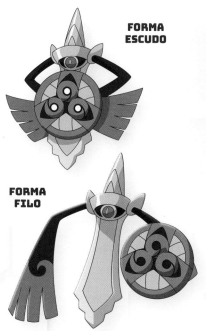

TIPO: ACERO-FANTASMA

Gracias a su cuerpo de acero y a una barrera de poder espectral, crea una defensa que le permite mitigar prácticamente cualquier ataque.

Mediante el control ejercido con su inmenso poder espectral, logró que humanos y Pokémon le forjaran un país a medida de sus necesidades.

PRONUNCIACIÓN: E-yis-lash
ALTURA: 1,7 m
PESO: 53,0 kg

MOVIMIENTOS: Golpe Aéreo, Aligerar, Corte Furia, Testarazo, Defensa Férrea, Cabeza de Hierro, Escudo Real, Eco Metálico, Tajo Umbrío, Truco Fuerza, Represalia, Espada Santa, Sombra Vil, Cuchillada, Danza Espada, Placaje

HONEDGE ➡ **DOUBLADE** ➡ **AEGISLASH**

AERODACTYL

Pokémon Fósil

TIPO: ROCA-VOLADOR

Este Pokémon salvaje, extinto hace siglos, fue resucitado usando ADN tomado de un ámbar.

PRONUNCIACIÓN: ae-ro-DAC-til
ALTURA: 1,8 m
PESO: 59,0 kg

MOVIMIENTOS: Cabeza de Hierro, Colmillo Hielo, Colmillo Ígneo, Colmillo Rayo, Ataque Ala, Supersónico, Mordisco, Cara Susto, Rugido, Agilidad, Poder Pasado, Triturar, Derribo, Caída Libre, Hiperrayo, Avalancha, Gigaimpacto

MEGA-AERODACTYL

Pokémon Fósil

TIPO: ROCA-VOLADOR

ALTURA: 2,1 m
PESO: 79,0 kg

AERODACTYL   MEGA-AERODACTYL

AGGRON
Pokémon Coraza Férrea

TIPO: ACERO-ROCA

Aggron marca una montaña entera como su territorio y acaba con todo lo que pueda ponerlo en peligro. Este Pokémon está continuamente patrullando la zona en defensa de su terreno.

Aggron es increíblemente cuidadoso con su hábitat. Si su montaña sufre algún desprendimiento de tierras o algún incendio, cargará con tierra nueva, plantará árboles y restaurará con cuidado el terreno.

PRONUNCIACIÓN: a-GRON
ALTURA: 2,1 m
PESO: 360,0 kg

MOVIMIENTOS: Placaje, Fortaleza, Bofetón Lodo, Golpe Cabeza, Garra Metal, Tumba Rocas, Protección, Rugido, Cabeza de Hierro, Avalancha, Derribo, Eco Metálico, Cola Férrea, Defensa Férrea, Doble Filo, Aligerar, Cuerpo Pesado, Represión Metal

MEGA-AGGRON
Pokémon Coraza Férrea

TIPO: ACERO

ALTURA: 2,2 m
PESO: 395,0 kg

ARON → LAIRON → AGGRON → MEGA-AGGRON

AIPOM
Pokémon Cola Larga

TIPO: NORMAL

De tanto utilizar la cola, esta se ha vuelto más hábil que sus dedos. Construye sus nidos en las copas de los árboles.

Sube a las copas de los árboles para buscar presas. Si encuentra un Bounsweet, su manjar predilecto, se emociona y se abalanza sobre él.

PRONUNCIACIÓN: ei-POM
ALTURA: 0,8 m
PESO: 11,5 kg

MOVIMIENTOS: Arañazo, Látigo, Ataque Arena, Impresionar, Relevo, Cosquillas, Golpes Furia, Rapidez, Chirrido, Agilidad, Doble Golpe, Lanzamiento, Maquinación, Última Baza

AIPOM → AMBIPOM

ALAKAZAM
Pokémon Psi

TIPO: PSÍQUICO

Posee una capacidad intelectual fuera de lo común que le permite recordar todo lo sucedido desde el instante de su nacimiento.

Posee unos poderes psíquicos extraordinarios con los que, según se dice, creó las cucharas que lleva en las manos.

PRONUNCIACIÓN: a-la-ka-ZAM
ALTURA: 1,5 m
PESO: 48,0 kg

MOVIMIENTOS: Kinético, Teletransporte, Confusión, Anulación, Psicorrayo, Gran Ojo, Reflejo, Psicocorte, Recuperación, Telequinesis, Cambio de Banda, Psíquico, Paz Mental, Premonición, Truco

MEGA-ALAKAZAM
Pokémon Psi

TIPO: PSÍQUICO

ALTURA: 1,2 m
PESO: 48,0 kg

ABRA   KADABRA   ALAKAZAM   MEGA-ALAKAZAM

ALCREMIE

Pokémon Nata

REGIÓN: GALAR

TIPO: HADA

Obsequia bayas decoradas con nata a aquellos Entrenadores en los que confía.

La nata que le brota de las manos es más dulce y sustanciosa cuando está feliz.

PRONUNCIACIÓN: AL-cre-mi
ALTURA: 0,3 m
PESO: 0,5 kg

MOVIMIENTOS: Armadura Ácida, Aromaterapia, Niebla Aromática, Atracción, Brillo Mágico, Decoración, Beso Drenaje, Danza Amiga, Campo de Niebla, Recuperación, Beso Dulce, Dulce Aroma, Placaje

MILCERY ➡ **ALCREMIE**

Forma alternativa:
ALCREMIE GIGAMAX

Su cuerpo rezuma nata sin cesar. Cuanto más potentes sean los ataques que recibe, más consistente se vuelve.

Los proyectiles de nata que dispara tienen un aporte energético de 100.000 kcal y provocan fuertes mareos a quienes alcanzan.

ALTURA: >30,0 m
PESO: ???,? kg

ALOMOMOLA
Pokémon Socorrista

TIPO: AGUA

Los pescadores siempre lo llevan consigo en las travesías largas, porque al tener un Alomomola no les hacen falta ni medicinas ni médicos.

Se cree que ayuda a los Pokémon heridos y debilitados de forma que los depredadores naturales de estos no le ataquen a él también.

PRONUNCIACIÓN: a-lo-mo-MO-la
ALTURA: 1,2 m
PESO: 31,6 kg

MOVIMIENTOS: Camaradería, Hidrobomba, Vastaguardia, Deseo Cura, Refuerzo, Destructor, Hidrochorro, Acua Aro, Acua Jet, Doble Bofetón, Pulso Cura, Protección, Hidropulso, Espabila, Anegar, Deseo, Salmuera, Velo Sagrado, Torbellino

ALTARIA

Pokémon Cantor

TIPO: DRAGÓN-VOLADOR

Altaria baila y revolotea por el cielo entre ondeantes nubes que parecen de algodón. Al entonar melodías con su voz cristalina, este Pokémon deja a sus oyentes embobados y admirados.

Altaria canta soprano de maravilla. Tiene unas alas que parecen nubes de algodón. Este Pokémon aprovecha las corrientes ascendentes y remonta el vuelo con sus flamantes alas hacia la inmensidad del cielo azul.

PRONUNCIACIÓN: al-TA-ri-a
ALTURA: 1,1 m
PESO: 20,6 kg

MOVIMIENTOS: Ataque Aéreo, Picoteo, Picotazo, Gruñido, Impresionar, Canto, Ataque Furia, Velo Sagrado, Voz Cautivadora, Neblina, Canon, Don Natural, Derribo, Alivio, Danza Dragón, Dragoaliento, Rizo Algodón, Pulso Dragón, Canto Mortal, Fuerza Lunar

MEGA-ALTARIA

Pokémon Cantor

TIPO: DRAGÓN-HADA

ALTURA: 1,5 m
PESO: 20,6 kg

SWABLU → ALTARIA → MEGA-ALTARIA

AMAURA
Pokémon Tundra

TIPO: ROCA-HIELO

Vivía en zonas gélidas en épocas pasadas y, según dicen, el sonido que emite provoca la aparición de auroras boreales nocturnas.

Aunque se ha regenerado con éxito, las cálidas temperaturas actuales no le son propicias y afectan a su esperanza de vida.

PRONUNCIACIÓN: a-MAU-ra
ALTURA: 1,3 m
PESO: 25,2 kg

MOVIMIENTOS: Gruñido, Nieve Polvo, Onda Trueno, Lanzarrocas, Viento Hielo, Derribo, Neblina, Rayo Aurora, Poder Pasado, Canon, Alud, Granizo, Adaptación, Otra Vez, Pantalla de Luz, Rayo Hielo, Hiperrayo, Ventisca

AMAURA → AURORUS

AMBIPOM
Pokémon Cola Larga

TIPO: NORMAL

Su especie arma constantes trifulcas por los árboles más cómodos con los Passimian. Suelen ganar la mitad de las veces.

Utiliza las dos colas para todo. Cuando abraza a alguien con ellas significa que esa persona se ha ganado por completo su confianza.

PRONUNCIACIÓN: AM-bi-pom
ALTURA: 1,2 m
PESO: 20,3 kg

MOVIMIENTOS: Golpe Bis, Arañazo, Látigo, Ataque Arena, Impresionar, Relevo, Cosquillas, Golpes Furia, Rapidez, Chirrido, Agilidad, Doble Golpe, Lanzamiento, Maquinación, Última Baza

AIPOM → AMBIPOM

AMOONGUSS

Pokémon Hongo

TIPO: PLANTA-VENENO

Expulsa esporas venenosas. Crecerán setas en cualquier superficie con la que entren en contacto si no se lava de inmediato.

Por lo general no se mueve demasiado. Suele permanecer quieto al lado de Poké Balls que haya por el suelo.

PRONUNCIACIÓN: a-MUN-gus
ALTURA: 0,6 m
PESO: 10,5 kg

MOVIMIENTOS: Absorber, Desarrollo, Impresionar, Venganza, Megaagotar, Arraigo, Finta, Dulce Aroma, Gigadrenado, Tóxico, Síntesis, Niebla Clara, Rayo Solar, Polvo Ira, Espora

FOONGUS   AMOONGUSS

AMPHAROS

Pokémon Luz

TIPO: ELÉCTRICO

La luz que emite su cola puede verse desde el espacio, delatando su presencia a todos. Es por eso que normalmente la mantiene apagada.

Su cola emite un brillo claro e intenso. Se lo venera desde tiempos remotos como guía de los marineros.

PRONUNCIACIÓN: am-FA-ros
ALTURA: 1,4 m
PESO: 61,5 kg

MOVIMIENTOS: Electrocañón, Aura Magnética, Cortina Plasma, Pulso Dragón, Puño Fuego, Placaje, Gruñido, Onda Trueno, Impactrueno, Esporagodón, Carga, Derribo, Bola Voltio, Rayo Confuso, Puño Trueno, Joya de Luz, Chispazo, Rizo Algodón, Doble Rayo, Pantalla de Luz, Trueno

MEGA-AMPHAROS

Pokémon Luz

TIPO: ELÉCTRICO-DRAGÓN

ALTURA: 1,4 m
PESO: 61,5 kg

MAREEP

FLAAFFY

AMPHAROS

MEGA-AMPHAROS

ANORITH

Pokémon Camarón

TIPO: ROCA-BICHO

Si este Pokémon, regenerado a partir de un fósil, se libera
en el mar, no se aclimata bien debido a la notable diferencia
en la calidad del agua.

Un Pokémon insecto ancestral. Según parece, era capaz
de nadar sorprendentemente rápido gracias a sus ocho alas.

PRONUNCIACIÓN: A-no-riz
ALTURA: 0,7 m
PESO: 12,5 kg

MOVIMIENTOS: Arañazo, Fortaleza,
Chapoteo Lodo, Pistola Agua, Corte
Furia, Antiaéreo, Garra Metal, Poder
Pasado, Picadura, Salmuera, Cuchillada,
Garra Brutal, Tijera X, Protección, Pedrada

ANORITH → ARMALDO

APPLETUN

Pokémon Manzanéctar

TIPO: PLANTA-DRAGÓN

Ha evolucionado tras ingerir una manzana dulce. De ahí que el olor que emana para atraer a sus presas, los Pokémon insecto, sea tan agradable.

Su cuerpo está recubierto de néctar. La piel de la espalda es tan dulce que los niños de antaño solían tomarla como merienda.

PRONUNCIACIÓN: A-pel-tan
ALTURA: 0,4 m
PESO: 13,0 kg

MOVIMIENTOS: Ácido Málico, Impresionar, Golpe Cuerpo, Semilladora, Maldición, Pulso Dragón, Energibola, Desarrollo, Golpe Cabeza, Defensa Férrea, Drenadoras, Protección, Recuperación, Reciclaje, Pisotón, Dulce Aroma, Refugio

APPLIN → APPLETUN

Forma alternativa:
APPLETUN GIGAMAX

Expulsa grandes chorros de néctar con los que rocía y cubre por completo al rival, que acaba asfixiado bajo el fluido viscoso.

A causa del fenómeno Gigamax, su néctar se hace más viscoso y puede absorber gran parte de los ataques que recibe.

ALTURA: >24,0 m
PESO: ???,? kg

APPLIN

Pokémon Manzanido

TIPO: PLANTA-DRAGÓN

Habita durante toda su vida en el interior de una manzana. Finge ser una fruta para protegerse de los Pokémon pájaro, sus enemigos naturales.

Al nacer se refugia en una manzana, cuyo interior va devorando a medida que crece. El sabor de la fruta determina la evolución.

PRONUNCIACIÓN: A-plin
ALTURA: 0,2 m
PESO: 0,5 kg

MOVIMIENTOS: Impresionar, Refugio

APPLETUN

APPLIN

FLAPPLE

ARAQUANID

Pokémon Pompa

REGIONES: ALOLA GALAR

TIPO: AGUA-BICHO

Usa las patas para lanzar burbujas de agua con las que atrapa y ahoga a sus presas. Luego se toma su tiempo para saborearlas.

Cuida de pequeños Dewpider acogiéndolos en su burbuja de agua y dejando que se alimenten de los restos de las presas que ha ingerido.

PRONUNCIACIÓN: a-RA-cua-nid
ALTURA: 1,8 m
PESO: 82,0 kg

MOVIMIENTOS: Acua Aro, Mordisco, Rayo Burbuja, Picadura, Triturar, Danza Amiga, Golpe Cabeza, Acoso, Chupavidas, Hidroariete, Plancha, Manto Espejo, Anegar, Pistola Agua, Vastaguardia

DEWPIDER

ARAQUANID

ARBOK
Pokémon Cobra

TIPO: VENENO

Se han llegado a identificar hasta seis variaciones distintas de los espeluznantes dibujos de su piel.

PRONUNCIACIÓN: AR-bok
ALTURA: 3,5 m
PESO: 65,0 kg

MOVIMIENTOS: Colmillo Hielo, Colmillo Rayo, Colmillo Ígneo, Constricción, Malicioso, Picotazo Veneno, Mordisco, Deslumbrar, Chirrido, Ácido, Triturar, Reserva, Tragar, Escupir, Bomba Ácida, Bomba Fango, Bilis, Eructo, Niebla, Enrosque, Lanzamugre

EKANS   ARBOK

ARCANINE
Pokémon Legendario

TIPO: FUEGO

Es capaz de correr 10.000 km al día, lo que deja embelesados a todos los que lo ven pasar.

Muchos han quedado cautivados por su belleza desde la antigüedad. Corre ágilmente como si tuviera alas.

PRONUNCIACIÓN: ar-CA-nain
ALTURA: 1,9 m
PESO: 155,0 kg

MOVIMIENTOS: Agilidad, Mordisco, Llama Final, Triturar, Ascuas, Velocidad Extrema, Colmillo Ígneo, Rueda Fuego, Lanzallamas, Envite Ígneo, Refuerzo, Aullido, Malicioso, Carantoña, Represalia, Inversión, Rugido, Derribo

GROWLITHE   ARCANINE

ARCEUS
Pokémon Alfa

REGIÓN: SINNOH

POKÉMON MÍTICO

TIPO: NORMAL

Según la mitología de Sinnoh, Arceus surgió de un huevo y después creó todo el mundo.

La mitología cuenta que este Pokémon nació antes de que el Universo existiera.

PRONUNCIACIÓN: ar-QUI-us
ALTURA: 3,2 m
PESO: 320,0 kg

MOVIMIENTOS: Sísmico, Masa Cósmica, Don Natural, Castigo, Gravedad, Tierra Viva, Vozarrón, Velocidad Extrema, Alivio, Premonición, Recuperación, Hiperrayo, Canto Mortal, Sentencia

NO EVOLUCIONA

ARCHEN
Pokémon Protopájaro

REGIONES: ALOLA UNOVA

TIPO: ROCA-VOLADOR

Siempre se ha creído que era el antecesor de los Pokémon pájaro, aunque investigaciones recientes lo ponen en duda.

Este Pokémon pájaro ancestral, regenerado a partir de un fósil, es incapaz de volar pese a tener alas.

PRONUNCIACIÓN: AR-quen
ALTURA: 0,5 m
PESO: 9,5 kg

MOVIMIENTOS: Ataque Rápido, Malicioso, Ataque Ala, Lanzarrocas, Doble Equipo, Cara Susto, Picoteo, Poder Pasado, Agilidad, Anticipo, Acróbata, Dragoaliento, Triturar, Esfuerzo, Ida y Vuelta, Avalancha, Garra Dragón, Golpe

ARCHEN → ARCHEOPS

ARCHEOPS
Pokémon Protopájaro

TIPO: ROCA-VOLADOR

Pokémon vetusto de plumaje tan fino que solo alguien con extremada pericia puede regenerar a partir de un fósil.

Precursor de los Pokémon pájaro. Para alzarse por los aires necesita tomar vuelo, debido a una musculatura en las alas poco desarrollada.

PRONUNCIACIÓN: AR-qui-ops
ALTURA: 1,4 m
PESO: 32,0 kg

MOVIMIENTOS: Ataque Rápido, Malicioso, Ataque Ala, Lanzarrocas, Doble Equipo, Cara Susto, Picoteo, Poder Pasado, Agilidad, Anticipo, Acróbata, Dragoaliento, Triturar, Esfuerzo, Ida y Vuelta, Avalancha, Garra Dragón, Golpe

ARCHEN ➡ **ARCHEOPS**

ARCTOVISH
Pokémon Fósil

TIPO: AGUA-HIELO

Atrapa a sus presas congelando su entorno, pero la ubicación de la boca encima de la cabeza le genera dificultades para deglutirlas.

Aunque la piel de su rostro era capaz de resistir cualquier ataque, su dificultad para respirar acabó provocando su extinción.

PRONUNCIACIÓN: ARC-to-bish
ALTURA: 2,0 m
PESO: 175,0 kg

MOVIMIENTOS: Poder Pasado, Velo Aurora, Mordisco, Ventisca, Triturar, Branquibocado, Liofilización, Chuzos, Viento Hielo, Nieve Polvo, Protección, Superdiente, Pistola Agua

NO EVOLUCIONA

ARCTOZOLT

Pokémon Fósil

REGIÓN: GALAR

TIPO: ELÉCTRICO-HIELO

La parte superior del cuerpo está congelada y, al temblar, genera electricidad. Camina con suma dificultad.

Antiguamente vivía en el mar y usaba el hielo del cuerpo para conservar los alimentos. Su extrema lentitud, sin embargo, lo condenó a la extinción.

PRONUNCIACIÓN: ARC-to-zolt
ALTURA: 2,3 m
PESO: 150,0 kg

MOVIMIENTOS: Poder Pasado, Alud, Ventisca, Electropico, Carga, Chispazo, Eco Voz, Liofilización, Chuzos, Picoteo, Nieve Polvo, Atizar, Impactrueno

NO EVOLUCIONA

ARIADOS

Pokémon Pata Larga

REGIONES: ALOLA JOHTO KALOS (MONTAÑA)

TIPO: BICHO-VENENO

Ronda por la noche en busca de presas a las que inmoviliza con su hilo para luego clavarles los colmillos.

Captura a sus presas con el hilo que segrega. Al caer la noche, abandona su tela y sale a cazar activamente.

PRONUNCIACIÓN: a-RIA-dos
ALTURA: 1,1 m
PESO: 33,5 kg

MOVIMIENTOS: Danza Espada, Foco Energía, Trampa Venenosa, Aguijón Letal, Picadura, Picotazo Veneno, Disparo Demora, Restricción, Absorber, Acoso, Cara Susto, Tinieblas, Sombra Vil, Golpes Furia, Golpe Bajo, Telaraña, Agilidad, Pin Misil, Psíquico, Puya Nociva, Veneno X, Red Viscosa, Hilo Venenoso

SPINARAK ➡ ARIADOS

ARMALDO

Pokémon Armadura

TIPO: ROCA-BICHO

Vivía en tierra firme, pero se adentraba en el mar en busca de presas a las que cazar con sus afiladas pinzas, un arma de lo más temible.

Este Pokémon abandonó el mar para habitar en tierra firme. Según se ha demostrado, es el antepasado de algunos Pokémon insecto.

PRONUNCIACIÓN: ar-MAL-do
ALTURA: 1,5 m
PESO: 68,2 kg

MOVIMIENTOS: Arañazo, Fortaleza, Chapoteo Lodo, Pistola Agua, Corte Furia, Antiaéreo, Garra Metal, Protección, Poder Pasado, Picadura, Salmuera, Cuchillada, Pedrada, Garra Brutal, Tijera X

ANORITH → ARMALDO

AROMATISSE

Pokémon Fragancia

TIPO: HADA

La fragancia que despide su pelaje es tan potente que puede dejar sin olfato a su Entrenador.

Puede emanar tanto un olor desagradable para desmotivar al rival como un dulce aroma para reconfortar a los aliados en combate.

PRONUNCIACIÓN: a-ro-ma-TIS
ALTURA: 0,8 m
PESO: 15,5 kg

MOVIMIENTOS: Aromaterapia, Niebla Aromática, Atracción, Paz Mental, Encanto, Voz Cautivadora, Beso Drenaje, Eco Voz, Viento Feérico, Azote, Pulso Cura, Campo de Niebla, Fuerza Lunar, Más Psique, Psíquico, Intercambio, Beso Dulce, Dulce Aroma

SPRITZEE → AROMATISSE

ARON
Pokémon Coraza Férrea

TIPO: ACERO-ROCA

Este Pokémon tiene el cuerpo de acero. Para mantenerlo, se alimenta del hierro que saca de las montañas. A veces, causa verdaderos problemas, pues se come puentes y vías de tren.

Aron tiene el cuerpo de acero. Con una carga hecha con toda la fuerza es capaz de demoler hasta un camión de basura. Y, a continuación, comérselo.

PRONUNCIACIÓN: A-ron
ALTURA: 0,4 m
PESO: 60,0 kg

MOVIMIENTOS: Placaje, Fortaleza, Bofetón Lodo, Golpe Cabeza, Garra Metal, Tumba Rocas, Protección, Cabeza de Hierro, Avalancha, Derribo, Eco Metálico, Cola Férrea, Defensa Férrea, Doble Filo, Aligerar, Cuerpo Pesado, Represión Metal

ARON   LAIRON   AGGRON   MEGA-AGGRON

ARROKUDA
Pokémon Arremetida

TIPO: AGUA

Se siente muy orgulloso de su afilada mandíbula. En cuanto detecta el más mínimo movimiento, va directo al objetivo para cargar contra él.

Cuando tiene el estómago lleno, le cuesta moverse y corre el riesgo de ser engullido por algún Cramorant.

PRONUNCIACIÓN: a-rro-KU-da
ALTURA: 0,5 m
PESO: 1,0 kg

MOVIMIENTOS: Agilidad, Acua Jet, Mordisco, Triturar, Buceo, Doble Filo, Ataque Furia, Aguzar, Hidroariete, Picotazo

ARROKUDA   BARRASKEWDA

ARTICUNO
Pokémon Congelar

TIPO: HIELO-VOLADOR

Un legendario pájaro Pokémon. Congela el agua que encuentra en el aire para generar nieve.

PRONUNCIACIÓN: ar-ti-CU-no
ALTURA: 1,7 m
PESO: 55,4 kg

MOVIMIENTOS: Respiro, Vendaval, Liofilización, Viento Afín, Frío Polar, Tornado, Nieve Polvo, Neblina, Canto Helado, Telépata, Poder Pasado, Agilidad, Rayo Hielo, Reflejo, Granizo, Ventisca

NO EVOLUCIONA

AUDINO

Pokémon Escucha

TIPO: NORMAL

Con las antenas de sus oídos, perciben el estado de un rival o predicen cuándo va a eclosionar un Huevo Pokémon.

Al tocar a alguien con las antenas de sus orejas, conoce su estado de ánimo y de salud por los latidos del corazón.

PRONUNCIACIÓN: au-DI-no
ALTURA: 1,1 m
PESO: 31,0 kg

MOVIMIENTOS: Última Baza, Camaradería, Destructor, Gruñido, Refuerzo, Alivio, Doble Bofetón, Atracción, Daño Secreto, Danza Amiga, Derribo, Pulso Cura, Cede Paso, Onda Simple, Doble Filo, Vozarrón, Campo de Niebla, Ojitos Tiernos, Voz Cautivadora

MEGA-AUDINO

Pokémon Escucha

TIPO: NORMAL-HADA

ALTURA: 1,5 m
PESO: 32,0 kg

AUDINO → MEGA-AUDINO

TIPO: ROCA-HIELO

El descubrimiento de un Aurorus en perfecto estado de conservación en el interior de un iceberg se convirtió en noticia.

La superficie de su cuerpo se mantiene a una temperatura de -150 ºC. Por lo general, es un Pokémon muy dócil y afable.

PRONUNCIACIÓN: AU-ro-rus
ALTURA: 2,7 m
PESO: 225,0 kg

MOVIMIENTOS: Liofilización, Gruñido, Nieve Polvo, Onda Trueno, Lanzarrocas, Viento Hielo, Derribo, Neblina, Rayo Aurora, Poder Pasado, Canon, Alud, Granizo, Adaptación, Otra Vez, Pantalla de Luz, Rayo Hielo, Hiperrayo, Ventisca

AURORUS
Pokémon Tundra

AMAURA → **AURORUS**

AVALUGG
Pokémon Iceberg

TIPO: HIELO

Surca las aguas de mares gélidos, situados a altas latitudes, llevando a varios Bergmite en el lomo y confundiéndose entre los icebergs.

Las fisuras de su cuerpo se agrandan durante el día, pero por la noche vuelven a cerrarse.

PRONUNCIACIÓN: A-va-lag
ALTURA: 2,0 m
PESO: 505,0 kg

MOVIMIENTOS: Alud, Mordisco, Ventisca, Golpe Cuerpo, Triturar, Maldición, Doble Filo, Fortaleza, Colmillo Hielo, Viento Hielo, Defensa Férrea, Nieve Polvo, Protección, Giro Rápido, Recuperación, Cabezazo, Placaje, Derribo, Vastaguardia

BERGMITE → **AVALUGG**

AXEW

Pokémon Colmillo

TIPO: DRAGÓN

Viven en madrigueras que construyen bajo tierra. Compiten entre ellos para ver quién logra abrir con los colmillos las bayas más duras.

Juega con sus congéneres chocando sus enormes colmillos con la tranquilidad de saber que, si se le rompen, se regenerarán enseguida.

PRONUNCIACIÓN: AC-siu
ALTURA: 0,6 m
PESO: 18,0 kg

MOVIMIENTOS: Buena Baza, Mordisco, Triturar, Garra Dragón, Danza Dragón, Pulso Dragón, Golpe Bis, Falso Tortazo, Gigaimpacto, Guillotina, Aguzar, Malicioso, Enfado, Cara Susto, Arañazo, Cuchillada, Danza Espada, Mofa

AXEW   FRAXURE   HAXORUS

AZELF

Pokémon Voluntad

POKÉMON LEGENDARIO

TIPO: PSÍQUICO

Se le conoce como el Ser de la Voluntad. Duerme en el fondo de un lago para equilibrar el mundo.

Se cree que Uxie, Mesprit y Azelf provienen del mismo huevo.

PRONUNCIACIÓN: A-zelf
ALTURA: 0,3 m
PESO: 0,3 kg

MOVIMIENTOS: Descanso, Confusión, Sellar, Detección, Rapidez, Alboroto, Premonición, Maquinación, Paranormal, Última Baza, Don Natural, Explosión

NO EVOLUCIONA

AZUMARILL
Pokémon Conejo Agua

AZURILL → MARILL → AZUMARILL

TIPO: AGUA-HADA

Pasa la mayor parte del tiempo en el agua. Los días despejados, aprovecha para tomar el sol flotando en la superficie.

Crea burbujas llenas de aire con las que cubre a los Azurill cuando juegan en el río.

PRONUNCIACIÓN: a-ZU-ma-ril
ALTURA: 0,8 m
PESO: 28,5 kg

MOVIMIENTOS: Placaje, Pistola Agua, Látigo, Hidrochorro, Burbuja, Rizo Defensa, Rodar, Rayo Burbuja, Refuerzo, Acua Cola, Carantoña, Doble Filo, Acua Aro, Danza Lluvia, Fuerza Bruta, Hidrobomba

AZURILL
Pokémon A Topos

AZURILL → MARILL → AZUMARILL

TIPO: NORMAL-HADA

La bola que tiene en la cola rebota como una pelota de goma y está repleta de los nutrientes que este Pokémon necesita para crecer.

Es un Pokémon tranquilo, pero, si se le hace enfadar, atacará utilizando la enorme bola que tiene en la cola.

PRONUNCIACIÓN: a-zu-RIL
ALTURA: 0,2 m
PESO: 2,0 kg

MOVIMIENTOS: Salpicadura, Pistola Agua, Látigo, Hidrochorro, Burbuja, Encanto, Rayo Burbuja, Refuerzo, Atizar, Bote

BAGON

Pokémon Cabeza Roca

REGIONES:
ALOLA
HOENN
KALOS
(COSTA)

TIPO: DRAGÓN

Cada vez que ve volar a un Pokémon pájaro le corroe la envidia por dentro y asesta cabezazos a todo lo que le rodea hasta hacerlo añicos.

Según una teoría, los fuertes cabezazos que propina estimulan las células implicadas en su evolución.

PRONUNCIACIÓN: BEI-gon
ALTURA: 0,6 m
PESO: 42,1 kg

MOVIMIENTOS: Furia, Ascuas, Malicioso, Mordisco, Dragoaliento, Golpe Cabeza, Foco Energía, Triturar, Garra Dragón, Cabezazo Zen, Cara Susto, Lanzallamas, Doble Filo

BAGON   **SHELGON**   **SALAMENCE**   **MEGA-SALAMENCE**

BALTOY

Pokémon Muñeca Barro

REGIONES:
ALOLA
GALAR
HOENN

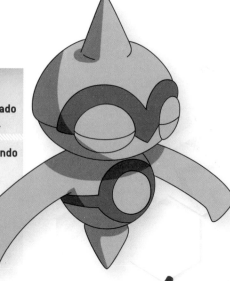

TIPO: TIERRA-PSÍQUICO

Se mueve girando una única extremidad. Se han avistado algunos ejemplares capaces de hacerlo cabeza abajo.

Fue hallado en unas ruinas antiguas. Se desplaza girando sobre sí mismo y se mantiene sobre una extremidad incluso cuando duerme.

PRONUNCIACIÓN: BAL-toi
ALTURA: 0,5 m
PESO: 21,5 kg

MOVIMIENTOS: Poder Pasado, Confusión, Masa Cósmica, Tierra Viva, Explosión, Paranormal, Isoguardia, Fortaleza, Sellar, Bofetón Lodo, Isofuerza, Truco Fuerza, Psicorrayo, Giro Rápido, Tumba Rocas, Tormenta de Arena, Autodestrucción

BALTOY   **CLAYDOL**

BANETTE
Pokémon Marioneta

TIPO: FANTASMA

Este muñeco de trapo alberga gran odio por la persona que lo abandonó, a quien busca sin descanso para vengarse.

El rencor de haber sido tirado a la basura fue lo que le dio vida. Se dice que puede convertirse de nuevo en muñeco si se le trata con cariño.

PRONUNCIACIÓN: ba-NET
ALTURA: 1,1 m
PESO: 12,5 kg

MOVIMIENTOS: Golpe Fantasma, Desarme, Chirrido, Tinieblas, Maldición, Rencor, Fuego Fatuo, Sombra Vil, Finta, Infortunio, Bola Sombra, Golpe Bajo, Embargo, Robo, Rabia, Truco

MEGA-BANETTE
Pokémon Marioneta

TIPO: FANTASMA

ALTURA: 1,2 m
PESO: 13,0 kg

SHUPPET

BANETTE

MEGA-BANETTE

BARBARACLE

Pokémon Combinación

TIPO: ROCA-AGUA

Su cuerpo está formado por siete Binacle. El situado en la posición Centro a modo de cabeza suele impartir las órdenes a las extremidades.

Los ojos de las manos le permiten ver en todas direcciones. En caso de apuro, sus extremidades se mueven solas para derribar al enemigo.

PRONUNCIACIÓN: bar-BA-ra-col
ALTURA: 1,3 m
PESO: 96,0 kg

MOVIMIENTOS: Poder Pasado, Tajo Cruzado, Corte Furia, Golpes Furia, Afilagarras, Bofetón Lodo, Concha Filo, Pulimento, Arañazo, Rompecoraza, Cabezazo, Cuchillada, Roca Afilada, Pistola Agua, Refugio

BINACLE → BARBARACLE

BARBOACH

Pokémon Bigotudo

REGIONES:
ALOLA
GALAR
HOENN
KALOS
(MONTAÑA)

TIPO: AGUA-TIERRA

Su escurridizo cuerpo es difícil de agarrar. En cierta región se dice que ha nacido de barro endurecido.

Examina los lechos lodosos de los ríos con los largos bigotes que tiene. Está protegido por una capa viscosa.

PRONUNCIACIÓN: bar-BOUCH
ALTURA: 0,4 m
PESO: 1,9 kg

MOVIMIENTOS: Amnesia, Acua Cola, Terremoto, Fisura, Premonición, Agua Lodosa, Bofetón Lodo, Descanso, Ronquido, Pistola Agua, Hidropulso

BARBOACH → WHISCASH

BARRASKEWDA
Pokémon Ensarta

TIPO: AGUA

Su mandíbula es tan puntiaguda como una lanza y tan dura como el acero. Al parecer, su carne es sorprendentemente deliciosa.

Hace girar su aleta caudal para impulsarse y arremeter contra la presa, a la que ensarta a una velocidad que supera los 100 nudos.

PRONUNCIACIÓN: ba-rras-KIU-da
ALTURA: 1,3 m
PESO: 30,0 kg

MOVIMIENTOS: Agilidad, Acua Jet, Mordisco, Triturar, Buceo, Doble Filo, Ataque Furia, Aguzar, Hidroariete, Picotazo, Golpe Mordaza

ARROKUDA → **BARRASKEWDA**

FORMA RAYA ROJA

REGIONES:
ALOLA
GALAR
KALOS
(MONTAÑA)
UNOVA

BASCULIN
Pokémon Violento

TIPO: AGUA

Muy popular entre los Pescadores por su fiereza. Ha proliferado debido a la introducción ilegal de ejemplares en los lagos.

Un alimento básico de la dieta de antaño. A los jóvenes se les daba Basculin de raya roja por su alto contenido en ácidos grasos.

PRONUNCIACIÓN: BAS-cu-lin
ALTURA: 1,0 m
PESO: 18,0 kg

MOVIMIENTOS: Acua Jet, Acua Cola, Mordisco, Triturar, Doble Filo, Sacrificio, Azote, Testarazo, Golpe Cabeza, Cara Susto, Anegar, Placaje, Látigo, Derribo, Golpe, Pistola Agua

FORMA RAYA AZUL

NO EVOLUCIONA

BASTIODON

Pokémon Escudo

TIPO: ROCA-ACERO

Hasta que no se regeneró por completo a este Pokémon, se pensaba que los grandes y recios huesos de su rostro eran su columna vertebral.

Un Pokémon con una antigüedad de unos cien millones de años. Su rostro posee una dureza impresionante, superior incluso a la del acero.

PRONUNCIACIÓN: bas-tio-DON
ALTURA: 1,3 m
PESO: 149,5 kg

MOVIMIENTOS: Bloqueo, Placaje, Protección, Mofa, Eco Metálico, Derribo, Defensa Férrea, Contoneo, Poder Pasado, Aguante, Represión Metal, Cabeza de Hierro, Cuerpo Pesado

SHIELDON   BASTIODON

BAYLEEF

Pokémon Hoja

TIPO: PLANTA

Bayleef tiene un collar de hojas alrededor del cuello y un brote de un árbol en cada una de ellas. La fragancia que desprenden estos brotes anima a la gente.

PRONUNCIACIÓN: BEI-lif
ALTURA: 1,2 m
PESO: 15,8 kg

MOVIMIENTOS: Placaje, Gruñido, Hoja Afilada, Polvo Veneno, Síntesis, Reflejo, Hoja Mágica, Don Natural, Dulce Aroma, Pantalla de Luz, Golpe Cuerpo, Velo Sagrado, Aromaterapia, Rayo Solar

CHIKORITA   BAYLEEF   MEGANIUM

BEARTIC

Pokémon Glaciación

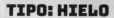

TIPO: HIELO

Congela su aliento y crea colmillos de hielo más duros que el acero. Nada en mares de aguas frías en busca de alimento.

Nada plácidamente en mares fríos. Cuando se cansa, congela el agua con su aliento y reposa sobre el hielo.

PRONUNCIACIÓN: BER-tic
ALTURA: 2,6 m
PESO: 260,0 kg

MOVIMIENTOS: Acua Jet, Ventisca, Salmuera, Encanto, Aguante, Azote, Vaho Gélido, Golpes Furia, Gruñido, Granizo, Chuzos, Viento Hielo, Camaradería, Nieve Polvo, Descanso, Frío Polar, Cuchillada, Fuerza Bruta, Contoneo, Golpe

CUBCHOO   BEARTIC

BEAUTIFLY

Pokémon Mariposa

TIPO: BICHO-VOLADOR

La comida favorita de Beautifly es el dulce polen de las flores. Si quieres ver a este Pokémon, deja una maceta con flores al lado de la ventana y verás cómo aparece un ejemplar de Beautifly en busca de polen.

Beautifly tiene una boca enorme en espiral que parece una aguja y le resulta muy útil para recolectar polen. Este Pokémon va revoloteando de flor en flor para recogerlo.

PRONUNCIACIÓN: BIU-ti-flai
ALTURA: 1,0 m
PESO: 28,4 kg

MOVIMIENTOS: Absorber, Tornado, Paralizador, Sol Matinal, Aire Afilado, Megaagotar, Remolino, Atracción, Viento Plata, Gigadrenado, Zumbido, Furia, Danza Aleteo

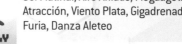

WURMPLE   SILCOON   BEAUTIFLY

BEEDRILL

Pokémon Abeja Veneno

TIPO: BICHO-VENENO

Tiene tres aguijones venenosos, dos en las patas anteriores y uno en la parte baja del abdomen, con los que ataca a sus enemigos una y otra vez.

PRONUNCIACIÓN: BI-dril
ALTURA: 1,0 m
PESO: 29,5 kg

MOVIMIENTOS: Ataque Furia, Foco Energía, Doble Ataque, Furia, Persecución, Púas Tóxicas, Pin Misil, Agilidad, Buena Baza, Puya Nociva, Esfuerzo, Aguijón Letal, Carga Tóxica

MEGA-BEEDRILL

Pokémon Abeja Veneno

TIPO: BICHO-VENENO

ALTURA: 1,4 m
PESO: 40,5 kg

WEEDLE   KAKUNA   BEEDRILL   MEGA-BEEDRILL

BEHEEYEM
Pokémon Cerebro

TIPO: PSÍQUICO

Por algún extraño motivo, siempre que se avista un Beheeyem en una granja desaparece un Dubwool.

Es capaz de manipular los recuerdos del rival. Se lo avista en ocasiones vagando por campos de trigo.

PRONUNCIACIÓN: BI-ji-em
ALTURA: 1,0 m
PESO: 34,5 kg

MOVIMIENTOS: Paz Mental, Confusión, Gruñido, Isoguardia, Golpe Cabeza, Sellar, Isofuerza, Psicorrayo, Psíquico, Campo Psíquico, Recuperación, Teletransporte, Zona Extraña, Cabezazo Zen

ELGYEM **BEHEEYEM**

TIPO: ACERO-PSÍQUICO

En vez de torrente sanguíneo, el cuerpo de este Pokémon cuenta con corrientes magnéticas. Es recomendable darle un imán si se encuentra mal.

Cuando se le provoca, no solo se enfada, sino que emite también un potente magnetismo que inutiliza ciertos tipos de máquinas.

PRONUNCIACIÓN: BEL-dum
ALTURA: 0,6 m
PESO: 95,2 kg

MOVIMIENTO: Derribo

BELDUM
Pokémon Bola Hierro

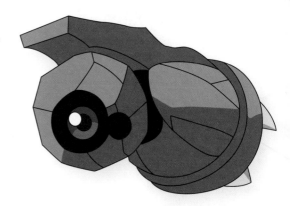

BELDUM **METANG** **METAGROSS** **MEGA-METAGROSS**

BELLOSSOM

Pokémon Flor

TIPO: PLANTA

Abunda en los trópicos. Al bailar, sus pétalos se rozan y emiten un agradable sonido.

Los Bellossom se reúnen en ocasiones para ejecutar una especie de danza, considerada un ritual para invocar al sol.

PRONUNCIACIÓN: be-LO-som
ALTURA: 0,4 m
PESO: 5,8 kg

MOVIMIENTOS: Absorber, Ácido, Gigadrenado, Campo de Hierba, Desarrollo, Megaagotar, Fuerza Lunar, Luz Lunar, Tormenta Floral, Danza Pétalo, Polvo Veneno, Danza Aleteo, Somnífero, Paralizador, Dulce Aroma, Tóxico

ODDISH **GLOOM** **BELLOSSOM**

BELLSPROUT

Pokémon Flor

TIPO: PLANTA-VENENO

Prefiere lugares cálidos y húmedos. Atrapa pequeños Pokémon insectos con sus lianas para devorarlos.

PRONUNCIACIÓN: BELS-pra-ut
ALTURA: 0,7 m
PESO: 4,0 kg

MOVIMIENTOS: Látigo Cepa, Desarrollo, Constricción, Somnífero, Polvo Veneno, Paralizador, Ácido, Desarme, Dulce Aroma, Bilis, Hoja Afilada, Puya Nociva, Atizar, Estrujón

BELLSPROUT **WEEPINBELL** **VICTREEBEL**

TIPO: HIELO

Congela la humedad del ambiente exhalando vaho a -100 ºC para crear una coraza de hielo con la que protege su cuerpo.

Vive en regiones sumamente frías. Se aferra al lomo de los Avalugg congelando sus propias extremidades.

PRONUNCIACIÓN: BERG-mait
ALTURA: 1,0 m
PESO: 99,5 kg

MOVIMIENTOS: Alud, Mordisco, Ventisca, Triturar, Maldición, Doble Filo, Fortaleza, Colmillo Hielo, Viento Hielo, Defensa Férrea, Nieve Polvo, Protección, Giro Rápido, Recuperación, Placaje, Derribo

REGIONES:
GALAR
KALOS
(MONTAÑA)

BERGMITE
Pokémon Témpano

BERGMITE → AVALUGG

REGIONES:
ALOLA
GALAR

BEWEAR
Pokémon Brazo Fuerte

TIPO: NORMAL-LUCHA

Expresa su afecto abrazando a quien considera su amigo. Una costumbre peligrosa, ya que su fuerza puede romperle los huesos a cualquiera.

Después de abatir a su presa con movimientos que harían palidecer a un luchador profesional, la carga en brazos y se la lleva a su madriguera.

PRONUNCIACIÓN: bi-UEAR
ALTURA: 2,1 m
PESO: 135,0 kg

MOVIMIENTOS: Ojitos Tiernos, Atadura, Giro Vil, Doble Filo, Aguante, Azote, Machada, Malicioso, Divide Dolor, Vendetta, Fuerza, Fuerza Bruta, Placaje, Derribo, Golpe

STUFFUL → BEWEAR

BIBAREL

Pokémon Castor

REGIONES: KALOS (CENTRO) SINNOH

TIPO: NORMAL-AGUA

Con sus incisivos roe ramas y raíces y las apila para construir sus madrigueras junto al río.

Para anidar, crea presas en los ríos con maderas y barro. Tiene fama de trabajador.

PRONUNCIACIÓN: BI-ba-rel
ALTURA: 1,0 m
PESO: 31,5 kg

MOVIMIENTOS: Acua Jet, Fertilizante, Placaje, Gruñido, Rizo Defensa, Rodar, Pistola Agua, Golpe Cabeza, Hipercolmillo, Bostezo, Triturar, Derribo, Superdiente, Danza Espada, Amnesia, Fuerza Bruta, Maldición

BIDOOF   BIBAREL

BIDOOF

Pokémon Gran Ratón

REGIONES: KALOS (CENTRO) SINNOH

TIPO: NORMAL

Tiene nervios de acero y nada puede perturbarlo. Es más ágil y activo de lo que aparenta.

Roe constantemente los troncos y las rocas para limarse los dientes. Anida cerca del agua.

PRONUNCIACIÓN: BI-duf
ALTURA: 0,5 m
PESO: 20,0 kg

MOVIMIENTOS: Placaje, Gruñido, Rizo Defensa, Rodar, Golpe Cabeza, Hipercolmillo, Bostezo, Triturar, Derribo, Superdiente, Danza Espada, Amnesia, Fuerza Bruta, Maldición

BIDOOF   BIBAREL

TIPO: ROCA-AGUA

Dos Binacle conviven adheridos a una misma roca a orillas del mar y colaboran para atrapar a sus presas cuando sube la marea.

Si no se llevan bien, no consiguen ni atacar ni defenderse de forma eficaz y sus probabilidades de supervivencia se reducen.

BINACLE
Pokémon Dos Manos

PRONUNCIACIÓN: BAI-na-col
ALTURA: 0,5 m
PESO: 31,0 kg

MOVIMIENTOS: Poder Pasado, Tajo Cruzado, Corte Furia, Golpes Furia, Afilagarras, Bofetón Lodo, Concha Filo, Pulimento, Arañazo, Rompecoraza, Cuchillada, Pistola Agua, Refugio

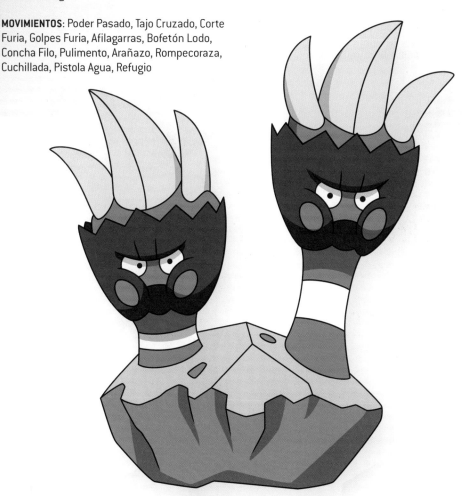

BINACLE → BARBARACLE

BISHARP

Pokémon Filo

REGIONES:
ALOLA
GALAR
KALOS
(MONTAÑA)
UNOVA

TIPO: SINIESTRO-ACERO

Siempre va acompañado por un nutrido séquito de Pawniard, a los que no pierde nunca de vista para evitar posibles motines.

Libra encarnizados combates con los Fraxure por el control de los derrumbes donde se hallan las piedras con las que afila sus cuchillas.

PRONUNCIACIÓN: BI-sharp
ALTURA: 1,6 m
PESO: 70,0 kg

MOVIMIENTOS: Buena Baza, Corte Furia, Guillotina, Defensa Férrea, Cabeza de Hierro, Aguzar, Malicioso, Represión Metal, Garra Metal, Eco Metálico, Tajo Umbrío, Cara Susto, Arañazo, Cuchillada, Danza Espada, Tormento

PAWNIARD   BISHARP

BLACEPHALON

Pokémon Pirotecnia

TIPO: FUEGO-FANTASMA

Parece ser uno de los temibles Ultraentes. Se acerca a la gente contoneándose y hace explotar su propia cabeza súbitamente.

Un Ultraente surgido de un Ultraumbral. Crea una explosión para sorprender al oponente y aprovecha para absorber su energía vital.

PRONUNCIACIÓN: bla-ZE-fa-lon
ALTURA: 1,8 m
PESO: 13,0 kg

MOVIMIENTOS: Ascuas, Impresionar, Capa Mágica, Poder Reserva, Pirotecnia, Tinieblas, Pantalla de Luz, Paz Mental, Llamarada, Bola Sombra, Truco, Cabeza Sorpresa

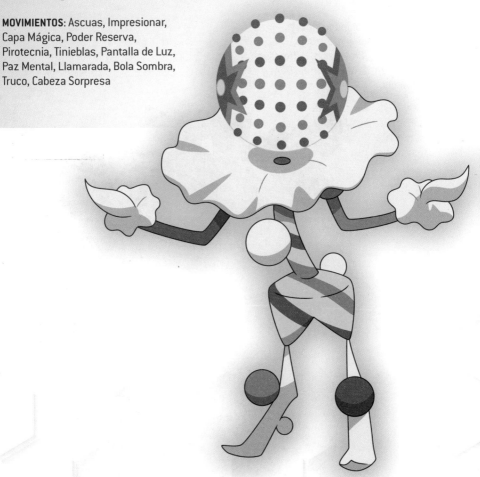

NO EVOLUCIONA

BLASTOISE

Pokémon Armazón

TIPO: AGUA

Para acabar con su enemigo, lo aplasta con el peso de su cuerpo. En momentos de apuro, se esconde en el caparazón.

Dispara chorros de agua a través de los cañones de su caparazón, capaces de agujerear incluso el acero.

PRONUNCIACIÓN: BLAS-tois
ALTURA: 1,6 m
PESO: 85,5 kg

MOVIMIENTOS: Foco Resplandor, Placaje, Látigo, Pistola Agua, Refugio, Burbuja, Mordisco, Giro Rápido, Protección, Hidropulso, Acua Cola, Cabezazo, Defensa Férrea, Danza Lluvia, Hidrobomba

MEGA-BLASTOISE
Pokémon Armazón

TIPO: AGUA

ALTURA: 1,6 m
PESO: 101,1 kg

SQUIRTLE   WARTORTLE   BLASTOISE   MEGA-BLASTOISE

Forma alternativa:
GIGANTAMAX-BLASTOISE

No es muy hábil con tiros de precisión. Su estilo consiste más bien en disparar sus 31 cañones de forma indiscriminada.

Los chorros de agua que dispara por el cañón Centro tienen la fuerza suficiente como para abrir un boquete en una montaña.

ALTURA: >25,0 m
PESO: ???,? kg

BLAZIKEN

Pokémon Llameante

TIPO: FUEGO-LUCHA

En combate, Blaziken expulsa vivas llamas por las muñecas y ataca al enemigo con fiereza. Cuanto más fuerte sea el enemigo, más intensas serán las llamas.

Blaziken tiene unas piernas tan fuertes que puede saltar por encima de un edificio de 30 pisos con facilidad. Además, da unos puñetazos fulminantes que dejan al oponente chamuscado y lleno de tizne.

PRONUNCIACIÓN: BLEI-si-ken
ALTURA: 1,9 m
PESO: 52,0 kg

MOVIMIENTOS: Patada Ígnea, Doble Patada, Envite Ígneo, Puño Fuego, Patada Salto Alta, Arañazo, Gruñido, Ascuas, Ataque Arena, Picotazo, Nitrocarga, Ataque Rápido, Corpulencia, Foco Energía, Cuchillada, Pájaro Osado, Gancho Alto

MEGA-BLAZIKEN

Pokémon Llameante

TIPO: FUEGO-LUCHA

ALTURA: 1,9 m
PESO: 52,0 kg

TORCHIC   COMBUSKEN   BLAZIKEN   MEGA-BLAZIKEN

BLIPBUG
Pokémon Larva

TIPO: BICHO

Siempre está recopilando información, por lo que es muy inteligente, aunque su fuerza deja bastante que desear.

Es habitual verlo en el campo. Los pelos que tiene son sensores con los que percibe lo que ocurre a su alrededor.

PRONUNCIACIÓN: BLIP-bag
ALTURA: 0,4 m
PESO: 8,0 kg

MOVIMIENTO: Estoicismo

BLIPBUG ➡ **DOTTLER** ➡ **ORBEETLE**

TIPO: NORMAL

Si se encuentra un Pokémon enfermo, comparte su huevo con él y lo cuida hasta que se recupera.

Pone unos extraños huevos llenos de felicidad. Dicen que aquellos que los prueban se vuelven amables con todo el mundo.

PRONUNCIACIÓN: BLI-si
ALTURA: 1,5 m
PESO: 46,8 kg

MOVIMIENTOS: Rizo Defensa, Destructor, Gruñido, Látigo, Alivio, Doble Bofetón, Amortiguador, Ofrenda, Reducción, Derribo, Canto, Lanzamiento, Pulso Cura, Bomba Huevo, Pantalla de Luz, Deseo Cura, Doble Filo

BLISSEY
Pokémon Felicidad

HAPPINY ➡ **CHANSEY** ➡ **BLISSEY**

BLITZLE

Pokémon Electrizado

TIPO: ELÉCTRICO

Aparece cuando nubes envueltas en rayos encapotan el cielo. Atrapa rayos con su crin y almacena electricidad.

Su crin brilla cuando emite una descarga eléctrica. Se comunica con los suyos mediante el ritmo y el número de brillos.

PRONUNCIACIÓN: BLIT-sel
ALTURA: 0,8 m
PESO: 29,8 kg

MOVIMIENTOS: Ataque Rápido, Látigo, Carga, Onda Voltio, Onda Trueno, Nitrocarga, Persecución, Chispa, Pisotón, Chispazo, Agilidad, Voltio Cruel, Golpe

BLITZLE   ZEBSTRIKA

BOLDORE

Pokémon Mineral

TIPO: ROCA

Cuando sus cristales anaranjados comienzan a brillar, conviene tener cuidado, pues es señal de que está a punto de liberar energía.

Se vale del sonido para percibir el entorno. Si alguien despierta su ira, lo perseguirá sin cambiar la orientación del cuerpo.

PRONUNCIACIÓN: BOL-dor
ALTURA: 0,9 m
PESO: 102,0 kg

MOVIMIENTOS: Explosión, Fortaleza, Golpe Cabeza, Defensa Férrea, Bofetón Lodo, Joya de Luz, Pedrada, Avalancha, Ataque Arena, Tormenta de Arena, Antiaéreo, Trampa Rocas, Roca Afilada, Placaje

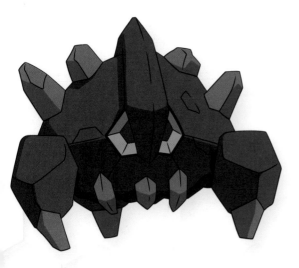

ROGGENROLA   BOLDORE   GIGALITH

BOLTUND
Pokémon Perro

TIPO: ELÉCTRICO

La electricidad que genera y envía a sus patas le ayuda a desplazarse rápidamente. Puede correr sin descanso durante tres días y tres noches.

La electricidad le confiere una enorme fuerza en las patas. Su velocidad máxima puede superar los 90 km/h sin problema.

PRONUNCIACIÓN: BOL-tand
ALTURA: 1,0 m
PESO: 34,0 kg

MOVIMIENTOS: Mordisco, Carga, Encanto, Triturar, Campo Eléctrico, Electrificación, Moflete Estático, Carantoña, Rugido, Chispa, Placaje, Látigo, Voltio Cruel

YAMPER ➡ BOLTUND

BONSLY
Pokémon Bonsái

TIPO: ROCA

Expulsa sudor y lágrimas por los ojos. El sudor es ligeramente salado y las lágrimas tienen un leve regusto amargo.

Vive en entornos áridos y pedregosos. Cuanto más se secan sus esferas verdes, más destaca su sutil lustre.

PRONUNCIACIÓN: BONS-lai
ALTURA: 0,8 m
PESO: 46,8 kg

MOVIMIENTOS: Bloqueo, Copión, Contraataque, Doble Filo, Llanto Falso, Azote, Patada Baja, Mimético, Avalancha, Lanzarrocas, Tumba Rocas, Golpe Bajo, Ojos Llorosos

BONSLY ➡ SUDOWOODO

OUFFALANT

Pokémon Torocabezazo

REGIÓN: UNOVA

TIPO: NORMAL

Puede destrozar un coche de un solo testarazo. Cuanto más abundante sea su melena, mayor rango tendrá en la jerarquía de la manada.

Forman manadas de unos veinte individuos. Se desconoce el motivo, pero los que traicionan la confianza del grupo pierden la melena.

PRONUNCIACIÓN: BU-fa-lant
ALTURA: 1,6 m
PESO: 94,6 kg

MOVIMIENTOS: Persecución, Malicioso, Furia, Ataque Furia, Cornada, Cara Susto, Desquite, Ariete, Foco Energía, Megacuerno, Inversión, Golpe, Danza Espada, Gigaimpacto

NO EVOLUCIONA

BOUNSWEET

Pokémon Fruto

REGIONES:
ALOLA
GALAR

TIPO: PLANTA

El dulce y afrutado aroma que desprende estimula sobremanera el apetito de los Pokémon pájaro.

Cuando lo atacan, produce un sudor dulce y delicioso cuyo aroma atrae a más enemigos.

PRONUNCIACIÓN: BAUN-suit
ALTURA: 0,3 m
PESO: 3,2 kg

MOVIMIENTOS: Aromaterapia, Niebla Aromática, Azote, Hoja Mágica, Camaradería, Giro Rápido, Hoja Afilada, Salpicadura, Dulce Aroma, Danza Caos

BOUNSWEET   STEENEE   TSAREENA

BRAIXEN
Pokémon Zorro

TIPO: FUEGO

Tiene una rama enredada en la cola. Cuando la saca, la rama prende fuego al hacer fricción con su pelaje y se lanza al ataque con ella.

Al extraer la rama que tiene en la cola, esta prende debido a la fricción. Usa esa rama candente para enviar señales a sus compañeros.

PRONUNCIACIÓN: BREIC-sen
ALTURA: 1,0 m
PESO: 14,5 kg

MOVIMIENTOS: Arañazo, Látigo, Ascuas, Aullido, Nitrocarga, Psicorrayo, Giro Fuego, Conjuro, Pantalla de Luz, Psicocarga, Lanzallamas, Fuego Fatuo, Psíquico, Día Soleado, Zona Mágica, Llamarada

FENNEKIN ➡ **BRAIXEN** ➡ **DELPHOX**

BRAVIARY
Pokémon Aguerrido

TIPO: NORMAL-VOLADOR

Un Pokémon osado y orgulloso, cuyo majestuoso porte lo convierte en un motivo heráldico muy popular.

Su carácter agresivo e irascible le ha hecho perder su puesto como transportista en Galar en favor de los Corviknight.

PRONUNCIACIÓN: BREI-bia-ri
ALTURA: 1,5 m
PESO: 41,0 kg

MOVIMIENTOS: Golpe Aéreo, Tajo Aéreo, Pájaro Osado, Garra Brutal, Despejar, Afilagarras, Malicioso, Picotazo, Cara Susto, Ataque Aéreo, Cuchillada, Fuerza Bruta, Viento Afín, Golpe, Remolino, Ataque Ala

RUFFLET **BRAVIARY**

BRELOOM

Pokémon Hongo

TIPO: PLANTA-LUCHA

Breloom se acerca al enemigo realizando un juego de piernas ágil y enérgico. Y, a continuación, le da unos puñetazos con los brazos elásticos que tiene. Las técnicas de lucha que usa dejan en ridículo al boxeador más profesional.

Las semillas que Breloom tiene prendidas de la cola están formadas por sólidas esporas tóxicas. Comérselas puede resultar fatal. Hasta el más mínimo bocado puede hacerte polvo el estómago.

PRONUNCIACIÓN: bre-LUM
ALTURA: 1,2 m
PESO: 39,2 kg

MOVIMIENTOS: Absorber, Placaje, Paralizador, Drenadoras, Megaagotar, Golpe Cabeza, Ultrapuño, Amago, Contraataque, Palmeo, Gancho Alto, Telépata, Bomba Germen, Puño Dinámico

SHROOMISH   BRELOOM

BRIONNE

Pokémon Fama

TIPO: AGUA

Se emociona al contemplar una danza que no conoce y se esfuerza sobremanera por aprender todos sus pasos a la perfección.

Crea burbujas de agua que lanza al rival con sus aletas y que explotan cuando alcanzan al objetivo.

PRONUNCIACIÓN: bri-ON
ALTURA: 0,6 m
PESO: 17,5 kg

MOVIMIENTOS: Destructor, Pistola Agua, Gruñido, Voz Cautivadora, Ojitos Tiernos, Acua Jet, Viento Hielo, Otra Vez, Rayo Burbuja, Canto, Doble Bofetón, Vozarrón, Fuerza Lunar, Seducción, Hidrobomba, Campo de Niebla

POPPLIO   BRIONNE   PRIMARINA

TIPO: ACERO-PSÍQUICO

BRONZONG
Pokémon Campana Bronce

Antaño se lo consideraba una deidad que traía las lluvias. Cuando se enfada, emite un sonido lúgubre que recuerda al tañido de una campana.

Basándose en los motivos de su cuerpo, muchos eruditos creen que este Pokémon no es originario de Galar.

PRONUNCIACIÓN: bron-ZONG
ALTURA: 1,3 m
PESO: 187,0 kg

MOVIMIENTOS: Bloqueo, Rayo Confuso, Confusión, Paranormal, Premonición, Giro Bola, Cuerpo Pesado, Hipnosis, Sellar, Defensa Férrea, Eco Metálico, Vendetta, Danza Lluvia, Velo Sagrado, Día Soleado, Placaje, Meteorobola

BRONZOR   BRONZONG

BRONZOR
Pokémon Bronce

TIPO: ACERO-PSÍQUICO

Puede encontrarse en ruinas antiguas. El dibujo que presenta en el cuerpo es un misterio, ya que pertenece a una cultura ajena a Galar.

Se dice que brilla y refleja la verdad al pulirlo, aunque es algo que detesta.

PRONUNCIACIÓN: BRON-zor
ALTURA: 0,5 m
PESO: 60,5 kg

MOVIMIENTOS: Rayo Confuso, Confusión, Paranormal, Premonición, Giro Bola, Cuerpo Pesado, Hipnosis, Sellar, Defensa Férrea, Eco Metálico, Vendetta, Velo Sagrado, Placaje

BRONZOR   BRONZONG

BRUXISH

Pokémon Rechinante

REGIÓN: ALOLA

TIPO: AGUA-PSÍQUICO

Oculto bajo la arena, emite poderes psíquicos por la protuberancia de su cabeza. Analiza el entorno mientras espera a que caiga su presa.

Su piel es tan gruesa que ni las espinas de Mareanie pueden perforarla. Con su fuerte dentadura tritura y engulle dichas espinas.

PRONUNCIACIÓN: BRAK-sis
ALTURA: 0,9 m
PESO: 19,0 kg

NO EVOLUCIONA

MOVIMIENTOS: Pistola Agua, Impresionar, Confusión, Mordisco, Acua Jet, Anulación, Psicoonda, Triturar, Acua Cola, Chirrido, Psicocolmillo, Sincrorruido

---

BUDEW

Pokémon Brote

REGIONES: GALAR KALOS (CENTRO) SINNOH

TIPO: PLANTA-VENENO

Conforme más pura y cristalina sea el agua de su entorno, más venenoso resulta el polen que esparce.

Es muy sensible a los cambios de temperatura. Anuncia la llegada inminente de la primavera cuando florece.

PRONUNCIACIÓN: ba-DU
ALTURA: 0,2 m
PESO: 1,2 kg

MOVIMIENTOS: Absorber, Desarrollo, Hidrochorro, Paralizador, Megaagotar, Abatidoras

BUDEW ➡ ROSELIA ➡ ROSERADE

BUIZEL

Pokémon Nutria Marina

TIPO: AGUA

Nada rotando sus dos colas a modo de tornillo. Cuando bucea, el flotador se pliega.

Hincha el flotador de su cuello para flotar y saca la cabeza de la superficie del agua para explorar sus alrededores.

PRONUNCIACIÓN: BUI-zel
ALTURA: 0,7 m
PESO: 29,5 kg

MOVIMIENTOS: Bomba Sónica, Gruñido, Hidrochorro, Ataque Rápido, Pistola Agua, Persecución, Rapidez, Acua Jet, Doble Golpe, Torbellino, Viento Cortante, Acua Cola, Agilidad, Hidrobomba

BUIZEL **FLOATZEL**

BULBASAUR

Pokémon Semilla

TIPO: PLANTA-VENENO

Este Pokémon nace con una semilla en el lomo, que brota con el paso del tiempo.

Desde que nace, crece alimentándose de los nutrientes que contiene la semilla de su lomo.

PRONUNCIACIÓN: BUL-ba-sur
ALTURA: 0,7 m
PESO: 6,9 kg

MOVIMIENTOS: Placaje, Gruñido, Drenadoras, Látigo Cepa, Polvo Veneno, Somnífero, Derribo, Hoja Afilada, Dulce Aroma, Desarrollo, Doble Filo, Abatidoras, Síntesis, Bomba Germen

BULBASAUR **IVYSAUR** **VENUSAUR** **MEGA-VENUSAUR**

BUNEARY

Pokémon Conejo

REGIONES:
ALOLA
SINNOH

TIPO: NORMAL

Cuando enrolla ambas orejas, es señal de que tiene algún tipo de malestar físico o emocional y necesita cuidados.

Ataca estirando con un fuerte impulso las orejas enrolladas. Cuanto más entrena esta técnica, con más potencia la ejecuta.

PRONUNCIACIÓN: bu-NI-ri
ALTURA: 0,4 m
PESO: 5,5 kg

MOVIMIENTOS: Salpicadura, Destructor, Rizo Defensa, Profecía, Aguante, Frustración, Ataque Rápido, Patada Salto, Relevo, Agilidad, Puño Mareo, Cede Paso, Encanto, Danza Amiga, Bote, Deseo Cura, Ojitos Tiernos

BUNEARY **LOPUNNY** **MEGA-LOPUNNY**

BUNNELBY

Pokémon Excavador

REGIONES:
GALAR
KALOS
(CENTRO)

TIPO: NORMAL

Usa hábilmente las orejas para hacer hoyos. Es capaz de excavar una madriguera a 10 m bajo tierra en una sola noche.

Está en alerta permanente. En cuanto oye el batir de alas de un Corviknight, cava un agujero y se oculta bajo tierra.

PRONUNCIACIÓN: BA-nel-bi
ALTURA: 0,4 m
PESO: 5,0 kg

MOVIMIENTOS: Bote, Terratemblor, Excavar, Doble Patada, Terremoto, Azote, Aguzar, Malicioso, Disparo Lodo, Bofetón Lodo, Ataque Rápido, Superdiente, Danza Espada, Placaje, Derribo

BUNNELBY **DIGGERSBY**

BURMY

Pokémon Larva

TIPO: BICHO

Para protegerse de los vientos fríos invernales, se cubre con un caparazón de ramas y hojas.

Si su caparazón se rompe en combate, lo rehace rápidamente con lo que tenga a mano.

PRONUNCIACIÓN: BUR-mi
ALTURA: 0,2 m
PESO: 3,4 kg
MOVIMIENTOS: Protección, Placaje, Picadura, Poder Oculto

MOVIMIENTOS: Protección, Placaje, Picadura, Poder Oculto

TRONCO PLANTA

TRONCO BASURA

TRONCO ARENA

WORMADAM

BURMY

MOTHIM

71

BUTTERFREE

Pokémon Mariposa

REGIONES:
ALOLA
GALAR
KALOS
(CENTRO)
KANTO

TIPO: BICHO-VOLADOR

Aletea a gran velocidad para lanzar al aire sus escamas extremadamente tóxicas.

Recoge néctar a diario y se lo adhiere al pelo de las patas para llevarlo a su nido.

PRONUNCIACIÓN: BA-ter-fri
ALTURA: 1,1 m
PESO: 32,0 kg

MOVIMIENTOS: Tajo Aéreo, Picadura, Zumbido, Confusión, Tornado, Fortaleza, Polvo Veneno, Psicorrayo, Danza Aleteo, Polvo Ira, Velo Sagrado, Somnífero, Disparo Demora, Paralizador, Supersónico, Placaje, Viento Afín, Remolino

CATERPIE → **METAPOD** → **BUTTERFREE**

Forma alternativa:
BUTTERFREE GIGAMAX

La energía del fenómeno Gigamax se cristaliza formando unas escamas tóxicas que emiten un fulgor cegador.

Envuelve a sus enemigos en un remolino capaz de lanzar por los aires un camión de diez toneladas y los remata con sus escamas tóxicas.

ALTURA: >17,0 m
PESO: ???,? kg

BUZZWOLE
Pokémon Hinchado

TIPO: BICHO-LUCHA

Para los seres de este mundo resulta extraño y peligroso, pero en el mundo del que procede es una criatura muy común.

Uno de los Ultraentes. Posee una musculatura excesivamente desarrollada.

PRONUNCIACIÓN: BAS-uol
ALTURA: 2,4 m
PESO: 333,6 kg

MOVIMIENTOS: Aguijón Letal, Puño Trueno, Puño Hielo, Inversión, Fortaleza, Puño Incremento, Foco Energía, Puño Cometa, Corpulencia, Tiro Vital, Aguante, Chupavidas, Mofa, Megapuño, Contraataque, Machada, Plancha, Puño Dinámico, Fuerza Bruta, Puño Certero

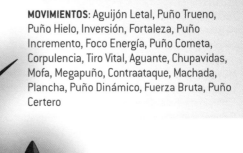

NO EVOLUCIONA

CACNEA

Pokémon Cactus

TIPO: PLANTA

Cacnea habita en desiertos y otras zonas áridas. Para atraer a su presa, libera un fuerte aroma por la flor y, cuando se le acerca, le lanza pinchos por todo el cuerpo para reducirla.

Cuanto más árido y hostil sea el hábitat de Cacnea, más bonita y aromática será la flor que le crece. Este Pokémon lucha agitando violentamente los brazos cargados de pinchos que tiene.

PRONUNCIACIÓN: CAC-nea
ALTURA: 0,4 m
PESO: 51,3 kg

MOVIMIENTOS: Picotazo Veneno, Malicioso, Absorber, Desarrollo, Drenadoras, Ataque Arena, Pin Misil, Arraigo, Finta, Púas, Golpe Bajo, Vendetta, Brazo Pincho, Esporagodón, Tormenta de Arena, Mismo Destino, Energibola

CACNEA → CACTURNE

CACTURNE

Pokémon Espantajo

TIPO: PLANTA-SINIESTRO

Durante el día, Cacturne permanece inmóvil para no perder nada de humedad bajo el sol de justicia del desierto. Este Pokémon entra en acción por la noche, cuando bajan las temperaturas.

Cuando alguien se adentra en un desierto por la noche, Cacturne le sigue junto con varios de los suyos. Este Pokémon espera pacientemente a que el viajero se fatigue y no pueda continuar más, vencido por el cansancio.

PRONUNCIACIÓN: CAC-turn
ALTURA: 1,3 m
PESO: 77,4 kg

MOVIMIENTOS: Barrera Espinosa, Mismo Destino, Desquite, Picotazo Veneno, Malicioso, Absorber, Desarrollo, Drenadoras, Ataque Arena, Brazo Pincho, Finta, Arraigo, Vendetta, Púas, Golpe Bajo, Pin Misil, Energibola, Esporagodón, Tormenta de Arena

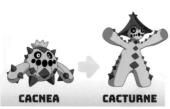

CACNEA → CACTURNE

CAMERUPT

Pokémon Erupción

TIPO: FUEGO-TIERRA

Camerupt encierra un volcán en su interior y magma de 10.000 °C le recorre el cuerpo. A veces, las jorobas de la espalda entran en erupción y escupen el abrasivo magma.

Las jorobas de Camerupt se originaron por una deformación de los huesos. A veces escupen magma líquido, sobre todo cuando el Pokémon se enfada.

PRONUNCIACIÓN: CA-me-ruth
ALTURA: 1,9 m
PESO: 220,0 kg

MOVIMIENTOS: Avalancha, Fisura, Estallido, Gruñido, Placaje, Ascuas, Foco Energía, Magnitud, Pirotecnia, Amnesia, Humareda, Tierra Viva, Maldición, Derribo, Bostezo, Terremoto

MEGA-CAMERUPT

Pokémon Erupción

TIPO: FUEGO-TIERRA

ALTURA: 2,5 m
PESO: 320,5 kg

NUMEL → CAMERUPT → MEGA-CAMERUPT

CARBINK

Pokémon Joya

TIPO: ROCA-HADA

Se dice que en las profundidades subterráneas viven grupos enteros de Carbink con su reina rodeados de toda suerte de joyas.

Para que las piedras preciosas que adornan sus cuerpos no pierdan lustre, los Carbink se las pulen unos a otros con sus suaves bigotes.

PRONUNCIACIÓN: CAR-binc

ALTURA: 0,3 m

PESO: 5,7 kg

MOVIMIENTOS: Placaje, Fortaleza, Lanzarrocas, Afilar, Antiaéreo, Reflejo, Trampa Rocas, Isoguardia, Poder Pasado, Azote, Intercambio, Joya de Luz, Roca Afilada, Fuerza Lunar, Pantalla de Luz, Velo Sagrado

NO EVOLUCIONA

CARKOL
Pokémon Carbón

TIPO: ROCA-FUEGO

Forma carbón en el interior de su cuerpo. Los antiguos habitantes de Galar lo aprovechaban para sus labores diarias.

Gira las patas a gran velocidad para correr a unos 30 km/h. Emite llamas a una temperatura de 1000 ºC.

PRONUNCIACIÓN: CAR-col
ALTURA: 1,1 m
PESO: 78,0 kg

MOVIMIENTOS: Poder Pasado, Llama Final, Nitrocarga, Golpe Calor, Calcinación, Giro Rápido, Pedrada, Pulimento, Antiaéreo, Pantalla de Humo, Trampa Rocas, Placaje

ROLYCOLY → **CARKOL** → **COALOSSAL**

CARNIVINE

Pokémon Cazabichos

TIPO: PLANTA

Atrae a sus presas con saliva de olor dulce y las mastica. Tarda todo un día en comérselas.

Se cuelga de los árboles en los pantanos. Atrae a sus presas con su dulce olor y las engulle.

PRONUNCIACIÓN: CAR-na-vain
ALTURA: 1,4 m
PESO: 27,0 kg

MOVIMIENTOS: Atadura, Desarrollo, Mordisco, Látigo Cepa, Dulce Aroma, Arraigo, Finta, Ciclón de Hojas, Reserva, Escupir, Tragar, Triturar, Estrujón, Latigazo

NO EVOLUCIONA

CARRACOSTA

Pokémon Pretortuga

TIPO: AGUA-ROCA

La brutal presión que ejerce con su mandíbula es tal que las conchas de Omastar y Omanyte no son ninguna molestia cuando los devora.

Para reforzar aún más su robusto caparazón, engulle incluso las conchas y los huesos de las presas que captura.

PRONUNCIACIÓN: ca-rra-COS-ta
ALTURA: 1,2 m
PESO: 81,0 kg

MOVIMIENTOS: Venganza, Refugio, Pistola Agua, Rodar, Mordisco, Protección, Acua Jet, Poder Pasado, Triturar, Vastaguardia, Salmuera, Antiaéreo, Maldición, Rompecoraza, Acua Cola, Avalancha, Danza Lluvia, Hidrobomba

TIRTOUGA   CARRACOSTA

CARVANHA
Pokémon Feroz

TIPO: AGUA-SINIESTRO

Nunca aborda a su presa en solitario, sino que espera a que lleguen sus semejantes para atacar en grupo.

Los marineros evitan por completo las zonas donde habita este Pokémon de afilados colmillos y fuertes mandíbulas.

PRONUNCIACIÓN: car-VA-na
ALTURA: 0,8 m
PESO: 20,8 kg

MOVIMIENTOS: Malicioso, Mordisco, Furia, Foco Energía, Acua Jet, Buena Baza, Chirrido, Contoneo, Colmillo Hielo, Cara Susto, Colmillo Veneno, Triturar, Agilidad, Derribo

CARVANHA   **SHARPEDO**   **MEGA-SHARPEDO**

CASCOON
Pokémon Capullo

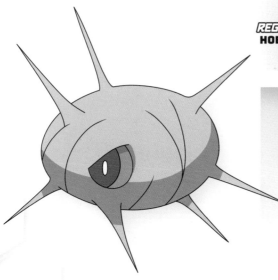

TIPO: BICHO

Cascoon forma el capullo que lo protege enrollándose por completo en la seda que libera por la boca. Cuando está totalmente recubierto, se prepara para evolucionar en el interior del capullo.

Si atacan a Cascoon, se queda inmóvil aunque le hayan hecho mucho daño, puesto que, si se moviera, perdería fuerzas para evolucionar. Nunca olvida el daño que le han hecho.

PRONUNCIACIÓN: cas-CUN
ALTURA: 0,7 m
PESO: 11,5 kg

MOVIMIENTO: Fortaleza

WURMPLE   **CASCOON**   **DUSTOX**

CASTFORM

Pokémon Clima

FORMA NORMAL

TIPO: NORMAL

Cambia de apariencia en función del tiempo atmosférico, pero se trata más bien de una reacción química ajena a su voluntad.

El tiempo atmosférico cambia tanto su aspecto como su estado de ánimo. Cuanto más arrecia, más agresivo se vuelve.

PRONUNCIACIÓN: CAST-form
ALTURA: 0,3 m
PESO: 0,8 kg

MOVIMIENTOS: Placaje, Pistola Agua, Ascuas, Nieve Polvo, Golpe Cabeza, Danza Lluvia, Día Soleado, Granizo, Meteorobola, Hidrobomba, Llamarada, Ventisca, Vendaval

FORMA NIEVE

FORMA SOL

FORMA LLUVIA

NO EVOLUCIONA

CATERPIE

Pokémon Gusano

REGIONES:
ALOLA
GALAR
KALOS
(CENTRO)
KANTO

TIPO: BICHO

Para protegerse, despide un hedor horrible por las antenas con el que repele a sus enemigos.

Sus cortas patas están recubiertas de ventosas que le permiten subir incansable por muros y cuestas.

PRONUNCIACIÓN: CA-ter-pi
ALTURA: 0,3 m
PESO: 2,9 kg

MOVIMIENTOS: Picadura, Disparo Demora, Placaje

CATERPIE

METAPOD

BUTTERFREE

POKÉMON MÍTICO

CELEBI
Pokémon Viajetiempo

TIPO: PSÍQUICO-PLANTA

Este Pokémon vino del futuro haciendo un viaje en el tiempo. Hay quien piensa que, mientras Celebi siga apareciendo, hay un futuro brillante y esperanzador.

PRONUNCIACIÓN: CE-le-bi
ALTURA: 0,6 m
PESO: 5,0 kg

MOVIMIENTOS: Drenadoras, Confusión, Recuperación, Campana Cura, Velo Sagrado, Hoja Mágica, Poder Pasado, Relevo, Don Natural, Anticura, Premonición, Deseo Cura, Lluevehojas, Canto Mortal

NO EVOLUCIONA

CELESTEELA
Pokémon Lanzamiento

ULTRAENTE

TIPO: ACERO-VOLADOR

Uno de los temibles Ultraentes. Las lecturas de las reacciones energéticas procedentes de sus enormes brazos alcanzan picos desorbitados.

Para los seres de este mundo resulta extraño y peligroso, pero en el mundo del que procede es una criatura muy común.

PRONUNCIACIÓN: ze-les-TI-la
ALTURA: 9,2 m
PESO: 999,9 kg

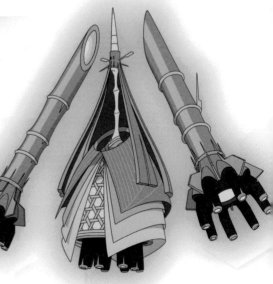

MOVIMIENTOS: Vastaguardia, Tajo Aéreo, Arraigo, Absorber, Fortaleza, Placaje, Antiaéreo, Megaagotar, Drenadoras, Eco Metálico, Cabeza de Hierro, Gigadrenado, Foco Resplandor, Aligerar, Bomba Germen, Cabezazo, Defensa Férrea, Cuerpo Pesado, Doble Filo

NO EVOLUCIONA

CENTISKORCH
Pokémon Radiador

REGIÓN: GALAR

TIPO: FUEGO-BICHO

Cuando genera calor, su temperatura corporal alcanza aproximadamente los 800 °C. Usa el cuerpo a modo de látigo para lanzarse al ataque.

Posee una naturaleza agresiva. El peligro que entraña su cuerpo candente es considerable, aunque sus afilados colmillos no son menos.

PRONUNCIACIÓN: ZEN-tis-korch
ALTURA: 3,0 m
PESO: 120,0 kg

MOVIMIENTOS: Mordisco, Picadura, Llama Final, Enrosque, Triturar, Ascuas, Látigo Ígneo, Giro Fuego, Rueda Fuego, Infierno, Plancha, Atizar, Pantalla de Humo, Constricción

SIZZLIPEDE   CENTISKORCH

Forma alternativa:
CENTISKORCH GIGAMAX

La energía del fenómeno Gigamax ha elevado su temperatura corporal hasta superar los 1000°C. Achicharra al rival con ondas térmicas.

Bajo los efectos del fenómeno Gigamax, el calor que irradia Centiskorch es tal que llega a alterar el clima y provocar tormentas.

ALTURA: >75,0 m
PESO: ???,? kg

CHANDELURE
Pokémon Señuelo

TIPO: FANTASMA-FUEGO

Establece su morada en edificios antiguos. Mece las llamas de los brazos de forma siniestra para hipnotizar a sus enemigos.

Cuentan que, en las mansiones donde se usaba para la iluminación, los funerales se sucedían de forma incesante.

PRONUNCIACIÓN: chan-de-LUR
ALTURA: 1,0 m
PESO: 34,3 kg

MOVIMIENTOS: Impresionar, Rayo Confuso, Maldición, Ascuas, Giro Fuego, Infortunio, Sellar, Infierno, Legado, Reducción, Tinieblas, Sofoco, Divide Dolor, Bola Sombra, Polución, Fuego Fatuo

LITWICK → LAMPENT → CHANDELURE

CHANSEY
Pokémon Huevo

TIPO: NORMAL

Los huevos que pone Chansey tienen un valor nutritivo altísimo y un sabor exquisito. Se consideran un manjar.

Este Pokémon solía ser lento de reflejos, pero ha desarrollado una gran velocidad para evitar que le roben sus preciados huevos.

PRONUNCIACIÓN: CHAN-sii
ALTURA: 1,1 m
PESO: 34,6 kg

MOVIMIENTOS: Doble Filo, Rizo Defensa, Destructor, Gruñido, Látigo, Alivio, Doble Bofetón, Amortiguador, Ofrenda, Reducción, Derribo, Canto, Lanzamiento, Pulso Cura, Bomba Huevo, Pantalla de Luz, Deseo Cura

HAPPINY → CHANSEY → BLISSEY

CHARIZARD

Pokémon Llama

TIPO: FUEGO-VOLADOR

Escupe un fuego tan caliente que funde las rocas. Causa incendios forestales sin querer.

Sus potentes alas le permiten volar a una altura de 1400 m. Escupe llamaradas que llegan a alcanzar temperaturas elevadísimas.

PRONUNCIACIÓN: CHA-ri-zard
ALTURA: 1,7 m
PESO: 90,5 kg

MOVIMIENTOS: Tajo Aéreo, Dragoaliento, Garra Dragón, Ascuas, Colmillo Ígneo, Giro Fuego, Lanzallamas, Envite Ígneo, Gruñido, Onda Ígnea, Infierno, Cara Susto, Arañazo, Cuchillada, Pantalla de Humo

CHARMANDER

CHARMELEON

CHARIZARD

MEGA-CHARIZARD X

MEGA-CHARIZARD Y

84

MEGA-CHARIZARD X
Pokémon Llama

TIPO: FUEGO-DRAGÓN

ALTURA: 1,7 m
PESO: 110,5 kg

MEGA-CHARIZARD Y
Pokémon Llama

TIPO: FUEGO-VOLADOR

ALTURA: 1,7 m
PESO: 100,5 kg

Forma alternativa:
CHARIZARD GIGAMAX

La energía del fenómeno Gigamax ha dotado a este Charizard de alas en llamas y un enorme tamaño.

Las llamas del interior de su cuerpo forman un torbellino que alcanza los 2000 °C. Al rugir aumenta todavía más su energía térmica.

ALTURA: >28,0 m
PESO: ???,? kg

CHARJABUG

Pokémon Batería

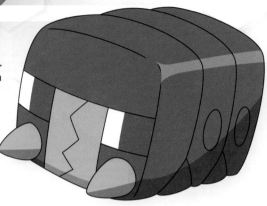

TIPO: BICHO-ELÉCTRICO

Se protege el cuerpo con un robusto caparazón. Contraataca liberando corriente eléctrica por la punta de las mandíbulas.

Al digerir la hojarasca de la que se alimenta, genera energía eléctrica que almacena en la bolsa que posee para tal efecto.

PRONUNCIACIÓN: CHAR-ya-bag
ALTURA: 0,5 m
PESO: 10,5 kg

MOVIMIENTOS: Mordisco, Picadura, Carga, Triturar, Excavar, Chispazo, Defensa Férrea, Bofetón Lodo, Chispa, Red Viscosa, Disparo Demora, Agarre, Tijera X

GRUBBIN   **CHARJABUG**   **VIKAVOLT**

CHARMANDER

Pokémon Lagartija

TIPO: FUEGO

Prefiere las cosas calientes. Dicen que cuando llueve le sale vapor de la punta de la cola.

Este Pokémon nace con una llama en la punta de la cola. Si se le apagara, fallecería.

PRONUNCIACIÓN: char-MAN-der
ALTURA: 0,6 m
PESO: 8,5 kg

MOVIMIENTOS: Dragoaliento, Ascuas, Colmillo Ígneo, Giro Fuego, Lanzallamas, Envite Ígneo, Gruñido, Infierno, Cara Susto, Arañazo, Cuchillada, Pantalla de Humo

**MEGA-
CHARIZARD X**

**MEGA-
CHARIZARD Y**

CHARMANDER   **CHARMELEON**   **CHARIZARD**

CHARMELEON
Pokémon Llama

TIPO: FUEGO

Este Pokémon de naturaleza agresiva ataca en combate con su cola llameante y hace trizas al rival con sus afiladas garras.

Si se exalta en combate, expulsa intensas llamaradas que incineran todo a su alrededor.

PRONUNCIACIÓN: char-MI-lion
ALTURA: 1,1 m
PESO: 19,0 kg

MOVIMIENTOS: Dragoaliento, Ascuas, Colmillo Ígneo, Giro Fuego, Lanzallamas, Envite Ígneo, Gruñido, Infierno, Cara Susto, Arañazo, Cuchillada, Pantalla de Humo

MEGA-CHARIZARD X

MEGA-CHARIZARD Y

CHARMANDER **CHARMELEON** **CHARIZARD**

CHATOT
Pokémon Corchea

TIPO: NORMAL-VOLADOR

Imita los sonidos de sus rivales, haciéndoles creer que son amigos e impidiendo que le ataquen.

Puede imitar el lenguaje humano. Si se juntan varios, todos aprenden las mismas palabras.

PRONUNCIACIÓN: cha-TOT
ALTURA: 0,5 m
PESO: 1,9 kg

MOVIMIENTOS: Vozarrón, Cháchara, Confidencia, Mofa, Picotazo, Gruñido, Espejo, Canto, Ataque Furia, Canon, Mimético, Eco Voz, Respiro, Alboroto, Sincrorruido, Danza Pluma

NO EVOLUCIONA

CHERRIM

Pokémon Floración

TIPO: PLANTA

Permanece casi inmóvil cerrado en un capullo a la espera de que lo bañen los rayos del sol.

Al cerrarse, sus pétalos son tan duros que resultan inmunes a los picotazos de los Pokémon pájaro.

PRONUNCIACIÓN: CHE-rrim
ALTURA: 0,5 m
PESO: 9,3 kg

MOVIMIENTOS: Defensa Floral, Desarrollo, Refuerzo, Follaje, Drenadoras, Hoja Mágica, Sol Matinal, Tormenta Floral, Danza Pétalo, Rayo Solar, Día Soleado, Placaje, Derribo, Abatidoras

CHERUBI → CHERRIM

TIPO: PLANTA

Se ve obligado a huir constantemente de los Pokémon pájaro, pues su pequeña esfera repleta de nutrientes es su manjar predilecto.

Cuanto más rojo sea su cuerpo, más dulce y deliciosa será su pequeña esfera repleta de nutrientes.

PRONUNCIACIÓN: che-RU-bi
ALTURA: 0,4 m
PESO: 3,3 kg

MOVIMIENTOS: Desarrollo, Refuerzo, Follaje, Drenadoras, Hoja Mágica, Sol Matinal, Tormenta Floral, Rayo Solar, Placaje, Derribo, Abatidoras

CHERUBI

Pokémon Cereza

CHERUBI → CHERRIM

CHESNAUGHT

Pokémon Corazaespín

TIPO: PLANTA-LUCHA

Su fuerza es tal que, de una tacleada, puede hacer volcar un tanque de 50 toneladas. Protege a sus aliados cuando hace de escudo.

Cuando adopta una postura defensiva juntando ambos puños delante de la cara, es capaz de resistir incluso el impacto directo de una bomba.

PRONUNCIACIÓN: CHES-not
ALTURA: 1,6 m
PESO: 90,0 kg

MOVIMIENTOS: Amago, Machada, Tambor, Placaje, Gruñido, Látigo Cepa, Rodar, Mordisco, Drenadoras, Pin Misil, Brazo Pincho, Derribo, Bomba Germen, Barrera Espinosa, Disparo Lodo, Corpulencia, Golpe Cuerpo, Divide Dolor, Mazazo, Gigaimpacto

CHESPIN → QUILLADIN → CHESNAUGHT

CHESPIN

Pokémon Erizo

TIPO: PLANTA

Cuando acumula energía, las suaves púas de su cabeza se vuelven tan duras y afiladas que hasta pueden atravesar rocas.

La robusta coraza que le recubre la cabeza y la espalda lo protege de tal manera que podría chocar contra un camión y permanecer impasible.

PRONUNCIACIÓN: CHES-pin
ALTURA: 0,4 m
PESO: 9,0 kg

MOVIMIENTOS: Gruñido, Látigo Cepa, Rodar, Mordisco, Drenadoras, Pin Misil, Derribo, Bomba Germen, Disparo Lodo, Corpulencia, Golpe Cuerpo, Divide Dolor, Mazazo

CHESPIN → QUILLADIN → CHESNAUGHT

CHEWTLE

Pokémon Mordedura

TIPO: AGUA

Muerde todo lo que se le ponga por delante. Al parecer, lo hace para aliviar el dolor que siente cuando le crecen los incisivos.

El cuerno que tiene en la cabeza es duro como una roca. Lo usa para atacar al rival y, cuando este baja la guardia, lo muerde y no lo suelta.

PRONUNCIACIÓN: CHU-tel
ALTURA: 0,3 m
PESO: 8,5 kg

MOVIMIENTOS: Mordisco, Golpe Cuerpo, Contraataque, Golpe Cabeza, Presa Maxilar, Hidroariete, Protección, Placaje, Pistola Agua

CHEWTLE → DREDNAW

TIPO: PLANTA

Al luchar, Chikorita agita la hoja que tiene para mantener a raya al rival. Pero, al mismo tiempo, libera una suave fragancia que apacigua el encuentro y crea un ambiente agradable y de amistad.

PRONUNCIACIÓN: chi-co-RI-ta
ALTURA: 0,9 m
PESO: 6,4 kg

MOVIMIENTOS: Placaje, Gruñido, Hoja Afilada, Polvo Veneno, Síntesis, Reflejo, Hoja Mágica, Don Natural, Dulce Aroma, Pantalla de Luz, Golpe Cuerpo, Velo Sagrado, Aromaterapia, Rayo Solar

REGIÓN: JOHTO

CHIKORITA
Pokémon Hoja

CHIKORITA → **BAYLEEF** → **MEGANIUM**

REGIÓN: SINNOH

CHIMCHAR
Pokémon Chimpancé

TIPO: FUEGO

El gas de su panza alimenta el fuego de su parte trasera, que ni la lluvia puede extinguir.

El fuego que arde en su cola lo generan los gases de su estómago y disminuye cuando está débil.

PRONUNCIACIÓN: CHIM-char
ALTURA: 0,5 m
PESO: 6,2 kg

MOVIMIENTOS: Arañazo, Malicioso, Ascuas, Mofa, Golpes Furia, Rueda Fuego, Maquinación, Tormento, Imagen, Giro Fuego, Acróbata, Relajo, Lanzallamas

CHIMCHAR → **MONFERNO** → **INFERNAPE**

CHIMECHO

Pokémon Campanilla

TIPO: PSÍQUICO

Chimecho hace que sus gritos resuenen con eco en su interior. Cuando se enfada, los chillidos se convierten en ondas ultrasónicas capaces de derribar a los enemigos voladores.

Cuando hay viento fuerte, Chimecho chilla colgado de la rama de un árbol o de los aleros de un edificio por la ventosa que tiene en la cabeza. Este Pokémon usa la larga cola que tiene para agarrar bayas y comérselas.

PRONUNCIACIÓN: chai-ME-co
ALTURA: 0,6 m
PESO: 1,0 kg

MOVIMIENTOS: Deseo Cura, Sincrorruido, Constricción, Gruñido, Impresionar, Confusión, Alboroto, Derribo, Bostezo, Psicoonda, Doble Filo, Campana Cura, Velo Sagrado, Paranormal, Pulso Cura

CHINGLING → CHIMECHO

CHINCHOU

Pokémon Rape

REGIONES:
ALOLA
GALAR
JOHTO
KALOS
(COSTA)

TIPO: AGUA-ELÉCTRICO

Sus otrora dos aletas han evolucionado a las actuales antenas y ambas tienen carga positiva y negativa.

En el oscuro fondo del océano, su único modo de comunicarse son las luces parpadeantes que emite por las antenas.

PRONUNCIACIÓN: CHIN-chu
ALTURA: 0,5 m
PESO: 12,0 kg

MOVIMIENTOS: Acua Aro, Rayo Burbuja, Carga, Rayo Confuso, Chispazo, Bola Voltio, Azote, Hidrobomba, Chispa, Supersónico, Derribo, Onda Trueno, Pistola Agua

CHINCHOU → LANTURN

CHINGLING

Pokémon Cascabel

TIPO: PSÍQUICO

Emite un tintineo cada vez que salta. Ensordece a sus rivales con sonidos de alta frecuencia.

Tiene una esfera en la boca. Cuando salta, la esfera rebota y emite un tintineo.

PRONUNCIACIÓN: chin-GLING
ALTURA: 0,2 m
PESO: 0,6 kg

MOVIMIENTOS: Constricción, Gruñido, Impresionar, Confusión, Bostezo, Última Baza, Danza Amiga, Alboroto

CHINGLING   CHIMECHO

CINCCINO

Pokémon Estola

TIPO: NORMAL

Es tan sumamente pulcro que no puede ver un poco de polvo. La grasa que exuda por el cuerpo le sirve de película protectora.

Su pelaje está recubierto por una grasa especial que repele los ataques enemigos y por la que se llegan a pagar auténticas fortunas.

PRONUNCIACIÓN: chin-CHI-no
ALTURA: 0,5 m
PESO: 7,5 kg

MOVIMIENTOS: Cede Paso, Ojitos Tiernos, Semilladora, Encanto, Eco Voz, Otra Vez, Refuerzo, Vozarrón, Última Baza, Destructor, Pedrada, Canto, Atizar, Rapidez, Plumerazo, Cosquillas

MINCCINO   CINCCINO

CINDERACE

Pokémon Delantero

TIPO: FUEGO

Convierte piedras en balones de fuego dándoles toques y, luego, tira con fuerza hacia el rival para chamuscarlo.

Destaca tanto en ataque como en defensa. Se crece cuando recibe una ovación, pero a veces se luce tanto que termina viéndose en apuros.

PRONUNCIACIÓN: SIN-de-reis
ALTURA: 1,4 m
PESO: 33,0 kg

MOVIMIENTOS: Agilidad, Bote, Contraataque, Cambio de Cancha, Doble Patada, Doble Filo, Ascuas, Amago, Nitrocarga, Gruñido, Golpe Cabeza, Balón Ígneo, Ataque Rápido, Placaje

SCORBUNNY   RABOOT   CINDERACE

Forma alternativa:
CINDERACE GIGAMAX

Imbuido del espíritu de lucha de Cinderace, su gigantesco balón de fuego jamás falla el blanco y dejará chamuscado al rival de forma irremisible.

La energía del fenómeno Gigamax ha hecho que su balón de fuego llegue a superar los 100 m de diámetro.

ALTURA: >27,0 m
PESO: ???,? kg

CLAMPERL
Pokémon Bivalvo

TIPO: AGUA

Este Pokémon, que no aparenta ser carnívoro, atrapa a sus presas con ambas conchas y no las suelta hasta que dejan de moverse.

La perla que contiene vale un potosí. De hecho, su precio puede llegar a ser incluso más de diez veces superior al de la perla de Shellder.

PRONUNCIACIÓN: CLAM-perl
ALTURA: 0,4 m
PESO: 52,5 kg

MOVIMIENTOS: Tenaza, Pistola Agua, Torbellino, Defensa Férrea, Rompecoraza

HUNTAIL

CLAMPERL

GOREBYSS

CLAUNCHER
Pokémon Proyectagua

TIPO: AGUA

Aunque pierda una pinza en combate, volverá a crecerle. La carne del interior de sus pinzas es considerada un auténtico manjar en Galar.

Acalla a sus enemigos con balas de agua que dispara haciendo explotar el gas de su pinza derecha.

PRONUNCIACIÓN: CLAUN-cher
ALTURA: 0,5 m
PESO: 8,3 kg

MOVIMIENTOS: Salpicadura, Pistola Agua, Hidrochorro, Agarre, Burbuja, Azote, Rayo Burbuja, Danza Espada, Martillazo, Hidropulso, Antiaéreo, Acua Jet, Agua Lodosa

CLAUNCHER

CLAWITZER

CLAWITZER

Pokémon Lanzachorro

TIPO: AGUA

Las antenas de su enorme pinza le permiten detectar la posición de sus presas para luego acribillarlas a cañonazos con bolas de agua.

Con el cañón de su brazo derecho dispara proyectiles de agua marina con tanta potencia que son capaces de hundir un petrolero.

PRONUNCIACIÓN: CLAU-vit-zer
ALTURA: 1,3 m
PESO: 35,3 kg

MOVIMIENTOS: Pulso Cura, Pulso Umbrío, Pulso Dragón, Esfera Aural, Salpicadura, Pistola Agua, Hidrochorro, Agarre, Burbuja, Azote, Rayo Burbuja, Danza Espada, Martillazo, Hidropulso, Antiaéreo, Acua Jet, Agua Lodosa

CLAUNCHER → CLAWITZER

CLAYDOL

Pokémon Muñeca Barro

TIPO: TIERRA-PSÍQUICO

Al parecer, este misterioso Pokémon nació a partir de una figurilla de barro creada por una civilización de hace más de 20.000 años.

Dicen que surgió de una figurilla de barro hecha por una antigua civilización. Usa telequinesia para levitar y moverse.

PRONUNCIACIÓN: CLEI-dol
ALTURA: 1,5 m
PESO: 108,0 kg

MOVIMIENTOS: Poder Pasado, Confusión, Masa Cósmica, Tierra Viva, Explosión, Paranormal, Isoguardia, Fortaleza, Hiperrayo, Sellar, Bofetón Lodo, Isofuerza, Truco Fuerza, Psicorrayo, Giro Rápido, Tumba Rocas, Tormenta de Arena, Autodestrucción, Teletransporte

BALTOY → CLAYDOL

CLEFABLE
Pokémon Hada

TIPO: HADA

Este Pokémon de aspecto feérico, raramente visto por los humanos, corre a esconderse en cuanto detecta que hay alguien cerca.

Su oído es tan fino que puede percibir cómo cae una aguja a 1 km de distancia. Por eso suele habitar en lugares tranquilos.

PRONUNCIACIÓN: cle-FEI-bol
ALTURA: 1,3 m
PESO: 40,0 kg

MOVIMIENTOS: Cede Paso, Encanto, Copión, Masa Cósmica, Voz Cautivadora, Otra Vez, Señuelo, Gravedad, Deseo Cura, Gota Vital, Puño Meteoro, Metrónomo, Reducción, Fuerza Lunar, Luz Lunar, Destructor, Canto, Salpicadura, Poder Reserva, Beso Dulce

CLEFFA   CLEFAIRY   CLEFABLE

CLEFAIRY
Pokémon Hada

TIPO: HADA

Se dice que la felicidad llegará a quien vea un grupo de Clefairy bailando a la luz de la luna llena.

Su adorable grito y comportamiento lo hacen muy popular. Sin embargo, raramente se avista.

PRONUNCIACIÓN: cle-FEI-ri
ALTURA: 0,6 m
PESO: 7,5 kg

MOVIMIENTOS: Cede Paso, Encanto, Copión, Masa Cósmica, Rizo Defensa, Voz Cautivadora, Otra Vez, Señuelo, Gravedad, Gruñido, Deseo Cura, Gota Vital, Puño Meteoro, Metrónomo, Reducción, Fuerza Lunar, Luz Lunar, Destructor, Canto, Salpicadura, Poder Reserva, Beso Dulce

CLEFFA   CLEFAIRY   CLEFABLE

CLEFFA

Pokémon Estrella

TIPO: HADA

Los lugareños rumorean que suele encontrarse en lugares donde han caído estrellas fugaces.

Por su inusual forma estrellada, la gente cree que procede de un meteorito que cayó a la tierra.

PRONUNCIACIÓN: CLE-fa
ALTURA: 0,3 m
PESO: 3,0 kg

MOVIMIENTOS: Encanto, Copión, Voz Cautivadora, Otra Vez, Destructor, Canto, Salpicadura, Beso Dulce

CLEFFA   CLEFAIRY   CLEFABLE

CLOBBOPUS

Pokémon Malcriado

REGIÓN:
GALAR

TIPO: NORMAL

Emerge a tierra firme en busca de alimento. Su extrema curiosidad lo induce a golpear con los tentáculos todo lo que entra en su campo visual.

Su inteligencia es similar a la de un niño de tres años. Sus tentáculos se desprenden a menudo, pero ni se inmuta, ya que se regeneran solos.

PRONUNCIACIÓN: CLO-bo-pus
ALTURA: 0,6 m
PESO: 4,0 kg

MOVIMIENTOS: Atadura, Demolición, Corpulencia, Detección, Amago, Malicioso, Inversión, Golpe Roca, Sumisión, Fuerza Bruta, Mofa

CLOBBOPUS   GRAPPLOCT

REGIONES:
ALOLA
GALAR
KALOS
(COSTA)
KANTO

CLOYSTER
Pokémon Bivalvo

TIPO: AGUA-HIELO

La concha que lo cubre es extremadamente dura, hasta el punto de que ni siquiera una bomba puede destrozarla. Solo se abre cuando ataca.

Una vez que ha cerrado la concha, es imposible abrirla, independientemente de la fuerza que se ejerza.

PRONUNCIACIÓN: CLOIS-ter
ALTURA: 1,5 m
PESO: 132,5 kg

MOVIMIENTOS: Rayo Aurora, Hidrobomba, Rayo Hielo, Canto Helado, Chuzos, Carámbano, Defensa Férrea, Malicioso, Protección, Concha Filo, Rompecoraza, Púas, Supersónico, Placaje, Púas Tóxicas, Pistola Agua, Torbellino, Refugio

SHELLDER → CLOYSTER

COALOSSAL
Pokémon Carbón

TIPO: FUEGO

Aunque es de carácter sereno, monta en cólera si ve a seres humanos dañando una mina y reduce todo a cenizas con sus llamas a 1500 ºC.

Cuando se enzarza en un combate, la montaña de carbón arde al rojo vivo y esparce chispas que calcinan todo lo que le rodea.

PRONUNCIACIÓN: co-LO-sal
ALTURA: 2,8 m
PESO: 310,5 kg

MOVIMIENTOS: Poder Pasado, Llama Final, Nitrocarga, Golpe Calor, Calcinación, Giro Rápido, Pedrada, Pulimento, Antiaéreo, Pantalla de Humo, Trampa Rocas, Placaje, Alquitranazo

ROLYCOLY   **CARKOL**   **COALOSSAL**

Forma alternativa:
COALOSSAL GIGAMAX

Su torso es una forja gigantesca donde arden llamas a 2000 ºC avivadas por la energía del fenómeno Gigamax.

Dicen que hace tiempo salvó incontables vidas de una cruenta ola de frío usando su cuerpo a modo de estufa gigante.

ALTURA: >42,0 m
PESO: ???,? kg

POKÉMON LEGENDARIO

COBALION
Pokémon Tesón Acero

TIPO: ACERO-LUCHA

Posee un cuerpo y un corazón de acero. Basta una mirada suya para que Pokémon violentos le obedezcan.

Pokémon legendario que luchó contra los humanos para defender a los Pokémon. Es frío y mantiene la serenidad.

PRONUNCIACIÓN: co-BA-lion
ALTURA: 2,1 m
PESO: 250,0 kg

MOVIMIENTOS: Ataque Rápido, Malicioso, Doble Patada, Garra Metal, Derribo, Refuerzo, Represalia, Cabeza de Hierro, Espada Santa, Danza Espada, Anticipo, Avivar, Represión Metal, A Bocajarro

NO EVOLUCIONA

POKÉMON LEGENDARIO

CÓDIGO CERO
Pokémon Multigénico

TIPO: NORMAL

Se rumorea que ha sido recreado en Galar a partir de documentos de investigación de alto secreto robados.

Fue creado a imagen de un Pokémon mitológico. Lleva una máscara de contención para evitar que su poder se descontrole.

PRONUNCIACIÓN: CO-di-go CE-ro
ALTURA: 1,9 m
PESO: 120,5 kg

MOVIMIENTOS: Golpe Aéreo, Tajo Aéreo, Garra Brutal, Doble Golpe, Doble Filo, Sellar, Cabeza de Hierro, Eco Metálico, Cara Susto, Placaje, Derribo, Triataque, Tijera X

CÓDIGO CERO → **SILVALLY**

COFAGRIGUS

Pokémon Sepultura

TIPO: FANTASMA

Su cuerpo es de brillante oro.
Se dice que ya no recuerda nada
de su pasado como humano.

Aparece representado en los muros de
antiguas sepulturas como símbolo
de riqueza de reyes de antaño.

PRONUNCIACIÓN: co-FA-gri-gus
ALTURA: 1,7 m
PESO: 76,5 kg

MOVIMIENTOS: Impresionar, Truco Defensa,
Maldición, Pulso Umbrío, Mismo Destino,
Anulación, Rabia, Isoguardia, Niebla,
Infortunio, Mal de Ojo, Tinieblas, Isofuerza,
Protección, Cara Susto, Bola Sombra, Garra
Umbría, Fuego Fatuo

YAMASK   COFAGRIGUS

COMBEE

Pokémon Abejita

TIPO: BICHO-VOLADOR

Este trío no se separa jamás, pero cada
uno tiene sus propios gustos en
cuanto a néctar se refiere.

Recolecta néctar de sol a sol
para entregarlo a la colonia
y a Vespiquen.

PRONUNCIACIÓN: com-BII
ALTURA: 0,3 m
PESO: 5,5 kg

MOVIMIENTOS: Dulce Aroma, Tornado,
Picadura, Zumbido

COMBEE   VESPIQUEN

COMBUSKEN

Pokémon Ave Corral

TIPO: FUEGO-LUCHA

Combusken fortalece las piernas corriendo por llanos y montañas. Este Pokémon tiene en las extremidades inferiores tanto fuerza como velocidad. Puede dar hasta diez patadas por segundo.

Combusken lucha haciendo uso de las abrasadoras llamas que expulsa por el pico y de unas patadas fulminantes. Este Pokémon emite un sonido muy fuerte y molesto.

PRONUNCIACIÓN: com-bus-KEN
ALTURA: 0,9 m
PESO: 19,5 kg

TORCHIC   COMBUSKEN   BLAZIKEN   MEGA-BLAZIKEN

MOVIMIENTOS: Arañazo, Gruñido, Foco Energía, Ascuas, Doble Patada, Picotazo, Ataque Arena, Corpulencia, Ataque Rápido, Cuchillada, Espejo, Gancho Alto, Envite Ígneo, Nitrocarga

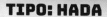

COMFEY

Pokémon Recogeflores

TIPO: HADA

Prende flores en su tallo para decorar su propio cuerpo y, misteriosamente, no se marchitan nunca.

Este Pokémon libera una agradable fragancia, que varía de individuo a individuo debido a que cada uno se engalana con flores diferentes.

PRONUNCIACIÓN: CAM-fei
ALTURA: 0,1 m
PESO: 0,3 kg

MOVIMIENTOS: Refuerzo, Látigo Cepa, Defensa Floral, Drenadoras, Beso Drenaje, Hoja Mágica, Desarrollo, Constricción, Beso Dulce, Don Natural, Tormenta Floral, Síntesis, Dulce Aroma, Hierba Lazo, Cura Floral, Danza Pétalo, Aromaterapia, Campo de Hierba, Carantoña

NO EVOLUCIONA

CONKELDURR

Pokémon Musculoso

TIPO: LUCHA

El hormigón que preparan los Conkeldurr es mucho más duro y resistente que el ordinario, aunque la composición sea la misma.

Cuando decide ponerse en serio, suelta sus pilares de hormigón y se abalanza sobre el rival con solo un puño como arma.

PRONUNCIACIÓN: con-kel-DUR
ALTURA: 1,4 m
PESO: 87,0 kg

MOVIMIENTOS: Corpulencia, Puño Dinámico, Foco Energía, Puño Certero, Machada, Malicioso, Patada Baja, Destructor, Avalancha, Lanzarrocas, Cara Susto, Atizar, Roca Afilada, Fuerza Bruta

TIMBURR → GURDURR → CONKELDURR

COPPERAJAH

Pokémon Broncefante

TIPO: ACERO

Su piel verdosa es resistente al agua. Proviene de tierras lejanas y presta ayuda a las personas en la realización de ciertos trabajos.

Viven en manadas. La fuerza prensil de su trompa es tan extraordinaria que le permite hacer añicos incluso grandes rocas.

PRONUNCIACIÓN: co-pe-rra-JA
ALTURA: 3,0 m
PESO: 650,0 kg

MOVIMIENTOS: Terratemblor, Excavar, Gruñido, Cuerpo Pesado, Fuerza Equina, Defensa Férrea, Cabeza de Hierro, Carantoña, Golpe Roca, Rodar, Pisotón, Fuerza, Fuerza Bruta, Placaje

CUFANT → COPPERAJAH

CORPHISH

Pokémon Rufián

TIPO: AGUA

Por muy sucio o contaminado que esté el río, se adaptan rápido y se multiplican. Poseen una gran fuerza vital.

Si bien procede del extranjero, ahora se halla en estado salvaje. Puede vivir hasta en los ríos más sucios.

PRONUNCIACIÓN: COR-fish
ALTURA: 0,6 m
PESO: 11,5 kg

MOVIMIENTOS: Rayo Burbuja, Martillazo, Triturar, Doble Golpe, Esfuerzo, Guillotina, Fortaleza, Desarme, Malicioso, Tajo Umbrío, Protección, Concha Filo, Danza Espada, Mofa, Pistola Agua

CORPHISH → CRAWDAUNT

Forma alternativa:
COPPERAJAH GIGAMAX

Cuando proyecta la intensa energía acumulada en su trompa, puede cambiar la topografía haciendo añicos las montañas.

La energía del fenómeno Gigamax ha agigantado su trompa de tal forma que puede derrumbar un rascacielos de un solo golpe.

ALTURA: >23,0 m
PESO: ???,? kg

CORSOLA
Pokémon Coral

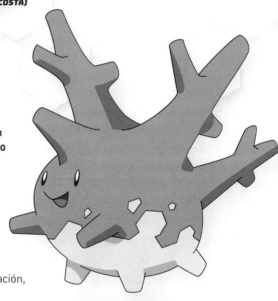

TIPO: AGUA-ROCA

Las ramas que le brotan de la cabeza se regeneran si se rompen. Las más bellas se emplean como amuleto en los partos.

Habita en mares cálidos. Antiguamente vivían en las aguas costeras de Galar un gran número de ejemplares.

PRONUNCIACIÓN: cor-SO-la
ALTURA: 0,6 m
PESO: 5,0 kg

MOVIMIENTOS: Poder Pasado, Acua Aro, Rayo Burbuja, Tierra Viva, Aguante, Azote, Fortaleza, Gota Vital, Manto Espejo, Joya de Luz, Recuperación, Placaje, Pistola Agua

NO EVOLUCIONA

CORSOLA DE GALAR
Pokémon Coral

TIPO: FANTASMA

Es habitual hallarlos en lo que antaño fueron lechos oceánicos. Maldice a aquellos que le dan un puntapié confundiéndolo con un pedrusco.

Perdió la vida hace miles de años debido a un repentino cambio en su hábitat. Absorbe la vitalidad de la gente con sus ramas.

PRONUNCIACIÓN: cor-SO-la
ALTURA: 0,6 m
PESO: 0,5 kg

MOVIMIENTOS: Poder Pasado, Impresionar, Maldición, Anulación, Rabia, Fortaleza, Infortunio, Manto Espejo, Tinieblas, Joya de Luz, Rencor, Absorbefuerza, Placaje

CORSOLA DE GALAR → CURSOLA

CORVIKNIGHT

Pokémon Cuervo

TIPO: VOLADOR-ACERO

No tiene rival en los cielos de Galar. El acero negro y lustroso de su cuerpo intimida a cualquier adversario.

Debido a su excelente capacidad de vuelo y a su gran inteligencia, ejerce de taxi volador en Galar.

PRONUNCIACIÓN: COR-bi-nait
ALTURA: 2,2 m
PESO: 75,0 kg

MOVIMIENTOS: Pájaro Osado, Pico Taladro, Ataque Furia, Afilagarras, Defensa Férrea, Malicioso, Eco Metálico, Picotazo, Picoteo, Chulería, Cara Susto, Ala de Acero, Contoneo, Mofa

ROOKIDEE   **CORVISQUIRE**   **CORVIKNIGHT**

Forma alternativa:
CORVIKNIGHT GIGAMAX

Gracias al fenómeno Gigamax, le basta batir las alas para levantar vientos más fuertes que un huracán, capaces de arrasarlo todo.

Las ocho plumas que tiene en el lomo, llamadas ornitofilos, pueden separarse del cuerpo y atacar al rival de forma independiente.

ALTURA: >14,0 m
PESO: ???,? kg

CORVISQUIRE

Pokémon Cuervo

TIPO: VOLADOR

Su inteligencia le permite servirse de objetos. Por ejemplo, recoge y lanza piedras con las patas, o utiliza cuerdas para atrapar a su oponente.

Tras haber librado combates muy duros, ha desarrollado la habilidad de determinar con precisión la fuerza de su adversario.

PRONUNCIACIÓN: COR-bis-quair
ALTURA: 0,8 m
PESO: 16,0 kg

MOVIMIENTOS: Pájaro Osado, Pico Taladro, Ataque Furia, Afilagarras, Malicioso, Picotazo, Picoteo, Chulería, Cara Susto, Contoneo, Mofa

ROOKIDEE   CORVISQUIRE   CORVIKNIGHT

COSMOEM

Pokémon Protostrella

POKÉMON LEGENDARIO

TIPO: PSÍQUICO

En la antigüedad, un rey de Alola lo apodó Crisálida de las Estrellas y erigió un altar en su honor.

Crece continuamente gracias a la luz que absorbe. Su caparazón dorado es más duro de lo que parece.

PRONUNCIACIÓN: COS-mo-em
ALTURA: 0,1 m
PESO: 999,9 kg

MOVIMIENTOS: Masa Cósmica, Teletransporte

SOLGALEO

LUNALA

COSMOG   COSMOEM

TIPO: PSÍQUICO

Hasta la brisa más leve es capaz de arrastrar su cuerpo, compuesto de una materia gaseosa inestable, pero no parece que eso le moleste.

No está claro si es un Pokémon de este mundo. Cuando está en apuros, se teletransporta a un lugar seguro donde esconderse.

PRONUNCIACIÓN: COS-mog
ALTURA: 0,2 m
PESO: 0,1 kg

MOVIMIENTOS: Salpicadura, Teletransporte

COSMOG

COSMOEM

SOLGALEO

LUNALA

COTTONEE
Pokémon Bolalgodón

TIPO: PLANTA-HADA

Lanza bolas de algodón para defenderse. A veces, la fuerza de un tifón llega a arrastrarlo hasta el otro extremo del mundo.

Combinando los algodones de los Cottonee y Eldegoss se obtiene una tela exquisita, que usan las marcas más exclusivas.

PRONUNCIACIÓN: CO-to-ni
ALTURA: 0,3 m
PESO: 0,6 kg

MOVIMIENTOS: Absorber, Encanto, Rizo Algodón, Esporagodón, Esfuerzo, Energibola, Viento Feérico, Gigadrenado, Desarrollo, Refuerzo, Drenadoras, Megaagotar, Polvo Veneno, Hoja Afilada, Rayo Solar, Paralizador, Día Soleado

COTTONEE   WHIMSICOTT

CRABOMINABLE
Pokémon Cangrejopelo

TIPO: LUCHA-HIELO

En el interior de las pinzas acumula aire gélido. Los golpes que asesta son capaces de hacer añicos incluso gruesas paredes de hielo.

No se lo piensa dos veces a la hora de golpear. Se tiene constancia de que sus puñetazos frenéticos han llegado a detener avalanchas.

PRONUNCIACIÓN: cra-BO-mi-na-bol
ALTURA: 1,7 m
PESO: 180,0 kg

MOVIMIENTOS: Puño Hielo, Burbuja, Golpe Roca, Malicioso, Persecución, Rayo Burbuja, Puño Incremento, Puño Mareo, Alud, Inversión, Martillo Hielo, Defensa Férrea, Puño Dinámico, A Bocajarro

CRABRAWLER   CRABOMINABLE

CRABRAWLER
Pokémon Púgil

TIPO: LUCHA

Usa hábilmente sus robustas pinzas tanto para atacar como para defenderse. Las peleas entre congéneres parecen combates de boxeo.

A veces trepa por Exeggutor al confundirlo con una palmera de verdad. Este, presa de la ira, se desembaraza de él a sacudidas y lo pisotea.

PRONUNCIACIÓN: cra-BRAU-lar
ALTURA: 0,6 m
PESO: 7,0 kg

MOVIMIENTOS: Burbuja, Golpe Roca, Malicioso, Persecución, Rayo Burbuja, Puño Incremento, Puño Mareo, Vendetta, Inversión, Martillazo, Defensa Férrea, Puño Dinámico, A Bocajarro

CRABRAWLER → CRABOMINABLE

CRADILY
Pokémon Percebe

TIPO: ROCA-PLANTA

Por lo general habitaba en las profundidades del mar y salía a tierra firme en busca de presas cuando bajaba la marea.

Pokémon carnívoro de mares ancestrales. Con los ocho tentáculos atrapa a su presa y la come a medida que sus jugos gástricos la disuelven.

PRONUNCIACIÓN: crei-DI-li
ALTURA: 1,5 m
PESO: 60,4 kg

MOVIMIENTOS: Estrujón, Impresionar, Restricción, Ácido, Arraigo, Rayo Confuso, Poder Pasado, Salmuera, Gigadrenado, Bilis, Amnesia, Energibola, Reserva, Escupir, Tragar

LILEEP → CRADILY

CRAMORANT
Pokémon Tragón

TIPO: VOLADOR-AGUA

Su colosal potencia le permite machacar al rival de un solo golpe, aunque su carácter despistado lo lleva a olvidarse de su presencia.

Traga Arrokuda enteros debido a su glotonería, tan notable que en ocasiones ingiere hasta otros Pokémon sin querer.

PRONUNCIACIÓN: CRA-mo-rant
ALTURA: 0,8 m
PESO: 18,0 kg

MOVIMIENTOS: Amnesia, Eructo, Buceo, Pico Taladro, Ataque Furia, Hidrobomba, Picotazo, Picoteo, Escupir, Reserva, Tragar, Golpe, Pistola Agua

NO EVOLUCIONA

CRANIDOS
Pokémon Cabezazo

REGIONES: ALOLA SINNOH

TIPO: ROCA

Este Pokémon arcaico cuenta con un cráneo sólido y resistente, pero su cerebro no está a la par.

Se caracteriza por la dureza de su cráneo. Derriba árboles a cabezazos para comerse las bayas maduras que cuelgan de ellos.

PRONUNCIACIÓN: CRA-ni-dos
ALTURA: 0,9 m
PESO: 31,5 kg

MOVIMIENTOS: Golpe Cabeza, Malicioso, Foco Energía, Persecución, Derribo, Cara Susto, Buena Baza, Guardia Baja, Poder Pasado, Cabezazo Zen, Chirrido, Testarazo

CRANIDOS   RAMPARDOS

REGIONES:
ALOLA
GALAR
HOENN
KALOS
(CENTRO)

CRAWDAUNT

Pokémon Granuja

TIPO: AGUA-SINIESTRO

Esta violenta criatura agita de forma salvaje las gigantes pinzas que tiene. Dicen que es muy difícil criarlo.

Le encanta pelear, debido a su naturaleza. Si alguien se acerca a su madriguera, le propinará una paliza sin ningún tipo de miramiento.

PRONUNCIACIÓN: CROU-dont
ALTURA: 1,1 m
PESO: 32,8 kg

MOVIMIENTOS: Rayo Burbuja, Martillazo, Triturar, Doble Golpe, Esfuerzo, Guillotina, Fortaleza, Desarme, Malicioso, Tajo Umbrío, Protección, Concha Filo, Rapidez, Danza Espada, Mofa, Pistola Agua

CORPHISH **CRAWDAUNT**

POKÉMON LEGENDARIO

CRESSELIA

Pokémon Lunar

TIPO: PSÍQUICO

Sus alas emiten un velo de partículas brillantes. Se dice que representa un cuarto lunar.

Si alguien se duerme con una pluma suya, tendrá sueños maravillosos. Encarna el creciente lunar.

PRONUNCIACIÓN: cre-SE-lia
ALTURA: 1,5 m
PESO: 85,6 kg

MOVIMIENTOS: Danza Lunar, Psicocambio, Psicocorte, Luz Lunar, Confusión, Doble Equipo, Velo Sagrado, Neblina, Rayo Aurora, Premonición, Cuchillada, Psíquico, Fuerza Lunar

NO EVOLUCIONA

CROAGUNK

Pokémon Boca Tóxica

REGIONES:
GALAR
KALOS
(CENTRO)
SINNOH

TIPO: VENENO-LUCHA

Amenaza a los rivales haciendo sonar las bolsas venenosas de sus mejillas y aprovecha su estupor para inyectarles toxinas.

Su veneno posee propiedades medicinales si se diluye. Se ha vuelto muy popular desde que una empresa farmacéutica lo adoptó como mascota.

PRONUNCIACIÓN: CROU-gonk
ALTURA: 0,7 m
PESO: 23,0 kg

MOVIMIENTOS: Impresionar, Eructo, Camelo, Bofetón Lodo, Maquinación, Puya Nociva, Picotazo Veneno, Desquite, Bomba Lodo, Golpe Bajo, Contoneo, Mofa, Tóxico, Carga Tóxica

CROAGUNK   TOXICROAK

CROBAT

Pokémon Murciélago

REGIONES:
ALOLA
JOHTO
KALOS
(CENTRO)

TIPO: VENENO-VOLADOR

Sus colmillos son tan afilados que su mordedura resulta indolora y puede chupar la sangre a sus presas en la oscuridad sin que se percaten.

Se alimenta de sangre fresca de humanos y Pokémon. Debe alimentarse constantemente o, de lo contrario, se vuelve débil y no puede volar.

PRONUNCIACIÓN: CRO-bat
ALTURA: 1,8 m
PESO: 75,0 kg

MOVIMIENTOS: Veneno X, Chirrido, Absorber, Supersónico, Impresionar, Mordisco, Ataque Ala, Rayo Confuso, Aire Afilado, Rapidez, Colmillo Veneno, Mal de Ojo, Chupavidas, Niebla, Carga Tóxica, Tajo Aéreo, Anticipo

ZUBAT   GOLBAT   CROBAT

REGIÓN: **JOHTO**

CROCONAW

Pokémon Fauces

TIPO: AGUA

Una vez que Croconaw le ha clavado los colmillos a su presa, es imposible que escape porque los tiene hacia adentro como si fueran anzuelos. Cuando Croconaw hinca los dientes, no hay escapatoria.

PRONUNCIACIÓN: CRO-co-nou
ALTURA: 1,1 m
PESO: 25,0 kg

MOVIMIENTOS: Arañazo, Malicioso, Pistola Agua, Furia, Mordisco, Cara Susto, Colmillo Hielo, Azote, Triturar, Guardia Baja, Cuchillada, Chirrido, Golpe, Acua Cola, Fuerza Bruta, Hidrobomba

TOTODILE ➡ **CROCONAW** ➡ **FERALIGATR**

TIPO: BICHO-ROCA

Este Pokémon posee un fuerte instinto territorial y prefiere los entornos áridos. Los días de lluvia permanece en el interior de su roca.

Su arma más potente son sus gruesas pinzas, tan duras que pueden abrir una brecha incluso en el Protector de Rhyperior.

PRONUNCIACIÓN: CRAS-tel
ALTURA: 1,4 m
PESO: 200,0 kg

MOVIMIENTOS: Picadura, Azote, Corte Furia, Pedrada, Pulimento, Avalancha, Romperrocas, Ataque Arena, Rompecoraza, Cuchillada, Antiaéreo, Trampa Rocas, Refugio, Tijera X

REGIONES: **GALAR KALOS (COSTA) UNOVA**

CRUSTLE

Pokémon Casarroca

DWEBBLE ➡ **CRUSTLE**

CRYOGONAL

Pokémon Cristal

REGIONES:
KALOS
(MONTAÑA)
UNOVA

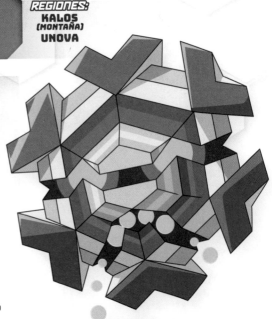

TIPO: HIELO

Nació entre nubes de nieve. Atrapa a sus presas con una cadena hecha de hielo cristalizado.

Usa cadenas de cristales de hielo para atrapar a sus presas y congelarlas a temperaturas de hasta -100°C.

PRONUNCIACIÓN: crai-O-go-nal
ALTURA: 1,1 m
PESO: 148,0 kg

MOVIMIENTOS: Atadura, Canto Helado, Afilar, Giro Rápido, Viento Hielo, Neblina, Niebla, Rayo Aurora, Armadura Ácida, Poder Pasado, Rayo Hielo, Pantalla de Luz, Reflejo, Cuchillada, Rayo Confuso, Recuperación, Liofilización, Rayo Solar, Tajo Umbrío, Frío Polar

NO EVOLUCIONA

CUBCHOO

Pokémon Congelación

REGIONES:
GALAR
KALOS
(MONTAÑA)
UNOVA

TIPO: HIELO

La pegajosidad de sus mocos aumenta cuando disfruta de buena salud. Si alguien no le gusta, lo embadurna de mocos.

Antes de ejecutar un movimiento, se sorbe los mocos. El frío intenso de estos constituye la base de sus movimientos de tipo Hielo.

PRONUNCIACIÓN: cab-CHU
ALTURA: 0,5 m
PESO: 8,5 kg

MOVIMIENTOS: Ventisca, Salmuera, Encanto, Aguante, Azote, Vaho Gélido, Golpes Furia, Gruñido, Granizo, Viento Hielo, Camaradería, Nieve Polvo, Descanso, Frío Polar, Cuchillada, Golpe

CUBCHOO → BEARTIC

CUBONE
Pokémon Solitario

TIPO: TIERRA

Cuando llora al acordarse de su madre fallecida, su llanto resuena en el cráneo que lleva en la cabeza.

Lleva puesto el cráneo de su difunta madre. A veces llora en sueños, pero cada lágrima vertida le hace más fuerte.

PRONUNCIACIÓN: KIU-bon
ALTURA: 0,4 m
PESO: 6,5 kg

MOVIMIENTOS: Gruñido, Látigo, Hueso Palo, Golpe Cabeza, Malicioso, Foco Energía, Huesomerang, Furia, Falso Tortazo, Golpe, Lanzamiento, Pataleta, Esfuerzo, Doble Filo, Represalia, Ataque Óseo

MAROWAK

MAROWAK DE ALOLA

CUBONE

TIPO: ACERO

Su constitución fornida le permite transportar sin inmutarse cargas de 5 toneladas. Utiliza la trompa para excavar la tierra.

Realiza tareas que requieren de esfuerzo físico, es su fuerte. Con la lluvia, su cuerpo de cobre se oxida y adquiere una tonalidad verde intensa.

PRONUNCIACIÓN: KIU-fant
ALTURA: 1,2 m
PESO: 100,0 kg

MOVIMIENTOS: Terratemblor, Excavar, Gruñido, Fuerza Equina, Defensa Férrea, Cabeza de Hierro, Carantoña, Golpe Roca, Rodar, Pisotón, Fuerza, Fuerza Bruta, Placaje

CUFANT
Pokémon Broncefante

CUFANT COPPERAJAH

CURSOLA
Pokémon Coral

TIPO: FANTASMA

Su energía espiritual ha aumentado hasta hacerlo desprenderse de su base caliza. Protege el alma del núcleo con su cuerpo espectral.

Conviene tener cuidado con el cuerpo espectral que recubre su alma, pues quien lo toque podría acabar inerte como una piedra.

PRONUNCIACIÓN: car-SO-la
ALTURA: 1,0 m
PESO: 0,4 kg

MOVIMIENTOS: Poder Pasado, Impresionar, Maldición, Anulación, Rabia, Fortaleza, Infortunio, Manto Espejo, Tinieblas, Canto Mortal, Joya de Luz, Rencor, Absorbefuerza, Placaje

CORSOLA DE GALAR → CURSOLA

CUTIEFLY
Pokémon Mosca Abeja

TIPO: BICHO-HADA

Le fascinan el néctar y el polen. Suele revolotear alrededor de los Gossifleur, atraído por su polen.

Al percibir el aura del rival, puede predecir sus movimientos y esquivarlos sin problema mientras lanza su contraataque.

PRONUNCIACIÓN: KIU-ti-flai
ALTURA: 0,1 m
PESO: 0,2 kg

MOVIMIENTOS: Absorber, Aromaterapia, Zumbido, Brillo Mágico, Beso Drenaje, Viento Feérico, Danza Aleteo, Estoicismo, Paralizador, Dulce Aroma, Trapicheo

CUTIEFLY → RIBOMBEE

CYNDAQUIL

Pokémon Ratón Fuego

TIPO: FUEGO

Cyndaquil se protege soltando llamas por el lomo. Cuando está enfadado, las llamas son fieras, pero, si está cansado, solo consigue echar algunas chispas que no llegan a cuajar en una completa combustión.

PRONUNCIACIÓN: SIN-da-cuil
ALTURA: 0,5 m
PESO: 7,9 kg

MOVIMIENTOS: Placaje, Malicioso, Pantalla de Humo, Ascuas, Ataque Rápido, Rueda Fuego, Rizo Defensa, Nitrocarga, Rapidez, Humareda, Lanzallamas, Infierno, Rodar, Doble Filo, Llama Final, Estallido

CYNDAQUIL **QUILAVA** **TYPHLOSION**

POKÉMON MÍTICO

DARKRAI

Pokémon Oscuridad

TIPO: SINIESTRO

Defiende su territorio de personas y Pokémon haciéndoles dormir y provocándoles pesadillas.

Puede adormecer a la gente y hacerles soñar. Está activo en las noches de luna nueva.

PRONUNCIACIÓN: DARC-rai
ALTURA: 1,5 m
PESO: 50,5 kg

MOVIMIENTOS: Viento Aciago, Anulación, Ataque Rápido, Hipnosis, Finta, Pesadilla, Doble Equipo, Niebla, Brecha Negra, Maquinación, Comesueños, Pulso Umbrío

NO EVOLUCIONA

DARMANITAN

Pokémon Candente

REGIÓN: UNOVA

TIPO: FUEGO

Un Pokémon sumamente enérgico. Tiene tanta fuerza en los brazos que es capaz de destrozar un camión a base de puñetazos.

Su fuerza aumenta cuanto más se aviva su fuego interior, que puede alcanzar temperaturas superiores a los 1400 ºC.

PRONUNCIACIÓN: dar-MA-ni-tan
ALTURA: 1,3 m
PESO: 92,9 kg

MOVIMIENTOS: Tambor, Mordisco, Ascuas, Colmillo Ígneo, Puño Fuego, Envite Ígneo, Machada, Golpe Cabeza, Calcinación, Fuerza Bruta, Placaje, Mofa, Golpe, Alboroto, Avivar

DARUMAKA → DARMANITAN

DARMANITAN DE GALAR

Pokémon Daruma

REGIÓN: GALAR

TIPO: HIELO

Transporta su alimento en la bola de nieve de la cabeza. Los días de ventisca desciende hasta las zonas habitadas por los humanos.

Posee un carácter tranquilo, pero también mucha fuerza. Puede congelar al instante la bola de nieve que tiene en la cabeza y liarse a cabezazos.

PRONUNCIACIÓN: dar-MA-ni-tan
ALTURA: 1,7 m
PESO: 120,0 kg

MOVIMIENTOS: Alud, Tambor, Mordisco, Ventisca, Golpe Cabeza, Colmillo Hielo, Puño Hielo, Chuzos, Nieve Polvo, Fuerza Bruta, Placaje, Mofa, Golpe, Alboroto, Avivar

DARUMAKA DE GALAR → DARMANITAN DE GALAR

DARTRIX

Pokémon Pluma Filo

TIPO: PLANTA-VOLADOR

Es narcisista y bastante pulcro, por lo que, si no se le dedica suficiente atención a su aseo, se niega a obedecer cualquier orden.

Su capacidad de percepción es excelente y puede detectar una presencia a sus espaldas y aniquilarla con sus afiladas plumas.

PRONUNCIACIÓN: DAR-trics
ALTURA: 0,7 m
PESO: 16,0 kg

MOVIMIENTOS: Placaje, Follaje, Gruñido, Picotazo, Impresionar, Hoja Afilada, Viento Aciago, Profecía, Picoteo, Síntesis, Ataque Furia, Golpe Bajo, Hoja Aguda, Danza Pluma, Pájaro Osado, Maquinación

ROWLET

DARTRIX

DECIDUEYE

DARUMAKA

Pokémon Daruma

TIPO: FUEGO

La llama que arde en su interior es la fuente de su poder. Si el fuego mengua, se sume en un estado de sopor de inmediato.

Cuando duerme es imposible tumbarlo por más que lo zarandeen. Es muy popular como amuleto de la suerte.

PRONUNCIACIÓN: da-ru-MA-ca
ALTURA: 0,6 m
PESO: 37,5 kg

MOVIMIENTOS: Tambor, Mordisco, Ascuas, Colmillo Ígneo, Puño Fuego, Envite Ígneo, Golpe Cabeza, Calcinación, Fuerza Bruta, Placaje, Mofa, Golpe, Alboroto, Avivar

DARUMAKA ➡ **DARMANITAN**

DARUMAKA DE GALAR

Pokémon Daruma

TIPO: FUEGO

La adaptación a entornos nevados ha atrofiado y congelado su saca de fuego, pero ha propiciado el desarrollo de un órgano generador de frío.

Cuanto menor es su temperatura corporal, mejor se siente. Juega a lanzar las bolas de nieve que crea congelando el aliento.

PRONUNCIACIÓN: da-ru-MA-ca
ALTURA: 0,7 m
PESO: 40,0 kg

MOVIMIENTOS: Alud, Tambor, Mordisco, Ventisca, Golpe Cabeza, Colmillo Hielo, Puño Hielo, Nieve Polvo, Fuerza Bruta, Placaje, Mofa, Golpe, Alboroto, Avivar

DARUMAKA DE GALAR ➡ **DARMANITAN DE GALAR**

TIPO: PLANTA-FANTASMA

DECIDUEYE
Pokémon Pluma Flecha

Usa sus plumas como flechas para atacar a los rivales. Si no puede permitirse fallar, frunce su capucha para concentrarse mejor.

Tan solo le lleva una décima de segundo sacar una pluma y disparar al rival, y muchas veces gana el combate en un abrir y cerrar de ojos.

PRONUNCIACIÓN: de-zi-DUAI
ALTURA: 1,6 m
PESO: 36,6 kg

MOVIMIENTOS: Puntada Sombría, Golpe Fantasma, Lluevehojas, Ida y Vuelta, Sombra Vil, Placaje, Follaje, Gruñido, Picotazo, Impresionar, Hoja Afilada, Viento Aciago, Profecía, Picoteo, Síntesis, Ataque Furia, Golpe Bajo, Hoja Aguda, Danza Pluma, Pájaro Osado, Maquinación

ROWLET

DARTRIX

DECIDUEYE

DEDENNE

Pokémon Antenas

NO EVOLUCIONA

REGIONES:
ALOLA
KALOS
(COSTA)

TIPO: ELÉCTRICO-HADA

Se sirve de sus bigotes para captar las ondas que emiten sus compañeros, con las que se indican dónde encontrar sustento o electricidad.

Su capacidad para producir electricidad es muy limitada, de modo que tiene que robarla de las tomas de corriente o de otros Pokémon.

PRONUNCIACIÓN: de-DEN-ne
ALTURA: 0,2 m
PESO: 2,2 kg
MOVIMIENTOS: Placaje, Látigo, Impactrueno, Carga, Encanto, Carga Parábola, Moflete Estático, Onda Trueno, Voltiocambio, Descanso, Ronquido, Rayo Carga, Danza Amiga, Carantoña, Trueno, Chispazo

DEERLING

Pokémon Estacional

REGIÓN:
UNOVA

TIPO: NORMAL-PLANTA

El color de su cuerpo cambia no solo con las estaciones, sino también con los cambios de humedad y temperatura.

Durante los cambios de estación, su pelaje y olor cambian. Esto anuncia el comienzo de una estación.

PRONUNCIACIÓN: DIR-lin
ALTURA: 0,6 m
PESO: 19,5 kg

MOVIMIENTOS: Placaje, Camuflaje, Gruñido, Ataque Arena, Doble Patada, Drenadoras, Finta, Derribo, Patada Salto, Aromaterapia, Energibola, Encanto, Adaptación, Doble Filo, Rayo Solar

DEERLING   SAWSBUCK

FORMA PRIMAVERA

FORMA VERANO

FORMA OTOÑO

FORMA INVIERNO

TIPO: SINIESTRO-DRAGÓN

Muestra cierta tendencia a morder todo lo que encuentra. Se cree que recuerda perfectamente el olor de lo que encuentra delicioso.

Al no poder ver, su forma de orientarse y percibir el entorno consiste en chocarse a diestra y siniestra, mordiendo todo lo que se encuentra.

PRONUNCIACIÓN: DAI-no
ALTURA: 0,8 m
PESO: 17,3 kg

MOVIMIENTOS: Buena Baza, Mordisco, Golpe Cuerpo, Triturar, Dragoaliento, Pulso Dragón, Carga Dragón, Foco Energía, Golpe Cabeza, Vozarrón, Maquinación, Enfado, Rugido, Cara Susto, Atizar, Placaje, Avivar

DEINO
Pokémon Tosco

DEINO **ZWEILOUS** **HYDREIGON**

DELCATTY
Pokémon Cursi

TIPO: NORMAL

Delcatty prefiere llevar una vida independiente y hacer lo que se le antoje. Como este Pokémon come y duerme según vea en cada momento, no se puede decir que tenga unos hábitos regulares en el día a día.

Delcatty duerme en cualquier lugar sin tener que mantener el nido en un mismo sitio. Si otro Pokémon se le acerca mientras duerme, no se pondrá a luchar con él; simplemente se irá a otro sitio.

PRONUNCIACIÓN: del-CA-ti
ALTURA: 1,1 m
PESO: 32,6 kg

MOVIMIENTOS: Sorpresa, Atracción, Canto, Doble Bofetón

SKITTY **DELCATTY**

DELIBIRD

Pokémon Reparto

REGIONES:
ALOLA
GALAR
JOHTO
KALOS
(MONTAÑA)

TIPO: HIELO-VOLADOR

Transporta comida durante todo el día. Según dicen, muchos desaparecidos han sobrevivido gracias a ella.

Tiene la costumbre de compartir su comida con todo el mundo, sea humano o Pokémon, por lo que está constantemente en busca de alimento.

PRONUNCIACIÓN: DE-li-berd
ALTURA: 0,9 m
PESO: 16,0 kg

MOVIMIENTOS: Presente, Pico Taladro

NO EVOLUCIONA

DELPHOX

Pokémon Zorro

TIPO: FUEGO-PSÍQUICO

Fija la mirada en la llama que arde en la punta de su bastón para concentrarse y prever sucesos que tienen lugar en el futuro.

Sus poderes psíquicos le permiten controlar vórtices de fuego a 3000 °C que envuelven y calcinan a sus enemigos.

PRONUNCIACIÓN: DEL-fox
ALTURA: 1,5 m
PESO: 39,0 kg

MOVIMIENTOS: Premonición, Imitación, Trapicheo, Bola Sombra, Arañazo, Látigo, Ascuas, Aullido, Nitrocarga, Psicorrayo, Giro Fuego, Conjuro, Pantalla de Luz, Psicocarga, Llama Embrujada, Lanzallamas, Fuego Fatuo, Psíquico, Día Soleado, Zona Mágica, Llamarada

FENNEKIN   **BRAIXEN**   **DELPHOX**

POKÉMON MÍTICO

DEOXYS
Pokémon ADN

TIPO: PSÍQUICO

Tras estar expuesto a un rayo láser, el ADN de un virus espacial sufrió una mutación y dio origen a Deoxys. Según parece, el órgano cristalino que este Pokémon tiene en el torso es el cerebro.

Deoxys surgió a partir de un virus espacial. Tiene un alto nivel intelectual y poderes psicoquinéticos. Este Pokémon dispara rayos láser por el órgano cristalino que tiene en el torso.

PRONUNCIACIÓN: de-O-xis
ALTURA: 1,7 m
PESO: 60,8 kg

MOVIMIENTOS: Malicioso, Constricción, Tinieblas, Teletransporte, Desarme, Persecución, Psíquico, Robo, Psicocambio, Cabezazo Zen, Masa Cósmica, Recuperación, Psicoataque, Hiperrayo

FORMA ATAQUE

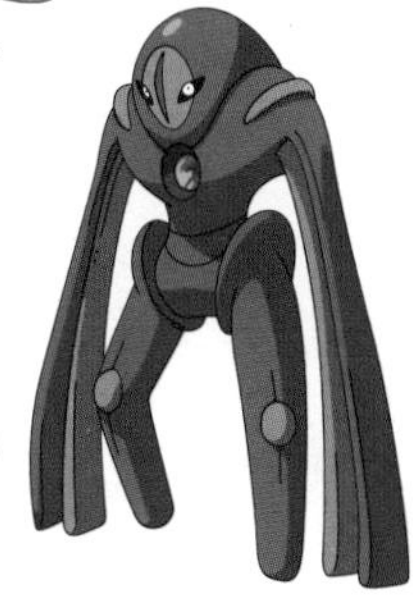

FORMA DEFENSA

FORMA VELOCIDAD

FORMA NORMAL

NO EVOLUCIONA

127

DEWGONG

Pokémon León Marino

REGIONES: ALOLA KANTO

TIPO: AGUA-HIELO

Su cuerpo es blanco como la nieve. Puede nadar plácidamente en mares gélidos gracias a su resistencia al frío.

PRONUNCIACIÓN: DU-gong
ALTURA: 1,7 m
PESO: 120,0 kg

MOVIMIENTOS: Golpe Cabeza, Gruñido, Doble Rayo, Viento Hielo, Otra Vez, Canto Helado, Descanso, Acua Aro, Rayo Aurora, Acua Jet, Salmuera, Frío Polar, Derribo, Buceo, Acua Cola, Rayo Hielo, Velo Sagrado, Granizo

SEEL → DEWGONG

DEWOTT

Pokémon Superación

REGIÓN: UNOVA

TIPO: AGUA

Gran espadachín. Utiliza sus dos vieiras con soltura al ejecutar las técnicas que aprende con una disciplina espartana.

Tras un exhaustivo entrenamiento, Dewott puede dominar diversas técnicas para usar con sus vieiras.

PRONUNCIACIÓN: DU-wot
ALTURA: 0,8 m
PESO: 24,5 kg

MOVIMIENTOS: Placaje, Látigo, Pistola Agua, Hidrochorro, Foco Energía, Concha Filo, Corte Furia, Hidropulso, Desquite, Acua Jet, Otra Vez, Acua Cola, Represalia, Danza Espada, Hidrobomba

OSHAWOTT → DEWOTT → SAMUROTT

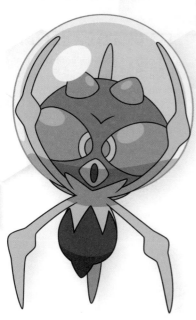

DEWPIDER
Pokémon Pompa

TIPO: AGUA-BICHO

Crea una burbuja de agua con el abdomen y se cubre la cabeza con ella. Si dos ejemplares se encuentran, comparan el tamaño de sus burbujas.

Vive bajo el agua y, cuando emerge a tierra firme en busca de presas, se recubre la cabeza con una burbuja.

PRONUNCIACIÓN: diu-PAI-der
ALTURA: 0,3 m
PESO: 4,0 kg

MOVIMIENTOS: Acua Aro, Mordisco, Rayo Burbuja, Picadura, Triturar, Danza Amiga, Golpe Cabeza, Acoso, Chupavidas, Hidroariete, Plancha, Manto Espejo, Anegar, Pistola Agua

DEWPIDER   ARAQUANID

DHELMISE
Pokémon Alga Ancla

TIPO: FANTASMA-PLANTA

Este Pokémon de tipo Fantasma no es sino la reencarnación de las algas que flotan a la deriva y arrastran consigo vestigios de barcos hundidos.

Acecha a su presa hundiendo el ancla en el mar. Es capaz de drenar la vitalidad incluso de presas del tamaño de un Wailord.

PRONUNCIACIÓN: del-MAIS
ALTURA: 3,9 m
PESO: 210,0 kg

MOVIMIENTOS: Absorber, Anclaje, Impresionar, Energibola, Gigadrenado, Desarrollo, Giro Bola, Cuerpo Pesado, Megaagotar, Eco Metálico, Golpe Fantasma, Latigazo, Giro Rápido, Bola Sombra, Atizar, Trapicheo, Torbellino, Constricción

NO EVOLUCIONA

DIALGA

Pokémon Temporal

POKÉMON LEGENDARIO

TIPO: ACERO-DRAGÓN

Un Pokémon de leyenda. Se dice que el tiempo comenzó a avanzar cuando Dialga nació.

Tiene el poder de controlar el tiempo. Aparece en los mitos de Sinnoh como una vieja deidad.

PRONUNCIACIÓN: di-AL-ga
ALTURA: 5,4 m
PESO: 683,0 kg

MOVIMIENTOS: Dragoaliento, Cara Susto, Garra Metal, Poder Pasado, Cuchillada, Joya de Luz, Represión Metal, Garra Dragón, Tierra Viva, Esfera Aural, Cola Férrea, Distorsión, Foco Resplandor

NO EVOLUCIONA

POKÉMON MÍTICO

DIANCIE
Pokémon Joya

TIPO: ROCA-HADA

Es una transformación súbita de Carbink. Se dice que su cuerpo, que irradia destellos rosados, es lo más bonito de este mundo.

Puede crear una gran cantidad de diamantes en un instante comprimiendo con las manos el carbono que flota en el aire.

PRONUNCIACIÓN: di-AN-si
ALTURA: 0,7 m
PESO: 8,8 kg

MOVIMIENTOS: Placaje, Fortaleza, Lanzarrocas, Afilar, Antiaéreo, Reflejo, Trampa Rocas, Isoguardia, Poder Pasado, Azote, Intercambio, Espacio Raro, Joya de Luz, Roca Afilada, Fuerza Lunar, Tormenta de Diamantes, Pantalla de Luz, Velo Sagrado

MEGA-DIANCIE
Pokémon Joya

TIPO: ROCA-HADA

ALTURA: 1,1 m
PESO: 27,8 kg

DIANCIE **MEGA-DIANCIE**

DIGGERSBY

Pokémon Excavador

TIPO: NORMAL-TIERRA

Puede horadar incluso el duro sustrato rocoso con la fuerza de una excavadora, por lo que su ayuda resulta inestimable para construir túneles.

El pelaje de su abdomen es un aislante térmico excelente, tanto que antaño se usaba el que mudaba para confeccionar prendas de abrigo.

PRONUNCIACIÓN: DI-guers-bi
ALTURA: 1,0 m
PESO: 42,4 kg

MOVIMIENTOS: Bote, Terratemblor, Excavar, Doble Patada, Terremoto, Azote, Machada, Aguzar, Malicioso, Disparo Lodo, Bofetón Lodo, Ataque Rápido, Superdiente, Danza Espada, Placaje, Derribo

BUNNELBY ➡ DIGGERSBY

132

DIGLETT
Pokémon Topo

TIPO: TIERRA

Si un Diglett excava un terreno, lo deja perfectamente arado y preparado para sembrarlo.

Este Pokémon avanza horadando la tierra a poca profundidad. Resulta fácil localizarlo por los montículos que deja como rastro.

PRONUNCIACIÓN: DI-glet
ALTURA: 0,2 m
PESO: 0,8 kg

MOVIMIENTOS: Impresionar, Terratemblor, Excavar, Tierra Viva, Terremoto, Fisura, Gruñido, Bofetón Lodo, Ataque Arena, Tormenta de Arena, Arañazo, Cuchillada, Golpe Bajo

DIGLETT   DUGTRIO

DIGLETT DE ALOLA
Pokémon Topo

TIPO: TIERRA-ACERO

Debido al terreno rico en metales, le crecen en la cabeza unos filamentos metálicos.

Se comunica con los suyos gracias a los tres pelillos de la cabeza, que cambian de forma según su estado anímico.

PRONUNCIACIÓN: DI-glet
ALTURA: 0,2 m
PESO: 1,0 kg

MOVIMIENTOS: Impresionar, Terratemblor, Excavar, Tierra Viva, Terremoto, Fisura, Gruñido, Cabeza de Hierro, Garra Metal, Bofetón Lodo, Ataque Arena, Tormenta de Arena, Golpe Bajo

DIGLETT   DUGTRIO
DE ALOLA   DE ALOLA

DITTO

Pokémon Transformación

REGIONES:
ALOLA
GALAR
KALOS
(MONTAÑA)
KANTO

TIPO: NORMAL

Redistribuye las células de su cuerpo
para cobrar la apariencia de lo que ve,
pero vuelve a la normalidad al relajarse.

Cuando se encuentra con otro Ditto, se
mueve más rápido de lo normal
para intentar adoptar su aspecto.

PRONUNCIACIÓN: DIT-to
ALTURA: 0,3 m
PESO: 4,0 kg

MOVIMIENTO: Transformación

NO EVOLUCIONA

DODRIO

Pokémon Ave Triple

TIPO: NORMAL-VOLADOR

Este Pokémon surge al dividirse una de las
cabezas de Doduo. Es capaz de correr por
las praderas a 60 km/h.

PRONUNCIACIÓN: do-DRI-o
ALTURA: 1,8 m
PESO: 85,2 kg

MOVIMIENTOS: Triataque, Picotazo,
Gruñido, Ataque Rápido, Furia, Ataque
Furia, Persecución, Picoteo, Doble Golpe,
Agilidad, Alboroto, Acupresión, Danza Espada,
Patada Salto, Pico Taladro, Esfuerzo, Golpe

DODUO → DODRIO

DODUO

Pokémon Ave Gemela

TIPO: NORMAL-VOLADOR

Las diminutas alas apenas le permiten volar, pero puede correr a gran velocidad gracias a sus patas hiperdesarrolladas.

PRONUNCIACIÓN: do-DU-o
ALTURA: 1,4 m
PESO: 39,2 kg

MOVIMIENTOS: Picotazo, Gruñido, Ataque Rápido, Furia, Ataque Furia, Persecución, Picoteo, Doble Golpe, Agilidad, Alboroto, Acupresión, Danza Espada, Patada Salto, Pico Taladro, Esfuerzo, Golpe

DODUO **DODRIO**

TIPO: TIERRA

A Donphan le encanta enrollarse como una pelota y cargar contra el enemigo rodando a toda velocidad. Una vez que ha comenzado a rodar, no es fácil pararlo.

Si Donphan tuviera que dar un golpe con todo el cuerpo, con lo robusto que es echaría abajo hasta una casa. Estos Pokémon usan su fuerza para ayudar a despejar pasos de montaña cuando hay piedras o lodo.

PRONUNCIACIÓN: DON-fan
ALTURA: 1,1 m
PESO: 120,0 kg

MOVIMIENTOS: Ataque Furia, Colmillo Ígneo, Colmillo Rayo, Cornada, Terratemblor, Gruñido, Rizo Defensa, Giro Rápido, Rodar, Buena Baza, Desarme, Atizar, Magnitud, Cara Susto, Terremoto, Gigaimpacto

DONPHAN

Pokémon Coraza

PHANPY **DONPHAN**

DOTTLER
Pokémon Radomo

TIPO: BICHO

Apenas se mueve, pero está vivo. Se cree que adquiere poderes psíquicos mientras permanece recluido en su caparazón sin comer ni beber.

Está en constante crecimiento dentro del caparazón. Mientras se prepara para evolucionar, examina el exterior con sus poderes psíquicos.

PRONUNCIACIÓN: DOT-ler
ALTURA: 0,4 m
PESO: 19,5 kg

MOVIMIENTOS: Confusión, Pantalla de Luz, Reflejo, Estoicismo

BLIPBUG ➡ DOTTLER ➡ ORBEETLE

DOUBLADE
Pokémon Tizona

TIPO: ACERO-FANTASMA

Su espada se duplicó durante su proceso de evolución. Intimida a los rivales con el chirrido metálico que produce al frotar ambas hojas.

Su táctica para abatir a las presas consiste en alternar ataque y defensa de forma frenética entre ambas espadas.

PRONUNCIACIÓN: do-BLEID
ALTURA: 0,8 m
PESO: 4,5 kg

MOVIMIENTOS: Golpe Aéreo, Aligerar, Corte Furia, Defensa Férrea, Cabeza de Hierro, Eco Metálico, Tajo Umbrío, Truco Fuerza, Represalia, Espada Santa, Sombra Vil, Cuchillada, Danza Espada, Placaje

HONEDGE

DOUBLADE

AEGISLASH

DRACOVISH
Pokémon Fósil

TIPO: AGUA-DRAGÓN

Su excelente capacidad motriz y la fuerza de su mandíbula lo hacían antaño invencible, pero dar caza a todas sus presas propició su extinción.

Exhibe con orgullo su inmensa capacidad motriz, que le permite superar los 60 km/h, pero solo puede respirar bajo el agua.

PRONUNCIACIÓN: DRA-co-bish
ALTURA: 2,3 m
PESO: 215,0 kg

MOVIMIENTOS: Poder Pasado, Mordisco, Giro Vil, Triturar, Dragoaliento, Pulso Dragón, Carga Dragón, Branquibocado, Protección, Pisotón, Superdiente, Placaje, Pistola Agua

NO EVOLUCIONA

DRACOZOLT
Pokémon Fósil

TIPO: ELÉCTRICO-DRAGÓN

La robustez de su tren inferior lo hacía invencible en la antigüedad, pero se extinguió tras comerse todas las plantas de las que se nutría.

Produce electricidad con la robusta musculatura de la cola. El tamaño de la parte superior del cuerpo palidece en comparación con la inferior.

PRONUNCIACIÓN: DRA-co-zolt
ALTURA: 1,8 m
PESO: 190,0 kg

MOVIMIENTOS: Golpe Aéreo, Poder Pasado, Electropico, Carga, Chispazo, Pulso Dragón, Carga Dragón, Cola Dragón, Picoteo, Atizar, Pisotón, Placaje, Impactrueno

NO EVOLUCIONA

DRAGALGE

Pokémon Pseudoalga

REGIONES:
ALOLA
KALOS
(COSTA)

TIPO: VENENO-DRAGÓN

Utiliza su veneno capaz de corroer el metal para enviar a pique cualquier navío que ose adentrarse en las aguas que habita.

Asoma la cresta de la cabeza sobre la superficie del agua y transforma la luz que absorbe del sol en energía dragón.

PRONUNCIACIÓN: dra-GAL-yi
ALTURA: 1,8 m
PESO: 81,5 kg

MOVIMIENTOS: Cola Dragón, Ciclón, Placaje, Pantalla de Humo, Pistola Agua, Finta, Látigo, Burbuja, Ácido, Camuflaje, Cola Veneno, Hidropulso, Doble Equipo, Tóxico, Acua Cola, Bomba Lodo, Hidrobomba, Pulso Dragón

SKRELP ➡ DRAGALGE

DRAGAPULT

Pokémon Furtivo

REGIÓN:
GALAR

TIPO: DRAGÓN-FANTASMA

Vive en compañía de Dreepy, a los que hospeda en el interior de sus cuernos. Los dispara a velocidad supersónica en combate

Al parecer, los Dreepy que residen en sus cuernos esperan con ilusión el momento de ser propulsados a velocidad supersónica.

PRONUNCIACIÓN: DRA-ga-pult
ALTURA: 3,0 m
PESO: 50,0 kg

MOVIMIENTOS: Agilidad, Buena Baza, Impresionar, Mordisco, Doble Golpe, Doble Filo, Dragoaliento, Danza Dragón, Dracoflechas, Carga Dragón, Infortunio, Acoso, Última Baza, Fijar Blanco, Golpe Fantasma, Ataque Rápido, Golpe Bajo, Derribo, Ida y Vuelta

DREEPY ➡ DRAKLOAK ➡ DRAGAPULT

DRAGONAIR
Pokémon Dragón

TIPO: DRAGÓN

De acuerdo con un testigo, un aura de extraña forma lo rodea, dándole un misterioso y místico aspecto.

PRONUNCIACIÓN: DRA-go-ner
ALTURA: 4,0 m
PESO: 16,5 kg

MOVIMIENTOS: Constricción, Malicioso, Onda Trueno, Ciclón, Furia Dragón, Atizar, Agilidad, Cola Dragón, Acua Cola, Carga Dragón, Velo Sagrado, Danza Dragón, Enfado, Hiperrayo

DRATINI — DRAGONAIR — DRAGONITE

DRAGONITE
Pokémon Dragón

TIPO: DRAGÓN-VOLADOR

Se dice que este Pokémon vive en algún lugar del mar y que también vuela. De todos modos, solo es un rumor.

PRONUNCIACIÓN: DRA-go-nait
ALTURA: 2,2 m
PESO: 210,0 kg

MOVIMIENTOS: Ataque Ala, Vendaval, Puño Fuego, Puño Trueno, Respiro, Constricción, Malicioso, Onda Trueno, Ciclón, Furia Dragón, Atizar, Agilidad, Cola Dragón, Acua Cola, Carga Dragón, Velo Sagrado, Danza Dragón, Enfado, Hiperrayo, Vendaval

DRATINI — DRAGONAIR — DRAGONITE

DRAKLOAK
Pokémon Cuidador

TIPO: DRAGÓN-FANTASMA

Vuela a una velocidad de 200 km/h. Lucha junto a un Dreepy, al que cuida hasta el momento de su evolución.

Si no lleva un Dreepy del que cuidar encima de la cabeza, se intranquiliza y trata de sustituirlo con otro Pokémon.

PRONUNCIACIÓN: DRA-klok
ALTURA: 1,8 m
PESO: 11,0 kg

MOVIMIENTOS: Agilidad, Buena Baza, Impresionar, Mordisco, Doble Golpe, Doble Filo, Danza Dragón, Pulso Dragón, Carga Dragón, Infortunio, Acoso, Última Baza, Fijar Blanco, Golpe Fantasma, Ataque Rápido, Derribo, Ida y Vuelta

DREEPY → DRAKLOAK → DRAGAPULT

DRAMPA
Pokémon Sosiego

TIPO: NORMAL-DRAGÓN

Habita en montañas de más de 3000 m de altura. En ocasiones se acerca a los pueblos para jugar con los niños.

Es de naturaleza mansa y amable, pero, si se enfurece, puede desatar fuertes vientos capaces de llevarse cualquier cosa por delante.

PRONUNCIACIÓN: DRAM-pa
ALTURA: 3,0 m
PESO: 185,0 kg

MOVIMIENTOS: Dragoaliento, Pulso Dragón, Eco Voz, Paranormal, Vuelo, Deslumbrar, Vozarrón, Pantalla de Luz, Enfado, Camaradería, Protección, Velo Sagrado, Ciclón

NO EVOLUCIONA

TIPO: VENENO-SINIESTRO

Posee un veneno muy potente, pero que usa muy poco. Con la extraordinaria fuerza que concentra al enfurecerse podría hacer añicos un coche.

Su ferocidad le ha granjeado el sobrenombre del Diablo de la Arena, pero en presencia de los Hippowdon se muestra dócil y pacífico.

REGIONES:
GALAR
KALOS
(MONTAÑA)
SINNOH

DRAPION
Pokémon Escorpiogro

PRONUNCIACIÓN: DRA-pion
ALTURA: 1,3 m
PESO: 61,5 kg

MOVIMIENTOS: Acupresión, Mordisco, Picadura, Veneno X, Triturar, Aguijón Letal, Colmillo Ígneo, Afilagarras, Colmillo Hielo, Desarme, Malicioso, Tajo Umbrío, Pin Misil, Colmillo Veneno, Picotazo Veneno, Cara Susto, Colmillo Rayo, Tóxico, Púas Tóxicas, Carga Tóxica, Tijera X

SKORUPI **DRAPION**

REGIONES:
ALOLA
KALOS
(MONTAÑA)
KANTO

DRATINI
Pokémon Dragón

TIPO: DRAGÓN

La existencia de este mítico Pokémon fue confirmada no hace mucho por un pescador que capturó uno.

PRONUNCIACIÓN: dra-TI-ni
ALTURA: 1,8 m
PESO: 3,3 kg

MOVIMIENTOS: Constricción, Malicioso, Onda Trueno, Ciclón, Furia Dragón, Atizar, Agilidad, Cola Dragón, Acua Cola, Carga Dragón, Velo Sagrado, Danza Dragón, Enfado, Hiperrayo

DRATINI **DRAGONAIR** **DRAGONITE**

DREDNAW

Pokémon Mordisco

REGIÓN: GALAR

TIPO: AGUA-ROCA

Un Pokémon de temperamento feroz que atenaza a su presa con sus fuertes mandíbulas, capaces de destrozar una barra de hierro.

Su cuello extensible le permite alcanzar a los rivales a distancia. Hundiendo sus afilados dientes, les da el golpe de gracia.

PRONUNCIACIÓN: DRED-no
ALTURA: 1,0 m
PESO: 115,5 kg

MOVIMIENTOS:
Mordisco, Golpe Cuerpo, Contraataque, Triturar, Testarazo, Golpe Cabeza, Presa Maxilar, Hidroariete, Protección, Concha Filo, Pulimento, Tumba Rocas, Placaje, Pistola Agua

CHEWTLE → **DREDNAW**

Forma alternativa:
GIGANTAMAX DREDNAW

Gracias al fenómeno Gigamax, puede erguirse sobre las patas posteriores. Embiste al enemigo y acaba con él con sus enormes mandíbulas.

Cuenta la leyenda que hace tiempo contuvo una inundación arrancando rocas de una montaña a mordiscos.

ALTURA: >24,0 m
PESO: ???,? kg

DREEPY

Pokémon Resentido

TIPO: DRAGÓN-FANTASMA

Habitaba los mares en tiempos inmemoriales. Ha revivido en forma de Pokémon de tipo Fantasma para vagar por su antigua morada.

En solitario es tan débil que no sería rival ni para un niño, pero, al entrenarse con sus congéneres, evoluciona y se vuelve más fuerte.

PRONUNCIACIÓN: DRI-pi
ALTURA: 0,5 m
PESO: 2,0 kg

MOVIMIENTOS: Impresionar, Mordisco, Acoso, Ataque Rápido

DREEPY ➡ **DRAKLOAK** ➡ **DRAGAPULT**

REGIONES:
ALOLA
GALAR
KALOS
(COSTA)
SINNOH

DRIFBLIM

Pokémon Dirigible

TIPO: FANTASMA-VOLADOR

Se dice que está formado por almas en pena. Al caer la noche, flota a la deriva en silencio sepulcral.

Agarra a gente y a Pokémon para llevárselos a algún sitio, aunque nadie sabe exactamente adónde.

PRONUNCIACIÓN: DRIF-blim
ALTURA: 1,2 m
PESO: 15,0 kg

MOVIMIENTOS: Impresionar, Relevo, Mismo Destino, Explosión, Foco Energía, Tornado, Infortunio, Reducción, Vendetta, Golpe Fantasma, Autodestrucción, Bola Sombra, Escupir, Reserva, Absorbefuerza, Tragar, Viento Afín

DRIFLOON ➡ **DRIFBLIM**

DRIFLOON

Pokémon Globo

REGIONES:
ALOLA
GALAR
KALOS
(COSTA)
SINNOH

TIPO: FANTASMA-VOLADOR

Se acerca a los niños en busca de compañía, pero lo tratan como un juguete y a menudo tiene que salir huyendo.

Está formado por una aglomeración de espíritus. Suele aparecer en grandes números durante las estaciones húmedas.

PRONUNCIACIÓN: DRI-flun
ALTURA: 0,4 m
PESO: 1,2 kg

MOVIMIENTOS: Impresionar, Relevo, Mismo Destino, Explosión, Foco Energía, Tornado, Infortunio, Reducción, Vendetta, Autodestrucción, Bola Sombra, Escupir, Reserva, Tragar, Viento Afín

DRIFLOON → DRIFBLIM

DRILBUR

Pokémon Topo

TIPO: TIERRA

Tras juntar las garras, se abalanza sobre su presa haciendo rotar el cuerpo a gran velocidad.

Su costumbre de horadar túneles bajo tierra le ha ganado la antipatía de los agricultores, ya que puede echar a perder cosechas enteras.

PRONUNCIACIÓN: DRIL-bur
ALTURA: 0,3 m
PESO: 8,5 kg

MOVIMIENTOS: Garra Brutal, Excavar, Taladradora, Terremoto, Fisura, Golpes Furia, Afilagarras, Garra Metal, Bofetón Lodo, Giro Rápido, Avalancha, Tormenta de Arena, Arañazo, Danza Espada

DRILBUR → EXCADRILL

DRIZZILE
Pokémon Acuartija

TIPO: AGUA

Crea bolas de agua con el líquido que segrega por las palmas de las manos y las usa en combate de forma estratégica.

Es inteligente, pero no muestra especial interés por nada. Distribuye trampas por su territorio para mantener alejados a sus enemigos.

PRONUNCIACIÓN: DRI-zail
ALTURA: 0,7 m
PESO: 11,5 kg

MOVIMIENTOS: Atadura, Gruñido, Hidroariete, Destructor, Danza Lluvia, Anegar, Golpe Bajo, Ojos Llorosos, Ida y Vuelta, Pistola Agua, Hidropulso

SOBBLE   DRIZZILE   INTELEON

DROWZEE
Pokémon Hipnosis

REGIONES:
ALOLA
KANTO

TIPO: PSÍQUICO

Si se duerme siempre en compañía de un Pokémon de esta especie, puede mostrar sueños que haya ingerido con anterioridad.

PRONUNCIACIÓN: DROU-si
ALTURA: 1,0 m
PESO: 32,4 kg

MOVIMIENTOS: Destructor, Hipnosis, Anulación, Confusión, Golpe Cabeza, Gas Venenoso, Meditación, Psicorrayo, Espabila, Más Psique, Sincrorruido, Cabezazo Zen, Contoneo, Psíquico, Maquinación, Psicocarga, Premonición

DROWZEE   HYPNO

DRUDDIGON

Pokémon Cueva

TIPO: DRAGÓN

Habita en túneles. Pierde la movilidad si baja su temperatura corporal, por lo que aprovecha la menor oportunidad para tomar el sol.

Posee una personalidad despiadada y ladina. Se apropia de los túneles excavados por otros Pokémon y los habita.

PRONUNCIACIÓN: DRU-di-gon
ALTURA: 1,6 m
PESO: 139,0 kg

MOVIMIENTOS: Malicioso, Arañazo, Afilagarras, Mordisco, Cara Susto, Furia Dragón, Cuchillada, Triturar, Garra Dragón, Guardia Baja, Desquite, Tajo Umbrío, Cola Dragón, Treparrocas, Fuerza Bruta, Enfado

NO EVOLUCIONA

REGIÓN:
GALAR

DUBWOOL
Pokémon Oveja

TIPO: TIERRA

Su lana es muy flexible. Las alfombras tejidas con ella adoptan una textura similar a la de las camas elásticas.

Sus espléndidos cuernos sirven de reclamo para atraer al sexo opuesto. No los utiliza como arma.

PRONUNCIACIÓN: DAB-wul
ALTURA: 1,3 m
PESO: 43,0 kg

MOVIMIENTOS: Copión, Rizo Algodón, Rizo Defensa, Doble Patada, Doble Filo, Gruñido, Isoguardia, Cambiadefensa, Golpe Cabeza, Última Baza, Inversión, Placaje, Derribo

WOOLOO   DUBWOOL

REGIONES:
KALOS
(CENTRO)
UNOVA

DUCKLETT
Pokémon Ave Agua

TIPO: AGUA-VOLADOR

Cuando se ve atacado, las plumas que lo recubren despiden ráfagas de agua que lo ayudan a escapar.

Nada a mayor velocidad de la que puede volar. Se sumerge en el agua para buscar musgo acuático, su comida favorita.

PRONUNCIACIÓN: DAC-let
ALTURA: 0,5 m
PESO: 5,5 kg

MOVIMIENTOS: Pistola Agua, Hidrochorro, Despejar, Ataque Ala, Hidropulso, Golpe Aéreo, Rayo Burbuja, Danza Pluma, Acua Aro, Tajo Aéreo, Respiro, Danza Lluvia, Viento Afín, Pájaro Osado, Vendaval

DUCKLETT   SWANNA

DUGTRIO

Pokémon Topo

TIPO: TIERRA

Un trío de Diglett. Causa enormes terremotos al cavar en el subsuelo a profundidades de hasta 100 km.

Estos trillizos cavan a una profundidad de hasta 100 km. Se desconoce el aspecto de la parte de sus cuerpos que se oculta bajo tierra.

PRONUNCIACIÓN: dag-TRI-o
ALTURA: 0,7 m
PESO: 33,3 kg

MOVIMIENTOS: Fertilizante, Tajo Umbrío, Triataque, Arañazo, Ataque Arena, Gruñido, Impresionar, Bofetón Lodo, Magnitud, Terratemblor, Golpe Bajo, Bucle Arena, Bomba Fango, Tierra Viva, Excavar, Cuchillada, Terremoto, Fisura

DIGLETT   DUGTRIO

DUGTRIO DE ALOLA

Pokémon Topo

TIPO: TIERRA-ACERO

Las espléndidas melenas metálicas que cubren sus cabezas hacen las veces de casco protector y de sensor de gran precisión.

Las tres cabezas se llevan de maravilla y están en perfecta sintonía, lo que les permite hacer frente a enemigos más fuertes que ellos.

PRONUNCIACIÓN: dag-TRI-o
ALTURA: 0,7 m
PESO: 66,6 kg

MOVIMIENTOS: Bucle Arena, Fertilizante, Tajo Umbrío, Triataque, Ataque Arena, Garra Metal, Gruñido, Impresionar, Bofetón Lodo, Magnitud, Terratemblor, Golpe Bajo, Bomba Fango, Tierra Viva, Excavar, Cabeza de Hierro, Terremoto, Fisura

DIGLETT DE   DUGTRIO
ALOLA   DE ALOLA

TIPO: NORMAL

Debido a que presenta pequeñas alas, algunos científicos sostienen que antiguamente era capaz de volar.

Habita en madrigueras laberínticas. Gracias a su capacidad para ubicarse por el olor de la tierra que lo rodea, nunca se pierde.

PRONUNCIACIÓN: DANS-pars
ALTURA: 1,5 m
PESO: 14,0 kg

MOVIMIENTOS: Furia, Rizo Defensa, Rodar, Rencor, Persecución, Chirrido, Bofetón Lodo, Bostezo, Poder Pasado, Golpe Cuerpo, Taladradora, Respiro, Derribo, Enrosque, Excavar, Deslumbrar, Doble Filo, Esfuerzo, Tajo Aéreo, Carga Dragón, Aguante, Azote

REGIONES:
JOHTO
KALOS
(CENTRO)

DUNSPARCE
Pokémon Serpiente Tierra

NO EVOLUCIONA

REGIONES:
GALAR
KALOS
(COSTA)
UNOVA

DUOSION
Pokémon Mitosis

TIPO: PSÍQUICO

Dicen que, cuando las dos partes de su cerebro piensan lo mismo, el alcance de su telequinesia aumenta hasta abarcar un radio de 1 km.

Las dos partes de su cerebro casi nunca piensan lo mismo, por lo que es imposible predecir sus intenciones.

PRONUNCIACIÓN: DUO-sion
ALTURA: 0,6 m
PESO: 8,0 kg

MOVIMIENTOS: Cambio de Banda, Encanto, Confusión, Esfuerzo, Premonición, Pantalla de Luz, Divide Dolor, Protección, Psicorrayo, Psíquico, Psicocarga, Recuperación, Reflejo, Intercambio, Zona Extraña

SOLOSIS ➡ **DUOSION** ➡ **REUNICLUS**

DURALUDON

Pokémon Aleación

TIPO: ACERO-DRAGÓN

Su cuerpo, similar a un metal pulido, es tan ligero como robusto. Sin embargo, tiene el defecto de que se oxida con facilidad.

Hace gala de una agilidad extraordinaria, ya que su cuerpo está compuesto de un metal especial. Detesta la lluvia, por lo que habita en cuevas.

PRONUNCIACIÓN: du-RA-lu-don
ALTURA: 1,8 m
PESO: 40,0 kg

MOVIMIENTOS: Vasto Impacto, Garra Dragón, Cola Dragón, Foco Resplandor, Afilagarras, Hiperrayo, Defensa Férrea, Aguzar, Malicioso, Represión Metal, Garra Metal, Eco Metálico, Golpe Roca

NO EVOLUCIONA

Forma alternativa:
DURALUDON GIGAMAX

Su tamaño se ha vuelto comparable al de un rascacielos. La energía que desborda hace que partes de su cuerpo sean luminiscentes.

La solidez de su estructura celular, capaz de soportar la fuerza de un terremoto, destaca incluso entre los Pokémon de tipo Acero.

ALTURA: >43,0 m
PESO: ???,? kg

TIPO: BICHO-ACERO

Deposita sus huevos en la parte más profunda del nido. Si un Heatmor lo ataca, se defiende mordiéndolo con sus enormes mandíbulas.

Con sus grandes mandíbulas puede destrozar incluso rocas. Lucha en grupo para proteger sus larvas del ataque de los Sandaconda.

PRONUNCIACIÓN: du-RANT
ALTURA: 0,3 m
PESO: 33,0 kg

MOVIMIENTOS: Guillotina, Defensa Férrea, Eco Metálico, Agarre, Ataque Arena, Corte Furia, Mordisco, Agilidad, Garra Metal, Picadura, Triturar, Cabeza de Hierro, Excavar, Danza Amiga, Tijera X

REGIONES:
GALAR
KALOS
(MONTAÑA)
UNOVA

DURANT
Pokémon Hormigacero

NO EVOLUCIONA

TIPO: FANTASMA

Está completamente hueco. Cuando abre la boca, es capaz de absorber cualquier cosa, como si fuera un agujero negro.

Busca fuegos fatuos y los absorbe en su cuerpo hueco. Lo que pasa dentro luego es un misterio.

PRONUNCIACIÓN: DAS-clops
ALTURA: 1,6 m
PESO: 30,6 kg

MOVIMIENTOS: Impresionar, Atadura, Rayo Confuso, Maldición, Anulación, Puño Fuego, Premonición, Gravedad, Infortunio, Puño Hielo, Malicioso, Mal de Ojo, Tinieblas, Vendetta, Bola Sombra, Puño Sombra, Sombra Vil, Puño Trueno, Fuego Fatuo

REGIONES:
GALAR
HOENN

DUSCLOPS
Pokémon Atrayente

DUSKULL   DUSCLOPS   DUSKNOIR

DUSKNOIR
Pokémon Grilletes

TIPO: FANTASMA

Se desconoce si posee voluntad propia. Capta ondas de otra dimensión que le incitan a llevarse allí a humanos y Pokémon.

Engulle a los rivales con la boca del estómago y, tras haber devorado el alma, escupe el cuerpo.

PRONUNCIACIÓN: DASK-nuar
ALTURA: 2,2 m
PESO: 106,6 kg

MOVIMIENTOS: Impresionar, Atadura, Rayo Confuso, Maldición, Mismo Destino, Anulación, Puño Fuego, Premonición, Gravedad, Infortunio, Puño Hielo, Malicioso, Mal de Ojo, Tinieblas, Vendetta, Bola Sombra, Puño Sombra, Sombra Vil, Puño Trueno, Fuego Fatuo

DUSKULL ➡ **DUSCLOPS** ➡ **DUSKNOIR**

DUSKULL
Pokémon Réquiem

TIPO: FANTASMA

Corre el rumor de que, por las noches, se lleva a los niños que no son obedientes.

Se vuelve invisible para acercarse sigilosamente a su presa. Es capaz de atravesar anchos muros.

PRONUNCIACIÓN: DAS-kal
ALTURA: 0,8 m
PESO: 15,0 kg

MOVIMIENTOS: Impresionar, Rayo Confuso, Maldición, Anulación, Premonición, Infortunio, Malicioso, Mal de Ojo, Tinieblas, Vendetta, Bola Sombra, Sombra Vil, Fuego Fatuo

DUSKULL ➡ **DUSCLOPS** ➡ **DUSKNOIR**

TIPO: BICHO-VENENO

Los Dustox se acercan a la luz de forma instintiva. De hecho, se agrupan en enjambres alrededor de las luces de las ciudades y causan estragos en las hojas de los árboles que están a pie de calle para alimentarse.

Cuando Dustox bate las alas, libera un polvillo fino que en realidad es un peligroso veneno que puede resultar dañino hasta al más fuerte de los fuertes. Las antenas le sirven de radar para buscar comida.

PRONUNCIACIÓN: DAS-tox
ALTURA: 1,2 m
PESO: 31,6 kg

MOVIMIENTOS: Tornado, Confusión, Polvo Veneno, Luz Lunar, Carga Tóxica, Psicorrayo, Viento Plata, Pantalla de Luz, Remolino, Tóxico, Zumbido, Protección, Danza Aleteo

REGIÓN: HOENN

DUSTOX
Pokémon Polilla Venenos

WURMPLE → CASCOON → DUSTOX

REGIONES: GALAR KALOS (COSTA) UNOVA

DWEBBLE
Pokémon Casapiedra

TIPO: BICHO-ROCA

Cuando halla una piedra de su agrado, le hace un hoyo y establece su morada. Es enemigo natural de los Roggenrola y los Rolycoly.

Si no encuentra una piedra que sea idónea como morada, se instala en los orificios de algún Hippowdon.

PRONUNCIACIÓN: DUE-bel
ALTURA: 0,3 m
PESO: 14,5 kg

MOVIMIENTOS: Picadura, Azote, Corte Furia, Pedrada, Pulimento, Avalancha, Romperrocas, Ataque Arena, Rompecoraza, Cuchillada, Antiaéreo, Trampa Rocas, Refugio, Tijera X

DWEBBLE → CRUSTLE

EELEKTRIK

Pokémon Electropez

REGIÓN: UNOVA

TIPO: ELÉCTRICO

Se enrolla alrededor de su presa, la paraliza con la electricidad de sus marcas circulares y le asesta mordiscos.

Pokémon de apetito voraz. En cuanto encuentra una presa, la paraliza con electricidad y la engulle.

PRONUNCIACIÓN: ILEC-tric
ALTURA: 1,2 m
PESO: 22,0 kg

MOVIMIENTOS: Golpe Cabeza, Onda Trueno, Chispa, Rayo Carga, Atadura, Ácido, Chispazo, Triturar, Rayo, Bomba Ácida, Enrosque, Voltio Cruel, Bilis, Electrocañón, Golpe

TYNAMO → EELEKTRIK → EELEKTROSS

EELEKTROSS

Pokémon Electropez

REGIÓN: UNOVA

TIPO: ELÉCTRICO

Pega la ventosa de su boca en su presa y la electrocuta con sus colmillos.

Sale del mar con la fuerza de sus brazos y ataca a sus presas en la costa. Luego se las lleva de vuelta al mar.

PRONUNCIACIÓN: ILEC-tros
ALTURA: 2,1 m
PESO: 80,5 kg

MOVIMIENTOS: Triturar, Golpe, Electrocañón, Bilis, Enrosque, Cortina Plasma, Garra Brutal, Golpe Cabeza, Ácido

TYNAMO → EELEKTRIK → EELEKTROSS

REGIONES:
ALOLA
GALAR
KALOS
(COSTA)
KANTO

EEVEE

Pokémon Evolución

TIPO: NORMAL

Es capaz de alterar la composición de su cuerpo para adaptarse al entorno.

Su irregular estructura genética alberga el secreto de la capacidad que posee este Pokémon tan especial para adoptar evoluciones muy variadas.

PRONUNCIACIÓN: I-bi
ALTURA: 0,3 m
PESO: 6,5 kg

MOVIMIENTOS: Ojitos Tiernos, Relevo, Mordisco, Encanto, Copión, Antojo, Doble Filo, Gruñido, Refuerzo, Última Baza, Ataque Rápido, Ataque Arena, Rapidez, Placaje, Látigo, Derribo

JOLTEON · FLAREON · GLACEON · VAPOREON · EEVEE · ESPEON · UMBREON · SYLVEON · LEAFEON

Forma alternativa:
EEVEE GIGAMAX

Envuelve y atrapa a sus enemigos con el pelaje de su cuello que, gracias al fenómeno Gigamax, es ahora mucho más denso y esponjoso.

Su ingenuidad ha alcanzado nuevas alturas. Juguetea inocentemente con cualquiera, pero es tan grande que acaba aplastándolo.

ALTURA: >18,0 m
PESO: ???,? kg

EISCUE

Pokémon Pingüino

TIPO: HIELO

La corriente lo ha transportado hasta aquí desde un lugar sumamente gélido. Utiliza el hielo para mantener la cara refrigerada en todo momento.

Se enfría constantemente la cara con hielo por su escasa resistencia al calor. Utiliza el pelo de la cabeza para pescar en el mar.

PRONUNCIACIÓN: AIS-kiu
ALTURA: 1,4 m
PESO: 89,0 kg

MOVIMIENTOS: Amnesia, Velo Aurora, Ventisca, Liofilización, Granizo, Golpe Cabeza, Viento Hielo, Neblina, Nieve Polvo, Surf, Placaje, Meteorobola

NO EVOLUCIONA

EKANS

Pokémon Serpiente

REGIONES:
ALOLA
KALOS
(MONTAÑA)
KANTO

TIPO: VENENO

La longitud de este Pokémon aumenta con el tiempo. Por la noche, se enrosca en las ramas de los árboles para descansar.

PRONUNCIACIÓN: E-kans
ALTURA: 2,0 m
PESO: 6,9 kg

MOVIMIENTOS: Constricción, Malicioso, Picotazo Veneno, Mordisco, Deslumbrar, Chirrido, Ácido, Reserva, Tragar, Escupir, Bomba Ácida, Bomba Fango, Bilis, Eructo, Niebla, Enrosque, Lanzamugre

EKANS

ARBOK

ELDEGOSS
Pokémon Adornalgodón

TIPO: PLANTA

Las semillas que tiene entre la pelusa son muy nutritivas. Arrastradas por el viento, devuelven la vitalidad a la flora y a otros Pokémon.

El hilo fabricado a partir de su algodón es muy bello y brillante; uno de los productos estrella de la región de Galar.

PRONUNCIACIÓN: EL-de-gos
ALTURA: 0,5 m
PESO: 2,5 kg

MOVIMIENTOS: Aromaterapia, Rizo Algodón, Esporagodón, Vozarrón, Lluevehojas, Ciclón de Hojas, Follaje, Giro Rápido, Hoja Afilada, Canon, Canto, Dulce Aroma, Síntesis

GOSSIFLEUR ELDEGOSS

ELECTABUZZ
Pokémon Eléctrico

TIPO: ELÉCTRICO

Cuando hay un apagón, es señal inequívoca de que este Pokémon se ha comido la energía de una Central eléctrica.

PRONUNCIACIÓN: e-LEC-ta-bas
ALTURA: 1,1 m
PESO: 30,0 kg

MOVIMIENTOS: Ataque Rápido, Malicioso, Impactrueno, Patada Baja, Rapidez, Onda Voltio, Onda Trueno, Bola Voltio, Pantalla de Luz, Puño Trueno, Chispazo, Chirrido, Rayo, Trueno

ELEKID ELECTABUZZ ELECTIVIRE

ELECTIVIRE

Pokémon Rayo

TIPO: ELÉCTRICO

Agarra sus colas para electrificar los puños y luego soltar puñetazos devastadores.

La electricidad que genera un solo Electivire es suficiente para cubrir la demanda energética de los edificios de una metrópoli durante un año.

PRONUNCIACIÓN: e-LEC-ti-bair
ALTURA: 1,8 m
PESO: 138,6 kg

MOVIMIENTOS: Campo Eléctrico, Cortina Plasma, Puño Fuego, Ataque Rápido, Malicioso, Impactrueno, Patada Baja, Rapidez, Onda Voltio, Onda Trueno, Bola Voltio, Pantalla de Luz, Puño Trueno, Chispazo, Chirrido, Rayo, Trueno, Gigaimpacto

ELEKID   ELECTABUZZ   ELECTIVIRE

TIPO: ELÉCTRICO

Acumula electricidad estática en el pelaje para lanzar descargas. Cuando va a haber tormenta, suelta chispas por todo el cuerpo.

REGIONES:
ALOLA
GALAR
HOENN
KALOS
(COSTA)

ELECTRIKE

Pokémon Relámpago

Almacena electricidad estática en su pelaje. En estaciones secas, suelta chispas por todo el cuerpo.

PRONUNCIACIÓN: e-LEC-traik
ALTURA: 0,6 m
PESO: 15,2 kg

MOVIMIENTOS: Mordisco, Carga, Chispazo, Aullido, Malicioso, Ataque Rápido, Rugido, Onda Voltio, Placaje, Trueno, Colmillo Rayo, Onda Trueno, Voltio Cruel

ELECTRIKE   MANECTRIC   MEGA-MANECTRIC

ELECTRODE
Pokémon Bola

TIPO: ELÉCTRICO

Almacena tal cantidad de energía eléctrica en su cuerpo que el más leve impacto puede provocar una gran explosión.

PRONUNCIACIÓN: e-LEC-troud
ALTURA: 1,2 m
PESO: 66,6 kg

MOVIMIENTOS: Aura Magnética, Carga, Placaje, Bomba Sónica, Chispa, Onda Anómala, Rodar, Chirrido, Rayo Carga, Pantalla de Luz, Bola Voltio, Autodestrucción, Rapidez, Levitón, Giro Bola, Explosión, Manto Espejo, Chispazo

VOLTORB   **ELECTRODE**

ELEKID
Pokémon Eléctrico

REGIONES:
ALOLA
JOHTO

TIPO: ELÉCTRICO

El ruido de los truenos le mejora el ánimo. Conviene tener a mano una grabación para cuando esté en horas bajas.

Cuando se carga de electricidad, sus cuernos emiten una luz blanquecina. Quien lo toque recibirá un potente calambrazo.

PRONUNCIACIÓN: E-le-kid
ALTURA: 0,6 m
PESO: 23,5 kg

MOVIMIENTOS: Ataque Rápido, Malicioso, Impactrueno, Patada Baja, Rapidez, Onda Voltio, Onda Trueno, Bola Voltio, Pantalla de Luz, Puño Trueno, Chispazo, Chirrido, Rayo, Trueno

ELEKID   **ELECTABUZZ**   **ELECTIVIRE**

159

ELGYEM

Pokémon Cerebro

TIPO: PSÍQUICO

Cuando se halla junto a un televisor, la pantalla muestra imágenes de extraños paisajes. Se cree que corresponden a su lugar de origen.

Fue descubierto hace aproximadamente 50 años. Posee un cerebro muy desarrollado que le otorga poderes psíquicos.

PRONUNCIACIÓN: EL-yi-em
ALTURA: 0,5 m
PESO: 9,0 kg

MOVIMIENTOS: Paz Mental, Confusión, Gruñido, Isoguardia, Golpe Cabeza, Sellar, Isofuerza, Psicorrayo, Psíquico, Recuperación, Teletransporte, Zona Extraña, Cabezazo Zen

ELGYEM   BEHEEYEM

EMBOAR

Pokémon Cerdo Ígneo

REGIÓN:
UNOVA

TIPO: FUEGO-LUCHA

Calienta sus puños con las llamas de su barbilla para propinar puñetazos ardientes. Es muy fiel a sus compañeros.

Posee una tupida barba fogosa. Es tanto rápido como poderoso, y su principal baza es la lucha cuerpo a cuerpo.

PRONUNCIACIÓN: EM-bour
ALTURA: 1,6 m
PESO: 150,0 kg

MOVIMIENTOS: Machada, Placaje, Látigo, Ascuas, Rastreo, Rizo Defensa, Nitrocarga, Empujón, Polución, Rodar, Derribo, Golpe Calor, Buena Baza, Lanzallamas, Testarazo, Rugido, Envite Ígneo

TEPIG   PIGNITE   EMBOAR

REGIONES:
ALOLA
KALOS
(COSTA)
UNOVA

EMOLGA
Pokémon Vuelardilla

TIPO: ELÉCTRICO-VOLADOR

Planea por el aire, casi como si danzara, mientras desprende electricidad. Resulta adorable, pero puede causar bastantes problemas.

Le encantan las bayas dulces. A veces almacena tanta comida en los carrillos que no puede volar bien.

PRONUNCIACIÓN: e-MOL-ga
ALTURA: 0,4 m
PESO: 5,0 kg

MOVIMIENTOS: Impactrueno, Ataque Rápido, Látigo, Carga, Chispa, Moflete Estático, Persecución, Doble Equipo, Onda Voltio, Bola Voltio, Acróbata, Pantalla de Luz, Otra Vez, Voltiocambio, Agilidad, Chispazo

NO EVOLUCIONA

REGIÓN:
SINNOH

EMPOLEON
Pokémon Emperador

TIPO: AGUA-ACERO

Nada tan rápido como un fueraborda. Con los afilados bordes de sus alas puede cortar el hielo.

Los tres cuernos de su pico son muestra de su fuerza. El líder tiene los cuernos más grandes.

PRONUNCIACIÓN: em-PO-leon
ALTURA: 1,7 m
PESO: 84,5 kg

MOVIMIENTOS: Placaje, Gruñido, Burbuja, Danza Espada, Picotazo, Garra Metal, Rayo Burbuja, Contoneo, Ataque Furia, Salmuera, Acua Jet, Torbellino, Neblina, Pico Taladro, Hidrobomba

PIPLUP **PRINPLUP** **EMPOLEON**

ENTEI

Pokémon Volcán

POKÉMON LEGENDARIO

TIPO: FUEGO

Entei contiene el fulgor del magma en su interior. Se cree que este Pokémon nació de la erupción de un volcán. Escupe numerosas ráfagas de fuego que devoran y reducen a cenizas todo lo que tocan.

PRONUNCIACIÓN: EN-tei
ALTURA: 2,1 m
PESO: 198,0 kg

MOVIMIENTOS: Fuego Sagrado, Estallido, Paranormal, Humareda, Mordisco, Malicioso, Ascuas, Rugido, Giro Fuego, Pisotón, Lanzallamas, Contoneo, Colmillo Ígneo, Llamarada, Paz Mental

NO EVOLUCIONA

ESCAVALIER

Pokémon Soldado

TIPO: BICHO-ACERO

Le roba el caparazón a un Shelmet y lo usa como armadura. Este Pokémon es extremadamente popular en la región de Galar.

Ataca a los enemigos con sus lanzas. Aparece representado en pleno duelo contra un Sirfetch'd en un famoso cuadro.

PRONUNCIACIÓN: es-ca-va-LIER
ALTURA: 1,0 m
PESO: 33,0 kg

MOVIMIENTOS: Bomba Ácida, Zumbido, Doble Filo, Aguante, Falso Tortazo, Aguijón Letal, Azote, Corte Furia, Gigaimpacto, Golpe Cabeza, Defensa Férrea, Cabeza de Hierro, Malicioso, Represión Metal, Picotazo, Anticipo, Inversión, Cara Susto, Danza Espada, Derribo, Tijera X

KARRABLAST → ESCAVALIER

REGIONES:
ALOLA
GALAR
JOHTO
KALOS
(COSTA)

ESPEON
Pokémon Sol

TIPO: PSÍQUICO

Basándose en las corrientes de aire, predice cosas como el tiempo atmosférico o la próxima acción del enemigo.

Lucha con los poderes psíquicos que brotan de la esfera de su frente, que se oscurece cuando su energía disminuye.

PRONUNCIACIÓN: ES-pe-on
ALTURA: 0,9 m
PESO: 26,5 kg

MOVIMIENTOS: Ojitos Tiernos, Relevo, Mordisco, Encanto, Confusión, Copión, Antojo, Doble Filo, Premonición, Gruñido, Refuerzo, Última Baza, Sol Matinal, Cambiafuerza, Psicorrayo, Más Psique, Psíquico, Ataque Rápido, Ataque Arena, Rapidez, Placaje, Látigo, Derribo

EEVEE **ESPEON**

ESPURR
Pokémon Moderación

TIPO: PSÍQUICO

Su inexpresividad aparente esconde una lucha titánica por contener su inmenso poder psíquico.

Es capaz de mandar por los aires a un luchador profesional gracias a sus poderes psíquicos, pero tiene serios problemas para controlarlos.

PRONUNCIACIÓN: es-PURR
ALTURA: 0,3 m
PESO: 3,5 kg

MOVIMIENTOS: Confusión, Antojo, Voz Cautivadora, Sorpresa, Malicioso, Pantalla de Luz, Psicorrayo, Psicocarga, Reflejo, Arañazo

ESPURR **MEOWSTIC**

TIPO: VENENO-DRAGÓN

Se alimenta de la energía que brota de la tierra de Galar absorbiéndola por el núcleo del pecho.

Fue hallado en el interior de un meteorito caído hace 20.000 años. Por lo visto, está relacionado con el misterio que rodea al fenómeno Dinamax.

PRONUNCIACIÓN: e-TER-na-tus
ALTURA: 20,0 m
PESO: 950,0 kg

MOVIMIENTOS: Agilidad, Rayo Confuso, Masa Cósmica, Veneno X, Danza Dragón, Pulso Dragón, Cola Dragón, Cañón Dinamax, Rayo Infinito, Lanzallamas, Hiperrayo, Cola Veneno, Recuperación, Tóxico, Carga Tóxica

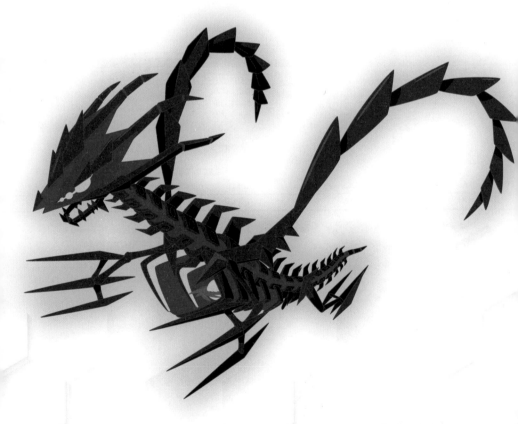

NO EVOLUCIONA

EXCADRILL

Pokémon Subterráneo

TIPO: TIERRA-ACERO

Se dice que muchas grutas que parecen naturales han sido en realidad hechas por los Excadrill.

Se le conoce como el Rey del Taladro. Puede cavar túneles bajo tierra a una velocidad de 150 km/h.

PRONUNCIACIÓN: ex-ca-DRIL
ALTURA: 0,7 m
PESO: 40,4 kg

MOVIMIENTOS: Garra Brutal, Excavar, Taladradora, Terremoto, Fisura, Golpes Furia, Afilagarras, Perforador, Garra Metal, Bofetón Lodo, Giro Rápido, Avalancha, Tormenta de Arena, Arañazo, Danza Espada

DRILBUR **EXCADRILL**

EXEGGCUTE

Pokémon Huevo

TIPO: PLANTA-PSÍQUICO

Pese a su aspecto de un montón de huevos, se trata de un Pokémon. Al parecer, sus cabezas se comunican entre sí por telepatía.

Necesita contar con la totalidad de sus seis miembros para mantener la calma. Si desaparece uno siquiera, le entran ganas de salir huyendo.

PRONUNCIACIÓN: EC-se-kiut
ALTURA: 0,4 m
PESO: 2,5 kg

MOVIMIENTOS: Bombardeo, Alboroto, Hipnosis, Reflejo, Drenadoras, Semilladora, Paralizador, Polvo Veneno, Somnífero, Confusión, Abatidoras, Don Natural, Rayo Solar, Paranormal, Ofrenda

EXEGGUTOR

EXEGGCUTE

EXEGGUTOR DE ALOLA

EXEGGUTOR
Pokémon Coco

TIPO: PLANTA-PSÍQUICO

Cada una de las tres cabezas piensa de forma independiente y apenas muestra interés por el resto.

Puede lanzar ataques psíquicos de gran potencia si sus tres cabezas se ponen de acuerdo. Cuando se nubla el cielo, sus movimientos se ralentizan.

PRONUNCIACIÓN: ec-SE-kiu-tor
ALTURA: 2,0 m
PESO: 120,0 kg

MOVIMIENTOS: Bomba Germen, Bombardeo, Hipnosis, Confusión, Pisotón, Psicocarga, Bomba Huevo, Mazazo, Lluevehojas

EXEGGCUTE   EXEGGUTOR

EXEGGUTOR DE ALOLA
Pokémon Coco

TIPO: PLANTA-DRAGÓN

Los intensos rayos solares que bañan su hábitat le han conferido un poder y aspecto que muchos consideran su forma original.

Su poder psíquico se ha debilitado. Aun así, la cabeza de la cola percibe el entorno mediante telepatía de baja intensidad.

PRONUNCIACIÓN: ec-SE-kiu-tor
ALTURA: 10,9 m
PESO: 415,6 kg

MOVIMIENTOS: Martillo Dragón, Bomba Germen, Bombardeo, Hipnosis, Confusión, Psicocarga, Bomba Huevo, Mazazo, Lluevehojas

EXEGGCUTE   EXEGGUTOR DE ALOLA

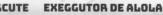

TIPO: NORMAL

En la antigüedad, los bramidos de Exploud se utilizaban como medio de comunicación entre pueblos alejados.

Además de sus bramidos, es capaz de emitir distintos tonos por los tubos de su cuerpo, que le permiten comunicarse con sus semejantes.

PRONUNCIACIÓN: ex-PLAUD
ALTURA: 1,5 m
PESO: 84,0 kg

MOVIMIENTOS: Triturar, Mordisco, Estruendo, Colmillo Hielo, Colmillo Ígneo, Colmillo Rayo, Destructor, Eco Voz, Impresionar, Aullido, Chirrido, Supersónico, Pisotón, Alboroto, Rugido, Descanso, Sonámbulo, Vozarrón, Sincrorruido, Hiperrayo

REGIONES:
HOENN
KALOS
(CENTRO)

EXPLOUD
Pokémon Escandaloso

WHISMUR → LOUDRED → EXPLOUD

REGIÓN:
GALAR

FALINKS
Pokémon Formación

TIPO: LUCHA

Este Pokémon consta de cinco subalternos y un líder, cuyas órdenes obedecen sin rechistar.

Este Pokémon está formado por seis individuos que cambian de formación al luchar, haciendo gala de un notable espíritu de equipo.

PRONUNCIACIÓN: FA-links
ALTURA: 3,0 m
PESO: 62,0 kg

MOVIMIENTOS: Corpulencia, A Bocajarro, Contraataque, Aguante, Escaramuza, Foco Energía, Golpe Cabeza, Defensa Férrea, Megacuerno, Bastión Final, Protección, Inversión, Golpe Roca, Placaje

NO EVOLUCIONA

167

FARFETCH'D
Pokémon Pato Salvaje

TIPO: NORMAL-VOLADOR

Blande el puerro que sujeta con un ala como si se tratase de una espada para rebanar a su rival. En caso de necesidad, se lo come para nutrirse.

Combate empuñando un puerro como arma. La forma de blandirlo es tan variada que ha llegado a generar sus propias escuelas.

PRONUNCIACIÓN: FAR-fetch
ALTURA: 0,8 m
PESO: 15,0 kg

MOVIMIENTOS: Golpe Aéreo, Agilidad, Aire Afilado, Tajo Aéreo, Pájaro Osado, Corte, Falso Tortazo, Corte Furia, Desarme, Hoja Aguda, Malicioso, Picotazo, Ataque Arena, Cuchillada, Danza Espada

NO EVOLUCIONA

FARFETCH'D DE GALAR
Pokémon Pato Salvaje

TIPO: LUCHA

Este es el aspecto de los Farfetch'd que habitan en Galar. Son guerreros fieros y osados que luchan blandiendo un puerro grueso y firme.

Los Farfetch'd de Galar han adoptado esta forma de tanto blandir los puerros típicos de la región, que son gruesos y largos.

PRONUNCIACIÓN: FAR-fetch
ALTURA: 0,8 m
PESO: 42,0 kg

MOVIMIENTOS: Pájaro Osado, Demolición, Giro Vil, Despejar, Detección, Sacrificio, Corte Furia, Desarme, Hoja Aguda, Malicioso, Picotazo, Golpe Roca, Ataque Arena, Atizar, Danza Espada

FARFETCH'D
DE GALAR

SIRFETCH'D

FEAROW
Pokémon Pico

TIPO:
NORMAL-VOLADOR

Este Pokémon ha existido desde tiempos remotos. Al menor atisbo de peligro, alza el vuelo y huye.

PRONUNCIACIÓN: FI-rou
ALTURA: 1,2 m
PESO: 38,0 kg

MOVIMIENTOS: Taladradora, Picoteo, Picotazo, Gruñido, Malicioso, Persecución, Ataque Furia, Golpe Aéreo, Espejo, Buena Baza, Agilidad, Foco Energía, Respiro, Pico Taladro

SPEAROW → FEAROW

FEEBAS
Pokémon Pez

TIPO: AGUA

Su aspecto poco agraciado hace que no sea muy popular, pero su gran vitalidad resulta de gran interés para la ciencia.

Su apariencia deja bastante que desear, pero es muy resistente y puede sobrevivir con poca agua.

PRONUNCIACIÓN: FI-bas
ALTURA: 0,6 m
PESO: 7,4 kg

MOVIMIENTOS: Azote, Salpicadura, Placaje

FEEBAS → MILOTIC

FENNEKIN

Pokémon Zorro

TIPO: FUEGO

Tras masticar e ingerir pequeñas ramas se siente pletórico y expulsa aire caliente por sus grandes orejas a temperaturas superiores a los 200 °C.

Mordisquea una ramita mientras camina, como si de un aperitivo se tratase. Intimida a su enemigo expulsando aire caliente por las orejas.

PRONUNCIACIÓN: FE-ne-quin
ALTURA: 0,4 m
PESO: 9,4 kg

MOVIMIENTOS: Arañazo, Látigo, Ascuas, Aullido, Nitrocarga, Psicorrayo, Giro Fuego, Conjuro, Pantalla de Luz, Psicocarga, Lanzallamas, Fuego Fatuo, Psíquico, Día Soleado, Zona Mágica, Llamarada

FENNEKIN → BRAIXEN → DELPHOX

FERALIGATR

Pokémon Fauces

REGIÓN: JOHTO

TIPO: AGUA

Feraligatr intimida a sus oponentes abriendo las grandes fauces que tiene. En combate, golpea el suelo bruscamente con las gruesas y fuertes patas traseras que tiene para cargar contra su rival a una velocidad de vértigo.

PRONUNCIACIÓN: fe-ra-li-GEI-tor
ALTURA: 2,3 m
PESO: 88,8 kg

MOVIMIENTOS: Arañazo, Malicioso, Pistola Agua, Furia, Mordisco, Cara Susto, Colmillo Hielo, Azote, Agilidad, Triturar, Guardia Baja, Cuchillada, Chirrido, Golpe, Acua Cola, Fuerza Bruta, Hidrobomba

TOTODILE → CROCONAW → FERALIGATR

FERROSEED

Pokémon Fruto Espina

TIPO: PLANTA-ACERO

Se defiende lanzando púas, pero para poder apuntar con precisión a su objetivo necesita ingentes sesiones de práctica.

Prefiere las cuevas de paredes musgosas, ya que las enzimas contenidas en el musgo le permiten desarrollar unas púas grandes y robustas.

PRONUNCIACIÓN: fe-RRO-sid
ALTURA: 0,6 m
PESO: 18,8 kg

MOVIMIENTOS: Maldición, Explosión, Foco Resplandor, Giro Bola, Fortaleza, Arraigo, Defensa Férrea, Cabeza de Hierro, Garra Metal, Pin Misil, Autodestrucción, Placaje

FERROSEED → FERROTHORN

TIPO: PLANTA-ACERO

FERROTHORN

Pokémon Bola Espina

Raya el lecho rocoso con las púas para luego absorber nutrientes con el extremo de los tentáculos.

Sus púas son más duras que el acero. Se aferra y desplaza por paredes rocosas usando las que tiene en los tentáculos como ganchos.

PRONUNCIACIÓN: fe-RRO-zorn
ALTURA: 1,0 m
PESO: 110,0 kg

MOVIMIENTOS: Maldición, Explosión, Foco Resplandor, Giro Bola, Fortaleza, Arraigo, Defensa Férrea, Cabeza de Hierro, Garra Metal, Pin Misil, Latigazo, Autodestrucción, Placaje

FERROSEED → FERROTHORN

171

FINNEON

Pokémon Pez Ala

TIPO: AGUA

Las marcas rosadas de su piel brillan al caer la noche. Triunfa entre los buceadores, por eso en los resorts turísticos le proporcionan alimento.

Por el día permanece cerca de la superficie y se retira a las profundidades por la noche. Atrae a las presas con sus brillantes aletas caudales.

PRONUNCIACIÓN: FI-neon
ALTURA: 0,4 m
PESO: 7,0 kg

MOVIMIENTOS: Destructor, Pistola Agua, Atracción, Danza Lluvia, Tornado, Hidropulso, Seducción, Velo Sagrado, Acua Aro, Torbellino, Ida y Vuelta, Bote, Viento Plata, Anegar

FINNEON   LUMINEON

FLAAFFY

Pokémon Lana

TIPO: ELÉCTRICO

Las zonas de su piel desprovistas de lana no transmiten electricidad, por lo que pueden acariciarse sin miedo.

Su lana sedosa acumula tanta electricidad que algunas partes de su cuerpo se han quedado desprovistas de pelo.

PRONUNCIACIÓN: FLAA-fi
ALTURA: 0,8 m
PESO: 13,3 kg

MOVIMIENTOS: Placaje, Gruñido, Onda Trueno, Impactrueno, Esporagodón, Carga, Derribo, Bola Voltio, Rayo Confuso, Joya de Luz, Chispazo, Rizo Algodón, Doble Rayo, Pantalla de Luz, Trueno

MAREEP   FLAAFFY   AMPHAROS   MEGA-AMPHAROS

FLABÉBÉ

Pokémon Monoflor

TIPO: HADA

Sin el poder que le confiere la flor es una presa fácil, así que busca una del tamaño y color idóneos y no cesa hasta dar con ella.

Acumula el polen de las flores para confeccionar la tiara que lleva en la cabeza, que cuenta con propiedades curativas.

PRONUNCIACIÓN: fla-be-BE
ALTURA: 0,1 m
PESO: 0,1 kg

MOVIMIENTOS: Placaje, Látigo Cepa, Viento Feérico, Conjuro, Hoja Afilada, Deseo, Hoja Mágica, Campo de Hierba, Tormenta Floral, Aromaterapia, Campo de Niebla, Fuerza Lunar, Danza Pétalo, Rayo Solar

 FLABÉBÉ FLOETTE FLORGES

FLAPPLE

Pokémon Manzanala

TIPO: PLANTA-DRAGÓN

Ha evolucionado tras ingerir una manzana ácida. Las bolsas de las mejillas albergan un fluido cuya extrema acidez llega a provocar quemaduras.

Escupe una saliva sumamente ácida y vuela con sus alas compuestas por piel de manzana, cuyo aspecto es capaz de adoptar.

PRONUNCIACIÓN: FLA-pel
ALTURA: 0,3 m
PESO: 1,0 kg

MOVIMIENTOS: Bomba Ácida, Acróbata, Impresionar, Dragoaliento, Danza Dragón, Pulso Dragón, Carga Dragón, Vuelo, Fuerza G, Desarrollo, Defensa Férrea, Drenadoras, Protección, Reciclaje, Ciclón, Ataque Ala, Refugio

APPLIN

FLAPPLE

Forma alternativa:
FLAPPLE GIGAMAX

La energía del fenómeno Gigamax ha acelerado la producción de néctar y le ha conferido el aspecto de una manzana gigantesca.

Al estirar el cuello, su néctar emana un olor de un dulzor tan intenso que todo Pokémon que lo huele pierde el sentido.

ALTURA: >24,0 m
PESO: ???,? kg

REGIONES:
ALOLA
GALAR
KALOS
(COSTA)
KANTO

FLAREON
Pokémon Llama

TIPO: FUEGO

Una vez que ha almacenado el calor suficiente, puede alcanzar una temperatura de 900 ºC.

Almacena parte del aire que inhala en la saca de fuego de su interior, que llega a calentarse a más de 1700 ºC.

PRONUNCIACIÓN: FLA-reon
ALTURA: 0,9 m
PESO: 25,0 kg

MOVIMIENTOS: Ojitos Tiernos, Relevo, Mordisco, Encanto, Copión, Antojo, Doble Filo, Ascuas, Colmillo Ígneo, Giro Fuego, Envite Ígneo, Gruñido, Refuerzo, Última Baza, Humareda, Ataque Rápido, Ataque Arena, Cara Susto, Polución, Rapidez, Placaje, Látigo, Derribo

EEVEE → FLAREON

FLETCHINDER
Pokémon Lumbre

TIPO: FUEGO-VOLADOR

Lanza chispas al interior de la guarida de su presa y, cuando esta sale despavorida, la ataca por sorpresa con sus afiladas garras.

Defienden su territorio con suma agresividad. Se pelean entre sí por el control de las áreas de caza.

PRONUNCIACIÓN: FLET-chin-der
ALTURA: 0,7 m
PESO: 16,0 kg

MOVIMIENTOS: Ascuas, Placaje, Gruñido, Ataque Rápido, Picotazo, Agilidad, Azote, Respiro, Viento Cortante, Don Natural, Nitrocarga, Acróbata, Yo Primero, Viento Afín, Ala de Acero

FLETCHLING → FLETCHINDER → TALONFLAME

FLETCHLING

Pokémon Petirrojo

TIPO: NORMAL-VOLADOR

Sus melodiosos gorjeos son en realidad un aviso. Acribilla a picotazos a todo el que ose invadir su territorio.

Su temperatura corporal aumenta de repente cuando se exalta y puede causar quemaduras al contacto con la piel.

PRONUNCIACIÓN: FLETCH-lin(g)
ALTURA: 0,3 m
PESO: 1,7 kg

MOVIMIENTOS: Placaje, Gruñido, Ataque Rápido, Picotazo, Agilidad, Azote, Respiro, Viento Cortante, Don Natural, Nitrocarga, Acróbata, Yo Primero, Viento Afín, Ala de Acero

FLETCHLING   FLETCHINDER   TALONFLAME

FLOATZEL

Pokémon Nutria Marina

TIPO: AGUA

Nada gracias a su flotador. Ayuda en los rescates de gente que se está ahogando.

Su flotador se desarrolló a raíz de perseguir presas acuáticas. También sirve como balsa.

PRONUNCIACIÓN: FLOUT-sel
ALTURA: 1,1 m
PESO: 33,5 kg

MOVIMIENTOS: Colmillo Hielo, Triturar, Bomba Sónica, Gruñido, Hidrochorro, Ataque Rápido, Pistola Agua, Persecución, Rapidez, Acua Jet, Doble Golpe, Torbellino, Viento Cortante, Acua Cola, Agilidad, Hidro bomba

BUIZEL   FLOATZEL

FLOETTE

Pokémon Monoflor

TIPO: HADA

Usa como arma la flor que cultiva por su cuenta y, cuanto mayor sea la belleza de esta, mayor será también el poder que oculta en su interior.

Confiere su poder a las flores y cuida de ellas con mucho esmero; no perdona que destruyan los campos donde estas crecen.

PRONUNCIACIÓN: flo-ET
ALTURA: 0,2 m
PESO: 0,9 kg

MOVIMIENTOS: Placaje, Látigo Cepa, Viento Feérico, Conjuro, Hoja Afilada, Deseo, Hoja Mágica, Campo de Hierba, Tormenta Floral, Aromaterapia, Campo de Niebla, Fuerza Lunar, Danza Pétalo, Rayo Solar

FLABÉBÉ   FLOETTE   FLORGES

FLORGES

Pokémon Jardín

TIPO: HADA

Es capaz de controlar las flores que cultiva. La ráfaga de pétalos que emplea es hermosa a la vez que devastadora.

Su esperanza de vida asciende a varios siglos y dedica toda su dilatada existencia al cuidado de los jardines.

PRONUNCIACIÓN: FLOR-yes
ALTURA: 1,1 m
PESO: 10,0 kg

MOVIMIENTOS: Voz Cautivadora, Conjuro, Deseo, Hoja Mágica, Defensa Floral, Hierba Lazo, Campo de Hierba, Tormenta Floral, Campo de Niebla

FLABÉBÉ   FLOETTE   FLORGES

FLYGON

Pokémon Místico

REGIONES:
ALOLA
GALAR
HOENN
KALOS
(MONTAÑA)

TIPO: TIERRA-DRAGÓN

Al batir las alas, provoca tormentas de arena que lo ocultan por completo, por lo que rara vez se ha visto a este Pokémon.

El batir de sus alas suena como un bello canto de mujer. Se lo conoce como el Alma del Desierto.

PRONUNCIACIÓN: FLAI-gon
ALTURA: 2,0 m
PESO: 82,0 kg

MOVIMIENTOS: Impresionar, Mordisco, Estruendo, Zumbido, Terratemblor, Triturar, Excavar, Dragoaliento, Garra Dragón, Danza Dragón, Carga Dragón, Cola Dragón, Tierra Viva, Terremoto, Amago, Fisura, Aguzar, Bofetón Lodo, Ataque Arena, Bucle Arena, Tormenta de Arena, Chirrido, Fuerza Bruta, Supersónico, Alboroto

TRAPINCH → **VIBRAVA** → **FLYGON**

FOMANTIS

Pokémon Filo Hoja

REGIÓN:
ALOLA

TIPO: PLANTA

Cuando toma el sol, desprende un aroma muy dulce y agradable que atrae a multitud de Pokémon insecto.

De día duerme tranquilamente a la luz del sol y, al ocaso, despierta e inicia su actividad nocturna.

PRONUNCIACIÓN: fo-MAN-tis
ALTURA: 0,3 m
PESO: 1,5 kg

MOVIMIENTOS: Corte Furia, Follaje, Hoja Afilada, Desarrollo, Arraigo, Hoja Aguda, Síntesis, Cuchillada, Dulce Aroma, Rayo Solar, Día Soleado

FOMANTIS → **LURANTIS**

FOONGUS
Pokémon Hongo

TIPO: PLANTA-VENENO

Todavía no se ha encontrado ninguna explicación ni razón para su gran parecido a las Poké Balls.

Las esporas que expulsa por las extremidades son altamente tóxicas, pero, si se secan bien, sirven como remedio estomacal.

PRONUNCIACIÓN: FUN-gus
ALTURA: 0,2 m
PESO: 1,0 kg

MOVIMIENTOS: Absorber, Desarrollo, Impresionar, Venganza, Megaagotar, Arraigo, Finta, Dulce Aroma, Gigadrenado, Tóxico, Síntesis, Niebla Clara, Rayo Solar, Polvo Ira, Espora

FOONGUS → **AMOONGUSS**

FORRETRESS
Pokémon Larva

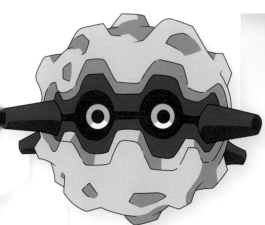

TIPO: BICHO-ACERO

Cuando algo se le acerca, ataca disparando fragmentos de su coraza de acero. Se trata de un puro acto reflejo.

El momento en el que engulle a su presa es el único instante donde muestra su cuerpo, pero hasta ahora ningún humano lo ha visto.

PRONUNCIACIÓN: FO-rre-tres
ALTURA: 1,2 m
PESO: 125,8 kg

MOVIMIENTOS: Púas Tóxicas, Placaje, Protección, Autodestrucción, Picadura, Derribo, Giro Rápido, Venganza, Don Natural, Púas, Disparo Espejo, Aligerar, Vendetta, Explosión, Defensa Férrea, Giro Bola, Doble Filo, Levitón, Electrocañón, Cuerpo Pesado

PINECO → **FORRETRESS**

FRAXURE

Pokémon Boca Hacha

TIPO: DRAGÓN

Sus colmillos no vuelven a crecer, por lo que, al término de cada combate, los afila cuidadosamente con cantos de río.

Su piel es dura como una coraza. Su técnica predilecta consiste en embestir al rival para hincarle los colmillos.

PRONUNCIACIÓN: FRA-xur
ALTURA: 1,0 m
PESO: 36,0 kg

MOVIMIENTOS: Buena Baza, Mordisco, Triturar, Garra Dragón, Danza Dragón, Pulso Dragón, Golpe Bis, Falso Tortazo, Gigaimpacto, Guillotina, Aguzar, Malicioso, Enfado, Cara Susto, Arañazo, Cuchillada, Danza Espada, Mofa

AXEW → FRAXURE → HAXORUS

FRILLISH

Pokémon Ingrávido

TIPO: AGUA-FANTASMA

Atenaza a las presas con sus tentáculos en forma de velo y las sumerge a 8000 m de profundidad.

Cuenta la leyenda que los Frillish son en realidad los habitantes de una antigua ciudad sumergida convertidos en Pokémon.

PRONUNCIACIÓN: FRI-lish
ALTURA: 1,2 m
PESO: 33,0 kg

MOVIMIENTOS: Absorber, Salmuera, Mismo Destino, Infortunio, Hidrobomba, Tinieblas, Picotazo Veneno, Danza Lluvia, Recuperación, Bola Sombra, Pistola Agua, Hidropulso, Salpicar, Torbellino

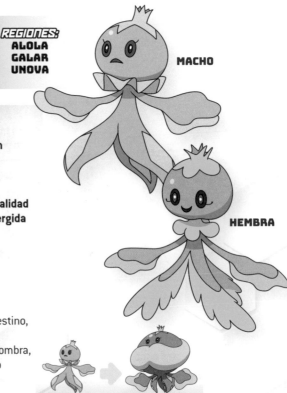

MACHO

HEMBRA

FRILLISH → JELLICENT

FROAKIE
Pokémon Burburrana

TIPO: AGUA

Secreta burbujas tanto por la espalda como por el pecho. Gracias a la elasticidad de estas, puede parar ataques y reducir el daño recibido.

Protege su piel cubriendo el cuerpo con una fina capa de burbujas. Aunque parezca despreocupado, no deja de vigilar con astucia lo que le rodea.

PRONUNCIACIÓN: FRO-ki
ALTURA: 0,3 m
PESO: 7,0 kg

FROAKIE   FROGADIER   GRENINJA

MOVIMIENTOS: Destructor, Gruñido, Burbuja, Ataque Rápido, Lengüetazo, Hidropulso, Pantalla de Humo, Canon, Lanzamiento, Antiaéreo, Sustituto, Bote, Doble Equipo, Hidrobomba

---

FROGADIER
Pokémon Burburrana

TIPO: AGUA

Puede lanzar piedras envueltas en burbujas con tal puntería que acierta latas vacías a 30 metros de distancia.

Su agilidad no tiene parangón. De hecho, es capaz de escalar una torre de más de 600 metros en tan solo un minuto.

PRONUNCIACIÓN: fro-ga-DIER
ALTURA: 0,6 m
PESO: 10,9 kg

MOVIMIENTOS: Destructor, Gruñido, Burbuja, Ataque Rápido, Lengüetazo, Hidropulso, Pantalla de Humo, Canon, Lanzamiento, Antiaéreo, Sustituto, Bote, Doble Equipo, Hidrobomba

FROAKIE   FROGADIER   GRENINJA

FROSLASS

Pokémon Tierra Fría

TIPO: HIELO-FANTASMA

Nació del resentimiento de mujeres fallecidas en montañas nevadas. Su manjar predilecto son las almas congeladas.

Expulsa un vaho gélido a -50 ºC con el que congela a sus presas para luego llevarlas a su morada y colocarlas como adorno.

PRONUNCIACIÓN: FROS-las
ALTURA: 1,3 m
PESO: 26,6 kg

MOVIMIENTOS: Impresionar, Velo Aurora, Mordisco, Ventisca, Rayo Confuso, Triturar, Mismo Destino, Doble Equipo, Beso Drenaje, Vaho Gélido, Granizo, Golpe Cabeza, Infortunio, Colmillo Hielo, Canto Helado, Viento Hielo, Malicioso, Nieve Polvo, Protección, Bola Sombra, Fuego Fatuo

SNORUNT → FROSLASS

FROSMOTH

Pokémon Polillahielo

TIPO: HIELO-BICHO

La temperatura de sus alas es de -180 ºC. Sobrevuela el campo esparciendo sus gélidas escamas, como si de nieve se tratase.

No muestra la menor compasión con quien asole el campo: lo escarmienta batiendo sus gélidas alas para provocar una ventisca.

PRONUNCIACIÓN: FROS-moz
ALTURA: 1,3 m
PESO: 42,0 kg

MOVIMIENTOS: Atracción, Rayo Aurora, Velo Aurora, Ventisca, Zumbido, Despejar, Danza Pluma, Granizo, Refuerzo, Viento Hielo, Acoso, Neblina, Nieve Polvo, Danza Aleteo, Estoicismo, Paralizador, Viento Afín, Vastaguardia

SNOM → FROSMOTH

FURFROU

Pokémon Caniche

TIPO: NORMAL

Hubo una época en la que los aristócratas competían entre ellos procurando que el corte de pelo de su Furfrou fuera el mejor de todos.

El pelo le crece sin cesar, pero solo deja que se lo corten aquellos de quienes se fía plenamente.

PRONUNCIACIÓN: fur-FRU
ALTURA: 1,2 m
PESO: 28,0 kg

MOVIMIENTOS: Placaje, Gruñido, Ataque Arena, Ojitos Tiernos, Golpe Cabeza, Látigo, Mordisco, Rastreo, Represalia, Derribo, Encanto, Golpe Bajo, Rizo Algodón

NO EVOLUCIONA

FURRET

Pokémon Alargado

TIPO: NORMAL

Furret es de constitución muy delgada. En combate le resulta útil porque puede escabullirse con habilidad por cualquier huequito y escapar. A pesar de que tiene patas cortas, es ágil y veloz.

PRONUNCIACIÓN: FE-rret
ALTURA: 1,8 m
PESO: 32,5 kg

MOVIMIENTOS: Agilidad, Enrosque, Arañazo, Profecía, Rizo Defensa, Ataque Rápido, Golpes Furia, Refuerzo, Señuelo, Atizar, Descanso, Golpe Bajo, Amnesia, Relevo, Yo Primero, Vozarrón

SENTRET **FURRET**

GABITE

Pokémon Cueva

TIPO: DRAGÓN-TIERRA

Se vuelve loco por las cosas brillantes y no duda en atacar con violencia a los Sableye que acechan a los Carbink.

Muda la piel a medida que crece. Las escamas que pierde se pueden pulverizar para utilizar como ingrediente en remedios medicinales.

PRONUNCIACIÓN: ga-BAIT
ALTURA: 1,4 m
PESO: 56,0 kg

MOVIMIENTOS: Golpe Bis, Placaje, Ataque Arena, Furia Dragón, Tormenta de Arena, Derribo, Bucle Arena, Cuchillada, Garra Dragón, Excavar, Carga Dragón

GIBLE → GABITE → GARCHOMP → MEGA-GARCHOMP

GALLADE
Pokémon Cuchilla

TIPO: PSÍQUICO-LUCHA

Este Pokémon es considerado todo un justiciero. Solo utiliza las espadas que le salen de los codos si tiene una causa que defender.

Es capaz de percibir al instante cuando alguien está en un aprieto y corre raudo a su lado para prestarle ayuda.

PRONUNCIACIÓN: ga-LEID
ALTURA: 1,6 m
PESO: 52,0 kg

MOVIMIENTOS: Golpe Aéreo, Paz Mental, Encanto, A Bocajarro, Confusión, Voz Cautivadora, Doble Equipo, Beso Drenaje, Comesueños, Falso Tortazo, Amago, Corte Furia, Premonición, Gruñido, Pulso Cura, Refuerzo, Hipnosis, Sellar, Malicioso, Gota Vital, Tajo Umbrío, Protección, Psicorrayo, Psíquico, Psicocorte, Anticipo, Cuchillada, Danza Espada, Teletransporte, Vastaguardia

MEGA-GALLADE
Pokémon Cuchilla

TIPO: PSÍQUICO-LUCHA
ALTURA: 1,6 m
PESO: 56,4 kg

RALTS   KIRLIA   GALLADE   MEGA-GALLADE

GALVANTULA

Pokémon Electroaraña

TIPO: BICHO-ELÉCTRICO

Ataca lanzando hilos electrificados por el abdomen, que inmovilizan por completo al enemigo durante tres días y tres noches.

Teje una tela con hilo electrificado junto a los nidos de Pokémon pájaro para atrapar a los polluelos que aún no saben volar bien.

PRONUNCIACIÓN: gal-VAN-tu-la
ALTURA: 0,8 m
PESO: 14,3 kg

MOVIMIENTOS: Absorber, Agilidad, Picadura, Zumbido, Chispazo, Bola Voltio, Electrotela, Corte Furia, Bilis, Chirrido, Cuchillada, Red Viscosa, Disparo Demora, Golpe Bajo, Onda Trueno

JOLTIK   GALVANTULA

TIPO: VENENO

REGIONES:
ALOLA
GALAR
KALOS
(MONTAÑA)
UNOVA

GARBODOR
Pokémon Vertedero

Su cuerpo transforma la inmundicia que engulle en un veneno cuya composición cambia según la basura ingerida.

El veneno líquido que brota de su brazo derecho es tan nocivo que puede acabar con una criatura ya débil al menor contacto.

PRONUNCIACIÓN: gar-BO-dor
ALTURA: 1,9 m
PESO: 107,3 kg

MOVIMIENTOS: Bomba Ácida, Amnesia, Eructo, Golpe Cuerpo, Niebla Clara, Explosión, Lanzamugre, Garra Metal, Divide Dolor, Gas Venenoso, Destructor, Reciclaje, Residuos, Bomba Lodo, Reserva, Tragar, Derribo, Tóxico, Púas Tóxicas

TRUBBISH   GARBODOR

Forma alternativa:
GARBODOR GIGAMAX

Debido a la energía del fenómeno Gigamax, sus emisiones tóxicas se han solidificado y han adoptado la forma de juguetes abandonados.

Al entrar en contacto con el gas tóxico que emite por la boca y los dedos, el veneno penetra hasta la médula.

ALTURA: >21,0 m
PESO: ???,? kg

GARCHOMP

Pokémon Mach

TIPO: DRAGÓN-TIERRA

Surca el aire a velocidad supersónica en busca de presas y no duda en librar una batalla aérea con un Salamence para quedarse con ellas.

Sus escamas, pequeñas, lisas y afiladas, no solo lo hacen más aerodinámico, sino que le sirven para herir al rival que ose atacarlo.

PRONUNCIACIÓN: gar-CHOMP
ALTURA: 1,9 m
PESO: 95,0 kg

MOVIMIENTOS: Triturar, Golpe Bis, Colmillo Ígneo, Placaje, Ataque Arena, Furia Dragón, Tormenta de Arena, Derribo, Bucle Arena, Cuchillada, Garra Dragón, Excavar, Carga Dragón

MEGA-GARCHOMP

Pokémon Mach

TIPO: DRAGÓN-TIERRA

ALTURA: 1,9 m
PESO: 95,0 kg

GIBLE

GABITE

GARCHOMP

MEGA-GARCHOMP

TIPO: PSÍQUICO-HADA

Tiene la capacidad de predecir el futuro. Para proteger a su Entrenador, emplea hasta la última gota de su poder psíquico.

Para proteger a su Entrenador, emplea todo su poder psíquico en crear un pequeño agujero negro.

PRONUNCIACIÓN: GAR-de-vuar
ALTURA: 1,6 m
PESO: 48,4 kg

MOVIMIENTOS: Paz Mental, Encanto, Confusión, Brillo Mágico, Voz Cautivadora, Doble Equipo, Beso Drenaje, Comesueños, Premonición, Gruñido, Pulso Cura, Deseo Cura, Hipnosis, Gota Vital, Campo de Niebla, Fuerza Lunar, Psicorrayo, Psíquico, Teletransporte, Deseo

REGIONES:
GALAR
HOENN
KALOS
(CENTRO)

GARDEVOIR
Pokémon Envolvente

MEGA-GARDEVOIR
Pokémon Envolvente

TIPO: PSÍQUICO-HADA

ALTURA: 1,6 m
PESO: 48,4 kg

RALTS   **KIRLIA**   **GARDEVOIR**   **MEGA-GARDEVOIR**

GASTLY

Pokémon Gas

REGIONES:
ALOLA
GALAR
KALOS
(MONTAÑA)
KANTO

TIPO: FANTASMA-VENENO

Nació a partir de gases venenosos que asfixiarían a cualquiera que se viera envuelto en ellos.

Con su cuerpo gaseoso puede colarse por donde quiera, aunque con un golpe de viento sale despedido.

PRONUNCIACIÓN: GAS-tli
ALTURA: 1,3 m
PESO: 0,1 kg

MOVIMIENTOS: Rayo Confuso, Maldición, Pulso Umbrío, Mismo Destino, Comesueños, Infortunio, Hipnosis, Lengüetazo, Mal de Ojo, Tinieblas, Vendetta, Bola Sombra, Rencor, Golpe Bajo

GASTLY HAUNTER GENGAR MEGA-GENGAR

GASTRODON (MAR ESTE)

Pokémon Babosa Marina

TIPO: AGUA-TIERRA

Segrega un líquido morado para intimidar a sus oponentes. No es venenoso, pero es muy difícil quitárselo de encima una vez adherido.

Lo recubre una sustancia viscosa. Se resiente cuando se seca, de modo que no puede permanecer mucho tiempo en tierra firme.

PRONUNCIACIÓN: gas-tro-DON
ALTURA: 0,9 m
PESO: 29,9 kg

MOVIMIENTOS: Poder Pasado, Golpe Cuerpo, Tierra Viva, Fortaleza, Legado, Agua Lodosa, Bofetón Lodo, Danza Lluvia, Recuperación, Pistola Agua, Hidropulso

SHELLOS (MAR ESTE) GASTRODON (MAR ESTE)

GASTRODON (MAR OESTE)

Pokémon Babosa Marina

TIPO: AGUA-TIERRA

Puede desplazarse también por tierra firme en pos de su presa. Deja tras de sí, entonces, el rastro de una mucosidad pegajosa.

Aunque blando, su cuerpo es tremendamente resistente, ya que dispersa cualquier impacto que recibe dada su flexibilidad.

PRONUNCIACIÓN: gas-tro-DON
ALTURA: 0,9 m
PESO: 29,9 kg

MOVIMIENTOS: Poder Pasado, Golpe Cuerpo, Tierra Viva, Fortaleza, Legado, Agua Lodosa, Bofetón Lodo, Danza Lluvia, Recuperación, Pistola Agua, Hidropulso

SHELLOS
(MAR OESTE)

GASTRODON
(MAR OESTE)

POKÉMON MÍTICO

GENESECT

Pokémon Paleozoico

TIPO: BICHO-ACERO

Pokémon de tipo Bicho de la antigüedad, modificado por el Equipo Plasma. El cañón de su lomo ha sido mejorado.

Un Pokémon de hace 300 millones de años y alterado por el Equipo Plasma, quienes le han equipado con un cañón en el lomo.

PRONUNCIACIÓN: YE-ne-sect
ALTURA: 1,5 m
PESO: 82,5 kg

MOVIMIENTOS: Aguijón Letal, Tecno Shock, Ataque Rápido, Levitón, Garra Metal, Chirrido, Corte Furia, Fijar Blanco, Nitrocarga, Bomba Imán, Cuchillada, Eco Metálico, Doble Rayo, Triataque, Tijera X, Zumbido, Onda Simple, Electrocañón, Hiperrayo, Autodestrucción

NO EVOLUCIONA

GENGAR

Pokémon Sombra

REGIONES:
ALOLA
GALAR
KALOS
(MONTAÑA)
KANTO

TIPO: FANTASMA-VENENO

Las noches de luna llena, a este Pokémon le gusta imitar las sombras de la gente y burlarse de sus miedos.

Dicen que sale de la oscuridad para robarles el alma a los que se pierden por las montañas.

PRONUNCIACIÓN: GEN-gar
ALTURA: 1,5 m
PESO: 40,5 kg

MOVIMIENTOS:
Rayo Confuso, Maldición, Pulso Umbrío, Mismo Destino, Comesueños, Infortunio, Hipnosis, Lengüetazo, Mal de Ojo, Tinieblas, Vendetta, Canto Mortal, Clonatipo, Bola Sombra, Puño Sombra, Rencor, Golpe Bajo

 GASTLY

 HAUNTER

 GENGAR

 MEGA-GENGAR

MEGA-GENGAR

Pokémon Sombra

TIPO: FANTASMA-VENENO

ALTURA: 1,4 m
PESO: 40,5 kg

Forma alternativa:
GENGAR GIGAMAX

Exuda energía negativa. Se dice que su colosal boca es un portal que conduce al otro mundo.

Tiende trampas mortales: quienes osan acercarse a su boca escuchan la llamada de sus seres queridos.

ALTURA: >20,0 m
PESO: ???,? kg

GEODUDE

Pokémon Roca

TIPO: ROCA-TIERRA

Se suele encontrar en senderos de montaña y sitios parecidos. Conviene andar con cuidado para no pisarlo sin querer y provocar su enfado.

PRONUNCIACIÓN: YI-o-dud
ALTURA: 0,4 m
PESO: 20,0 kg

MOVIMIENTOS: Placaje, Rizo Defensa, Chapoteo Lodo, Pulimento, Rodar, Magnitud, Lanzarrocas, Pedrada, Antiaéreo, Autodestrucción, Terratemblor, Trampa Rocas, Terremoto, Explosión, Doble Filo, Roca Afilada

GEODUDE → GRAVELER → GOLEM

GEODUDE DE ALOLA

Pokémon Roca

TIPO: ROCA-ELÉCTRICO

El campo magnético que rodea su pétrea cabeza conduce electricidad. Pisar a este Pokémon por descuido puede suponer una dolorosa descarga.

PRONUNCIACIÓN: YI-o-dud
ALTURA: 0,4 m
PESO: 20,3 kg

MOVIMIENTOS: Placaje, Rizo Defensa, Carga, Pulimento, Rodar, Chispa, Lanzarrocas, Antiaéreo, Puño Trueno, Autodestrucción, Trampa Rocas, Pedrada, Chispazo, Explosión, Doble Filo, Roca Afilada

GEODUDE DE ALOLA → GRAVELER DE ALOLA → GOLEM DE ALOLA

TIPO: DRAGÓN-TIERRA

REGIONES:
ALOLA
KALOS
(MONTAÑA)
SINNOH

GIBLE
Pokémon Terrascualo

En cuanto percibe un objeto en movimiento, se lanza contra él y le asesta mordidas. A veces se hiere a sí mismo, pero no le importa.

Un Pokémon habituado a un clima aún más cálido que el de Alola. Quien convive con un Gible gasta mucho dinero en calefacción.

PRONUNCIACIÓN: GI-bol
ALTURA: 0,7 m
PESO: 20,5 kg

MOVIMIENTOS: Placaje, Ataque Arena, Furia Dragón, Tormenta de Arena, Derribo, Bucle Arena, Cuchillada, Garra Dragón, Excavar, Carga Dragón

| GIBLE | GABITE | GARCHOMP | MEGA-GARCHOMP |

TIPO: ROCA

REGIONES:
ALOLA
GALAR
KALOS
(COSTA)
UNOVA

GIGALITH
Pokémon Presurizado

Su robustez le permite colaborar con humanos y Copperajah en labores de construcción y minería.

Las bolas de energía que lanza solo en días soleados son tan potentes que pueden hacer saltar un camión por los aires.

PRONUNCIACIÓN: GUI-ga-liz
ALTURA: 1,7 m
PESO: 260,0 kg

MOVIMIENTOS: Explosión, Fortaleza, Golpe Cabeza, Defensa Férrea, Bofetón Lodo, Joya de Luz, Pedrada, Avalancha, Ataque Arena, Tormenta de Arena, Antiaéreo, Trampa Rocas, Roca Afilada, Placaje

| ROGGENROLA | BOLDORE | GIGALITH |

GIRAFARIG

Pokémon Gran Cuello

TIPO: NORMAL-PSÍQUICO

Girafarig tiene un cerebro también en la cabeza de la cola que reacciona atacando ante olores y sonidos. Cuando alguien se acerca a este Pokémon por la espalda, puede provocar que la cabeza trasera se abalance y lo muerda.

PRONUNCIACIÓN: yi-RA-fa-rij
ALTURA: 1,5 m
PESO: 41,5 kg

MOVIMIENTOS: Cambiafuerza, Cambiadefensa, Impresionar, Placaje, Gruñido, Confusión, Rastreo, Pisotón, Agilidad, Psicorrayo, Relevo, Buena Baza, Doble Golpe, Psíquico, Cabezazo Zen, Triturar, Maquinación

NO EVOLUCIONA

GIRATINA
FORMA MODIFICADA

Pokémon Renegado

TIPO:
FANTASMA-DRAGÓN

Vive en el Mundo Distorsión, un mundo opuesto al nuestro y cuyas leyes desafían el sentido común.

Fue desterrado por su violencia. Observa el mundo en silencio desde el Mundo Distorsión.

PRONUNCIACIÓN: gui-ra-TI-na
ALTURA: 4,5 m
PESO: 750,0 kg

MOVIMIENTOS: Dragoaliento, Cara Susto, Viento Aciago, Poder Pasado, Cuchillada, Sombra Vil, Mismo Destino, Garra Dragón, Tierra Viva, Esfera Aural, Garra Umbría, Golpe Umbrío, Infortunio

GIRATINA
FORMA ORIGEN

Pokémon Renegado

TIPO:
FANTASMA-DRAGÓN

ALTURA: 6,9 m
PESO: 650,0 kg

NO EVOLUCIONA

GLACEON

Pokémon Nieve Fresca

REGIONES:
ALOLA
GALAR
KALOS
(COSTA)
SINNOH

TIPO: HIELO

Desprende cristales de hielo. Sus presas se quedan congeladas sin darse cuenta, encandiladas por su belleza.

El aire gélido que exhala crea una suerte de cristales de hielo que lo hace muy demandado en las estaciones de esquí.

PRONUNCIACIÓN: GLEI-si-on
ALTURA: 0,8 m
PESO: 25,9 kg

MOVIMIENTOS: Ojitos Tiernos, Relevo, Mordisco, Ventisca, Encanto, Copión, Antojo, Doble Filo, Liofilización, Gruñido, Granizo, Refuerzo, Colmillo Hielo, Canto Helado, Viento Hielo, Última Baza, Manto Espejo, Ataque Rápido, Ataque Arena, Rapidez, Placaje, Látigo, Derribo

EEVEE ➡ GLACEON

GLALIE

Pokémon Cara

TIPO: HIELO

Ni siquiera el fuego puede derretir su cuerpo de hielo. Es capaz de congelar en un instante la humedad del ambiente.

Congela a sus presas helando en un momento la humedad contenida en el aire que lo rodea.

PRONUNCIACIÓN: GLEI-li
ALTURA: 1,5 m
PESO: 256,5 kg

MOVIMIENTOS: Impresionar, Mordisco, Ventisca, Triturar, Doble Equipo, Liofilización, Vaho Gélido, Granizo, Golpe Cabeza, Colmillo Hielo, Canto Helado, Viento Hielo, Malicioso, Nieve Polvo, Protección, Frío Polar

MEGA-GLALIE

Pokémon Cara

TIPO: HIELO

ALTURA: 2,1 m
PESO: 350,2 kg

SNORUNT

GLALIE

MEGA-GLALIE

GLAMEOW

Pokémon Gastuto

TIPO: NORMAL

Araña cuando está enfadado y ronronea cuando está cariñoso. Su imprevisibilidad es famosa.

Dependiendo de su humor, mueve grácilmente su cola, que se asemeja a un lazo de gimnasia rítmica.

PRONUNCIACIÓN: gla-MIUAU
ALTURA: 0,5 m
PESO: 3,9 kg

MOVIMIENTOS: Sorpresa, Arañazo, Gruñido, Hipnosis, Finta, Golpes Furia, Encanto, Ayuda, Seducción, Cuchillada, Golpe Bajo, Atracción, Afilagarras, Carantoña

GLAMEOW   PURUGLY

GLIGAR

Pokémon Escorpiala

TIPO: TIERRA-VOLADOR

Gligar planea por el aire sin hacer ningún ruido, como si fuera patinando. Este Pokémon se agarra a la cara de su rival con las patas traseras, con forma de garra, y las pinzas de las delanteras y le inyecta veneno por el aguijón.

PRONUNCIACIÓN: GLAI-gar
ALTURA: 1,1 m
PESO: 64,8 kg

MOVIMIENTOS: Picotazo Veneno, Ataque Arena, Fortaleza, Desarme, Ataque Rápido, Corte Furia, Finta, Acróbata, Cuchillada, Ida y Vuelta, Chirrido, Tijera X, Gancho Alto, Danza Espada, Guillotina

GLIGAR   GLISCOR

GLISCOR
Pokémon Colmicorpio

TIPO: TIERRA-VOLADOR

Espera a sus presas colgado de una rama bocabajo. Cuando llega su oportunidad, se lanza en picado.

Vuela sin hacer nada de ruido. Con su larga cola captura a sus presas y las muerde con sus colmillos.

PRONUNCIACIÓN: GLAI-scor
ALTURA: 2,0 m
PESO: 42,5 kg

MOVIMIENTOS: Guillotina, Colmillo Rayo, Colmillo Hielo, Colmillo Ígneo, Puya Nociva, Ataque Arena, Fortaleza, Desarme, Ataque Rápido, Corte Furia, Finta, Acróbata, Tajo Umbrío, Ida y Vuelta, Chirrido, Tijera X, Gancho Alto, Danza Espada

GLIGAR → GLISCOR

TIPO: PLANTA-VENENO

Libera un fétido olor por los pistilos. El fuerte hedor hace perder el conocimiento a cualquiera que se encuentre en un radio de 2 km.

Lo que parece baba es realmente un néctar muy pegajoso que se adhiere sin remisión al tocarlo.

PRONUNCIACIÓN: GLUM
ALTURA: 0,8 m
PESO: 8,6 kg

MOVIMIENTOS: Absorber, Ácido, Gigadrenado, Campo de Hierba, Desarrollo, Megaagotar, Fuerza Lunar, Luz Lunar, Danza Pétalo, Polvo Veneno, Somnífero, Paralizador, Dulce Aroma, Tóxico

GLOOM
Pokémon Hierbajo

VILEPLUME

ODDISH

GLOOM

GLOOM

BELLOSSOM

GOGOAT

Pokémon Montura

REGIÓN:
KALOS
(CENTRO)

TIPO: PLANTA

Percibe los sentimientos del Entrenador por la forma en la que agarra sus cuernos, aunque sean variaciones sutiles, y así avanzan como si fueran un solo ente.

Habita en regiones montañosas. El líder de la manada se decide en una demostración de fuerza en la que los contendientes luchan con los cuernos.

PRONUNCIACIÓN: go-GOUT
ALTURA: 1,7 m
PESO: 91,0 kg

MOVIMIENTOS: Golpe Aéreo, Terremoto, Placaje, Desarrollo, Látigo Cepa, Látigo, Drenadoras, Hoja Afilada, Síntesis, Derribo, Terratemblor, Bomba Germen, Corpulencia, Doble Filo, Asta Drenaje, Hoja Aguda, Batido

SKIDDO → GOGOAT

GOLBAT

Pokémon Murciélago

REGIONES:
ALOLA
KALOS
(CENTRO)
KANTO

TIPO: VENENO-VOLADOR

Tras aproximarse sigilosamente a su objetivo, utiliza sus afilados colmillos para chuparle la sangre.

PRONUNCIACIÓN: GOL-bat
ALTURA: 1,6 m
PESO: 55,0 kg

MOVIMIENTOS: Chirrido, Absorber, Supersónico, Impresionar, Mordisco, Ataque Ala, Rayo Confuso, Aire Afilado, Rapidez, Colmillo Veneno, Mal de Ojo, Chupavidas, Niebla, Carga Tóxica, Tajo Aéreo, Anticipo

ZUBAT → GOLBAT → CROBAT

TIPO: AGUA

Sus aletas pectorales, caudal y dorsal ondean gráciles en el agua. Por eso se le llama el Bailarín Acuático.

La aleta dorsal y las aletas pectorales están tan desarrolladas que actúan como músculos. Puede nadar a una velocidad de cinco nudos.

PRONUNCIACIÓN: gol-DIN
ALTURA: 0,6 m
PESO: 15,0 kg

MOVIMIENTOS: Agilidad, Acua Aro, Azote, Cornada, Perforador, Megacuerno, Picotazo, Anegar, Supersónico, Látigo, Hidropulso, Cascada

REGIONES:
ALOLA
GALAR
KALOS
(CENTRO)
KANTO

GOLDEEN
Pokémon Pez Color

GOLDEEN   SEAKING

TIPO: AGUA

Habita en ríos de aguas plácidas. Sus largas extremidades le permiten nadar con gracilidad.

Cuenta una antigua leyenda que los Golduck arrastraban a quienes contaminaran sus ríos al fondo de las aguas.

PRONUNCIACIÓN: GOL-dak
ALTURA: 1,7 m
PESO: 76,6 kg

MOVIMIENTOS: Yo Primero, Acua Jet, Hidrochorro, Arañazo, Látigo, Pistola Agua, Confusión, Golpes Furia, Hidropulso, Anulación, Chirrido, Cabezazo Zen, Acua Cola, Anegar, Más Psique, Amnesia, Hidrobomba, Zona Extraña

REGIONES:
ALOLA
KALOS
(CENTRO)
KANTO

GOLDUCK
Pokémon Pato

PSYDUCK   GOLDUCK

GOLEM

Pokémon Megatón

TIPO: ROCA-TIERRA

Nada más mudar la piel, su cuerpo se vuelve blando y blanquecino, pero se endurece al poco tiempo de entrar en contacto con el aire.

PRONUNCIACIÓN: GO-lem
ALTURA: 1,4 m
PESO: 300,0 kg

MOVIMIENTOS: Cuerpo Pesado, Placaje, Rizo Defensa, Chapoteo Lodo, Pulimento, Rodillo de Púas, Magnitud, Lanzarrocas, Pedrada, Antiaéreo, Autodestrucción, Terratemblor, Trampa Rocas, Terremoto, Explosión, Doble Filo, Roca Afilada

GEODUDE   **GRAVELER**   **GOLEM**

GOLEM DE ALOLA

Pokémon Megatón

TIPO: ROCA-ELÉCTRICO

Imprime velocidad a las rocas electrizadas que lanza mediante electromagnetismo. El objetivo sufre una descarga, aunque eluda el impacto.

PRONUNCIACIÓN: GO-lem
ALTURA: 1,7 m
PESO: 316,0 kg

MOVIMIENTOS: Cuerpo Pesado, Placaje, Rizo Defensa, Carga, Pulimento, Rodillo de Púas, Chispa, Lanzarrocas, Antiaéreo, Puño Trueno, Autodestrucción, Trampa Rocas, Pedrada, Chispazo, Explosión, Doble Filo, Roca Afilada

**GEODUDE
DE ALOLA**   **GRAVELER
DE ALOLA**   **GOLEM
DE ALOLA**

REGIONES:
ALOLA
GALAR
KALOS
(COSTA)
UNOVA

GOLETT

Pokémon Autómata

TIPO: TIERRA-FANTASMA

Un antiguo Pokémon creado a partir del barro. Se desconoce el motivo por el que algunos ejemplares colocan rocas grandes en hileras.

Fue creado a partir del barro para emplearlo como sirviente. Todavía acata las órdenes que le dio su amo hace milenios.

PRONUNCIACIÓN: GO-let
ALTURA: 1,0 m
PESO: 92,0 kg

MOVIMIENTOS: Impresionar, Maldición, Rizo Defensa, Puño Dinámico, Terremoto, Machada, Cuerpo Pesado, Defensa Férrea, Megapuño, Bofetón Lodo, Tinieblas, Golpe Fantasma, Destructor, Bola Sombra, Puño Sombra, Pataleta

GOLETT   GOLURK

GOLISOPOD

Pokémon Blindaje

TIPO: BICHO-AGUA

Hace lo que sea por conseguir la victoria. Si el rival se descuida, aprovecha para asestarle un golpe letal con sus pequeñas garras frontales.

Vive en cavernas del fondo marino o en barcos hundidos. Lucha contra los Grapploct y el que pierde se convierte en una suculenta presa.

PRONUNCIACIÓN: go-LI-so-pod
ALTURA: 2,0 m
PESO: 108,0 kg

MOVIMIENTOS: Picadura, Rizo Defensa, Escaramuza, Corte Furia, Defensa Férrea, Hidroariete, Disparo Lodo, Pin Misil, Concha Filo, Golpe Roca, Ataque Arena, Cuchillada, Rencor, Estoicismo, Golpe Bajo, Danza Espada

WIMPOD   GOLISOPOD

GOLURK
Pokémon Autómata

REGIONES:
ALOLA
GALAR
KALOS
(COSTA)
UNOVA

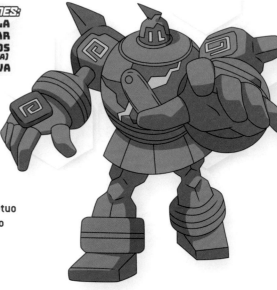

TIPO: TIERRA-FANTASMA

En los muros de antiguos castillos se hallan plataformas desde las que los Golurk podían disparar sus rayos como si fueran cañones.

Se dice que su cuerpo alberga un móvil perpetuo que genera energía, pero no se ha constatado la veracidad de tamaña afirmación.

PRONUNCIACIÓN: GO-lurk
ALTURA: 2,8 m
PESO: 330,0 kg

MOVIMIENTOS: Impresionar, Maldición, Rizo Defensa, Puño Dinámico, Terremoto, Puño Certero, Machada, Cuerpo Pesado, Fuerza Equina, Defensa Férrea, Megapuño, Bofetón Lodo, Tinieblas, Golpe Fantasma, Destructor, Bola Sombra, Puño Sombra, Pataleta

GOLETT   GOLURK

GOODRA
Pokémon Dragón

REGIONES:
ALOLA
GALAR
KALOS
(MONTAÑA)

TIPO: DRAGÓN

A veces no entiende las instrucciones de su Entrenador y se queda como abstraído, pero mucha gente encuentra este rasgo adorable.

Ataca extendiendo sus largas antenas. La fuerza que despliega es 100 veces superior a la del puñetazo de un boxeador de peso pesado.

PRONUNCIACIÓN: GU-dra
ALTURA: 2,0 m
PESO: 150,5 kg

MOVIMIENTOS: Absorber, Bomba Ácida, Acua Cola, Golpe Cuerpo, Maldición, Dragoaliento, Pulso Dragón, Amago, Azote, Agua Lodosa, Cola Veneno, Latigazo, Protección, Danza Lluvia, Placaje, Ojos Llorosos, Pistola Agua, Hidropulso

GOOMY   SLIGGOO   GOODRA

GOOMY
Pokémon Molusco

TIPO: DRAGÓN

Su cuerpo se compone casi exclusivamente de agua, por lo que se debilitaría si se deshidratase. Es el Pokémon de tipo Dragón más débil.

Sus antenas son órganos sensoriales sumamente desarrollados. Poder esconderse nada más detectar enemigos le ha permitido sobrevivir.

PRONUNCIACIÓN: GU-mi
ALTURA: 0,3 m
PESO: 2,8 kg

MOVIMIENTOS: Absorber, Golpe Cuerpo, Maldición, Dragoaliento, Pulso Dragón, Azote, Agua Lodosa, Protección, Danza Lluvia, Placaje, Pistola Agua, Hidropulso

GOOMY   SLIGGOO   GOODRA

GOREBYSS
Pokémon Mar del Sur

TIPO: AGUA

Su color de piel varía en base a la temperatura del agua, y los que viven en Alola adoptan colores tan vivos que llegan a deslumbrar.

Absorbe los fluidos corporales de su presa. Los restos que deja caen hasta el lecho marino y se convierten en alimento para otros Pokémon.

PRONUNCIACIÓN: GO-re-bis
ALTURA: 1,8 m
PESO: 22,6 kg

MOVIMIENTOS: Torbellino, Confusión, Hidrochorro, Agilidad, Beso Drenaje, Hidropulso, Amnesia, Acua Aro, Seducción, Buceo, Relevo, Psíquico, Acua Cola, Enrosque, Hidrobomba

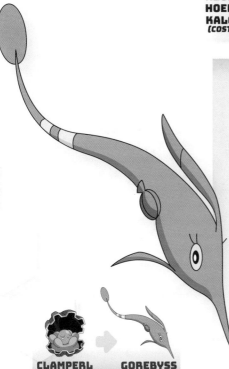

CLAMPERL   GOREBYSS

GOSSIFLEUR

Pokémon Adornofloral

TIPO: PLANTA

Si planta su única extremidad inferior en la tierra y se expone a abundante luz solar, sus pétalos cobran un color vivo.

Muchos los crían tras quedar encantados de lo adorables que resultan cuando cantan dando vueltas empujados por la brisa.

PRONUNCIACIÓN: GO-si-fler
ALTURA: 0,4 m
PESO: 2,2 kg

MOVIMIENTOS: Aromaterapia, Vozarrón, Lluevehojas, Ciclón de Hojas, Follaje, Giro Rápido, Hoja Afilada, Canon, Canto, Dulce Aroma, Síntesis

 GOSSIFLEUR ➡ ELDEGOSS

GOTHITA
Pokémon Inquisitivo

TIPO: PSÍQUICO

Pese a ser todavía un bebé, puede luchar con el poder psíquico que acumula en las antenitas en forma de lazos.

A veces susurra aunque no haya nadie alrededor. Por eso se cree que tal vez hable con alguien o algo imperceptible para los demás.

PRONUNCIACIÓN: go-CI-ta
ALTURA: 0,4 m
PESO: 5,8 kg

MOVIMIENTOS: Encanto, Confusión, Llanto Falso, Camelo, Premonición, Hipnosis, Zona Mágica, Camaradería, Destructor, Psicorrayo, Más Psique, Psíquico, Psicocarga, Cosquillas

GOTHITA   GOTHORITA   GOTHITELLE

GOTHITELLE
Pokémon Astro

TIPO: PSÍQUICO

Predice el futuro observando el movimiento de las estrellas. Posee un poder psíquico tremendo, pero evita los conflictos por su buen carácter.

Los malhechores a los que revela sus últimos momentos pierden la vida el mismo día.

PRONUNCIACIÓN: GO-ci-tel
ALTURA: 1,5 m
PESO: 44,0 kg

MOVIMIENTOS: Encanto, Confusión, Llanto Falso, Camelo, Premonición, Hipnosis, Zona Mágica, Camaradería, Destructor, Psicorrayo, Más Psique, Psíquico, Psicocarga, Cosquillas

GOTHITA   GOTHORITA   GOTHITELLE

GOTHORITA

Pokémon Manipulador

TIPO: PSÍQUICO

Corre el rumor de que en las noches estrelladas se lleva consigo a los niños dormidos, por lo que recibe el sobrenombre de Bruja Castigadora.

Sus poderes psíquicos alcanzan su apogeo en las noches estrelladas, aunque su posible vínculo con el espacio está envuelto en misterio.

PRONUNCIACIÓN: go-zo-RI-ta
ALTURA: 0,7 m
PESO: 18,0 kg

MOVIMIENTOS: Encanto, Confusión, Llanto Falso, Camelo, Premonición, Hipnosis, Zona Mágica, Camaradería, Destructor, Psicorrayo, Más Psique, Psíquico, Psicocarga, Cosquillas

GOTHITA **GOTHORITA** **GOTHITELLE**

GOURGEIST

Pokémon Calabaza

TIPO: FANTASMA-PLANTA

Se dice que los espeluznantes alaridos que emite bien entrada la noche son los lamentos de almas en pena desde el más allá.

Las noches de luna nueva llama a la puerta de las casas y se lleva al otro mundo a quien abra.

PRONUNCIACIÓN: GOR-gaist
ALTURA: 0,9 m
PESO: 12,5 kg

MOVIMIENTOS: Impresionar, Semilladora, Rayo Confuso, Explosión, Drenadoras, Fuerza Lunar, Divide Dolor, Golpe Fantasma, Hoja Afilada, Cara Susto, Bomba Germen, Bola Sombra, Sombra Vil, Truco, Halloween, Abatidoras

PUMPKABOO **GOURGEIST**

GRANBULL
Pokémon Hada

TIPO: HADA

Su mandíbula posee una fuerza abrumadora, pero, como no le gusta pelear, rara vez tiene ocasión de demostrarlo.

Es muy popular entre la gente joven, pero su personalidad afable y algo miedosa hacen de él un pésimo guardián.

PRONUNCIACIÓN: GRAN-bul
ALTURA: 1,4 m
PESO: 48,7 kg

MOVIMIENTOS: Enfado, Colmillo Hielo, Colmillo Ígneo, Colmillo Rayo, Placaje, Cara Susto, Látigo, Encanto, Mordisco, Lengüetazo, Golpe Cabeza, Rugido, Furia, Carantoña, Vendetta, Triturar

SNUBBULL → GRANBULL

GRAPPLOCT
Pokémon Jiu-Jitsu

TIPO: LUCHA

Todo su cuerpo es puro músculo. Utiliza los tentáculos para ejecutar técnicas de estrangulamiento con una formidable potencia.

Se aventura en tierra firme para buscar rivales contra los que luchar para medir su valía. Tras terminar el combate, regresa al mar.

PRONUNCIACIÓN: GRAP-loct
ALTURA: 1,6 m
PESO: 39,0 kg

MOVIMIENTOS: Atadura, Demolición, Corpulencia, Detección, Amago, Malicioso, Pulpocañón, Octopresa, Inversión, Golpe Roca, Sumisión, Fuerza Bruta, Mofa, Reversión

CLOBBOPUS → GRAPPLOCT

GRAVELER

Pokémon Roca

TIPO: ROCA-TIERRA

Se le suele ver rodando montaña abajo. No evita los obstáculos, sino que los arrolla.

PRONUNCIACIÓN: GRA-ve-ler
ALTURA: 1,0 m
PESO: 105,0 kg

MOVIMIENTOS: Placaje, Rizo Defensa, Chapoteo Lodo, Pulimento, Rodar, Magnitud, Lanzarrocas, Pedrada, Antiaéreo, Autodestrucción, Terratemblor, Trampa Rocas, Terremoto, Explosión, Doble Filo, Roca Afilada

GEODUDE   GRAVELER   GOLEM

GRAVELER DE ALOLA

Pokémon Roca

TIPO: ROCA-ELÉCTRICO

Cuando desciende rodando por la montaña y se topa con algo, no solo lo electrocuta, sino que lo lanza por los aires.

PRONUNCIACIÓN: GRA-ve-ler
ALTURA: 1,0 m
PESO: 110,0 kg

MOVIMIENTOS: Placaje, Rizo Defensa, Carga, Pulimento, Rodar, Chispa, Lanzarrocas, Antiaéreo, Puño Trueno, Autodestrucción, Trampa Rocas, Pedrada, Chispazo, Explosión, Doble Filo, Roca Afilada

GEODUDE DE ALOLA   GRAVELER DE ALOLA   GOLEM DE ALOLA

GREEDENT

Pokémon Avaricia

TIPO: NORMAL

Se obceca tanto en acumular bayas en la cola que no se da ni cuenta de cuando tiene demasiadas y se le acaban cayendo.

Sus incisivos, de fuerza y dureza extraordinarias, le permiten mordisquear incluso las bayas más duras. Es un Pokémon muy común en Galar.

PRONUNCIACIÓN: GRI-dent
ALTURA: 0,6 m
PESO: 6,0 kg

MOVIMIENTOS: Eructo, Mordisco, Golpe Cuerpo, Semilladora, Contraataque, Antojo, Descanso, Escupir, Reserva, Atiborramiento, Superdiente, Tragar, Placaje, Látigo

SKWOVET → GREEDENT

TIPO: AGUA-SINIESTRO

Comprime el agua y crea estrellas ninja con las que ataca al enemigo. Cuando las hace girar a gran velocidad cortan en dos hasta el metal.

Aparece y desaparece de improvisto, cual ninja. Marea al oponente con su soberbia agilidad y lo hace trizas con sus Shuriken de Agua.

PRONUNCIACIÓN: gre-NIN-ya
ALTURA: 1,5 m
PESO: 40,0 kg

MOVIMIENTOS: Tajo Umbrío, Imitación, Escudo Tatami, Destructor, Gruñido, Burbuja, Ataque Rápido, Lengüetazo, Hidropulso, Pantalla de Humo, Sombra Vil, Púas, Finta, Shuriken de Agua, Sustituto, Paranormal, Doble Equipo, Niebla, Hidrobomba

GRENINJA

Pokémon Ninja

FROAKIE → FROGADIER → GRENINJA

GRIMER

Pokémon Lodo

TIPO: VENENO

Está hecho de lodo endurecido. Pocos se atreven a tocarlo debido a su pestilencia y composición nociva. Allá por donde pasa no crece la hierba.

PRONUNCIACIÓN: GRAI-mer
ALTURA: 0,9 m
PESO: 30,0 kg

MOVIMIENTOS: Gas Venenoso, Destructor, Fortaleza, Mordisco, Anulación, Bomba Ácida, Colmillo Veneno, Reducción, Lanzamiento, Desarme, Triturar, Chirrido, Lanzamugre, Armadura Ácida, Eructo, Legado

GRIMER   MUK

GRIMER DE ALOLA

Pokémon Lodo

TIPO: VENENO-SINIESTRO

Nada le gusta más que la basura. La engulle de golpe y al digerirla crea cristales venenosos tan hermosos como brillantes.

PRONUNCIACIÓN: GRAI-mer
ALTURA: 0,7 m
PESO: 42,0 kg

MOVIMIENTOS: Destructor, Gas Venenoso, Fortaleza, Mordisco, Anulación, Bomba Ácida, Colmillo Veneno, Reducción, Lanzamiento, Desarme, Triturar, Chirrido, Lanzamugre, Armadura Ácida, Eructo, Legado

GRIMER DE ALOLA   MUK DE ALOLA

GRIMMSNARL

Pokémon Voluminoso

TIPO: SINIESTRO-HADA

Cuando enrolla sus cabellos por todo el cuerpo, aumenta su potencia muscular. Posee una fuerza capaz de someter a Machamp.

Su cabello desempeña una función similar a la de fibras musculares. Al soltárselo, su movimiento tentacular le permite reducir a su objetivo.

PRONUNCIACIÓN: GRIMS-narl
ALTURA: 1,5 m
PESO: 61,0 kg

MOVIMIENTOS: Buena Baza, Mordisco, Corpulencia, Confidencia, Pulso Umbrío, Sorpresa, Llanto Falso, Irreverencia, Camelo, Juego Sucio, Machada, Maquinación, Carantoña, Puño Incremento, Choque Anímico, Golpe Bajo, Contoneo, Tormento

IMPIDIMP   **MORGREM**   **GRIMMSNARL**

Forma alternativa:
GRIMMSNARL GIGAMAX

El pelo de sus piernas se ha transformado y ha dado aún más fuerza a sus patadas, capaces de abrir grandes agujeros en la tierra de Galar.

Debido al fenómeno Gigamax, le ha crecido el pelo de forma extraordinaria. Puede superar de un salto los rascacielos más altos del mundo.

ALTURA: >32,0 m
PESO: ???,? kg

GROOKEY

Pokémon Chimpancé

TIPO: PLANTA

Al marcar el ritmo con su baqueta especial, produce unas ondas sonoras capaces de devolver la vitalidad a la flora.

Ataca golpeando sin cesar con su baqueta, con un entusiasmo que crece a medida que acelera el ritmo.

PRONUNCIACIÓN: GRU-ki
ALTURA: 0,3 m
PESO: 5,0 kg

MOVIMIENTOS: Punzada Rama, Esfuerzo, Gruñido, Desarme, Hoja Afilada, Arañazo, Chirrido, Atizar, Mofa, Alboroto, Mazazo

GROOKEY → THWACKEY → RILLABOOM

GROTLE

Pokémon Arboleda

REGIÓN: SINNOH

TIPO: PLANTA

Vive en los bosques cerca del agua. Por el día, sale a que les dé el sol a las plantas de su espalda.

Sabe dónde encontrar manantiales de agua pura y lleva a los Pokémon amigos hasta allí en su lomo.

PRONUNCIACIÓN: GRO-tel
ALTURA: 1,1 m
PESO: 97,0 kg

MOVIMIENTOS: Placaje, Refugio, Absorber, Hoja Afilada, Maldición, Mordisco, Megaagotar, Drenadoras, Síntesis, Triturar, Gigadrenado, Lluevehojas

TURTWIG → GROTLE → TORTERRA

GROUDON
Pokémon Continente

TIPO: TIERRA

A Groudon siempre se le ha descrito como el Pokémon que expandió los continentes. Varias leyendas cuentan que libró combates contra Kyogre en repetidas ocasiones para tener el control de la energía de la naturaleza.

Groudon se sirve de la energía de la naturaleza para realizar su Regresión Primigenia y recobrar su apariencia primitiva. Con tal poder, puede crear magma para expandir los continentes.

PRONUNCIACIÓN: GROU-don
ALTURA: 3,5 m
PESO: 950,0 kg

MOVIMIENTOS: Poder Pasado, Disparo Lodo, Cara Susto, Tierra Viva, Humareda, Descanso, Terremoto, Filo del Abismo, Corpulencia, Rayo Solar, Fisura, Llamarada, Machada, Estallido

GROUDON PRIMIGENIO
Pokémon Continente

TIPO: TIERRA-FUEGO

ALTURA: 5,0 m
PESO: 999,7 kg

GROUDON

GROUDON PRIMIGENIO

GROVYLE

Pokémon Geco Bosque

TIPO: PLANTA

Las hojas que Grovyle tiene por el cuerpo le resultan muy útiles para camuflarse en el bosque y esconderse de los enemigos. A este Pokémon no hay quien lo supere subiendo a los árboles del bosque.

Este Pokémon revolotea de rama en rama con maestría. Cuando Grovyle va volando por el bosque, no hay quien lo alcance por muy rápido que sea.

PRONUNCIACIÓN: GRO-o-vail
ALTURA: 0,9 m
PESO: 21,6 kg

MOVIMIENTOS: Corte Furia, Destructor, Malicioso, Absorber, Ataque Rápido, Megaagotar, Persecución, Hoja Aguda, Agilidad, Atizar, Detección, Tijera X, Falso Tortazo, Anticipo, Lluevehojas, Chirrido

| TREECKO | GROVYLE | SCEPTILE | MEGA-SCEPTILE |

GROWLITHE

Pokémon Perrito

TIPO: FUEGO

De naturaleza valiente y honrada, se enfrenta sin miedo a enemigos más grandes y fuertes.

Extremadamente fiel, ladrará furioso a cualquiera que suponga una amenaza para su Entrenador con tal de defenderlo.

PRONUNCIACIÓN: GROU-liz
ALTURA: 0,7 m
PESO: 19,0 kg

MOVIMIENTOS: Agilidad, Mordisco, Triturar, Ascuas, Colmillo Ígneo, Rueda Fuego, Lanzallamas, Envite Ígneo, Refuerzo, Aullido, Malicioso, Carantoña, Represalia, Inversión, Rugido, Derribo

| GROWLITHE | ARCANINE |

TIPO: BICHO

Con sus potentes mandíbulas puede hacer trizas las ramas más gruesas y ahuyentar incluso a los Rookidee, su enemigo natural.

Cava su madriguera en el lecho boscoso con sus grandes mandíbulas. Le encanta la savia dulce de los árboles.

PRONUNCIACIÓN: GRA-bin
ALTURA: 0,4 m
PESO: 4,4 kg

MOVIMIENTOS: Mordisco, Picadura, Triturar, Excavar, Bofetón Lodo, Chispa, Red Viscosa, Disparo Demora, Agarre, Tijera X

REGIONES:
ALOLA
GALAR

GRUBBIN
Pokémon Pupa

GRUBBIN   **CHARJABUG**   **VIKAVOLT**

REGIONES:
HOENN
KALOS
(COSTA)

GRUMPIG
Pokémon Manipulador

TIPO: PSÍQUICO

Grumpig usa las perlas negras que tiene para amplificar las ondas de su poder psíquico y controlar del todo al rival. Cuando usa su poder especial, le cuesta respirar y resopla con pesadez.

Grumpig utiliza las perlas negras que tiene para usar fantásticos poderes mientras baila de forma muy extraña. Las perlas de este Pokémon están consideradas como valiosas obras de arte.

PRONUNCIACIÓN: GRUM-pig
ALTURA: 0,9 m
PESO: 71,5 kg

MOVIMIENTOS: Danza Caos, Eructo, Salpicadura, Psicoonda, Rastreo, Psicorrayo, Más Psique, Rayo Confuso, Capa Mágica, Cabezazo Zen, Descanso, Ronquido, Joya de Luz, Psicocarga, Vendetta, Psíquico, Bote

SPOINK   **GRUMPIG**

GULPIN

Pokémon Estómago

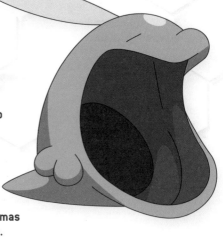

TIPO: VENENO

Casi la totalidad del cuerpo de Gulpin está compuesto por el estómago. Por eso, puede tragarse todo lo que tenga su tamaño. En el interior del estómago tiene un fluido capaz de corroerlo todo.

La mayor parte del cuerpo de Gulpin está ocupado por su estómago. En comparación, el corazón y el cerebro son muy pequeños. Este Pokémon tiene enzimas especiales en el estómago capaces de corroerlo todo.

PRONUNCIACIÓN: GUL-pin
ALTURA: 0,4 m
PESO: 10,3 kg

MOVIMIENTOS: Destructor, Bostezo, Gas Venenoso, Residuos, Amnesia, Otra Vez, Tóxico, Bomba Ácida, Reserva, Escupir, Tragar, Eructo, Bomba Lodo, Bilis, Estrujón, Lanzamugre

GULPIN   SWALOT

GUMSHOOS

Pokémon Vigilante

TIPO: NORMAL

No es autóctono de Alola, sino que se introdujo para paliar la superpoblación de Rattata que se produjo en el pasado.

Tiene un carácter muy paciente, pero en cuanto avista un Rattata, su manjar predilecto, pierde el control y se lanza sobre él como un poseso.

PRONUNCIACIÓN: GAM-shus
ALTURA: 0,7 m
PESO: 14,2 kg

MOVIMIENTOS: Placaje, Malicioso, Persecución, Ataque Arena, Rastreo, Venganza, Mordisco, Bofetón Lodo, Superdiente, Derribo, Cara Susto, Triturar, Hipercolmillo, Bostezo, Golpe, Descanso

YUNGOOS   GUMSHOOS

TIPO: LUCHA

A menudo realiza competiciones de fuerza con sus congéneres y con los Machoke. El perdedor debe pasar un tiempo sin dejarse ver.

Blande vigas de acero con gran destreza, pero la construcción no se le da muy bien; de hecho, su especialidad es la demolición.

PRONUNCIACIÓN: GUR-dur
ALTURA: 1,2 m
PESO: 40,0 kg

MOVIMIENTOS: Corpulencia, Puño Dinámico, Foco Energía, Puño Certero, Machada, Malicioso, Patada Baja, Destructor, Avalancha, Lanzarrocas, Cara Susto, Atizar, Roca Afilada, Fuerza Bruta

GURDURR
Pokémon Musculoso

TIMBURR → **GURDURR** → **CONKELDURR**

ULTRAENTE

GUZZLORD
Pokémon Tragaldabas

TIPO: SINIESTRO-DRAGÓN

Para los seres de este mundo resulta extraño y peligroso, pero en el mundo del que procede es una criatura muy común.

Uno de los extraños Ultraentes. Siempre está comiendo algo, como poseído de un hambre insaciable.

PRONUNCIACIÓN: GAS-lord
ALTURA: 5,5 m
PESO: 888,0 kg

MOVIMIENTOS: Eructo, Vastaguardia, Tragar, Reserva, Furia Dragón, Mordisco, Pisotón, Giro Vil, Rodillo de Púas, Cola Dragón, Cola Férrea, Pataleta, Triturar, Machada, Golpe, Bilis, Cuerpo Pesado, Estrujón, Carga Dragón

NO EVOLUCIONA

GYARADOS

Pokémon Atrocidad

REGIONES:
ALOLA
GALAR
KALOS
(CENTRO)
KANTO

TIPO: AGUA-VOLADOR

Es exageradamente agresivo. El Hiperrayo que lanza por la boca reduce a cenizas todo lo que encuentra.

Cuando monta en cólera, puede quemarlo todo, incluso en medio de la más violenta tormenta.

PRONUNCIACIÓN: GIA-ra-dos
ALTURA: 6,5 m
PESO: 235,0 kg

MOVIMIENTOS: Acua Cola, Mordisco, Salmuera, Triturar, Danza Dragón, Azote, Vendaval, Hidrobomba, Hiperrayo, Colmillo Hielo, Malicioso, Danza Lluvia, Cara Susto, Salpicadura, Placaje, Golpe, Ciclón, Cascada, Torbellino

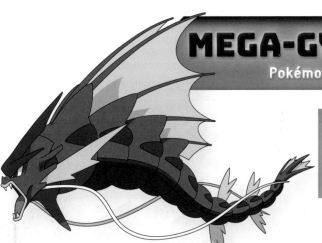

MEGA-GYARADOS

Pokémon Atrocidad

TIPO: AGUA-SINIESTRO

ALTURA: 6,5 m
PESO: 305,0 kg

MAGIKARP

GYARADOS

MEGA-GYARADOS

HAKAMO-O
Pokémon Escamas

TIPO: DRAGÓN-LUCHA

Como prueba de su fuerza, muestra orgulloso a quienes vence las cicatrices de su cuerpo donde ya no tiene escamas.

Tras hacer sonar sus escamas y proferir su grito de guerra, arremete contra el enemigo y lo hace trizas con sus afiladas garras.

PRONUNCIACIÓN: ja-ka-MO-o
ALTURA: 1,2 m
PESO: 47,0 kg

MOVIMIENTOS: Aligerar, A Bocajarro, Garra Dragón, Danza Dragón, Cola Dragón, Golpe Cabeza, Defensa Férrea, Malicioso, Rugido de Guerra, Enfado, Protección, Cara Susto, Chirrido, Placaje, Avivar

JANGMO-O → HAKAMO-O → KOMMO-O

HAPPINY
Pokémon Casita

TIPO: NORMAL

Lleva en la bolsa de su panza una roca con forma de huevo que cuida con esmero, imitando a Chansey.

Les deja su preciada roca redonda a aquellos con los que se lleva bien. Si no se la devuelven, se echa a llorar, presa de una rabieta.

PRONUNCIACIÓN: ja-PI-ni
ALTURA: 0,6 m
PESO: 24,4 kg

MOVIMIENTOS: Destructor, Encanto, Copión, Alivio, Beso Dulce

HAPPINY → CHANSEY → BLISSEY

HARIYAMA

Pokémon Empuje

TIPO: LUCHA

Adora las competiciones de fuerza, pero el respeto y la cortesía hacia sus adversarios son muy importantes para este noble Pokémon.

No todos los Hariyama son grandotes, recios y fuertes. También los hay de menor tamaño pero mayor agilidad y precisión en los movimientos.

PRONUNCIACIÓN: ja-ri-YA-ma
ALTURA: 2,3 m
PESO: 253,8 kg

MOVIMIENTOS: Salmuera, Placaje, Foco Energía, Ataque Arena, Empujón, Sorpresa, Palmeo, Remolino, Desarme, Tiro Vital, Tambor, Estímulo, Sísmico, Espabila, Aguante, A Bocajarro, Inversión, Cuerpo Pesado

MAKUHITA ➡ **HARIYAMA**

HATENNA

Pokémon Calma

TIPO: PSÍQUICO

Percibe los sentimientos de los seres vivos con la protuberancia de la cabeza. Solo abre su corazón a quienes muestren un carácter sosegado.

Siente predilección por los lugares despoblados. Si percibe una emoción intensa, emprende la huida a toda prisa.

PRONUNCIACIÓN: ja-TE-na
ALTURA: 0,4 m
PESO: 3,4 kg

MOVIMIENTOS: Aromaterapia, Paz Mental, Confusión, Brillo Mágico, Voz Cautivadora, Pulso Cura, Deseo Cura, Gota Vital, Camaradería, Psicorrayo, Psíquico

HATENNA ➡ **HATTREM** ➡ **HATTERENE**

HATTERENE

Pokémon Silencio

TIPO: PSÍQUICO-HADA

Para mantener alejados a los demás seres vivos, emana a su alrededor ondas psíquicas cuya potencia es capaz de provocar jaquecas.

Recibe el apodo de Hechicera del Bosque. Quienes arman demasiado barullo se exponen a ser despedazados por las garras de su tentáculo.

PRONUNCIACIÓN: JA-te-rin
ALTURA: 2,1 m
PESO: 5,1 kg

MOVIMIENTOS: Aromaterapia, Giro Vil, Paz Mental, Confusión, Brillo Mágico, Voz Cautivadora, Pulso Cura, Deseo Cura, Gota Vital, Polvo Mágico, Camaradería, Psicorrayo, Psíquico, Psicocorte

HATENNA → HATTREM → HATTERENE

Forma alternativa:
HATTERENE GIGAMAX

Puede percibir los sentimientos de cualquier ser vivo en un radio de 50 km. En cuanto detecta hostilidad, inicia la ofensiva.

De sus tentáculos brotan incesantemente rayos láser similares a relámpagos. Se lo conoce también como la Divinidad Iracunda.

ALTURA: >26,0 m
PESO: ???,? kg

HATTREM

Pokémon Serenidad

TIPO: PSÍQUICO

Silencia a cualquiera que muestre una emoción intensa sin importar de quién se trate y recurre para ello a métodos a cuál más violento.

Silencia al objetivo atizándole con los mechones. Despliega una potencia devastadora capaz de noquear a un boxeador profesional.

PRONUNCIACIÓN: JA-trem
ALTURA: 0,6 m
PESO: 4,8 kg

MOVIMIENTOS: Aromaterapia, Giro Vil, Paz Mental, Confusión, Brillo Mágico, Voz Cautivadora, Pulso Cura, Deseo Cura, Gota Vital, Camaradería, Psicorrayo, Psíquico

HATENNA   HATTREM   HATTERENE

HAUNTER

Pokémon Gas

TIPO: FANTASMA-VENENO

Su lengua está hecha de gas. Si lame a su víctima, esta sufrirá constantes temblores hasta fallecer.

Cuando se tiene la sensación de ser observado en la oscuridad sin que haya nadie alrededor, seguro que es porque un Haunter anda cerca.

PRONUNCIACIÓN: JAUN-ter
ALTURA: 1,6 m
PESO: 0,1 kg

MOVIMIENTOS: Rayo Confuso, Maldición, Pulso Umbrío, Mismo Destino, Comesueños, Infortunio, Hipnosis, Lengüetazo, Mal de Ojo, Tinieblas, Vendetta, Bola Sombra, Puño Sombra, Rencor, Golpe Bajo

GASTLY   HAUNTER   GENGAR   MEGA-GENGAR

TIPO: LUCHA-VOLADOR

HAWLUCHA

Pokémon Lucha Libre

Se vale de su agilidad para minar las fuerzas del rival y, una vez extenuado, remata el combate ejecutando una técnica formidable.

Siempre se exhibe con alguna pose justo antes de propinar el golpe de gracia, momento que algunos rivales aprovechan para contraatacar.

PRONUNCIACIÓN: ho-LU-cha
ALTURA: 0,8 m
PESO: 21,5 kg

MOVIMIENTOS: Golpe Aéreo, Bote, Detección, Otra Vez, Esfuerzo, Danza Pluma, Plancha Voladora, Patada Salto Alta, Afilagarras, Respiro, Ataque Aéreo, Sumisión, Danza Espada, Placaje, Mofa, Ataque Ala

NO EVOLUCIONA

HAXORUS

Pokémon Boca Hacha

TIPO: DRAGÓN

Su mayor baza son sus colmillos, de gran tamaño y robustez. Lame la tierra en busca de minerales para mantenerlos fuertes y resistentes.

Amable por naturaleza, infunde auténtico pavor al enfadarse. Su mayor baza son los colmillos, con los que puede cortar un armazón de acero.

PRONUNCIACIÓN: JA-xo-rus
ALTURA: 1,8 m
PESO: 105,5 kg

MOVIMIENTOS: Buena Baza, Mordisco, Triturar, Garra Dragón, Danza Dragón, Pulso Dragón, Golpe Bis, Falso Tortazo, Gigaimpacto, Guillotina, Aguzar, Malicioso, Enfado, Cara Susto, Arañazo, Cuchillada, Danza Espada, Mofa

AXEW

FRAXURE

HAXORUS

HEATMOR

Pokémon Hormiguero

TIPO: FUEGO

Absorbe aire por el orificio de la cola para prender las llamas que expulsa. Si la abertura se obstruye, enferma.

Usa llamas a modo de lengua para derretir el duro exoesqueleto de los Durant antes de devorarlos.

PRONUNCIACIÓN: JIT-mor
ALTURA: 1,4 m
PESO: 58,0 kg

MOVIMIENTOS: Amnesia, Atadura, Picadura, Látigo Ígneo, Giro Fuego, Envite Ígneo, Golpes Furia, Afilagarras, Calcinación, Infierno, Lengüetazo, Cuchillada, Escupir, Reserva, Tragar, Placaje

NO EVOLUCIONA

HEATRAN

Pokémon Domo Lava

POKÉMON LEGENDARIO

TIPO: FUEGO-ACERO

Habita cuevas volcánicas. Cava con sus pies en forma de cruz para trepar por techos y paredes.

Su sangre fluye ardiendo como si fuera magma. Vive en cráteres de volcanes.

PRONUNCIACIÓN: JI-tran
ALTURA: 1,7 m
PESO: 430,0 kg

MOVIMIENTOS: Poder Pasado, Malicioso, Colmillo Ígneo, Eco Metálico, Triturar, Cara Susto, Humareda, Giro Fuego, Cabeza de Hierro, Tierra Viva, Onda Ígnea, Roca Afilada, Lluvia Ígnea

NO EVOLUCIONA

TIPO: ELÉCTRICO-NORMAL

Venerado por una antigua civilización del desierto, ahora desaparecida, llegó a Galar junto a sus tesoros y reliquias.

Al extender su gorguera y exponerse a la luz solar, genera la energía eléctrica suficiente para cubrir el consumo de una metrópoli entera.

PRONUNCIACIÓN: E-lio-lisk
ALTURA: 1,0 m
PESO: 21,0 kg

MOVIMIENTOS: Terratemblor, Carga, Chispazo, Onda Anómala, Electrificación, Bofetón Lodo, Carga Parábola, Destructor, Ataque Rápido, Látigo, Trueno, Impactrueno, Onda Trueno, Rayo, Voltiocambio

REGIONES:
GALAR
KALOS
(COSTA)

HELIOLISK
Pokémon Generador

HELIOPTILE   HELIOLISK

REGIONES:
GALAR
KALOS
(COSTA)

HELIOPTILE
Pokémon Generador

TIPO: ELÉCTRICO-NORMAL

Extiende los pliegues de la cabeza para absorber la luz del sol y convertirla en electricidad, con la que realiza potentes ataques de tipo Eléctrico.

Es capaz de generar electricidad a partir de la luz del sol. Si lo interrumpen en pleno proceso, se pone nervioso y pierde las fuerzas.

PRONUNCIACIÓN: E-liop-tail
ALTURA: 0,5 m
PESO: 6,0 kg

MOVIMIENTOS: Terratemblor, Carga, Electrificación, Bofetón Lodo, Carga Parábola, Destructor, Ataque Rápido, Látigo, Trueno, Impactrueno, Onda Trueno, Rayo, Voltiocambio

HELIOPTILE   HELIOLISK

HERACROSS

Pokémon Cuerno

TIPO: BICHO-LUCHA

Adora la savia dulce de los árboles. Recorre el bosque en su busca y se sirve de las antenas para detectar su olor.

Este Pokémon muestra una fuerza hercúlea, que le permite levantar cien veces su propio peso sin inmutarse.

PRONUNCIACIÓN: JE-ra-cros
ALTURA: 1,5 m
PESO: 54,0 kg

MOVIMIENTOS: Empujón, Semilladora, Tajo Umbrío, Placaje, Malicioso, Cornada, Aguante, Ataque Furia, Golpe Aéreo, Guardia Baja, Contraataque, Demolición, Derribo, Pin Misil, A Bocajarro, Amago, Inversión, Megacuerno

MEGA-HERACROSS

Pokémon Cuerno

TIPO: BICHO-LUCHA

ALTURA: 1,7 m
PESO: 62,5 kg

HERACROSS MEGA-HERACROSS

TIPO: NORMAL

Es muy inteligente y cariñoso. Existen ciertas teorías que lo consideran el primer Pokémon que se convirtió en compañero de los humanos.

El pelaje azul que lo recubre es tan denso y elástico que puede repeler incluso los colmillos más afilados.

PRONUNCIACIÓN: JER-dier
ALTURA: 0,9 m
PESO: 14,7 kg

MOVIMIENTOS: Malicioso, Placaje, Rastreo, Mordisco, Refuerzo, Derribo, Avivar, Triturar, Rugido, Represalia, Inversión, Última Baza, Gigaimpacto, Carantoña

HERDIER
Pokémon Leal

LILLIPUP   **HERDIER**   **STOUTLAND**

HIPPOPOTAS
Pokémon Hipo

TIPO: TIERRA

Se desplaza con la boca abierta engullendo tanto presas como arena por igual. Luego, expulsa la arenilla por la nariz.

Este Pokémon de hábitos diurnos se entierra en la arena para dormir cuando la temperatura en el desierto se desploma al caer la noche.

PRONUNCIACIÓN: i-po-PO-tas
ALTURA: 0,8 m
PESO: 49,5 kg

MOVIMIENTOS: Mordisco, Triturar, Excavar, Doble Filo, Terremoto, Fisura, Descanso, Rugido, Ataque Arena, Bucle Arena, Tormenta de Arena, Relajo, Placaje, Derribo, Bostezo

HIPPOPOTAS   **HIPPOWDON**

HIPPOWDON

Pokémon Peso Pesado

REGIONES:
GALAR
KALOS
(COSTA)
SINNOH

TIPO: TIERRA

Protege con celo a los Dwebble, ya que le ayudan a liberarse de las piedras que a veces le obturan los orificios del lomo.

Puede ser muy agresivo cuando se enfada. Provoca auténticas tempestades de arena al expeler la que ha tragado.

PRONUNCIACIÓN: i-POU-don
ALTURA: 2,0 m
PESO: 300,0 kg

MOVIMIENTOS: Mordisco, Triturar, Excavar, Doble Filo, Terremoto, Colmillo Ígneo, Fisura, Colmillo Hielo, Descanso, Rugido, Ataque Arena, Bucle Arena, Tormenta de Arena, Relajo, Placaje, Derribo, Colmillo Rayo, Bostezo

HIPPOPOTAS → **HIPPOWDON**

HITMONCHAN

Pokémon Puñetazo

REGIONES:
GALAR
KANTO

TIPO: LUCHA

Sus puñetazos cortan el aire. Son tan veloces que el mínimo roce podría causar una quemadura.

Sus puñetazos son capaces incluso de cortar el aire, aunque parece necesitar un descanso tras estar luchando durante 3 min.

PRONUNCIACIÓN: JIT-mon-chan
ALTURA: 1,4 m
PESO: 50,2 kg

MOVIMIENTOS: Agilidad, Puño Bala, A Bocajarro, Contraataque, Detección, Puño Drenaje, Sorpresa, Amago, Puño Fuego, Foco Energía, Puño Certero, Refuerzo, Puño Hielo, Ultrapuño, Megapuño, Puño Incremento, Anticipo, Desquite, Placaje, Puño Trueno, Onda Vacío

TYROGUE → **HITMONCHAN**

TIPO: LUCHA

Este Pokémon tiene un sentido del equilibrio increíble. Puede dar patadas desde cualquier posición.

Encoge y estira las piernas a su antojo. De hecho, hasta puede propinar una patada a un rival que se encuentre lejos.

PRONUNCIACIÓN: JIT-mon-li
ALTURA: 1,5 m
PESO: 49,8 kg

MOVIMIENTOS: Patada Ígnea, Demolición, A Bocajarro, Doble Patada, Aguante, Sorpresa, Amago, Foco Energía, Refuerzo, Patada Salto Alta, Patada Baja, Puntapié, Megapatada, Telépata, Desquite, Inversión, Placaje, Vastaguardia

REGIONES:
GALAR
KANTO

HITMONLEE
Pokémon Patada

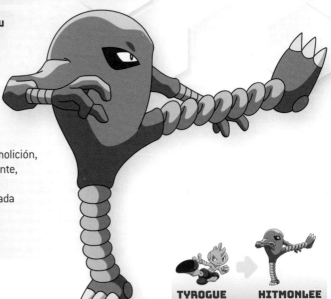

TYROGUE → HITMONLEE

REGIONES:
GALAR
JOHTO

HITMONTOP
Pokémon Boca Abajo

TIPO: LUCHA

Lanza patadas mientras gira. Si alcanza mucha velocidad, puede cavar un hoyo en la tierra.

Tras ponerse de cabeza para desconcertar a su rival, comienza a propinar sus espectaculares patadas.

PRONUNCIACIÓN: JIT-mon-top
ALTURA: 1,4 m
PESO: 48,0 kg

MOVIMIENTOS: Agilidad, A Bocajarro, Contraataque, Detección, Excavar, Esfuerzo, Sorpresa, Amago, Foco Energía, Giro Bola, Refuerzo, Ataque Rápido, Anticipo, **Giro** Rápido, Desquite, Golpe Bajo, Placaje, Triple Patada, Vastaguardia

TYROGUE → HITMONTOP

HO-OH

Pokémon Arcoíris

POKÉMON LEGENDARIO

TIPO: FUEGO-VOLADOR

El plumaje de Ho-Oh contiene siete colores que pueden apreciarse según el ángulo desde el que les dé la luz. Dicen que sus plumas dan felicidad a quienes las llevan y, también, que este Pokémon vive a los pies del arcoíris.

PRONUNCIACIÓN: JO-o
ALTURA: 3,8 m
PESO: 199,0 kg

MOVIMIENTOS: Remolino, Meteorobola, Tornado, Pájaro Osado, Paranormal, Día Soleado, Llamarada, Fuego Sagrado, Castigo, Poder Pasado, Velo Sagrado, Recuperación, Premonición, Don Natural, Paz Mental, Ataque Aéreo

234

NO EVOLUCIONA

TIPO: SINIESTRO-VOLADOR

REGIONES:
ALOLA
KALOS
(MONTAÑA)
SINNOH

HONCHKROW
Pokémon Gran Jefe

No perdona el más mínimo error ni la traición de sus subordinados. Este estricto código es para preservar la integridad de su bandada.

Delega el combate en sus leales súbditos y solo se involucra cuando llega la hora de asestarle el golpe de gracia al enemigo.

PRONUNCIACIÓN: JON-krou
ALTURA: 0,9 m
PESO: 27,3 kg

MOVIMIENTOS: Tajo Umbrío, Golpe Bajo, Impresionar, Persecución, Niebla, Ataque Ala, Contoneo, Maquinación, Juego Sucio, Último Lugar, Pulso Umbrío

MURKROW → HONCHKROW

REGIONES:
GALAR
KALOS
(CENTRO)

HONEDGE
Pokémon Tizona

TIPO: ACERO-FANTASMA

Su alma es la de un ser humano que poseyó la misma espada que lo abatió en tiempos remotos.

El ojo azul de la empuñadura es su verdadero cuerpo. Absorbe la energía vital de las personas con su paño de aspecto andrajoso.

PRONUNCIACIÓN: HO-nech
ALTURA: 0,8 m
PESO: 2,0 kg

MOVIMIENTOS: Golpe Aéreo, Aligerar, Corte Furia, Defensa Férrea, Cabeza de Hierro, Eco Metálico, Tajo Umbrío, Truco Fuerza, Represalia, Espada Santa, Sombra Vil, Cuchillada, Danza Espada, Placaje

HONEDGE → DOUBLADE → AEGISLASH

HOOPA CONTENIDO

Pokémon Travesura

POKÉMON LEGENDARIO

TIPO:
PSÍQUICO-FANTASMA

En su forma original, este Pokémon posee una fuerza descomunal. Una leyenda cuenta que una vez robó un tesoro del interior de una fortaleza.

Dicen que gracias a sus seis anillos y seis enormes brazos puede robar todo lo que se le antoja. Adquirió una forma reducida cuando alguien selló su poder.

PRONUNCIACIÓN: JU-pa
ALTURA: 0,5 m
PESO: 9,0 kg

MOVIMIENTOS: Truco, Mismo Destino, Cambio de Banda, Confusión, Impresionar, Capa Mágica, Pantalla de Luz, Psicorrayo, Intercambio, Isofuerza, Isoguardia, Golpe Fantasma, Cabezazo Zen, Zona Extraña, Espacio Raro, Bola Sombra, Maquinación, Psíquico, Paso Dimensional

HOOPA DESATADO

Pokémon Genio Burlón

TIPO: PSÍQUICO-SINIESTRO

ALTURA: 6,5 m
PESO: 490,0 kg

NO EVOLUCIONA

HOOTHOOT
Pokémon Búho

TIPO: NORMAL-VOLADOR

Se apoya en una sola pata y, cuando cambia de una a otra, se mueve tan rápido que apenas se percibe.

Todos los días empieza a ulular a la misma hora, por lo que algunos Entrenadores lo usan a modo de reloj.

PRONUNCIACIÓN: JUT-jut
ALTURA: 0,7 m
PESO: 21,2 kg

MOVIMIENTOS: Tajo Aéreo, Confusión, Comesueños, Eco Voz, Paranormal, Gruñido, Hipnosis, Fuerza Lunar, Picotazo, Psicocambio, Reflejo, Respiro, Placaje, Derribo, Alboroto

HOOTHOOT ➤ NOCTOWL

HOPPIP

Pokémon Diente León

TIPO: PLANTA-VOLADOR

Este Pokémon flota en el aire y se deja llevar. Cuando percibe que el viento va a cambiar a fuerte, Hoppip entrelaza sus hojas con otros Hoppip para hacer resistencia y evitar salir volando por la fuerza de la corriente.

PRONUNCIACIÓN: JO-pip
ALTURA: 0,4 m
PESO: 0,5 kg

MOVIMIENTOS: Salpicadura, Absorber, Síntesis, Látigo, Placaje, Viento Feérico, Polvo Veneno, Paralizador, Somnífero, Semilladora, Drenadoras, Megaagotar, Acróbata, Polvo Ira, Esporagodón, Ida y Vuelta, Abatidoras, Gigadrenado, Bote, Legado

HOPPIP   SKIPLOOM   JUMPLUFF

HORSEA
Pokémon Dragón

TIPO: AGUA

Habita en mares de aguas tranquilas. Si se siente en peligro, expulsará por la boca una densa tinta negra para poder huir.

Nada con la gracilidad de un bailarín, creando remolinos a su paso, y juega con sus congéneres a ver quién forma el más grande.

PRONUNCIACIÓN: JOR-si
ALTURA: 0,4 m
PESO: 8,0 kg

MOVIMIENTOS: Pistola Agua, Pantalla de Humo, Malicioso, Burbuja, Foco Energía, Rayo Burbuja, Agilidad, Ciclón, Salmuera, Hidrobomba, Danza Dragón, Pulso Dragón

HORSEA   SEADRA   KINGDRA

HOUNDOOM

Pokémon Siniestro

TIPO: SINIESTRO-FUEGO

Remata a sus rivales exhalando llamas tóxicas. Si abate una presa, la compartirá a partes iguales con el resto de la manada.

Su rasgo distintivo son los escalofriantes aullidos que profiere. Antiguamente, era temido y considerado un emisario del inframundo.

PRONUNCIACIÓN: JA-un-dum
ALTURA: 1,4 m
PESO: 35,0 kg

MOVIMIENTOS: Infierno, Maquinación, Colmillo Rayo, Malicioso, Ascuas, Aullido, Polución, Rugido, Mordisco, Rastreo, Paliza, Colmillo Ígneo, Finta, Embargo, Juego Sucio, Lanzallamas, Triturar

MEGA-HOUNDOOM

Pokémon Siniestro

TIPO: SINIESTRO-FUEGO

ALTURA: 1,9 m
PESO: 49,5 kg

HOUNDOUR

HOUNDOOM

MEGA-HOUNDOOM

HOUNDOUR
Pokémon Siniestro

TIPO: SINIESTRO-FUEGO

Famoso por su lealtad y ánimo cooperativo. Obedecerá sin dudar todo cuanto le ordene su Entrenador.

Los escalofriantes aullidos que profiere justo antes del alba son para señalar la presencia de su manada.

PRONUNCIACIÓN: JA-un-dur
ALTURA: 0,6 m
PESO: 10,8 kg

MOVIMIENTOS: Malicioso, Ascuas, Aullido, Polución, Rugido, Mordisco, Rastreo, Paliza, Colmillo Ígneo, Finta, Embargo, Juego Sucio, Lanzallamas, Triturar, Maquinación, Infierno

HOUNDOUR → **HOUNDOOM** → **MEGA-HOUNDOOM**

HUNTAIL
Pokémon Abisal

TIPO: AGUA

Curiosamente, no es un gran nadador. Agita la cola para atraer a sus presas y, cuando estas se acercan, las engulle de golpe.

Vive en los fondos marinos. Según una leyenda, que un Huntail aparezca varado en la playa es señal de mal augurio.

PRONUNCIACIÓN: JAN-teil
ALTURA: 1,7 m
PESO: 27,0 kg

MOVIMIENTOS: Torbellino, Mordisco, Chirrido, Cara Susto, Finta, Hidropulso, Colmillo Hielo, Salmuera, Golpe Bajo, Buceo, Relevo, Triturar, Acua Cola, Enrosque, Hidrobomba

CLAMPERL → **HUNTAIL**

HYDREIGON

Pokémon Voraz

TIPO:
SINIESTRO-DRAGÓN

Ataca y devora todo lo que se mueve. Existen numerosos relatos de pueblos enteros que fueron arrasados por este Pokémon.

Sus tres cabezas se alternan para dar mordiscos y no cejarán en su ataque hasta que el rival haya caído redondo.

PRONUNCIACIÓN: jai-DRAI-gon
ALTURA: 1,8 m
PESO: 160,0 kg

MOVIMIENTOS: Buena Baza, Mordisco, Golpe Cuerpo, Triturar, Doble Golpe, Dragoaliento, Pulso Dragón, Carga Dragón, Foco Energía, Golpe Cabeza, Hiperrayo, Vozarrón, Maquinación, Enfado, Rugido, Cara Susto, Atizar, Placaje, Triataque, Avivar

DEINO　　ZWEILOUS　　HYDREIGON

HYPNO

Pokémon Hipnosis

TIPO: PSÍQUICO

Conviene evitar el contacto visual en caso de encontrarse con este Pokémon, ya que puede hipnotizar con su péndulo.

PRONUNCIACIÓN: IP-no
ALTURA: 1,6 m
PESO: 75,6 kg

MOVIMIENTOS: Premonición, Maquinación, Pesadilla, Trapicheo, Destructor, Hipnosis, Anulación, Confusión, Golpe Cabeza, Gas Venenoso, Meditación, Psicorrayo, Espabila, Más Psique, Sincrorruido, Cabezazo Zen, Contoneo, Psíquico, Psicocarga

DROWZEE　　HYPNO

IGGLYBUFF
Pokémon Globo

TIPO: NORMAL-HADA

Le apasiona cantar. Su cuerpo suave y esponjoso desprende un aroma ligeramente dulce.

Se desplaza dando botes con su cuerpo mullido. Cuando aumenta su temperatura corporal, se va poniendo de un color rosa cada vez más intenso.

PRONUNCIACIÓN: I-gli-baf
ALTURA: 0,3 m
PESO: 1,0 kg

MOVIMIENTOS: Canto, Encanto, Rizo Defensa, Destructor, Beso Dulce, Copión

IGGLYBUFF → JIGGLYPUFF → WIGGLYTUFF

ILLUMISE
Pokémon Luciérnaga

TIPO: BICHO

Illumise atrae mediante su dulce aroma a enjambres de Volbeat. Una vez que los ha agrupado, les guía en el vuelo para que dibujen formas geométricas en el lienzo del oscuro cielo.

Illumise guía en el vuelo a un grupo de iluminados Volbeat para que hagan dibujos en el oscuro cielo. Según dicen, cuanto más complejos sean los dibujos, más le respetan los miembros de su grupo.

PRONUNCIACIÓN: I-lu-mais
ALTURA: 0,6 m
PESO: 17,7 kg

MOVIMIENTOS: Camaradería, Placaje, Dulce Aroma, Encanto, Ataque Rápido, Estoicismo, Luz Lunar, Deseo, Otra Vez, Camelo, Cabezazo Zen, Refuerzo, Zumbido, Carantoña, Antojo, Acoso

NO EVOLUCIONA

IMPIDIMP
Pokémon Astuto

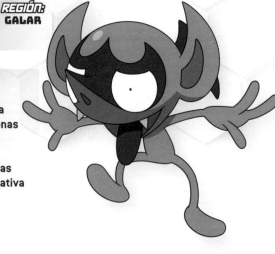

REGIÓN: GALAR

TIPO: SINIESTRO-HADA

Con el fin de revitalizarse, inhala por la nariz la energía negativa que desprenden tanto personas como Pokémon cuando están descontentos.

Se infiltra en las casas para hurtar a sus anchas y, por si fuera poco, nutrirse de la energía negativa que liberan sus contrariados habitantes.

PRONUNCIACIÓN: IM-pi-dimp
ALTURA: 0,4 m
PESO: 5,5 kg

MOVIMIENTOS: Buena Baza, Mordisco, Confidencia, Pulso Umbrío, Sorpresa, Llanto Falso, Camelo, Juego Sucio, Maquinación, Carantoña, Golpe Bajo, Contoneo, Tormento

IMPIDIMP   MORGREM   GRIMMSNARL

INCINEROAR
Pokémon Rudo

REGIÓN: ALOLA

TIPO: FUEGO-SINIESTRO

Este Pokémon rudo y egoísta considera aburrido enfrentarse a un rival inferior a él y prefiere dar lo mejor de sí mismo contra rivales más fuertes.

Cuanto mayor es su espíritu combativo, con más fuerza arden las llamas que rodean su cintura.

PRONUNCIACIÓN: in-zi-ne-RRO-ar
ALTURA: 1,8 m
PESO: 83,0 kg

MOVIMIENTOS: Lariat Oscuro, Corpulencia, Golpe Mordaza, Arañazo, Ascuas, Gruñido, Lengüetazo, Malicioso, Colmillo Ígneo, Doble Patada, Rugido, Mordisco, Contoneo, Golpes Furia, Golpe, Lanzallamas, Cara Susto, Envite Ígneo, Enfado, Tajo Cruzado

LITTEN   TORRACAT   INCINEROAR

TIPO:
PSÍQUICO-NORMAL

Este Pokémon muestra una inteligencia superior. Se comunica e intercambia información con sus congéneres a través de los cuernos.

Ayuda a humanos y Pokémon para que le estén agradecidos. A las hembras se les da especialmente bien cuidar de niños pequeños.

PRONUNCIACIÓN: in-DI-di
ALTURA: 0,9 m
PESO: 28,0 kg

MOVIMIENTOS: Aromaterapia, Relevo, Paz Mental, Voz Cautivadora, Señuelo, Isoguardia, Deseo Cura, Refuerzo, Camaradería, Psicorrayo, Psíquico, Campo Psíquico, Poder Reserva

INDEEDEE
Pokémon Sensorio

HEMBRA

MACHO

NO EVOLUCIONA

245

INFERNAPE
Pokémon Llama

REGIÓN: SINNOH

TIPO: FUEGO-LUCHA

Su corona de fuego demuestra su naturaleza ígnea. Nadie le gana en velocidad.

Maneja a sus rivales con tremenda agilidad. En su especial forma de luchar usa todos sus miembros.

PRONUNCIACIÓN: in-FER-neip
ALTURA: 1,2 m
PESO: 55,0 kg

MOVIMIENTOS: Arañazo, Malicioso, Ascuas, Mofa, Ultrapuño, Golpes Furia, Rueda Fuego, Amago, Castigo, A Bocajarro, Giro Fuego, Acróbata, Paz Mental, Envite Ígneo

CHIMCHAR **MONFERNO** **INFERNAPE**

INKAY
Pokémon Rotación

REGIONES: ALOLA GALAR KALOS (COSTA)

TIPO: SINIESTRO-PSÍQUICO

Gira sobre sí mismo emitiendo luz intermitente con la que crea señales para comunicarse con los suyos.

Los destellos de luz intermitente que emite aplacan el ánimo de lucha del enemigo, tras lo que aprovecha para esconderse.

PRONUNCIACIÓN: in-QUEI
ALTURA: 0,4 m
PESO: 3,5 kg

MOVIMIENTOS: Juego Sucio, Hipnosis, Tajo Umbrío, Vendetta, Picotazo, Picoteo, Psicorrayo, Psicocorte, Cuchillada, Fuerza Bruta, Contoneo, Trapicheo, Placaje, Reversión, Constricción

INKAY **MALAMAR**

INTELEON
Pokémon Agente

TIPO: AGUA

Esconde algunos trucos bajo la manga: puede disparar agua por los dedos o planear con las membranas de su espalda.

Dispara chorros de agua por la punta de los dedos a 3 mach de velocidad. Con su membrana nictitante puede ver los puntos débiles del rival.

PRONUNCIACIÓN: in-TE-le-on
ALTURA: 1,9 m
PESO: 45,2 kg

MOVIMIENTOS: Acróbata, Atadura, Gruñido, Hidrobomba, Hidroariete, Destructor, Danza Lluvia, Disparo Certero, Anegar, Golpe Bajo, Ojos Llorosos, Ida y Vuelta, Pistola Agua, Hidropulso

SOBBLE → DRIZZILE → INTELEON

Forma alternativa:
INTELEON GIGAMAX

Los chorros de agua que dispara alcanzan una velocidad de 7 mach. Fija el blanco evaluando el viento y la temperatura con la cresta.

Posee una puntería extraordinaria. Para este Pokémon, acertar a una baya que rueda a 15 km de distancia es pan comido.

ALTURA: >40,0 m
PESO: ???,? kg

IVYSAUR

Pokémon Semilla

TIPO: PLANTA-VENENO

Cuando le crece bastante el bulbo del lomo, pierde la capacidad de erguirse sobre las patas traseras.

La luz del sol lo fortalece y hace que le crezca el capullo que tiene en el lomo.

PRONUNCIACIÓN: Al-bi-saur
ALTURA: 1,0 m
PESO: 13,0 kg

MOVIMIENTOS: Placaje, Gruñido, Drenadoras, Látigo Cepa, Polvo Veneno, Somnífero, Derribo, Hoja Afilada, Dulce Aroma, Desarrollo, Doble Filo, Abatidoras, Síntesis, Rayo Solar

BULBASAUR **IVYSAUR** **VENUSAUR** **MEGA-VENUSAUR**

JANGMO-O

Pokémon Escamas

TIPO: DRAGÓN

Aprende a luchar haciendo chocar la escama de su cabeza con la de sus congéneres. Así fortalece tanto la mente como sus movimientos.

Se comunica con sus congéneres mediante los sonidos que produce al golpear sus escamas, duras como el acero.

PRONUNCIACIÓN: yang-MO-o
ALTURA: 0,6 m
PESO: 29,7 kg

MOVIMIENTOS: Garra Dragón, Danza Dragón, Cola Dragón, Golpe Cabeza, Defensa Férrea, Malicioso, Rugido de Guerra, Enfado, Protección, Cara Susto, Chirrido, Placaje, Avivar

JANGMO-O **HAKAMO-O** **KOMMO-O**

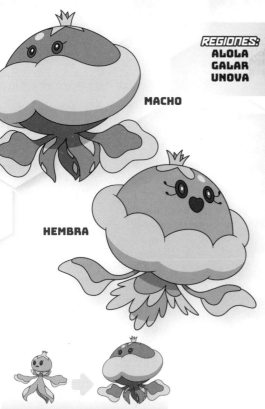

MACHO

HEMBRA

JELLICENT
Pokémon Ingrávido

TIPO: AGUA-FANTASMA

Su cuerpo está compuesto en su mayor parte de agua salada. Crea su guarida con navíos hundidos.

Las noches de luna llena, bancos enteros de Jellicent emergen a la superficie y aguardan la llegada de alguna presa incauta.

PRONUNCIACIÓN: YE-li-cent
ALTURA: 2,2 m
PESO: 135,0 kg

MOVIMIENTOS: Absorber, Armadura Ácida, Salmuera, Mismo Destino, Infortunio, Hidrobomba, Tinieblas, Picotazo Veneno, Danza Lluvia, Recuperación, Bola Sombra, Pistola Agua, Hidropulso, Salpicar, Torbellino

FRILLISH → JELLICENT

REGIONES:
ALOLA
GALAR
KALOS
(MONTAÑA)
KANTO

JIGGLYPUFF
Pokémon Globo

TIPO: NORMAL-HADA

Su capacidad pulmonar es excepcional, incluso para un Pokémon. Es capaz de cantar nanas sin cesar hasta que su rival se duerma.

Posee la capacidad de modular su voz a voluntad cambiando la longitud de onda para entonar una melodía misteriosa que provoca adormecimiento.

PRONUNCIACIÓN: YI-gli-paf
ALTURA: 0,5 m
PESO: 5,5 kg

MOVIMIENTOS: Canto, Rizo Defensa, Destructor, Camaradería, Voz Cautivadora, Anulación, Doble Bofetón, Rodar, Canon, Reserva, Tragar, Escupir, Espabila, Descanso, Golpe Cuerpo, Giro Bola, Mimético, Vozarrón, Doble Filo

IGGLYBUFF → JIGGLYPUFF → WIGGLYTUFF

TIPO: ACERO-PSÍQUICO

Cuenta la leyenda que Jirachi hará realidad cualquier deseo que se le escriba en las notas que lleva en la cabeza cuando las lea tras salir de su letargo. Si este Pokémon siente peligro, luchará sin haber llegado a despertarse.

Jirachi despertará de su letargo de miles de años si se le canta con una voz pura. Dicen que este Pokémon hace realidad cualquier deseo que se tenga.

PRONUNCIACIÓN: yi-RA-chi
ALTURA: 0,3 m
PESO: 1,1 kg

MOVIMIENTOS: Deseo, Confusión, Descanso, Rapidez, Refuerzo, Psíquico, Alivio, Conjuro, Cabezazo Zen, Doble Filo, Gravedad, Deseo Cura, Premonición, Masa Cósmica, Última Baza, Deseo Oculto

NO EVOLUCIONA

REGIONES:
ALOLA
GALAR
KALOS
(COSTA)
UNOVA

JOLTEON
Pokémon Relámpago

TIPO: ELÉCTRICO

Si se enfada o asusta, se le eriza el pelaje. Cada uno de sus pelos se convierte en una afilada púa que hace trizas al rival.

Acumula iones negativos de la atmósfera para lanzar rayos de 10.000 V de potencia.

PRONUNCIACIÓN: YOL-te-on
ALTURA: 0,8 m
PESO: 24,5 kg

MOVIMIENTOS: Agilidad, Ojitos Tiernos, Relevo, Mordisco, Encanto, Copión, Antojo, Chispazo, Doble Patada, Doble Filo, Gruñido, Refuerzo, Última Baza, Pin Misil, Ataque Rápido, Ataque Arena, Rapidez, Placaje, Látigo, Derribo, Trueno, Colmillo Rayo, Impactrueno, Onda Trueno

EEVEE   JOLTEON

JOLTIK
Pokémon Lapa

TIPO: BICHO-ELÉCTRICO

No puede generar electricidad por sí mismo, así que se encarama a otros Pokémon y absorbe su energía estática.

Se agarra a otros Pokémon para absorber su electricidad estática. Es muy común verlo aferrado a las posaderas de un Yamper.

PRONUNCIACIÓN: YOL-tik
ALTURA: 0,1 m
PESO: 0,6 kg

MOVIMIENTOS: Absorber, Agilidad, Picadura, Zumbido, Chispazo, Bola Voltio, Electrotela, Corte Furia, Bilis, Chirrido, Cuchillada, Disparo Demora, Golpe Bajo, Onda Trueno

JOLTIK   GALVANTULA

JUMPLUFF
Pokémon Diente León

REGIONES: JOHTO KALOS (CENTRO)

TIPO: PLANTA-VOLADOR

Jumpluff se vale de los cálidos vientos del sur para volar a tierras lejanas. Si llega a zonas de aire frío en pleno vuelo, descenderá y tomará tierra.

PRONUNCIACIÓN: YAM-plaf
ALTURA: 0,8 m
PESO: 3,0 kg

MOVIMIENTOS: Salpicadura, Absorber, Síntesis, Látigo, Placaje, Viento Feérico, Polvo Veneno, Paralizador, Somnífero, Semilladora, Drenadoras, Megaagotar, Acróbata, Polvo Ira, Esporagodón, Ida y Vuelta, Abatidoras, Gigadrenado, Bote, Legado

HOPPIP → SKIPLOOM → JUMPLUFF

JYNX
Pokémon Forma Humana

REGIONES: ALOLA KALOS (MONTAÑA) KANTO

TIPO: HIELO-PSÍQUICO

Da la impresión de moverse a un ritmo propio, como si bailara. Mueve su cadera al caminar.

PRONUNCIACIÓN: YINX
ALTURA: 1,4 m
PESO: 40,6 kg

MOVIMIENTOS: Beso Drenaje, Canto Mortal, Destructor, Lengüetazo, Beso Amoroso, Nieve Polvo, Doble Bofetón, Puño Hielo, Arrumaco, Mal de Ojo, Llanto Falso, Espabila, Alud, Golpe Cuerpo, Estrujón, Ventisca

SMOOCHUM → JYNX

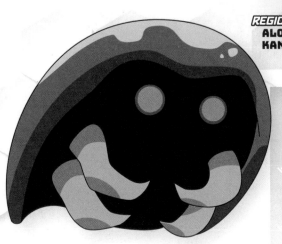

KABUTO
Pokémon Armazón

TIPO: ROCA-AGUA

Un Pokémon casi extinto. Cada tres días, muda el caparazón, que se va endureciendo de forma progresiva.

Se consideraba extinto, pero, al parecer, existen determinadas zonas en las que es posible hallar ejemplares con facilidad.

PRONUNCIACIÓN: ka-BU-to
ALTURA: 0,5 m
PESO: 11,5 kg

MOVIMIENTOS: Arañazo, Fortaleza, Absorber, Malicioso, Disparo Lodo, Ataque Arena, Aguante, Acua Jet, Megaagotar, Eco Metálico, Poder Pasado, Estrujón

KABUTO → KABUTOPS

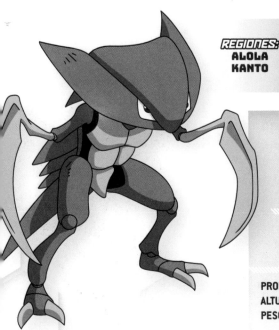

KABUTOPS
Pokémon Armazón

TIPO: ROCA-AGUA

Despedaza a las presas que atrapa para sorber sus fluidos y deja los restos para que otros Pokémon den buena cuenta de ellos.

Se desconoce el motivo de la extinción de este feroz Pokémon prehistórico que habitaba en los cálidos mares de antaño.

PRONUNCIACIÓN: KA-bu-tops
ALTURA: 1,3 m
PESO: 40,5 kg

MOVIMIENTOS: Amago, Arañazo, Fortaleza, Absorber, Malicioso, Disparo Lodo, Ataque Arena, Aguante, Acua Jet, Megaagotar, Cuchillada, Eco Metálico, Poder Pasado, Estrujón, Tajo Umbrío

KABUTO → KABUTOPS

KADABRA

Pokémon Psi

TIPO: PSÍQUICO

Duerme suspendido en el aire gracias a sus poderes psíquicos. La cola, de una flexibilidad extraordinaria, funciona también de almohada.

La potencia de su telequinesis es inmensa. Acumula poder psíquico en la estrella de la frente como preparativo de cara a su evolución.

PRONUNCIACIÓN: ka-DA-bra
ALTURA: 1,3 m
PESO: 56,5 kg

MOVIMIENTOS: Kinético, Teletransporte, Confusión, Anulación, Psicorrayo, Gran Ojo, Reflejo, Psicocorte, Recuperación, Telequinesis, Cambio de Banda, Psíquico, Imitación, Premonición, Truco

ABRA   **KADABRA**   **ALAKAZAM**   **MEGA-ALAKAZAM**

KAKUNA

Pokémon Capullo

TIPO: BICHO-VENENO

Aunque es casi incapaz de moverse, en caso de sentirse amenazado puede envenenar a los enemigos con su aguijón.

PRONUNCIACIÓN: ka-KU-na
ALTURA: 0,6 m
PESO: 10,0 kg

MOVIMIENTO: Fortaleza

WEEDLE   **KAKUNA**   **BEEDRILL**   **MEGA-BEEDRILL**

KANGASKHAN
Pokémon Maternal

TIPO: NORMAL

Aunque lleve una cría en el marsupio, su juego de pies no pierde ligereza. Abruma al rival con ráfagas de ágiles puñetazos.

Se han documentado casos de Kangaskhan sin crías que han adoptado bebés humanos cuyos padres fueron víctimas de accidentes.

PRONUNCIACIÓN: KAN-gas-kan
ALTURA: 2,2 m
PESO: 80,0 kg

MOVIMIENTOS: Puño Cometa, Malicioso, Sorpresa, Látigo, Mordisco, Doble Golpe, Furia, Megapuño, Guardia Baja, Puño Mareo, Triturar, Aguante, Enfado, Golpe Bajo, Inversión

MEGA-KANGASKHAN
Pokémon Maternal

TIPO: NORMAL
ALTURA: 2,2 m
PESO: 100,0 kg

KANGASKHAN

MEGA-KANGASKHAN

KARRABLAST

Pokémon Bocado

TIPO: BICHO

Su misterioso cuerpo reacciona a la energía eléctrica. Si se encuentra en presencia de un Shelmet, evoluciona.

Escupe un líquido corrosivo con el que disuelve el caparazón de los Shelmet para luego devorar el contenido.

PRONUNCIACIÓN: KAR-ra-blast
ALTURA: 0,5 m
PESO: 5,9 kg

MOVIMIENTOS: Bomba Ácida, Zumbido, Doble Filo, Aguante, Falso Tortazo, Azote, Corte Furia, Golpe Cabeza, Malicioso, Picotazo, Cara Susto, Danza Espada, Derribo, Tijera X

KARRABLAST → **ESCAVALIER**

KARTANA

Pokémon Desenvaine

REGIÓN:
ALOLA

ULTRAENTE

TIPO: PLANTA-ACERO

El cuerpo de este Ultraente es fino como el papel y tan cortante como una espada recién afilada.

Para los seres de este mundo resulta extraño y peligroso, pero en el mundo del que procede es una criatura muy común.

PRONUNCIACIÓN: kar-TA-na
ALTURA: 0,3 m
PESO: 0,1 kg

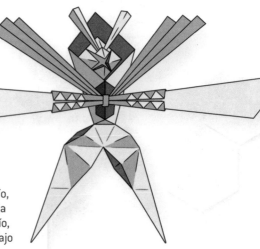

MOVIMIENTOS: Espada Santa, Despejar, Onda Vacío, Aire Afilado, Corte Furia, Corte, Falso Tortazo, Hoja Afilada, Síntesis, Golpe Aéreo, Aguzar, Tajo Umbrío, Danza Espada, Hoja Aguda, Tijera X, Detección, Tajo Aéreo, Psicocorte, Guillotina

NO EVOLUCIONA

KECLEON
Pokémon Camaleónico

TIPO: NORMAL

Cambia de color para fundirse con el paisaje, pero, si pasa desapercibido demasiado tiempo, se enfurruña y no vuelve a hacerse visible.

Incluso cuando no se está mimetizando, el color de su cuerpo cambia según cómo se encuentre. Un color más intenso indica mayor vitalidad.

PRONUNCIACIÓN: KE-cle-on
ALTURA: 1,0 m
PESO: 22,0 kg

MOVIMIENTOS: Sincrorruido, Poder Pasado, Ladrón, Látigo, Impresionar, Lengüetazo, Arañazo, Atadura, Finta, Golpes Furia, Amago, Psicorrayo, Sombra Vil, Cuchillada, Chirrido, Sustituto, Golpe Bajo, Garra Umbría

NO EVOLUCIONA

POKÉMON MÍTICO

KELDEO
Pokémon Potro

TIPO: AGUA-LUCHA

Corre por mares, ríos o cualquier superficie acuática de todo el mundo. Aparece en aguas límpidas.

Cuando está decidido, su cuerpo rebosa brío, y es capaz de saltar más alto y correr más de lo que la vista alcanza.

PRONUNCIACIÓN: KEL-de-o
ALTURA: 1,4 m
PESO: 48,5 kg

FORMA HABITUAL

FORMA BRÍO

MOVIMIENTOS: Acua Jet, Malicioso, Doble Patada, Rayo Burbuja, Derribo, Refuerzo, Represalia, Acua Cola, Espada Santa, Danza Espada, Anticipo, Avivar, Hidrobomba, A Bocajarro

NO EVOLUCIONA

KINGDRA

Pokémon Dragón

TIPO: AGUA-DRAGÓN

Se deja ver en la superficie del mar cuando hay tormentas. Si se encuentra con Dragonite, tendrá lugar una violenta pelea.

Las escamas que se le desprenden poseen una calidad tan excelsa y un resplandor tan intenso que han sido ofrecidas a la realeza como regalos.

PRONUNCIACIÓN: KING-dra
ALTURA: 1,8 m
PESO: 152,0 kg

MOVIMIENTOS: Pulso Dragón, Bostezo, Pistola Agua, Pantalla de Humo, Malicioso, Burbuja, Foco Energía, Rayo Burbuja, Agilidad, Ciclón, Salmuera, Hidrobomba, Danza Dragón

HORSEA　　SEADRA　　KINGDRA

TIPO: AGUA

La pinza tan grande que tiene posee una fuerza de 10.000 CV, pero le cuesta moverla por su gran tamaño.

Su gran pinza posee una potencia devastadora, pero su peso excesivo la convierte en un estorbo fuera del terreno de combate.

PRONUNCIACIÓN: KIN-gler
ALTURA: 1,3 m
PESO: 60,0 kg

MOVIMIENTOS: Rayo Burbuja, Martillazo, Azote, Guillotina, Machada, Fortaleza, Malicioso, Garra Metal, Disparo Lodo, Protección, Concha Filo, Atizar, Pisotón, Danza Espada, Pistola Agua, Vastaguardia

REGIONES:
GALAR
KANTO

KINGLER
Pokémon Tenaza

KRABBY → **KINGLER**

Forma alternativa:
KINGLER GIGAMAX

Puede pulverizar cualquier cosa con su pinza izquierda, que ha adoptado dimensiones descomunales gracias al fenómeno Gigamax.

Expulsa una espuma tan alcalina y corrosiva que es capaz de disolver al instante el cuerpo de sus adversarios.

ALTURA: >19,0 m
PESO: ???,? kg

259

KIRLIA

Pokémon Sensorio

REGIONES:
GALAR
HOENN
KALOS
(CENTRO)

TIPO: PSÍQUICO-HADA

Si su Entrenador está contento, desborda energía y baila alegremente dando giros.

Con sus poderes psíquicos puede deformar el espacio a su alrededor y predecir el futuro.

PRONUNCIACIÓN: KIR-lia
ALTURA: 0,8 m
PESO: 20,2 kg

MOVIMIENTOS: Paz Mental, Encanto, Confusión, Voz Cautivadora, Doble Equipo, Beso Drenaje, Comesueños, Premonición, Gruñido, Pulso Cura, Hipnosis, Gota Vital, Psicorrayo, Psíquico, Teletransporte

GARDEVOIR → MEGA-GARDEVOIR

RALTS → KIRLIA

GALLADE → MEGA-GALLADE

KLANG

Pokémon Engranaje

REGIONES:
GALAR
UNOVA

TIPO: ACERO

Cuando se pone serio, la parte externa de la rueda dentada grande se acopla a la pequeña y aumenta su velocidad de rotación.

Muchas empresas de Galar usan su imagen en sus logotipos como símbolo de tecnología industrial.

PRONUNCIACIÓN: KLANG
ALTURA: 0,6 m
PESO: 51,0 kg

MOVIMIENTOS: Aligerar, Atadura, Carga, Rayo Carga, Chispazo, Rueda Doble, Hiperrayo, Fijar Blanco, Eco Metálico, Chirrido, Cambio de Marcha, Impactrueno, Agarre, Electrocañón

KLINK →

KLANG →

KLINKLANG

TIPO: ACERO-HADA

Un Pokémon coleccionista de llaves. Si alguien le confía una muy importante, la protegerá como si le fuese la vida en ello.

Según parece, absorbe iones metálicos por el apéndice de la cabeza para adoptar una forma similar a la de sus amadas llaves.

PRONUNCIACIÓN: KLEF-qui
ALTURA: 0,2 m
PESO: 3,0 kg

MOVIMIENTOS: Cerrojo Feérico, Placaje, Viento Feérico, Impresionar, Eco Metálico, Púas, Beso Drenaje, Truco Defensa, Juego Sucio, Tormento, Disparo Espejo, Sellar, Reciclaje, Carantoña, Zona Mágica, Anticura

REGIONES:
ALOLA
KALOS
(MONTAÑA)

KLEFKI
Pokémon Llavero

NO EVOLUCIONA

TIPO: ACERO

Los dos cuerpos que lo componen están más unidos que unos gemelos. Si intentaran acoplarse a otros, no lograrían encajar.

Se dice que en tiempos remotos los seres humanos se inspiraron en este Pokémon para inventar el mecanismo de engranaje.

PRONUNCIACIÓN: KLINK
ALTURA: 0,3 m
PESO: 21,0 kg

MOVIMIENTOS: Aligerar, Atadura, Carga, Rayo Carga, Chispazo, Rueda Doble, Hiperrayo, Fijar Blanco, Eco Metálico, Chirrido, Cambio de Marcha, Impactrueno, Agarre, Electrocañón

REGIONES:
GALAR
UNOVA

KLINK
Pokémon Engranaje

KLINK   KLANG   KLINKLANG

KLINKLANG

Pokémon Engranaje

TIPO: ACERO

Emite fuertes descargas eléctricas por la punta de las púas. Acumula una gran cantidad de energía en su núcleo rojo.

Las tres ruedas dentadas giran a gran velocidad. El aro metálico dotado de púas no es materia viva.

PRONUNCIACIÓN: KLINK-lang
ALTURA: 0,6 m
PESO: 81,0 kg

MOVIMIENTOS: Aligerar, Atadura, Carga, Rayo Carga, Chispazo, Campo Eléctrico, Rueda Doble, Piñón Auxiliar, Hiperrayo, Fijar Blanco, Aura Magnética, Eco Metálico, Chirrido, Cambio de Marcha, Impactrueno, Agarre, Electrocañón

KLINK → **KLANG** → **KLINKLANG**

KOFFING

Pokémon Escamas

TIPO: VENENO

Su cuerpo está lleno a rebosar de gas venenoso. Acude a los vertederos atraído por el putrefacto olor que emana de los desperdicios.

Se nutre de aire contaminado. Al parecer, antaño eran mucho más numerosos en Galar.

PRONUNCIACIÓN: KO-fing
ALTURA: 0,6 m
PESO: 1,0 kg

MOVIMIENTOS: Buena Baza, Eructo, Niebla Clara, Mismo Destino, Explosión, Niebla, Legado, Gas Venenoso, Autodestrucción, Residuos, Bomba Lodo, Polución, Pantalla de Humo, Placaje, Tóxico

WEEZING

KOFFING

WEEZING DE GALAR

KOMALA

Pokémon Duermevela

TIPO: NORMAL

Duerme continuamente desde que nace. Cuando el sueño en el que está sumido es especialmente profundo, se queda inmóvil.

El motivo de su letargo vitalicio es la sustancia somnífera que contienen las hojas de las que se alimenta.

PRONUNCIACIÓN: ko-MA-la
ALTURA: 0,4 m
PESO: 19,9 kg

MOVIMIENTOS: Rizo Defensa, Rodar, Reserva, Escupir, Tragar, Giro Rápido, Bostezo, Atizar, Azote, Golpe Bajo, Más Psique, Mazazo, Golpe

NO EVOLUCIONA

KOMMO-O

Pokémon Escamas

TIPO: DRAGÓN-LUCHA

Al encontrarse con un enemigo, hace sonar las escamas de su cola para intimidarlo. Solamente lucha contra aquellos que no se acobardan.

Se han descubierto antiguas representaciones pictóricas de guerreros que lucían armaduras confeccionadas con escamas de Kommo-o.

PRONUNCIACIÓN: ko-MO-o
ALTURA: 1,6 m
PESO: 78,2 kg

MOVIMIENTOS: Aligerar, Tambor, Estruendo, Fragor Escamas, Estruendo Escama, A Bocajarro, Garra Dragón, Danza Dragón, Cola Dragón, Golpe Cabeza, Defensa Férrea, Malicioso, Rugido de Guerra, Enfado, Protección, Cara Susto, Chirrido, Placaje, Avivar

JANGMO-O

HAKAMO-O

KOMMO-O

KRABBY

Pokémon Cangrejo

REGIONES:
GALAR
KANTO

TIPO: AGUA

Es fácil encontrarlo cerca del mar. Las largas pinzas que tiene vuelven a crecer si se las quitan de su sitio.

Ante el peligro, se camufla con las burbujas que desprende por la boca para parecer más grande.

PRONUNCIACIÓN: KRA-bi
ALTURA: 0,4 m
PESO: 6,5 kg

MOVIMIENTOS: Rayo Burbuja, Martillazo, Azote, Guillotina, Fortaleza, Malicioso, Garra Metal, Disparo Lodo, Protección, Concha Filo, Atizar, Pisotón, Danza Espada, Pistola Agua

KRABBY　　KINGLER

KRICKETOT

Pokémon Grillo

REGIÓN:
SINNOH

TIPO: BICHO

Hablan entre sí chocando las antenas. Los sonidos producidos son muy característicos.

Si choca sus antenas, emite un sonido similar al de un xilófono.

PRONUNCIACIÓN: KRI-ke-tot
ALTURA: 0,3 m
PESO: 2,2 kg

MOVIMIENTOS: Gruñido, Venganza, Estoicismo, Picadura

KRICKETOT　　KRICKETUNE

TIPO: BICHO

Cuando llora, cruza sus brazos con forma de cuchillo. Puede improvisar melodías.

Los científicos tratan de estudiar sus melodías, que son reflejo de sus emociones.

PRONUNCIACIÓN: KRI-ke-tun
ALTURA: 1,0 m
PESO: 25,5 kg

MOVIMIENTOS: Gruñido, Venganza, Corte Furia, Absorber, Canto, Foco Energía, Cuchillada, Tijera X, Chirrido, Aguijón Letal, Mofa, Tajo Umbrío, Red Viscosa, Zumbido, Canto Mortal

REGIÓN: SINNOH

KRICKETUNE
Pokémon Grillo

KRICKETOT → **KRICKETUNE**

REGIONES: ALOLA KALOS (COSTA) UNOVA

KROKOROK
Pokémon Desierdrilo

TIPO: TIERRA-SINIESTRO

Es capaz de cazar en plena noche sin perderse gracias a sus ojos especiales, que le permiten ver en la oscuridad.

Tiene unos ojos especiales que le permiten ver en la oscuridad, pero suele permanecer inmóvil en las frías noches del desierto.

PRONUNCIACIÓN: KRO-ko-rok
ALTURA: 1,0 m
PESO: 33,4 kg

MOVIMIENTOS: Malicioso, Furia, Mordisco, Ataque Arena, Tormento, Bucle Arena, Buena Baza, Bofetón Lodo, Embargo, Contoneo, Triturar, Excavar, Cara Susto, Juego Sucio, Tormenta de Arena, Terremoto, Golpe

SANDILE → **KROKOROK** → **KROOKODILE**

KROOKODILE

Pokémon Amenazador

TIPO: TIERRA-SINIESTRO

Se lo conoce como el Terror de las Arenas. Con sus fuertes mandíbulas es capaz de destrozar a mordiscos una placa de hierro fácilmente.

Es de naturaleza violenta, pero también tiene la paciencia necesaria para esperar a su presa oculto en la arena durante varios días.

PRONUNCIACIÓN: KRU-ko-dail
ALTURA: 1,5 m
PESO: 96,3 kg

MOVIMIENTOS: Chulería, Malicioso, Furia, Mordisco, Ataque Arena, Tormento, Bucle Arena, Buena Baza, Bofetón Lodo, Embargo, Contoneo, Triturar, Excavar, Cara Susto, Juego Sucio, Tormenta de Arena, Terremoto, Enfado

SANDILE → KROKOROK → KROOKODILE

KYOGRE
Pokémon Cuenca Mar

TIPO: AGUA

Kyogre se sirve de la energía de la naturaleza para realizar su Regresión Primigenia y recobrar su apariencia primitiva. Con tal poder, puede desencadenar tempestades para expandir los océanos.

A Kyogre siempre se le ha descrito como el Pokémon que expandió los océanos. Varias leyendas cuentan que libró combates contra Groudon en repetidas ocasiones para tener el control de la energía de la naturaleza.

PRONUNCIACIÓN: kai-O-ger
ALTURA: 4,5 m
PESO: 352,0 kg

MOVIMIENTOS: Hidropulso, Cara Susto, Golpe Cuerpo, Agua Lodosa, Acua Aro, Rayo Hielo, Poder Pasado, Salpicar, Paz Mental, Acua Cola, Frío Polar, Doble Filo, Hidrobomba, Pulso Primigenio

KYOGRE PRIMIGENIO
Pokémon Cuenca Mar

TIPO: AGUA
ALTURA: 9,8 m
PESO: 430,0 kg

KYOGRE → KYOGRE PRIMIGENIO

267

KYUREM

Pokémon Frontera

POKÉMON LEGENDARIO

TIPO: DRAGÓN-HIELO

Pokémon legendario que aguarda al héroe que compense el vacío de su cuerpo de hielo con verdad e ideales.

Produce en su interior una intensa energía gélida, y cualquier fuga hace que su cuerpo se congele.

PRONUNCIACIÓN: qui-U-rem
ALTURA: 3,0 m
Kyurem Negro: 3,3 m
Kyurem Blanco: 3,6 m
PESO: 325,0 kg

MOVIMIENTOS: Viento Hielo, Furia Dragón, Sellar, Poder Pasado, Rayo Hielo, Dragoaliento, Cuchillada, Cara Susto, Mundo Gélido, Pulso Dragón, Rugido de Guerra, Esfuerzo, Ventisca, Enfado, Vozarrón

KYUREM NEGRO

KYUREM BLANCO

NO EVOLUCIONA

TIPO: ACERO-ROCA

Lairon templa su cuerpo de acero bebiendo agua mineral muy rica en nutrientes hasta que no puede más. Este Pokémon suele crear su nido cerca de manantiales de rica agua.

Lairon se alimenta del hierro que hay en las rocas y el agua. Hace su nido en las montañas, de donde se saca el hierro. Por eso, se encuentra muchas veces con las personas que están trabajando en las minas extrayéndolo.

PRONUNCIACIÓN: LAI-ron
ALTURA: 0,9 m
PESO: 120,0 kg

MOVIMIENTOS: Placaje, Fortaleza, Bofetón Lodo, Golpe Cabeza, Garra Metal, Tumba Rocas, Protección, Rugido, Cabeza de Hierro, Avalancha, Derribo, Eco Metálico, Cola Férrea, Defensa Férrea, Doble Filo, Aligerar, Cuerpo Pesado, Represión Metal

LAIRON
Pokémon Coraza Férrea

ARON **LAIRON** **AGGRON** **MEGA-AGGRON**

LAMPENT
Pokémon Farolillo

TIPO: FANTASMA-FUEGO

Es considerado y temido como Pokémon de mal agüero, ya que aparece en los instantes previos al fallecimiento de alguien.

Se oculta en entornos urbanos haciéndose pasar por una lámpara corriente. Si se topa con alguien moribundo, lo sigue en silencio.

PRONUNCIACIÓN: LAM-pent
ALTURA: 0,6 m
PESO: 13,0 kg

MOVIMIENTOS: Impresionar, Rayo Confuso, Maldición, Ascuas, Giro Fuego, Infortunio, Sellar, Infierno, Legado, Reducción, Tinieblas, Sofoco, Divide Dolor, Bola Sombra, Polución, Fuego Fatuo

LITWICK **LAMPENT** **CHANDELURE**

LANDORUS

Pokémon Fertilidad

POKÉMON LEGENDARIO

TIPO: TIERRA-VOLADOR

Lo consideran una deidad de las cosechas porque los cultivos crecen en abundancia en las tierras por las que pasa.

Utiliza energía que obtiene del viento y del relámpago para nutrir el suelo y generar abundantes cosechas.

PRONUNCIACIÓN: LAN-do-rus
ALTURA: Forma Avatar: 1,5 m
          Forma Tótem: 1,3 m
PESO: 68,0 kg

MOVIMIENTOS: Bloqueo, Disparo Lodo, Tumba Rocas, Sellar, Castigo, Terratemblor, Lanzarrocas, Paranormal, Danza Espada, Tierra Viva, Avalancha, Terremoto, Tormenta de Arena, Fisura, Roca Afilada, Machada, Enfado

FORMA AVATAR

FORMA TÓTEM

NO EVOLUCIONA

TIPO: AGUA-ELÉCTRICO

REGIONES:
ALOLA
GALAR
JOHTO
KALOS
(COSTA)

LANTURN
Pokémon Luz

La luz que emite es tan brillante que puede iluminar la superficie del mar desde unos 5 km de profundidad.

Ciega a sus presas con una luz intensa. Si tiene la ocasión, les propina una descarga eléctrica.

PRONUNCIACIÓN: LEN-turn
ALTURA: 1,2 m
PESO: 22,5 kg

MOVIMIENTOS: Acua Aro, Rayo Burbuja, Carga, Rayo Confuso, Chispazo, Onda Anómala, Bola Voltio, Azote, Hidrobomba, Chispa, Escupir, Reserva, Supersónico, Tragar, Derribo, Onda Trueno, Pistola Agua

CHINCHOU → LANTURN

LAPRAS
Pokémon Transporte

REGIONES:
ALOLA
GALAR
KALOS
(COSTA)
KANTO

TIPO: AGUA-HIELO

Este Pokémon posee una notable inteligencia y un corazón de oro. Entona un canto melodioso mientras surca el mar.

Nada sin problema en aguas heladas gracias a la excelente resistencia al frío que posee. Su tersa piel es ligeramente fría al tacto.

PRONUNCIACIÓN: LA-pras
ALTURA: 2,5 m
PESO: 220,0 kg

MOVIMIENTOS: Golpe Cuerpo, Salmuera, Rayo Confuso, Gruñido, Hidrobomba, Rayo Hielo, Canto Helado, Gota Vital, Neblina, Canto Mortal, Danza Lluvia, Frío Polar, Canto, Pistola Agua, Hidropulso

NO EVOLUCIONA

Forma alternativa:
LAPRAS GIGAMAX

Puede transportar a más de 5000 personas sobre su caparazón y no se balancea con el oleaje, por lo que resulta un agradable crucero.

Surca los mares tranquilamente y destroza los icebergs que encuentra a su paso formando a su alrededor un gran anillo de cristales de hielo.

ALTURA: >24,0 m
PESO: ???,? kg

LARVESTA

Pokémon Antorcha

TIPO: BICHO-FUEGO

Antaño se creía que este Pokémon provenía del mismísimo sol.

Su cuerpo es cálido. Expulsa llamaradas por los cuernos con el fin de intimidar a sus enemigos y presas.

PRONUNCIACIÓN: lar-VES-ta
ALTURA: 1,1 m
PESO: 28,8 kg

MOVIMIENTOS: Ascuas, Disparo Demora, Absorber, Derribo, Nitrocarga, Picadura, Doble Filo, Rueda Fuego, Zumbido, Amnesia, Golpe, Envite Ígneo

LARVESTA → VOLCARONA

LARVITAR

Pokémon Piel Roca

TIPO: ROCA-TIERRA

Nace en el subsuelo a gran profundidad. Tras ingerir la tierra que lo rodea, emerge a la superficie y se convierte en pupa.

Se alimenta de tierra. Después de devorar el equivalente a una montaña, se duerme y empieza a crecer.

PRONUNCIACIÓN: LAR-bi-tar
ALTURA: 0,6 m
PESO: 72,0 kg

MOVIMIENTOS: Mordisco, Triturar, Pulso Umbrío, Terremoto, Hiperrayo, Malicioso, Vendetta, Avalancha, Lanzarrocas, Tormenta de Arena, Cara Susto, Chirrido, Pataleta, Roca Afilada, Placaje, Golpe

LARVITAR → PUPITAR → TYRANITAR → MEGA-TYRANITAR

TIPO: DRAGÓN-PSÍQUICO

Latias es muy sensible a los sentimientos de la gente. Si detecta algún ápice de hostilidad, desplegará las plumas que tiene por todo el cuerpo y se pondrá a chillar para intimidar al enemigo.

Latias tiene un nivel de inteligencia tan alto que es capaz de entender el lenguaje humano. Este Pokémon usa el plumón cristalizado del que está cubierto como peto para refractar la luz y cambiar de aspecto.

PRONUNCIACIÓN: LA-tias
ALTURA: 1,4 m
PESO: 40,0 kg

MOVIMIENTOS: Psicoonda, Deseo, Refuerzo, Velo Sagrado, Dragoaliento, Hidrochorro, Alivio, Bola Neblina, Cabezazo Zen, Recuperación, Psicocambio, Encanto, Psíquico, Pulso Cura, Clonatipo, Isoguardia, Pulso Dragón, Deseo Cura, Poder Reserva

MEGA-LATIAS

Pokémon Eón

TIPO: DRAGÓN-PSÍQUICO

ALTURA: 1,8 m
PESO: 52,0 kg

LATIAS   **MEGA-LATIAS**

LATIOS
Pokémon Eón

TIPO: DRAGÓN-PSÍQUICO

Latios tiene la habilidad de hacer que los demás vean algo que él ha visto o imaginado. Este Pokémon es muy inteligente. Es capaz de entender el lenguaje humano.

Latios solo le abre el corazón a los Entrenadores compasivos. A la hora de volar, este Pokémon pliega las patas delanteras para minimizar la resistencia al aire y supera en velocidad a un avión a reacción.

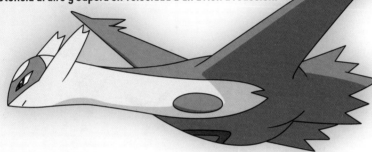

PRONUNCIACIÓN: LA-tios
ALTURA: 2,0 m
PESO: 60,0 kg

MOVIMIENTOS: Legado, Refuerzo, Anticura, Psicoonda, Velo Sagrado, Protección, Danza Dragón, Poder Reserva, Alivio, Pulso Cura, Dragoaliento, Resplandor, Psicocambio, Recuperación, Telequinesis, Cabezazo Zen, Isofuerza, Psíquico, Pulso Dragón

MEGA-LATIOS
Pokémon Eón

TIPO: DRAGÓN-PSÍQUICO

ALTURA: 2,3 m
PESO: 70,0 kg

LATIOS → MEGA-LATIOS

LEAFEON

Pokémon Verdor

TIPO: PLANTA

El peculiar aroma que desprenden sus hojas es muy apreciado por los habitantes de Galar y se usa en la elaboración de codiciados perfumes.

Se siente muy orgulloso de su cola afilada como una espada, con la que es capaz de cortar en dos el tronco de un árbol grueso.

PRONUNCIACIÓN: LI-feon
ALTURA: 1,0 m
PESO: 25,5 kg

MOVIMIENTOS: Ojitos Tiernos, Relevo, Mordisco, Encanto, Copión, Antojo, Doble Filo, Gigadrenado, Gruñido, Refuerzo, Última Baza, Hoja Aguda, Drenadoras, Hoja Mágica, Ataque Rápido, Hoja Afilada, Ataque Arena, Día Soleado, Rapidez, Danza Espada, Síntesis, Placaje, Látigo, Derribo

EEVEE → LEAFEON

LEAVANNY

Pokémon Cuidador

REGIÓN: UNOVA

TIPO: BICHO-PLANTA

Si se encuentra con un Pokémon joven, segrega por la boca hilos pegadizos con los que le teje una prenda de ropa.

Calienta sus huevos con el calor desprendido por el humus. Hace mantillas con las hojas para Sewaddle.

PRONUNCIACIÓN: li-VA-ni
ALTURA: 1,2 m
PESO: 20,5 kg

MOVIMIENTOS: Cuchillada, Falso Tortazo, Placaje, Disparo Demora, Picadura, Hoja Afilada, Estoicismo, Aguijón Letal, Refuerzo, Hoja Aguda, Tijera X, Danza Amiga, Danza Espada, Lluevehojas

SEWADDLE → SWADLOON → LEAVANNY

LEDIAN
Pokémon 5 Estrellas

TIPO: BICHO-VOLADOR

Se dice que los motivos que luce en el dorso guardan relación con las estrellas, aunque esta teoría sigue siendo todo un misterio.

Vuela por el cielo nocturno esparciendo un polvo brillante. Dicen que entrar en contacto con este polvo trae buena suerte.

PRONUNCIACIÓN: LE-dian
ALTURA: 1,4 m
PESO: 35,6 kg

MOVIMIENTOS: Placaje, Supersónico, Rapidez, Pantalla de Luz, Reflejo, Velo Sagrado, Ultrapuño, Viento Plata, Puño Cometa, Relevo, Agilidad, Zumbido, Tajo Aéreo, Doble Filo

LEDYBA → LEDIAN

LEDYBA
Pokémon 5 Estrellas

TIPO: BICHO-VOLADOR

Este Pokémon no soporta el frío. En Alola, sin embargo, se encuentra en su elemento y se lo puede ver revoloteando vivaracho por doquier.

Un Pokémon bastante temeroso. Junto con sus congéneres, protege su nido usando Reflejo.

PRONUNCIACIÓN: LE-di-ba
ALTURA: 1,0 m
PESO: 10,8 kg

MOVIMIENTOS: Placaje, Supersónico, Rapidez, Pantalla de Luz, Reflejo, Velo Sagrado, Ultrapuño, Viento Plata, Puño Cometa, Relevo, Agilidad, Zumbido, Tajo Aéreo, Doble Filo

LEDYBA → LEDIAN

LICKILICKY

Pokémon Lametazo

TIPO: NORMAL

Su lengua es un misterio sin resolver: no se sabe cómo puede extenderla hasta alcanzar longitudes que superan varias veces la de su propio cuerpo.

Es tan diestro con la lengua como un ser humano con las manos. Por el contrario, muestra escasa maña con los dedos.

PRONUNCIACIÓN: LI-qui-LI-qui
ALTURA: 1,7 m
PESO: 140,0 kg

MOVIMIENTOS: Estrujón, Latigazo, Lengüetazo, Supersónico, Rizo Defensa, Desarme, Constricción, Pisotón, Anulación, Atizar, Rodar, Guardia Baja, Yo Primero, Alivio, Chirrido, Giro Bola

LICKITUNG   LICKILICKY

LICKITUNG

Pokémon Lametazo

TIPO: NORMAL

Si sus lametones no se tratan a tiempo, su saliva pegajosa y urticante puede provocar picores persistentes.

Se nutre principalmente de Pokémon insecto, a los que paraliza primero lamiéndolos con su larga lengua y luego engulle de un bocado.

PRONUNCIACIÓN: LI-qui-tung
ALTURA: 1,2 m
PESO: 65,5 kg

MOVIMIENTOS: Lengüetazo, Supersónico, Rizo Defensa, Desarme, Constricción, Pisotón, Anulación, Atizar, Rodar, Guardia Baja, Yo Primero, Alivio, Chirrido, Latigazo, Estrujón

LICKITUNG   LICKILICKY

LIEPARD
Pokémon Calculador

TIPO: SINIESTRO

Bajo su hermoso pelaje y cautivador estilo, que puede llevar fácilmente a engaño, se oculta un carácter imprevisible y agresivo.

Libra disputas territoriales con los Thievul. Se acerca a sus rivales por la espalda sin hacer el menor ruido.

PRONUNCIACIÓN: LAI-pard
ALTURA: 1,1 m
PESO: 37,5 kg

MOVIMIENTOS: Buena Baza, Sorpresa, Golpes Furia, Gruñido, Afilagarras, Maquinación, Tajo Umbrío, Carantoña, Ataque Arena, Arañazo, Golpe Bajo, Tormento

PURRLOIN   LIEPARD

LILEEP
Pokémon Lirio de Mar

TIPO: ROCA-PLANTA

Habitaba en los cálidos mares de antaño. Se hace pasar por alga marina, espera al acecho de su presa y la engulle cuando esta se acerca.

Sus potentes ventosas le permiten aferrarse firmemente a las rocas, de tal manera que ni una violenta marejada consigue arrastrarlo.

PRONUNCIACIÓN: li-LIP
ALTURA: 1,0 m
PESO: 23,8 kg

MOVIMIENTOS: Impresionar, Restricción, Ácido, Arraigo, Rayo Confuso, Amnesia, Salmuera, Gigadrenado, Bilis, Poder Pasado, Energibola, Reserva, Escupir, Tragar, Estrujón

LILEEP   CRADILY

LILLIGANT

Pokémon Adornofloral

TIPO: PLANTA

Se dice que conseguir que la flor de su cabeza florezca es una empresa titánica incluso para los mejores jardineros.

El aceite esencial que se extrae de su flor emana un aroma sublime, aunque su precio resulta desorbitado.

PRONUNCIACIÓN: LI-li-gant
ALTURA: 1,1 m
PESO: 16,3 kg

MOVIMIENTOS: Desarrollo, Drenadoras, Megaagotar, Síntesis, Danza Caos, Danza Aleteo, Danza Pétalo, Tormenta Floral

PETILIL **LILLIGANT**

LILLIPUP

Pokémon Perrito

TIPO: NORMAL

Es valiente pero cauto. Usa el suave pelaje que le recubre el rostro para obtener información sobre su entorno.

Muestra una inteligencia muy superior a la media de los niños humanos. No olvida ni el amor ni los malos tratos que recibe.

PRONUNCIACIÓN: LI-li-pap
ALTURA: 0,4 m
PESO: 4,1 kg

MOVIMIENTOS: Malicioso, Placaje, Rastreo, Mordisco, Ojitos Tiernos, Refuerzo, Derribo, Avivar, Triturar, Rugido, Represalia, Inversión, Última Baza, Gigaimpacto, Carantoña

LILLIPUP **HERDIER** **STOUTLAND**

LINOONE
Pokémon Lanzado

TIPO: NORMAL

Posee un pelaje fuerte y firme. Las brochas de afeitar cuyas cerdas están hechas con el pelo que se le desprende son un producto de lujo.

Abate a sus presas con su vertiginosa velocidad y sus afiladas garras. Los trayectos sinuosos merman notablemente su capacidad para correr.

PRONUNCIACIÓN: lai-NUN
ALTURA: 0,5 m
PESO: 32,5 kg

ZIGZAGOON → LINOONE

MOVIMIENTOS: Ojitos Tiernos, Tambor, Antojo, Doble Filo, Azote, Lanzamiento, Golpes Furia, Gruñido, Golpe Cabeza, Afilagarras, Pin Misil, Descanso, Ataque Arena, Cuchillada, Trapicheo, Placaje, Látigo, Derribo

LINOONE DE GALAR
Pokémon Lanzado

TIPO: SINIESTRO-NORMAL

Provoca a sus presas con su larga lengua y arremete con fuerza contra ellas cuando montan en cólera.

Posee un carácter beligerante y temerario. Hace frente impávidamente a oponentes mucho más fuertes que él.

PRONUNCIACIÓN: lai-NUN
ALTURA: 0,5 m
PESO: 32,5 kg

ZIGZAGOON DE GALAR → LINOONE DE GALAR → OBSTAGOON

MOVIMIENTOS: Ojitos Tiernos, Contraataque, Doble Filo, Golpes Furia, Golpe Cabeza, Afilagarras, Malicioso, Lengüetazo, Tajo Umbrío, Pin Misil, Descanso, Ataque Arena, Cara Susto, Alarido, Trapicheo, Placaje, Derribo, Mofa

LITLEO

Pokémon Leoncito

TIPO: FUEGO-NORMAL

Mientras es solo una cría vive con el resto de la manada, pero en cuanto aprende a cazar se separa del grupo y se independiza.

Este enérgico Pokémon es de naturaleza curiosa e inquieta y, tanto al comienzo de un combate como cuando se enoja, su crin prende fuego.

PRONUNCIACIÓN: LAIT-lio
ALTURA: 0,6 m
PESO: 13,5 kg

MOVIMIENTOS: Placaje, Malicioso, Ascuas, Avivar, Golpe Cabeza, Rugido de Guerra, Derribo, Colmillo Ígneo, Esfuerzo, Eco Voz, Lanzallamas, Triturar, Vozarrón, Calcinación, Sofoco

LITLEO　　PYROAR

LITTEN

Pokémon Gato Fuego

TIPO: FUEGO

Detesta que lo acaricien demasiado, aunque lo hagan sus seres queridos. En caso de sentirse agobiado se recluye en sí mismo.

Muda el pelo dos veces al año. Cuando llega el momento, su cuerpo arde y le prende fuego al pelaje viejo.

PRONUNCIACIÓN: LI-ten
ALTURA: 0,4 m
PESO: 4,3 kg

MOVIMIENTOS: Arañazo, Ascuas, Gruñido, Lengüetazo, Malicioso, Colmillo Ígneo, Doble Patada, Rugido, Mordisco, Contoneo, Golpes Furia, Golpe, Lanzallamas, Cara Susto, Envite Ígneo, Enfado

LITTEN　　TORRACAT　　INCINEROAR

LITWICK

Pokémon Vela

TIPO: FANTASMA-FUEGO

El calor de la llama hace que su cuerpo esté algo tibio. Toma de la mano a quien se pierde para llevárselo a su mundo de espíritus.

Cuanto más joven sea la energía vital que ha absorbido, mayor tamaño tendrá la llama de la cabeza y más siniestro será su brillo.

PRONUNCIACIÓN: LIT-wic
ALTURA: 0,3 m
PESO: 3,1 kg

MOVIMIENTOS: Impresionar, Rayo Confuso, Maldición, Ascuas, Giro Fuego, Infortunio, Sellar, Infierno, Legado, Reducción, Tinieblas, Sofoco, Divide Dolor, Bola Sombra, Polución, Fuego Fatuo

LITWICK   LAMPENT   CHANDELURE

LOMBRE

Pokémon Alegre

TIPO: AGUA-PLANTA

Este Pokémon nocturno entra en acción al caer la tarde. Se alimenta del musgo que crece en el lecho de los ríos.

Vive en las riberas bañadas por el sol. De día duerme sobre un lecho de plantas acuáticas y de noche entra en acción.

PRONUNCIACIÓN: LOM-bre
ALTURA: 1,2 m
PESO: 32,5 kg

MOVIMIENTOS: Absorber, Impresionar, Rayo Burbuja, Energibola, Sorpresa, Azote, Golpes Furia, Gigadrenado, Gruñido, Hidrobomba, Desarme, Megaagotar, Neblina, Adaptación, Danza Lluvia, Danza Caos, Pistola Agua, Cabezazo Zen

LOTAD   LOMBRE   LUDICOLO

LOPUNNY

Pokémon Conejo

TIPO: NORMAL

Está siempre atento a lo que ocurre a su alrededor. Si advierte peligro, se defenderá con patadas de potencia devastadora.

Cuando acaba la estación más tórrida, le crece un nuevo pelaje muy mullido que lo prepara para el frío.

PRONUNCIACIÓN: LO-pu-ni
ALTURA: 1,2 m
PESO: 33,3 kg

MOVIMIENTOS: Retribución, Deseo Cura, Bote, Fertilizante, Manto Espejo, Capa Mágica, Rizo Defensa, Salpicadura, Destructor, Aguante, Ojitos Tiernos, Ataque Rápido, Patada Salto, Relevo, Agilidad, Puño Mareo, Cede Paso, Encanto, Danza Amiga, Patada Salto Alta

MEGA-LOPUNNY

Pokémon Conejo

TIPO: NORMAL-LUCHA

ALTURA: 1,3 m
PESO: 28,3 kg

BUNEARY   LOPUNNY   MEGA-LOPUNNY

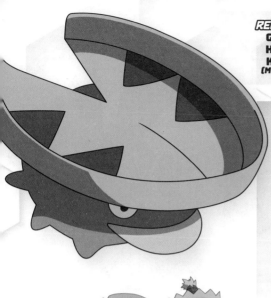

LOTAD
Pokémon Lenteja Agua

TIPO: AGUA-PLANTA

Va buscando agua potable para beber. Si no la encuentra pasado bastante tiempo, la hoja de la cabeza se le marchita.

El excesivo tamaño y peso de la hoja que tiene en la cabeza ha propiciado que viva flotando en el agua.

PRONUNCIACIÓN: LO-tad
ALTURA: 0,5 m
PESO: 2,6 kg

MOVIMIENTOS: Absorber, Impresionar, Rayo Burbuja, Energibola, Azote, Gigadrenado, Gruñido, Megaagotar, Neblina, Adaptación, Danza Lluvia, Pistola Agua, Cabezazo Zen

LOTAD   LOMBRE   LUDICOLO

LOUDRED
Pokémon Chillón

TIPO: NORMAL

A través de las orejas, que le sirven de altavoces, emite ondas sonoras capaces de echar abajo una casa.

Su voz no afecta solo al oído. Sus ondas sonoras provocan variaciones de presión en el aire que hacen que sus enemigos salgan despedidos.

PRONUNCIACIÓN: LAU-dred
ALTURA: 1,0 m
PESO: 40,5 kg

MOVIMIENTOS: Mordisco, Destructor, Eco Voz, Impresionar, Aullido, Chirrido, Supersónico, Pisotón, Alboroto, Rugido, Descanso, Sonámbulo, Vozarrón, Sincrorruido

WHISMUR   LOUDRED   EXPLOUD

LUCARIO

Pokémon Aura

REGIONES:
ALOLA
GALAR
KALOS
(CENTRO)
SINNOH

TIPO: LUCHA-ACERO

Caza a sus presas manipulando una energía, denominada aura, cuya potencia es capaz incluso de hacer añicos rocas enormes.

Puede leer los pensamientos de la gente, por lo que establece lazos afectivos únicamente con Entrenadores de corazón noble.

PRONUNCIACIÓN: lu-CA-rio
ALTURA: 1,2 m
PESO: 54,0 kg

MOVIMIENTOS: Esfera Aural, Ataque Óseo, Paz Mental, A Bocajarro, Copión, Contraataque, Detección, Pulso Dragón, Velocidad Extrema, Amago, Sacrificio, Palmeo, Pulso Cura, Refuerzo, Aguzar, Gota Vital, Garra Metal, Eco Metálico, Puño Meteoro, Maquinación, Puño Incremento, Ataque Rápido, Anticipo, Inversión, Golpe Roca, Chirrido, Danza Espada, Avivar

MEGA-LUCARIO

Pokémon Aura

TIPO: LUCHA-ACERO

ALTURA: 1,3 m
PESO: 57,5 kg

RIOLU → LUCARIO → MEGA-LUCARIO

LUDICOLO
Pokémon Optimista

TIPO: AGUA-PLANTA

El ritmo de la música alegre estimula sus células y aumenta su fuerza.

Mover su cuerpo al ritmo de música festiva puede hacer que aumente su fuerza.

PRONUNCIACIÓN: lu-di-CO-lo
ALTURA: 1,5 m
PESO: 55,0 kg

MOVIMIENTOS: Absorber, Impresionar, Rayo Burbuja, Energibola, Sorpresa, Azote, Golpes Furia, Gigadrenado, Gruñido, Hidrobomba, Desarme, Megaagotar, Neblina, Adaptación, Danza Lluvia, Danza Caos, Pistola Agua, Cabezazo Zen

LOTAD → LOMBRE → LUDICOLO

POKÉMON LEGENDARIO

LUGIA
Pokémon Buceo

TIPO: PSÍQUICO-VOLADOR

La fuerza que tiene Lugia en las alas es devastadora; con nada que las bata es capaz de derribar edificios enteros. Por eso mismo, prefiere vivir donde no haya nadie, en lo más profundo del mar.

PRONUNCIACIÓN: LU-yi-a
ALTURA: 5,2 m
PESO: 216,0 kg

MOVIMIENTOS: Remolino, Meteorobola, Tornado, Carga Dragón, Paranormal, Danza Lluvia, Hidrobomba, Aerochorro, Castigo, Poder Pasado, Velo Sagrado, Recuperación, Premonición, Don Natural, Paz Mental, Ataque Aéreo

NO EVOLUCIONA

LUMINEON
Pokémon Neón

TIPO: AGUA

Es difícil encontrar presas en lo más profundo del mar, por lo que lucha a capa y espada con los Lanturn si avista una que merezca la pena.

Nada arrastrándose por el lecho marino. Sus espléndidas aletas brillan como las estrellas del firmamento.

PRONUNCIACIÓN: lu-MI-neon
ALTURA: 1,2 m
PESO: 24,0 kg

MOVIMIENTOS: Anegar, Tornado, Destructor, Pistola Agua, Atracción, Danza Lluvia, Hidropulso, Seducción, Velo Sagrado, Acua Aro, Torbellino, Ida y Vuelta, Bote, Viento Plata

FINNEON　　**LUMINEON**

LUNALA
Pokémon Corona Lunar

REGIÓN:
ALOLA

POKÉMON LEGENDARIO

TIPO: PSÍQUICO-FANTASMA

Aparece en obras de la literatura antigua en las que se refieren a él como la «criatura que invoca a la luna».

A veces, las fisuras interdimensionales que crea sirven de pasaje para fuerzas y formas de vida desconocidas.

PRONUNCIACIÓN: lu-NA-la
ALTURA: 4,0 m
PESO: 120,0 kg

MOVIMIENTOS: Rayo Umbrío, Masa Cósmica, Hipnosis, Teletransporte, Confusión, Tinieblas, Rayo Confuso, Tajo Aéreo, Bola Sombra, Luz Lunar, Pulso Noche, Capa Mágica, Fuerza Lunar, Comesueños, Golpe Fantasma, Vastaguardia, Hiperrayo

COSMOG　　**COSMOEM**　　**LUNALA**

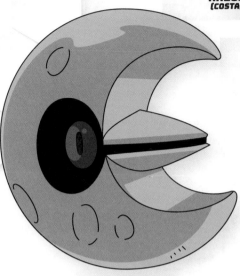

REGIONES:
GALAR
HOENN
KALOS
(COSTA)

LUNATONE
Pokémon Meteorito

TIPO: ROCA-PSÍQUICO

Se piensa que las fases lunares tienen relación con la fluctuación de su poder. Se vuelve activo las noches de luna llena.

Fue descubierto hace 40 años en el lugar donde había caído un meteorito. Le basta fulminar a sus enemigos con la mirada para dormirlos.

PRONUNCIACIÓN: LU-na-toun
ALTURA: 1,0 m
PESO: 168,0 kg

MOVIMIENTOS: Confusión, Masa Cósmica, Explosión, Premonición, Fortaleza, Hipnosis, Zona Mágica, Fuerza Lunar, Luz Lunar, Psíquico, Psicocarga, Pulimento, Avalancha, Lanzarrocas, Roca Afilada, Placaje

NO EVOLUCIONA

REGIÓN:
ALOLA

LURANTIS
Pokémon Filo Flor

TIPO: PLANTA

Un magnífico Pokémon con aspecto de flor. Los Lurantis bien cuidados poseen un color vivo y resplandeciente.

Los pétalos de sus brazos son finos y afilados. Absorbe la luz solar y la concentra para lanzar poderosos rayos.

PRONUNCIACIÓN: lu-RAN-tis
ALTURA: 0,9 m
PESO: 18,5 kg

MOVIMIENTOS: Tormenta Floral, Tijera X, Tajo Umbrío, Corte Furia, Follaje, Hoja Afilada, Desarrollo, Arraigo, Hoja Aguda, Síntesis, Cuchillada, Dulce Aroma, Cuchilla Solar, Día Soleado

FOMANTIS **LURANTIS**

LUVDISC

Pokémon Cita

TIPO: AGUA

Según las leyendas, una escama con forma de corazón brinda suerte en el amor, lo que antes condujo a su pesca excesiva.

Vive en los arrecifes de coral de mares cálidos. Dormir entre las ramas de los Corsola es algo por lo que siente una especial predilección.

PRONUNCIACIÓN: LABF-disc
ALTURA: 0,6 m
PESO: 8,7 kg

MOVIMIENTOS: Placaje, Encanto, Pistola Agua, Agilidad, Beso Drenaje, Conjuro, Hidropulso, Atracción, Arrumaco, Azote, Beso Dulce, Derribo, Seducción, Acua Aro, Anegar, Hidrobomba, Velo Sagrado

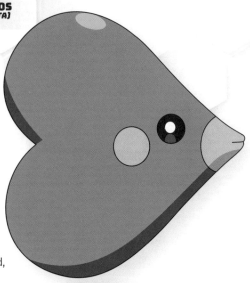

NO EVOLUCIONA

LUXIO

Pokémon Chispa

TIPO: ELÉCTRICO

Al unir la cola con otro congénere, este le transmite electricidad, lo que aumenta la potencia de sus descargas eléctricas.

Cuando encuentra a un adversario, se prepara para combatir sacando las garras, que emiten una corriente eléctrica de un millón de voltios.

PRONUNCIACIÓN: LU-xio
ALTURA: 0,9 m
PESO: 30,5 kg

MOVIMIENTOS: Placaje, Malicioso, Carga, Chispa, Mordisco, Rugido, Contoneo, Colmillo Rayo, Triturar, Cara Susto, Chispazo, Voltio Cruel

SHINX   LUXIO   LUXRAY

LUXRAY

Pokémon Chispa Ojos

TIPO: ELÉCTRICO

Tiene la capacidad de ver a través de cualquier cosa. Encuentra enseguida su presa, aunque se oculte tras una pared de gran grosor.

Duerme durante largos períodos para recuperar la enorme cantidad de electricidad que consume al usar su capacidad para ver a través de objetos.

PRONUNCIACIÓN: LUX-rei
ALTURA: 1,4 m
PESO: 42,0 kg

MOVIMIENTOS: Campo Eléctrico, Placaje, Malicioso, Carga, Chispa, Mordisco, Rugido, Contoneo, Colmillo Rayo, Triturar, Cara Susto, Chispazo, Voltio Cruel

SHINX

LUXIO

LUXRAY

LYCANROC

Pokémon Lobo

TIPO: ROCA

Un Pokémon tranquilo y prudente. Su melena de piedra es tan afilada como una cuchilla.

Va acorralando pacientemente a su presa con movimientos raudos para finalmente clavarle los colmillos en sus puntos vitales.

PRONUNCIACIÓN: LAI-can-rroc
ALTURA: 0,8 m
PESO: 25,0 kg

MOVIMIENTOS: Placaje, Malicioso, Ataque Arena, Mordisco, Aullido, Lanzarrocas, Rastreo, Tumba Rocas, Rugido, Trampa Rocas, Avalancha, Cara Susto, Triturar, Treparrocas, Roca Afilada, Roca Veloz, Anticipo, Ataque Rápido

FORMA
DIURNA

FORMA
CREPUSCULAR

FORMA
NOCTURNA

ROCKRUFF

LYCANROC
(FORMA
DIURNA)

LYCANROC
(FORMA
CREPUSCULAR)

LYCANROC
(FORMA
NOCTURNA)

REGIONES:
ALOLA
GALAR
KALOS
(COSTA)
KANTO

MACHAMP

Pokémon Superpoder

TIPO: LUCHA

Mueve rápidamente sus cuatro brazos para asestar incesantes golpes y puñetazos desde todos los ángulos.

Puede dar varios puñetazos de una sola vez gracias a sus cuatro brazos. Golpea más rápido de lo que piensa.

PRONUNCIACIÓN: ma-CHAMP
ALTURA: 1,6 m
PESO: 130,0 kg

MOVIMIENTOS: Corpulencia, Tajo Cruzado, Doble Filo, Golpe Bis, Puño Dinámico, Foco Energía, Desarme, Malicioso, Patada Baja, Puntapié, Desquite, Cara Susto, Sísmico, Fuerza, Tiro Vital, Vastaguardia

MACHOP **MACHOKE** **MACHAMP**

Forma alternativa:
MACHAMP GIGAMAX

La energía del fenómeno Gigamax se concentra en sus brazos y le otorga una fuerza destructiva comparable a la de una bomba.

Gracias a su tremendo incremento de fuerza, puede cargar con embarcaciones de gran tamaño que estén en dificultades y llevarlas a puerto.

ALTURA: >25,0 m
PESO: ???,? kg

MACHOKE

Pokémon Superpoder

REGIONES:
ALOLA
GALAR
KALOS
(COSTA)
KANTO

TIPO: LUCHA

Su musculoso cuerpo es tan fuerte que usa un cinto antifuerza para controlar sus movimientos.

Tiene una complexión tan fuerte que nunca se cansa. Suele ayudar a la gente a cargar objetos pesados.

PRONUNCIACIÓN: ma-CHOUC
ALTURA: 1,5 m
PESO: 70,5 kg

MOVIMIENTOS: Corpulencia, Tajo Cruzado, Doble Filo, Golpe Bis, Puño Dinámico, Foco Energía, Desarme, Malicioso, Patada Baja, Puntapié, Desquite, Cara Susto, Sísmico, Fuerza, Tiro Vital

MACHOP   MACHOKE   MACHAMP

REGIONES:
ALOLA
GALAR
KALOS
(COSTA)
KANTO

MACHOP

Pokémon Superpoder

TIPO: LUCHA

Es una masa de músculos y, pese a su pequeño tamaño, tiene fuerza de sobra para levantar en brazos a 100 personas.

Siempre rebosante de energía, pasa el tiempo levantando piedras para hacerse aún más fuerte.

PRONUNCIACIÓN: ma-CHOP
ALTURA: 0,8 m
PESO: 19,5 kg

MOVIMIENTOS: Corpulencia, Tajo Cruzado, Doble Filo, Golpe Bis, Puño Dinámico, Foco Energía, Desarme, Malicioso, Patada Baja, Puntapié, Desquite, Cara Susto, Sísmico, Fuerza, Tiro Vital

 MACHOP   MACHOKE   MACHAMP

MAGBY
Pokémon Ascuas

TIPO: FUEGO

Cuando se le escapan pequeñas llamaradas por el hocico significa que está resfriado y el mejor remedio es un buen baño de magma.

Su temperatura corporal ronda los 600 °C. Si cae en un pequeño estanque, es capaz de evaporarlo por completo.

PRONUNCIACIÓN: MAG-bi
ALTURA: 0,7 m
PESO: 21,4 kg

MOVIMIENTOS: Polución, Malicioso, Ascuas, Pantalla de Humo, Finta, Giro Fuego, Niebla Clara, Pirotecnia, Rayo Confuso, Puño Fuego, Humareda, Día Soleado, Lanzallamas, Llamarada

MAGBY   MAGMAR   MAGMORTAR

MAGCARGO
Pokémon Lava

TIPO: FUEGO-ROCA

La coraza de Magcargo es en realidad su propia piel que quedó endurecida al enfriarse. Está muy resquebrajada y es muy frágil; se desharía solo con tocarla. Este Pokémon debe sumergirse en magma para recuperar su forma.

Magcargo tiene una temperatura corporal de 1000°C aproximadamente. El agua se evapora al contacto con él. Si llueve, las gotas que le rozan se transforman en vapor al instante y crean una densa niebla.

PRONUNCIACIÓN: ma-CAR-go
ALTURA: 0,8 m
PESO: 55,0 kg

MOVIMIENTOS: Tierra Viva, Bostezo, Polución, Ascuas, Lanzarrocas, Fortaleza, Recuperación, Pirotecnia, Poder Pasado, Amnesia, Humareda, Rompecoraza, Avalancha, Golpe Cuerpo, Lanzallamas, Calcinación, Niebla Clara

SLUGMA   MAGCARGO

MAGEARNA

Pokémon Artificial

POKÉMON MÍTICO

TIPO: ACERO-HADA

Sincroniza su consciencia con la de los demás para comprender sus sentimientos. Utiliza esta capacidad para cuidar de las personas.

Pokémon artificial creado por científicos hace unos 500 años. Su verdadera esencia es una pieza llamada Coránima.

PRONUNCIACIÓN: ma-GIAR-na
ALTURA: 1,0 m
PESO: 80,5 kg

MOVIMIENTOS: Truco Defensa, Piñón Auxiliar, Cambio de Marcha, Cabeza de Hierro, Refuerzo, Bomba Sónica, Rizo Defensa, Psicorrayo, Conjuro, Rayo Aurora, Disparo Espejo, Telépata, Foco Resplandor, Cañón Floral, Defensa Férrea, Divide Dolor, Sincrorruido, Esfera Aural, Cambia Almas, As Oculto

NO EVOLUCIONA

MAGIKARP

Pokémon Pez

TIPO: AGUA

Es el Pokémon más débil y patético que existe, con una fuerza y velocidad prácticamente nulas.

Este Pokémon débil y patético se limita a dejarse llevar por la corriente cuando esta tiene fuerza.

PRONUNCIACIÓN: ma-yi-KARP
ALTURA: 0,9 m
PESO: 10,0 kg

MOVIMIENTOS: Azote, Salpicadura, Placaje

MAGIKARP ➡ GYARADOS ➡ MEGA-GYARADOS

TIPO: FUEGO

Nacen en volcanes activos. Su cuerpo parece una gran bola de fuego ya que están en llamas.

PRONUNCIACIÓN: MAG-mar
ALTURA: 1,3 m
PESO: 44,5 kg

MOVIMIENTOS: Polución, Malicioso, Ascuas, Pantalla de Humo, Finta, Giro Fuego, Niebla Clara, Pirotecnia, Rayo Confuso, Puño Fuego, Humareda, Día Soleado, Lanzallamas, Llamarada

MAGBY → **MAGMAR** → **MAGMORTAR**

MAGMORTAR
Pokémon Explosión

TIPO: FUEGO

En la actualidad son aún muchas las empresas metalúrgicas que dependen de las llamas de Magmortar para trabajar el metal.

Expulsa bolas de fuego con las que arrolla a su enemigo y lo deja completamente chamuscado, razón por la que evita este método al cazar.

PRONUNCIACIÓN: mag-MOR-tar
ALTURA: 1,6 m
PESO: 68,0 kg

MOVIMIENTOS: Puño Trueno, Polución, Malicioso, Ascuas, Pantalla de Humo, Finta, Giro Fuego, Niebla Clara, Pirotecnia, Rayo Confuso, Puño Fuego, Humareda, Día Soleado, Lanzallamas, Llamarada, Hiperrayo

MAGBY → **MAGMAR** → **MAGMORTAR**

MAGNEMITE
Pokémon Imán

TIPO: ELÉCTRICO-ACERO

A veces se desploman al suelo tras agotar su suministro eléctrico interno, pero basta una pequeña batería para reanimarlos.

Se nutre de electricidad. Puede flotar en el aire gracias a las ondas electromagnéticas que emite a través de las unidades de sus extremidades.

PRONUNCIACIÓN: MAG-ne-mait
ALTURA: 0,3 m
PESO: 6,0 kg

MOVIMIENTOS: Placaje, Supersónico, Impactrueno, Bomba Imán, Onda Trueno, Pantalla de Luz, Bomba Sónica, Chispa, Disparo Espejo, Eco Metálico, Bola Voltio, Foco Resplandor, Chirrido, Chispazo, Fijar Blanco, Levitón, Giro Bola, Electrocañón

MAGNEMITE   MAGNETON   MAGNEZONE

MAGNETON
Pokémon Imán

TIPO: ELÉCTRICO-ACERO

Este Pokémon, surgido de la unión de tres Magnemite, genera potentes ondas de radio con las que examina el entorno.

Emite de forma constante una potente fuerza magnética que causa estragos en prácticamente cualquier ordenador al que se acerque.

PRONUNCIACIÓN: MAG-ne-ton
ALTURA: 1,0 m
PESO: 60,0 kg

MOVIMIENTOS: Triataque, Electrocañón, Campo Eléctrico, Placaje, Supersónico, Impactrueno, Bomba Imán, Onda Trueno, Pantalla de Luz, Bomba Sónica, Chispa, Disparo Espejo, Eco Metálico, Bola Voltio, Foco Resplandor, Chirrido, Chispazo, Fijar Blanco, Levitón, Giro Bola

MAGNEMITE   MAGNETON   MAGNEZONE

TIPO: ELÉCTRICO-ACERO

MAGNEZONE
Pokémon Magnético

Se cree que con la antena que tiene en la cabeza recibe señales del espacio enviadas por un ser que lo controla.

Se piensa que estuvo expuesto a un campo magnético especial que alteró su estructura molecular e hizo que evolucionara.

PRONUNCIACIÓN: MAG-ne-zoun
ALTURA: 1,2 m
PESO: 180,0 kg

MOVIMIENTOS: Triataque, Electrocañón, Aura Magnética, Manto Espejo, Barrera, Campo Eléctrico, Placaje, Supersónico, Impactrueno, Bomba Imán, Onda Trueno, Pantalla de Luz, Bomba Sónica, Chispa, Disparo Espejo, Eco Metálico, Bola Voltio, Foco Resplandor, Chirrido, Chispazo, Fijar Blanco, Levitón, Giro Bola

MAGNEMITE → MAGNETON → MAGNEZONE

MAKUHITA
Pokémon Valiente

TIPO: LUCHA

Entrena golpeando los troncos de los árboles con la mano abierta. A veces le da por error a un Exeggutor y este lo lanza volando.

Dicen que los Entrenadores dan de comer a sus Makuhita un guiso tradicional para que se hagan más fuertes todavía.

PRONUNCIACIÓN: ma-ku-JI-ta
ALTURA: 1,0 m
PESO: 86,4 kg

MOVIMIENTOS: Placaje, Foco Energía, Ataque Arena, Empujón, Sorpresa, Palmeo, Remolino, Desarme, Tiro Vital, Tambor, Estímulo, Sísmico, Espabila, Aguante, A Bocajarro, Inversión, Cuerpo Pesado

MAKUHITA → HARIYAMA

MALAMAR

Pokémon Revolución

REGIONES:
ALOLA
GALAR
KALOS
(COSTA)

TIPO: SINIESTRO-PSÍQUICO

Los destellos que emite sumen rápidamente en un estado hipnótico al observador, que queda bajo su control.

Se dice que sus poderes hipnóticos han influido en grandes acontecimientos que han cambiado el curso de la historia.

PRONUNCIACIÓN: ma-la-MAR
ALTURA: 1,5 m
PESO: 47,0 kg

MOVIMIENTOS: Juego Sucio, Hipnosis, Tajo Umbrío, Vendetta, Picotazo, Picoteo, Psicorrayo, Psicocorte, Inversión, Cuchillada, Fuerza Bruta, Contoneo, Trapicheo, Placaje, Reversión, Constricción

INKAY → MALAMAR

MAMOSWINE

Pokémon Doscolmillos

REGIONES:
GALAR
KALOS
(MONTAÑA)
SINNOH

TIPO: HIELO-TIERRA

Aparece representado en pinturas rupestres de hace 10.000 años. Hubo un tiempo en el que se lo consideró extinto.

Es tan fuerte como parece. Cuanto más frío hace, más gruesos, largos e imponentes se vuelven sus colmillos de hielo.

PRONUNCIACIÓN: MA-mo-su-ain
ALTURA: 2,5 m
PESO: 291,0 kg

MOVIMIENTOS: Amnesia, Poder Pasado, Ventisca, Doble Golpe, Terremoto, Aguante, Azote, Colmillo Hielo, Canto Helado, Viento Hielo, Neblina, Bofetón Lodo, Nieve Polvo, Placaje, Derribo, Golpe

SWINUB → PILOSWINE → MAMOSWINE

REGIÓN: SINNOH

MANAPHY

Pokémon Náutico

TIPO: AGUA

Nace con un maravilloso poder que le permite establecer vínculos con cualquier tipo de Pokémon.

Posee un poder singular que hace que entable amistad con casi cualquier Pokémon.

PRONUNCIACIÓN: MA-na-fi
ALTURA: 0,3 m
PESO: 1,4 kg

MOVIMIENTOS: Ráfaga, Burbuja, Hidrochorro, Encanto, Supersónico, Rayo Burbuja, Armadura Ácida, Torbellino, Hidropulso, Acua Aro, Buceo, Danza Lluvia, Cambia Almas

NO EVOLUCIONA

REGIONES: ALOLA GALAR UNOVA

MANDIBUZZ

Pokémon Buitre Hueso

TIPO: SINIESTRO-VOLADOR

A pesar de su carácter violento, si avista un Vullaby perdido, lo acoge en su nido y lo cuida con esmero hasta que está listo para partir.

Se engalana con los huesos que va recogiendo. Al parecer, la elección no es casual, sino que obedece a los dictados de la moda.

PRONUNCIACIÓN: MAN-di-bass
ALTURA: 1,2 m
PESO: 39,5 kg

MOVIMIENTOS: Tajo Aéreo, Atracción, Ataque Óseo, Pájaro Osado, Pulso Umbrío, Despejar, Camelo, Tornado, Defensa Férrea, Desarme, Malicioso, Maquinación, Picoteo, Ataque Aéreo, Viento Afín, Tóxico, Remolino

VULLABY → MANDIBUZZ

MANECTRIC

Pokémon Descarga

REGIONES:
ALOLA
GALAR
HOENN
KALOS
(COSTA)

TIPO: ELÉCTRICO

La electricidad estimula su musculatura para que pueda moverse a gran velocidad y le ayuda a recuperarse del dolor muscular rápidamente.

Rara vez aparece ante la gente. Dicen que suele colocar su madriguera donde caen rayos.

PRONUNCIACIÓN: mei-NEC-tric
ALTURA: 1,5 m
PESO: 40,2 kg

MOVIMIENTOS: Mordisco, Carga, Chispazo, Campo Eléctrico, Colmillo Ígneo, Aullido, Malicioso, Ataque Rápido, Rugido, Onda Voltio, Placaje, Trueno, Colmillo Rayo, Onda Trueno, Voltio Cruel

MEGA-MANECTRIC

Pokémon Descarga

TIPO: ELÉCTRICO

ALTURA: 1,8 m
PESO: 44,0 kg

ELECTRIKE → MANECTRIC → MEGA-MANECTRIC

MANKEY

Pokémon Mono Cerdo

TIPO: LUCHA

Este ágil Pokémon vive en los árboles. Se enfada con facilidad y, cuando lo hace, se abalanza contra todo lo que se encuentre a su alrededor.

PRONUNCIACIÓN: MAN-ki
ALTURA: 0,5 m
PESO: 28,0 kg

MOVIMIENTOS: Antojo, Arañazo, Patada Baja, Malicioso, Foco Energía, Golpes Furia, Golpe Kárate, Persecución, Sísmico, Contoneo, Tajo Cruzado, Buena Baza, Castigo, Golpe, A Bocajarro, Chirrido, Pataleta, Enfado, Sacrificio

MANKEY   ➡   PRIMEAPE

MANTINE

Pokémon Milano

TIPO: AGUA-VOLADOR

Tras ganar velocidad nadando, aprovecha las olas para proyectarse y recorrer planeando hasta 100m de distancia.

Mientras nada plácidamente, no le importa que los Remoraid se aferren a él para comerse sus sobras.

PRONUNCIACIÓN: MAN-tain
ALTURA: 2,1 m
PESO: 220,0 kg

MOVIMIENTOS: Agilidad, Tajo Aéreo, Acua Aro, Bote, Rayo Burbuja, Semilladora, Golpe Cabeza, Hidrobomba, Psicorrayo, Respiro, Supersónico, Placaje, Derribo, Pistola Agua, Hidropulso, Vastaguardia, Ataque Ala

MANTYKE   ➡   MANTINE

MANTYKE

Pokémon Milano

REGIONES:
ALOLA
GALAR
KALOS
(COSTA)
SINNOH

TIPO: AGUA-VOLADOR

Los Mantyke que habitan en los mares de Galar se mueven con lentitud, posiblemente por la baja temperatura de las aguas de la región.

Nada con los bancos de Remoraid y lucha junto a ellos cuando los ataca un enemigo.

PRONUNCIACIÓN: MAN-taik
ALTURA: 1,0 m
PESO: 65,0 kg

MOVIMIENTOS: Agilidad, Tajo Aéreo, Acua Aro, Bote, Rayo Burbuja, Golpe Cabeza, Hidrobomba, Supersónico, Placaje, Derribo, Pistola Agua, Hidropulso, Vastaguardia, Ataque Ala

MANTYKE   MANTINE

MARACTUS

Pokémon Cactus

TIPO: PLANTA

Emite un sonido parecido a unas maracas. Se mueve con un ritmo marchoso para sorprender a los Pokémon pájaro, que huyen espantados.

Una vez al año, esparce sus semillas, cuyo alto valor nutritivo las convierte en una inestimable fuente de alimento en el desierto.

PRONUNCIACIÓN: ma-RAC-tus
ALTURA: 1,0 m
PESO: 28,0 kg

MOVIMIENTOS: Absorber, Acupresión, Cede Paso, Rizo Algodón, Esporagodón, Gigadrenado, Desarrollo, Arraigo, Drenadoras, Megaagotar, Picotazo, Tormenta Floral, Danza Pétalo, Pin Misil, Rayo Solar, Barrera Espinosa, Golpe Bajo, Día Soleado, Dulce Aroma, Síntesis

NO EVOLUCIONA

MAREANIE
Pokémon Estrellatroz

TIPO: VENENO-AGUA

La picadura de sus aguijones provoca un hormigueo que no tarda en convertirse en una picazón insoportable.

A diferencia de sus congéneres de Alola, los ejemplares de Galar aún no saben lo deliciosas que están las ramas de Corsola.

PRONUNCIACIÓN: ma-RI-ni
ALTURA: 0,4 m
PESO: 8,0 kg

MOVIMIENTOS: Mordisco, Hidroariete, Picotazo, Pin Misil, Puya Nociva, Picotazo Veneno, Recuperación, Tóxico, Púas Tóxicas, Trampa Venenosa, Carga Tóxica, Vastaguardia

MAREANIE → TOXAPEX

MAREEP

Pokémon Lana

TIPO: ELÉCTRICO

Las prendas elaboradas con la lana de Mareep se cargan fácilmente de electricidad estática y requieren de tratamientos especiales.

Su lana acumula electricidad estática con la fricción. Al ser tan adorable, la gente se acerca para acariciarlo y se lleva un doloroso chispazo.

PRONUNCIACIÓN: ma-RIP
ALTURA: 0,6 m
PESO: 7,8 kg

MOVIMIENTOS: Placaje, Gruñido, Onda Trueno, Impactrueno, Esporagodón, Carga, Derribo, Bola Voltio, Rayo Confuso, Joya de Luz, Chispazo, Rizo Algodón, Doble Rayo, Pantalla de Luz, Trueno

MAREEP **FLAAFFY** **AMPHAROS** **MEGA-AMPHAROS**

MARILL

Pokémon Ratón Agua

TIPO: AGUA-HADA

La punta redonda de su cola hace las veces de flotador. En ella almacena abundantes nutrientes en forma de aceite.

Su pelaje repele el agua, lo que evita que pase frío al salir de mares gélidos porque se seca al momento.

PRONUNCIACIÓN: MA-ril
ALTURA: 0,4 m
PESO: 8,5 kg

MOVIMIENTOS: Placaje, Pistola Agua, Látigo, Hidrochorro, Burbuja, Rizo Defensa, Rodar, Rayo Burbuja, Refuerzo, Acua Cola, Doble Filo, Acua Aro, Danza Lluvia, Fuerza Bruta, Hidrobomba, Carantoña

AZURILL **MARILL** **AZUMARILL**

MAROWAK

Pokémon Apilahueso

TIPO: TIERRA

Ha evolucionado tras fortalecerse y superar su pena. Ahora lucha con arrojo blandiendo su hueso a modo de arma.

Al evolucionar, se ha fusionado con el cráneo de su madre y, además, ha adquirido un carácter agresivo.

PRONUNCIACIÓN: MA-ro-uak
ALTURA: 1,0 m
PESO: 45,0 kg

MOVIMIENTOS: Gruñido, Látigo, Hueso Palo, Golpe Cabeza, Malicioso, Foco Energía, Huesomerang, Furia, Falso Tortazo, Golpe, Lanzamiento, Pataleta, Esfuerzo, Doble Filo, Represalia, Ataque Óseo

CUBONE ➡ MAROWAK

MAROWAK DE ALOLA

Pokémon Apilahueso

TIPO: FUEGO-FANTASMA

Al caer la noche, prende los extremos del hueso que porta y baila sin descanso para honrar y llorar a sus compañeros caídos.

Se dice que las llamas malditas del hueso que porta pueden herir de forma incurable el cuerpo y el alma de quien entre en contacto con ellas.

PRONUNCIACIÓN: MA-ro-uak
ALTURA: 1,0 m
PESO: 34,0 kg

MOVIMIENTOS: Gruñido, Látigo, Hueso Palo, Rueda Fuego, Malicioso, Infortunio, Huesomerang, Fuego Fatuo, Hueso Sombrío, Golpe, Lanzamiento, Pataleta, Esfuerzo, Doble Filo, Represalia, Ataque Óseo

CUBONE ➡ MAROWAK DE ALOLA

MARSHADOW

Pokémon Morasombra

POKÉMON MÍTICO

TIPO: LUCHA-FANTASMA

Se oculta en la sombra de su oponente y copia sus movimientos y su fuerza. Su imitación resulta más poderosa que el original.

Se infiltra en la sombra de las personas y los Pokémon. Sintoniza con sus sentimientos y copia sus capacidades.

PRONUNCIACIÓN: mar-SHA-dou
ALTURA: 0,7 m
PESO: 22,2 kg

MOVIMIENTOS: Aguzar, Buena Baza, Puño Fuego, Puño Trueno, Puño Hielo, Puño Drenaje, Contraataque, Persecución, Sombra Vil, Palmeo, Amago, Patada Giro, Copión, Puño Sombra, Imitación, Patada Salto, Más Psique, Robasombra, A Bocajarro, Golpe Bajo, Esfuerzo

MARSHADOW CÉNIT

NO EVOLUCIONA

TIPO: AGUA-TIERRA

MARSHTOMP
Pokémon Pez Lodo

El cuerpo de Marshtomp está cubierto por una fina película pegajosa gracias a la cual puede vivir en tierra. Cuando la marea está baja, a este Pokémon le encanta jugar en el fango.

Marshtomp se desplaza más rápido por el lodo que por el agua. Los cuartos traseros de este Pokémon muestran un desarrollo más que evidente, lo que le permite andar solo sobre las patas traseras.

PRONUNCIACIÓN: MARS-tomp
ALTURA: 0,7 m
PESO: 28,0 kg

MOVIMIENTOS: Disparo Lodo, Placaje, Gruñido, Pistola Agua, Bofetón Lodo, Profecía, Venganza, Chapoteo Lodo, Avalancha, Protección, Agua Lodosa, Derribo, Terremoto, Esfuerzo

MUDKIP → MARSHTOMP → SWAMPERT → MEGA-SWAMPERT

MASQUERAIN
Pokémon Globocular

TIPO: BICHO-VOLADOR

Intimida a sus enemigos con las grandes pupilas de sus antenas. Si esto no funciona, bate sus cuatro alas para huir.

Sus grandes antenas en forma de ojos tienden a absorber humedad. Los días de lluvia, se refugia en cavidades de los árboles y espera paciente.

PRONUNCIACIÓN: mas-que-REIN
ALTURA: 0,8 m
PESO: 3,6 kg

MOVIMIENTOS: Danza Aleteo, Remolino, Zumbido, Viento Aciago, Burbuja, Ataque Rápido, Dulce Aroma, Hidrochorro, Tornado, Cara Susto, Aire Afilado, Paralizador, Viento Plata, Tajo Aéreo

SURSKIT → MASQUERAIN

MAWILE
Pokémon Tramposo

REGIONES:
ALOLA
GALAR
HOENN
KALOS
(COSTA)

TIPO: ACERO-HADA

Con su cara inocente hace que el rival se confíe y, al bajar la guardia, le da un mordisco con sus enormes fauces del que no se puede liberar.

Sus otrora cuernos de acero se han transformado en grandes fauces con las que muerde a sus enemigos.

PRONUNCIACIÓN: mo-UAIL
ALTURA: 0,6 m
PESO: 11,5 kg

MOVIMIENTOS:
Impresionar, Relevo, Mordisco, Triturar, Viento Feérico, Llanto Falso, Gruñido, Defensa Férrea, Cabeza de Hierro, Carantoña, Escupir, Reserva, Golpe Bajo, Tragar, Dulce Aroma, Mofa

NO EVOLUCIONA

MEGA-MAWILE
Pokémon Tramposo

TIPO: ACERO-HADA

ALTURA: 1,0 m
PESO: 23,5 kg

MAWILE   MEGA-MAWILE

MEDICHAM
Pokémon Meditador

TIPO: LUCHA-PSÍQUICO

Dicen que, a través de la meditación, Medicham aumenta su energía interior y agudiza su sexto sentido. Este Pokémon suele pasar desapercibido mimetizándose con el campo y las montañas.

A través de la meditación, Medicham desarrolló su sexto sentido y aprendió a usar poderes psicoquinéticos. Se sabe que este Pokémon puede pasarse un mes meditando y sin comer.

PRONUNCIACIÓN: ME-di-cham
ALTURA: 1,3 m
PESO: 31,5 kg

MOVIMIENTOS: Cabezazo Zen, Puño Fuego, Puño Trueno, Puño Hielo, Venganza, Meditación, Confusión, Detección, Aguante, Poder Oculto, Telépata, Amago, Paz Mental, Palmeo, Patada Salto Alta, Más Psique, Acupresión, Truco Fuerza, Inversión, Recuperación, Contraataque

MEGA-MEDICHAM
Pokémon Meditador

TIPO: LUCHA-PSÍQUICO

ALTURA: 1,3 m
PESO: 31,5 kg

MEDITITE   MEDICHAM   MEGA-MEDICHAM

311

MEDITITE

Pokémon Meditador

TIPO: LUCHA-PSÍQUICO

Meditite lleva a cabo un entrenamiento mental exhaustivo en lo más profundo de las montañas. Aunque, cuando medita, pierde toda la concentración y se descentra. Por eso, no deja nunca de entrenarse.

Meditite aumenta su energía interior mediante meditación. Para subsistir le basta con una baya al día. El comer poco entra dentro de su entrenamiento.

PRONUNCIACIÓN: ME-di-tait
ALTURA: 0,6 m
PESO: 11,2 kg

MOVIMIENTOS: Venganza, Meditación, Confusión, Detección, Aguante, Amago, Palmeo, Poder Oculto, Paz Mental, Telépata, Patada Salto Alta, Más Psique, Acupresión, Truco Fuerza, Inversión, Recuperación, Contraataque

MEDITITE   MEDICHAM   MEGA-MEDICHAM

MEGANIUM

Pokémon Hierba

TIPO: PLANTA

La fragancia de la flor de Meganium aplaca y suaviza los ánimos. Al luchar, este Pokémon libera mayor cantidad de esencia para disminuir el ánimo de combate de su oponente.

PRONUNCIACIÓN: me-GA-nium
ALTURA: 1,8 m
PESO: 100,5 kg

MOVIMIENTOS: Danza Pétalo, Tormenta Floral, Placaje, Gruñido, Hoja Afilada, Polvo Veneno, Síntesis, Reflejo, Hoja Mágica, Don Natural, Danza Pétalo, Dulce Aroma, Pantalla de Luz, Golpe Cuerpo, Velo Sagrado, Aromaterapia, Rayo Solar

CHIKORITA   BAYLEEF   MEGANIUM

MELMETAL

Pokémon Tuerca

TIPO: ACERO

En la antigüedad se le veneraba por su poder de crear hierro. Después de tres milenios, ha regresado misteriosamente.

PRONUNCIACIÓN: MEL-me-tal
ALTURA: 2,5 m
PESO: 800,0 kg

MOVIMIENTOS: Fortaleza, Golpe Cabeza, Látigo, Puño Trueno, Impactrueno, Onda Trueno, Armadura Ácida, Foco Resplandor, Megapuño, Protección, Chispazo, Puño Dinámico, Fuerza Bruta, Ferropuño Doble, Hiperrayo

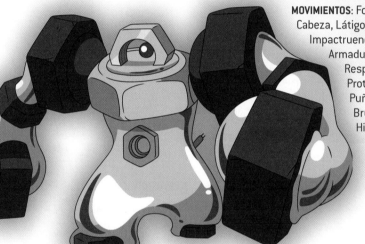

MELTAN   MELMETAL

Forma alternativa:
MELMETAL GIGAMAX

Existen leyendas en tierras remotas que hablan de cíclopes que, según se cree, eran Melmetal bajo los efectos del fenómeno Gigamax.

El rayo de alto voltaje que emite por la abertura del abdomen puede vaporizar al instante el cuerpo de su contrincante.

ALTURA: >25,0 m
PESO: ???,? kg

MELOETTA

Pokémon Melodía

REGIÓN:
UNOVA

POKÉMON
MÍTICO

TIPO: NORMAL-PSÍQUICO

Las melodías que canta Meloetta tienen el poder de hacer sentir felicidad a los Pokémon que hay a su alrededor.

Controla los sentimientos de los que escuchan las melodías que emite con su singular vocalización.

PRONUNCIACIÓN: me-lo-E-ta
ALTURA: 0,6 m
PESO: 6,5 kg

MOVIMIENTOS: Canon, Ataque Rápido, Confusión, Canto, Danza Caos, Acróbata, Psicorrayo, Eco Voz, Ida y Vuelta, Espabila, Psíquico, Vozarrón, Imitación, A Bocajarro, Canto Mortal

FORMA
LÍRICA

FORMA
DANZA

NO EVOLUCIONA

MELTAN

Pokémon Tuerca

REGIÓN:
KANTO

POKÉMON
MÍTICO

TIPO: ACERO

Su cuerpo está compuesto de acero líquido. Funde las partículas de hierro y otros metales del subsuelo para luego absorberlas.

PRONUNCIACIÓN: MEL-tan
ALTURA: 0,2 m
PESO: 8,0 kg

MOVIMIENTOS: Fortaleza, Impactrueno, Látigo, Golpe Cabeza, Onda Trueno, Armadura Ácida, Foco Resplandor

MELTAN   MELMETAL

TIPO: PSÍQUICO

Emite sus poderes psíquicos por las marcas en forma de ojos que tiene en las orejas, aunque, por lo general, las mantiene ocultas.

El fuerte instinto protector de los machos los lleva a liberar todo su poder cuando se trata de defenderse a sí mismos o a su Entrenador.

PRONUNCIACIÓN: MIAUS-tic
ALTURA: 0,6 m
PESO: 8,5 kg

MOVIMIENTOS: Encanto, Confusión, Antojo, Voz Cautivadora, Sorpresa, Refuerzo, Sellar, Malicioso, Pantalla de Luz, Mal de Ojo, Campo de Niebla, Psicorrayo, Psíquico, Psicocarga, Anticipo, Reflejo, Imitación, Arañazo, Golpe Bajo

REGIONES:
GALAR
KALOS
(CENTRO)

MEOWSTIC
Pokémon Autocontrol

MACHO

HEMBRA

MEOWSTIC
(MACHO)

ESPURR

MEOWSTIC
(HEMBRA)

MEOWTH

Pokémon Gato Araña

TIPO: NORMAL

Le encanta reunir objetos brillantes. Cuando está de buen humor, hasta le muestra la colección a su Entrenador.

Se lava cuidadosamente la cara para que no se le ensucie la moneda de oro que tiene en la frente. No se lleva nada bien con los Meowth de Galar.

PRONUNCIACIÓN: MIA-uz
ALTURA: 0,4 m
PESO: 4,2 kg

MOVIMIENTOS: Buena Baza, Mordisco, Sorpresa, Amago, Golpes Furia, Gruñido, Maquinación, Día de Pago, Carantoña, Arañazo, Chirrido, Cuchillada, Mofa

MEOWTH   **PERSIAN**

Forma alternativa:
MEOWTH GIGAMAX

Se cree que el grabado de la gran moneda que ornamenta su frente contiene la clave para descifrar el secreto del fenómeno Dinamax.

Debido al fenómeno Gigamax, tanto la moneda de su frente como su torso han crecido de forma descomunal.

ALTURA: >33,0 m
PESO: ???,? kg

MEOWTH DE ALOLA

Pokémon Gato Araña

TIPO: SINIESTRO

Antaño disfrutó de los lujos de la familia real de Alola, por lo que tiene un paladar muy refinado y no come cualquier cosa.

Es un Pokémon muy orgulloso e inteligente. Se vale de su astucia en combate para atacar los puntos débiles de sus enemigos con obstinación.

PRONUNCIACIÓN: MIA-uz
ALTURA: 0,4 m
PESO: 4,2 kg

MOVIMIENTOS: Buena Baza, Mordisco, Sorpresa, Amago, Golpes Furia, Gruñido, Maquinación, Tajo Umbrío, Día de Pago, Carantoña, Arañazo, Chirrido, Mofa

MEOWTH DE ALOLA   PERSIAN DE ALOLA

MEOWTH DE GALAR

Pokémon Gato Araña

TIPO: ACERO

Algunas partes de su cuerpo se volvieron metálicas tras una larga convivencia con aguerrida gente del mar.

Cuanto más oscura es la moneda de su frente, mayor respeto inspira en sus congéneres. Es muy osado y no conoce el miedo.

PRONUNCIACIÓN: MIA-uz
ALTURA: 0,4 m
PESO: 7,5 kg

MOVIMIENTOS: Sorpresa, Golpes Furia, Gruñido, Afilagarras, Garra Metal, Eco Metálico, Día de Pago, Arañazo, Chirrido, Cuchillada, Contoneo, Mofa, Golpe

MEOWTH DE GALAR   PERRSERKER

MESPRIT

Pokémon Sensorio

REGIÓN: SINNOH

POKÉMON LEGENDARIO

TIPO: PSÍQUICO

Se le conoce como el Ser de la Emoción. Enseñó a los humanos la nobleza del dolor y la alegría.

Duerme en el fondo de un lago. Se dice que su espíritu deja el cuerpo para volar sobre el agua.

PRONUNCIACIÓN: MES-prit
ALTURA: 0,3 m
PESO: 0,3 kg

MOVIMIENTOS: Descanso, Confusión, Sellar, Protección, Rapidez, Conjuro, Premonición, Encanto, Paranormal, Copión, Don Natural, Deseo Cura

318

NO EVOLUCIONA

METAGROSS

Pokémon Pata Hierro

TIPO: ACERO-PSÍQUICO

Se enorgullece tanto de su poder psíquico como de su gran fuerza. Agarra a sus presas con las cuatro extremidades metálicas y las inmoviliza.

Analiza al enemigo con más precisión incluso que un superordenador y, sin inmutarse, lo pone contra las cuerdas.

PRONUNCIACIÓN: ME-ta-gros
ALTURA: 1,6 m
PESO: 550,0 kg

MOVIMIENTOS: Machada, Confusión, Garra Metal, Levitón, Derribo, Persecución, Puño Bala, Gran Ojo, Cabezazo Zen, Cara Susto, Psíquico, Agilidad, Puño Meteoro, Defensa Férrea, Hiperrayo

MEGA-METAGROSS

Pokémon Pata Hierro

TIPO: ACERO-PSÍQUICO

ALTURA: 2,5 m
PESO: 942,9 kg

BELDUM → METANG → METAGROSS → MEGA-METAGROSS

METANG

Pokémon Garra Hierro

TIPO: ACERO-PSÍQUICO

El poder psíquico combinado de ambos cerebros es tal que le permite paralizar a sus presas.

Surca el cielo a gran velocidad. En cuanto avista su presa, la agarra con sus afiladas garras y ya no se desprende de ella.

ALTURA: 1,2 m
PESO: 202,5 kg
PRONUNCIACIÓN: me-TANG

MOVIMIENTOS: Confusión, Garra Metal, Levitón, Derribo, Persecución, Puño Bala, Gran Ojo, Cabezazo Zen, Cara Susto, Psíquico, Agilidad, Puño Meteoro, Defensa Férrea, Hiperrayo

BELDUM **METANG** **METAGROSS** **MEGA-METAGROSS**

METAPOD

Pokémon Capullo

REGIONES:
ALOLA
GALAR
KALOS
(CENTRO)
KANTO

TIPO: BICHO

Como en este estado solo puede endurecer su coraza, permanece inmóvil a la espera de evolucionar.

Aunque cuenta con una coraza muy dura, tiene un cuerpo bastante blando. Un ataque violento puede acabar con él.

PRONUNCIACIÓN: ME-ta-pod
ALTURA: 0,7 m
PESO: 9,9 kg

MOVIMIENTO: Fortaleza

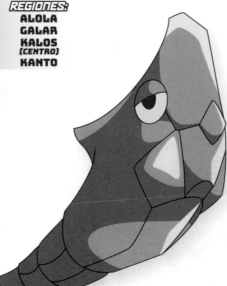

CATERPIE **METAPOD** **BUTTERFREE**

MEW
Pokémon Nueva Especie

TIPO: PSÍQUICO

Si se observa a través de un microscopio, puede distinguirse cuán corto, fino y delicado es el pelaje de este Pokémon.

PRONUNCIACIÓN: MIU
ALTURA: 0,4 m
PESO: 4,0 kg

MOVIMIENTOS: Destructor, Clonatipo, Transformación, Megapuño, Metrónomo, Psíquico, Barrera, Poder Pasado, Amnesia, Yo Primero, Relevo, Maquinación, Esfera Aural

NO EVOLUCIONA

MEWTWO

Pokémon Genético

TIPO: PSÍQUICO

Su ADN es casi el mismo que el de Mew. Sin embargo, su tamaño y carácter son muy diferentes.

PRONUNCIACIÓN: MIU-tu
ALTURA: 2,0 m
PESO: 122,0 kg

MOVIMIENTOS: Aguzar, Psicoonda, Confusión, Anulación, Velo Sagrado, Rapidez, Premonición, Más Psique, Gran Ojo, Psicocorte, Cambiafuerza, Cambiadefensa, Recuperación, Psíquico, Barrera, Esfera Aural, Amnesia, Neblina, Yo Primero, Onda Mental

MEGA-MEWTWO X

Pokémon Genético

TIPO: PSÍQUICO

ALTURA: 2,3 m
PESO: 127,0 kg

MEGA-MEWTWO Y

Pokémon Genético

TIPO: PSÍQUICO

ALTURA: 1,5 m
PESO: 33,0 kg

MEGA-MEWTWO X

MEWTWO

MEGA-MEWTWO Y

MIENFOO

Pokémon Artes Marciales

TIPO: LUCHA

Un Mienfoo bien entrenado es capaz de propinar más de cien golpes por minuto.

Su apariencia menuda contrasta con su carácter poco afable. Abruma a los rivales que se acercan a él con gráciles oleadas de ataques sucesivos.

PRONUNCIACIÓN: min-FU
ALTURA: 0,9 m
PESO: 20,0 kg

MOVIMIENTOS: Destructor, Meditación, Detección, Sorpresa, Doble Bofetón, Rapidez, Paz Mental, Palmeo, Puño Drenaje, Patada Salto, Ida y Vuelta, Anticipo, Bote, Patada Salto Alta, Inversión, Esfera Aural

MIENFOO → MIENSHAO

MIENSHAO

Pokémon Arte Marcial

TIPO: LUCHA

Cuando se encuentra frente a un oponente de categoría, se arranca parte del pelaje de los brazos a mordiscos para ganar agilidad.

Sus veloces patadas, que escapan al ojo humano, son capaces de reducir a escombros incluso rocas de gran tamaño.

PRONUNCIACIÓN: min-SHAO
ALTURA: 1,4 m
PESO: 35,5 kg

MOVIMIENTOS: Esfera Aural, Inversión, Destructor, Meditación, Detección, Sorpresa, Doble Bofetón, Rapidez, Paz Mental, Palmeo, Puño Drenaje, Patada Salto, Ida y Vuelta, Vastaguardia, Bote, Patada Salto Alta

MIENFOO → MIENSHAO

MIGHTYENA

Pokémon Mordisco

REGIONES:
HOENN
KALOS
(MONTAÑA)

TIPO: SINIESTRO

Es muy fácil prever cuándo va a atacar Mightyena; se pone a gruñir con fuerza y se estira. Este Pokémon da unos mordiscos tremendos con los afilados colmillos que tiene.

En estado salvaje Mightyena se mueve y ataca como una manada. Su pasado en libertad empuja a estos Pokémon a obedecer solo a los entrenadores que les demuestran grandes habilidades.

PRONUNCIACIÓN: MAI-TIE-na
ALTURA: 1,0 m
PESO: 37,0 kg

MOVIMIENTOS: Alarido, Colmillo Ígneo, Colmillo Rayo, Colmillo Hielo, Triturar, Ladrón, Placaje, Aullido, Ataque Arena, Mordisco, Rastreo, Rugido, Contoneo, Buena Baza, Cara Susto, Mofa, Bostezo, Embargo, Derribo, Golpe Bajo, Carantoña

POOCHYENA MIGHTYENA

MILCERY

Pokémon Nata

REGIÓN:
GALAR

TIPO: HADA

Su cremoso cuerpo surgió a partir de la unión de partículas odoríferas de dulces aromas presentes en el aire.

Se dice que las pastelerías donde ha aparecido Milcery tienen casi todas las papeletas para saborear las mieles del éxito.

PRONUNCIACIÓN: MIL-se-ri
ALTURA: 0,2 m
PESO: 0,3 kg

MOVIMIENTOS: Armadura Ácida, Aromaterapia, Niebla Aromática, Atracción, Brillo Mágico, Beso Drenaje, Danza Amiga, Campo de Niebla, Recuperación, Beso Dulce, Dulce Aroma, Placaje

MILCERY ALCREMIE

TIPO: AGUA

Se dice que es el Pokémon más bello. Ha sido la fuente de inspiración de un sinnúmero de artistas.

Se dice que su hermosa figura puede apaciguar el corazón de aquellos que tengan el ánimo alterado.

PRONUNCIACIÓN: mi-LO-tic
ALTURA: 6,2 m
PESO: 162,0 kg

MOVIMIENTOS: Acua Aro, Acua Cola, Atracción, Enrosque, Voz Cautivadora, Cola Dragón, Azote, Hidrobomba, Gota Vital, Danza Lluvia, Recuperación, Velo Sagrado, Salpicadura, Surf, Placaje, Ciclón, Pistola Agua, Hidropulso, Constricción

REGIONES:
ALOLA
HOENN

MILOTIC
Pokémon Tierno

FEEBAS

MILOTIC

325

MILTANK

Pokémon Lechera

REGIONES: ALOLA JOHTO KALOS (COSTA)

TIPO: NORMAL

Debido a la nutritiva leche que produce, ha contribuido al bienestar de humanos y Pokémon desde tiempos inmemoriales.

Si no se ordeña a Miltank a diario, enferma. El sabor de la leche que produce cambia según la época del año.

PRONUNCIACIÓN: MIL-tanc
ALTURA: 1,2 m
PESO: 75,5 kg

MOVIMIENTOS: Placaje, Gruñido, Rizo Defensa, Pisotón, Batido, Venganza, Rodar, Golpe Cuerpo, Cabezazo Zen, Seducción, Giro Bola, Campana Cura, Espabila

NO EVOLUCIONA

MIME JR.

Pokémon Mimo

REGIONES: ALOLA GALAR KALOS (COSTA) SINNOH

TIPO: PSÍQUICO-HADA

Imita todo lo que ve, especialmente los gráciles pasos de baile de Mr. Rime, que practica con gran tesón.

Su admiración por Mr. Rime, un consumado danzarín, lo lleva a seguirlo para aprender de él e imitar con esmero sus pasos de baile.

PRONUNCIACIÓN: MAIM YU-nior
ALTURA: 0,6 m
PESO: 13,0 kg

MOVIMIENTOS: Relevo, Confusión, Copión, Brillo Mágico, Otra Vez, Pantalla de Luz, Mimético, Destructor, Protección, Psicorrayo, Psíquico, Reciclaje, Reflejo, Imitación, Velo Sagrado, Golpe Bajo, Danza Caos

MIME JR.

MR. MIME

MR. MIME DE GALAR

MR. RIME

TIPO: FANTASMA-HADA

Se cubre con un saco andrajoso con aspecto de Pikachu para no resultar tan aterrador, aunque este le confiere un aspecto aún más terrorífico.

Un investigador que miró dentro del saco para estudiar a este Pokémon perdió la vida a causa de una misteriosa enfermedad.

PRONUNCIACIÓN: MI-mi-kiu
ALTURA: 0,2 m
PESO: 0,7 kg

MOVIMIENTOS: Impresionar, Ojitos Tiernos, Encanto, Copión, Doble Equipo, Afilagarras, Mimético, Divide Dolor, Carantoña, Arañazo, Garra Umbría, Sombra Vil, Cuchillada, Salpicadura, Mazazo

NO EVOLUCIONA

REGIONES:
ALOLA
GALAR

MIMIKYU
Pokémon Disfraz

REGIONES:
ALOLA
GALAR
UNOVA

MINCCINO
Pokémon Chinchilla

TIPO: NORMAL

Usa la cola para barrer la basurilla. Su extrema pulcritud es tanto una ayuda en la limpieza del hogar como un incordio.

Se saludan entre sí frotándose la cola. Cuanto más voluminosa es, más orgullosos se muestran.

PRONUNCIACIÓN: min-CHI-no
ALTURA: 0,4 m
PESO: 5,8 kg

MOVIMIENTOS: Cede Paso, Ojitos Tiernos, Encanto, Eco Voz, Otra Vez, Refuerzo, Vozarrón, Última Baza, Destructor, Canto, Atizar, Rapidez, Plumerazo, Cosquillas

MINCCINO   CINCCINO

MINIOR

Pokémon Meteoro

FORMA METEORITO

TIPO: ROCA-VOLADOR

Vive en la capa de ozono, donde puede resultar presa de Pokémon más fuertes. Al huir, acaba precipitándose a tierra firme.

Lo recubre un duro caparazón que se quiebra en pedazos al impactar con la superficie de la tierra.

PRONUNCIACIÓN: MI-nior
ALTURA: 0,3 m
PESO: 40,0 kg

FORMA NÚCLEO ROJO

MOVIMIENTOS: Placaje, Rizo Defensa, Rodar, Rayo Confuso, Rapidez, Poder Pasado, Autodestrucción, Trampa Rocas, Derribo, Aligerar, Masa Cósmica, Joya de Luz, Doble Filo, Rompecoraza, Explosión

NO EVOLUCIONA

MINUN

Pokémon Ánimo

REGIONES:
HOENN
KALOS
(CENTRO)

TIPO: ELÉCTRICO

Minun se preocupa más por alentar a sus compañeros de equipo que por su propia seguridad. Para animar a los miembros de su grupo, crea un cortocircuito en su interior y libera un chisporroteo espectacular.

Minun empieza a echar chispas cuando está animando a su compañero en pleno combate. Si su compañero está en peligro, el chisporroteo aumenta su intensidad por momentos.

PRONUNCIACIÓN: MI-num
ALTURA: 0,4 m
PESO: 4,2 kg

MOVIMIENTOS: Moflete Estático, Camaradería, Gruñido, Onda Trueno, Ataque Rápido, Refuerzo, Chispa, Otra Vez, Trapicheo, Rapidez, Bola Voltio, Copión, Llanto Falso, Carga, Chispazo, Relevo, Agilidad, As Oculto, Trueno, Maquinación, Danza Amiga

NO EVOLUCIONA

MISDREAVUS
Pokémon Chirrido

MISDREAVUS ➡ MISMAGIUS

TIPO: FANTASMA

Vive para asustar a la gente. Al acercar la oreja a las perlas rojas de su cuello, pueden oírse sollozos de angustia en su interior.

Disfruta imitando llantos humanos para asustar a la gente. Los valientes no le caen demasiado bien.

PRONUNCIACIÓN: mis-DRI-bas
ALTURA: 0,7 m
PESO: 1,0 kg

MOVIMIENTOS: Gruñido, Psicoonda, Rencor, Impresionar, Rayo Confuso, Mal de Ojo, Infortunio, Psicorrayo, Divide Dolor, Vendetta, Bola Sombra, Canto Mortal, Rabia, Joya de Luz

MISMAGIUS
Pokémon Mágico

MISDREAVUS ➡ MISMAGIUS

TIPO: FANTASMA

Es temido por su afición a lanzar maldiciones y conjuros a diestra y siniestra, pero a veces le da por usar la magia para ayudar a alguien.

Murmura conjuros para atormentar al enemigo y provocarle dolores de cabeza insoportables o visiones terroríficas.

PRONUNCIACIÓN: mis-MA-gius
ALTURA: 0,9 m
PESO: 4,4 kg

MOVIMIENTOS: Llama Embrujada, Joya de Luz, Golpe Fantasma, Conjuro, Hoja Mágica, Gruñido, Psicoonda, Rencor, Impresionar

MOLTRES

Pokémon Llama

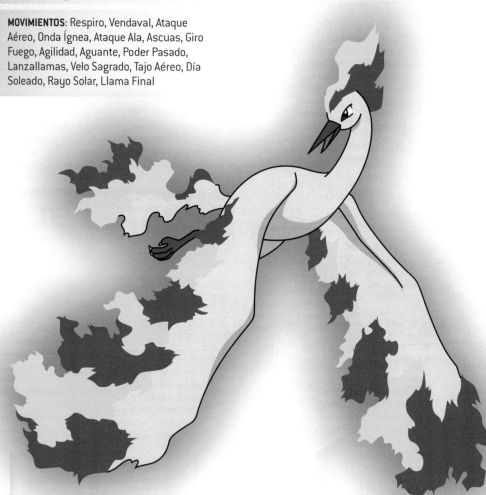

POKÉMON LEGENDARIO

TIPO: FUEGO-VOLADOR

Un Pokémon pájaro legendario. Cuando aletea sus flamígeras alas, la oscura noche se torna roja.

PRONUNCIACIÓN: MOL-tres
ALTURA: 2,0 m
PESO: 60,0 kg

MOVIMIENTOS: Respiro, Vendaval, Ataque Aéreo, Onda Ígnea, Ataque Ala, Ascuas, Giro Fuego, Agilidad, Aguante, Poder Pasado, Lanzallamas, Velo Sagrado, Tajo Aéreo, Día Soleado, Rayo Solar, Llama Final

NO EVOLUCIONA

MONFERNO
Pokémon Juguetón

TIPO: FUEGO-LUCHA

Controla hábilmente la intensidad del fuego de su cola para mantener al enemigo a una distancia ideal.

Utiliza techos y paredes para lanzar ataques aéreos. También emplea su cola ígnea como arma.

PRONUNCIACIÓN: mon-FER-no
ALTURA: 0,9 m
PESO: 22,0 kg

MOVIMIENTOS: Arañazo, Malicioso, Ascuas, Mofa, Ultrapuño, Golpes Furia, Rueda Fuego, Amago, Tormento, A Bocajarro, Giro Fuego, Acróbata, Relajo, Envite Ígneo

CHIMCHAR → MONFERNO → INFERNAPE

REGIONES: ALOLA GALAR

MORELULL
Pokémon Luminiscente

TIPO: PLANTA-HADA

Sus sombrerillos tienen un sabor delicioso. Aunque los Pokémon del bosque se los coman, les vuelven a crecer al día siguiente.

Vive en bosques umbríos. Esparce a su alrededor esporas titilantes que adormecen a sus enemigos.

PRONUNCIACIÓN: MO-re-lal
ALTURA: 0,2 m
PESO: 1,5 kg

MOVIMIENTOS: Absorber, Impresionar, Rayo Confuso, Brillo Mágico, Comesueños, Gigadrenado, Arraigo, Megaagotar, Fuerza Lunar, Luz Lunar, Somnífero, Espora, Absorbefuerza

MORELULL → SHIINOTIC

MORGREM

Pokémon Malicioso

TIPO: SINIESTRO-HADA

Su estrategia consiste en postrarse ante el rival y fingir una disculpa para ensartarlo con el mechón que tiene en la espalda, afilado cual lanza.

De noche, atrae con astucia a su objetivo hasta el bosque. Al parecer, tiene la capacidad de hacer crecer productos agrícolas.

PRONUNCIACIÓN: MOR-grem
ALTURA: 0,8 m
PESO: 12,5 kg

MOVIMIENTOS: Buena Baza, Mordisco, Confidencia, Pulso Umbrío, Sorpresa, Llanto Falso, Irreverencia, Camelo, Juego Sucio, Maquinación, Carantoña, Golpe Bajo, Contoneo, Tormento

IMPIDIMP   **MORGREM**   **GRIMMSNARL**

MORPEKO

Pokémon Dos Caras

FORMA
SACIADA

TIPO: ELÉCTRICO-SINIESTRO

Siempre tiene hambre. Se nutre de las semillas que guarda en una suerte de bolsillos para generar electricidad.

Siempre tiene apetito, sin importar lo mucho que coma. Lleva con sumo cuidado las semillas que ha tostado con su propia electricidad.

PRONUNCIACIÓN: mor-PE-ko
ALTURA: 0,3 m
PESO: 3,0 kg

MOVIMIENTOS: Agilidad, Rueda Aural, Mordisco, Semilladora, Triturar, Camelo, Malicioso, Chulería, Ataque Rápido, Chispa, Látigo, Golpe, Impactrueno, Tormento

FORMA
VORAZ

NO EVOLUCIONA

MOTHIM

Pokémon Polilla

TIPO: BICHO-VOLADOR

Le encanta la miel de las flores y roba la que recoge Combee.

Hace vida nocturna. Revolotea y roba la miel de las colmenas de Combee cuando duermen.

PRONUNCIACIÓN: MO-zim
ALTURA: 0,9 m
PESO: 23,3 kg

MOVIMIENTOS: Placaje, Protección, Picadura, Poder Oculto, Confusión, Tornado, Polvo Veneno, Psicorrayo, Camuflaje, Viento Plata, Tajo Aéreo, Psíquico, Plancha, Zumbido, Danza Aleteo

BURMY ➡ MOTHIM

MR. MIME

Pokémon Barrera

TIPO: PSÍQUICO-HADA

Muchos estudiosos sostienen que el desarrollo de sus enormes manos se debe a su afán por practicar la pantomima.

Domina con maestría la pantomima. La barrera generada con las ondas que emite por los dedos le permite protegerse de numerosos ataques.

PRONUNCIACIÓN: MIS-ter MAIM
ALTURA: 1,3 m
PESO: 54,5 kg

MOVIMIENTOS: Relevo, Confusión, Copión, Brillo Mágico, Otra Vez, Cambiadefensa, Pantalla de Luz, Mimético, Destructor, Cambiafuerza, Protección, Psicorrayo, Psíquico, Anticipo, Reciclaje, Reflejo, Imitación, Velo Sagrado, Golpe Bajo, Danza Caos, Vastaguardia

MIME JR.   MR. MIME

MR. MIME DE GALAR

Pokémon Danza

TIPO: HIELO-PSÍQUICO

El claqué es su especialidad. Genera una capa de hielo bajo sus pies, sobre la que taconea para crear barreras con las que protegerse.

Emite un aire glacial por las plantas de los pies. Baila claqué con entusiasmo sobre las superficies que ha congelado.

PRONUNCIACIÓN: MIS-ter MAIM
ALTURA: 1,4 m
PESO: 56,8 kg

MOVIMIENTOS: Cambio de Banda, Relevo, Confusión, Copión, Brillo Mágico, Doble Patada, Otra Vez, Liofilización, Hipnosis, Canto Helado, Viento Hielo, Pantalla de Luz, Mimético, Manto Espejo, Campo de Niebla, Destructor, Protección, Psicorrayo, Psíquico, Giro Rápido, Reciclaje, Reflejo, Imitación, Velo Sagrado, Golpe Bajo, Danza Caos

MIME JR.   MR. MIME DE GALAR   MR. RIME

TIPO: HIELO-PSÍQUICO

Es un bailarín consumado de claqué. Agita su bastón de hielo mientras exhibe su destreza con gráciles pasos.

Se ha granjeado la simpatía de todo el mundo por sus cómicos movimientos. Emite poderes psíquicos por el motivo de su barriga.

PRONUNCIACIÓN: MIS-ter RAIM
ALTURA: 1,5 m
PESO: 58,2 kg

MOVIMIENTOS: Cede Paso, Cambio de Banda, Relevo, Bloqueo, Confusión, Copión, Brillo Mágico, Doble Patada, Otra Vez, Llanto Falso, Liofilización, Hipnosis, Canto Helado, Viento Hielo, Pantalla de Luz, Mimético, Manto Espejo, Campo de Niebla, Destructor, Protección, Psicorrayo, Psíquico, Giro Rápido, Reciclaje, Reflejo, Imitación, Velo Sagrado, Relajo, Golpe Bajo, Danza Caos

REGIÓN: GALAR

MR. RIME
Pokémon Cómico

MIME JR. → MR. MIME DE GALAR → MR. RIME

REGIONES: ALOLA GALAR

MUDBRAY
Pokémon Asno

TIPO: TIERRA

Puede llevar sin dificultad cargas cuyo peso sea 50 veces superior al suyo. Utiliza el lodo con suma destreza.

Tras recubrir sus patas con el lodo que crea masticando tierra, puede recorrer los peores caminos sin temor a resbalar.

PRONUNCIACIÓN: MAD-brei
ALTURA: 1,0 m
PESO: 110,0 kg

MOVIMIENTOS: Terratemblor, Contraataque, Doble Patada, Terremoto, Cuerpo Pesado, Fuerza Equina, Defensa Férrea, Megapatada, Bofetón Lodo, Golpe Roca, Pisotón, Fuerza, Fuerza Bruta

MUDBRAY → MUDSDALE

335

MUDKIP

Pokémon Pez Lodo

TIPO: AGUA

La aleta que tiene Mudkip en la cabeza actúa de radar y es muy sensible. Puede captar movimientos que se produzcan en el agua y en el aire, y todo lo que ocurra a su alrededor, sin necesidad de abrir los ojos.

En el agua, Mudkip usa las branquias que tiene en los mofletes para respirar. Cuando tiene que enfrentarse a una situación delicada en combate, desata una fuerza asombrosa con la que puede destruir rocas incluso mayores que él.

PRONUNCIACIÓN: MAD-kip
ALTURA: 0,4 m
PESO: 7,6 kg

MOVIMIENTOS: Placaje, Gruñido, Bofetón Lodo, Pistola Agua, Venganza, Profecía, Chapoteo Lodo, Derribo, Torbellino, Protección, Hidrobomba, Esfuerzo, Lanzarrocas

MUDKIP → **MARSHTOMP** → **SWAMPERT** → **MEGA-SWAMPERT**

MUDSDALE

Pokémon Caballo Tiro

TIPO: TIERRA

Cuando el lodo que recubre sus patas se seca, estas se vuelven más duras que una roca. Puede reducir a chatarra un camión con una sola coz.

Su resistencia le permitiría recorrer Galar de punta a punta sin un solo descanso portando cargas de más de diez toneladas.

PRONUNCIACIÓN: MADS-deil
ALTURA: 2,5 m
PESO: 920,0 kg

MOVIMIENTOS: Terratemblor, Contraataque, Doble Patada, Terremoto, Cuerpo Pesado, Fuerza Equina, Defensa Férrea, Megapatada, Bofetón Lodo, Golpe Roca, Pisotón, Fuerza, Fuerza Bruta

MUDBRAY → **MUDSDALE**

TIPO: VENENO

Huele tan mal que puede provocar desmayos. Su nariz se ha atrofiado de tal manera que ha perdido por completo el sentido del olfato.

REGIÓN: KANTO

MUK
Pokémon Lodo

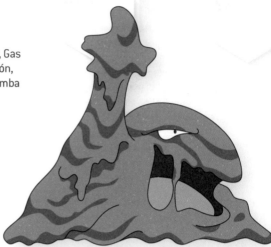

PRONUNCIACIÓN: MUK
ALTURA: 1,2 m
PESO: 30,0 kg

MOVIMIENTOS: Trampa Venenosa, Destructor, Gas Venenoso, Fortaleza, Bofetón Lodo, Anulación, Bomba Fango, Reducción, Lanzamiento, Bomba Lodo, Onda Tóxica, Chirrido, Lanzamugre, Armadura Ácida, Legado

GRIMER　　MUK

TIPO: VENENO-SINIESTRO

REGIÓN: ALOLA

MUK DE ALOLA
Pokémon Lodo

La basura es su plato favorito. Cuanta más ingiere, más brillan las bandas de colores de su cuerpo.

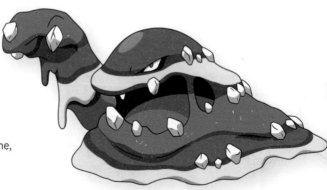

PRONUNCIACIÓN: MUK
ALTURA: 1,0 m
PESO: 52,0 kg

MOVIMIENTOS: Trampa Venenosa, Gas Venenoso, Destructor, Fortaleza, Mordisco, Anulación, Bomba Ácida, Colmillo Veneno, Reducción, Lanzamiento, Desarme, Triturar, Chirrido, Lanzamugre, Armadura Ácida, Eructo, Legado

GRIMER
DE ALOLA

MUK
DE ALOLA

MUNCHLAX

Pokémon Comilón

REGIONES:
ALOLA
GALAR
KALOS
(CENTRO)
SINNOH

TIPO: NORMAL

Atiborrarse de comida es su fijación. Como no le hace ascos a nada, puede ingerir alimentos podridos sin inmutarse.

Guarda alimentos bajo el pelaje. Compartirá un pequeño bocado de vez en cuando con quien logre ganarse su confianza.

PRONUNCIACIÓN: MANCH-lax
ALTURA: 0,6 m
PESO: 105,0 kg

MOVIMIENTOS: Amnesia, Tambor, Mordisco, Golpe Cuerpo, Antojo, Rizo Defensa, Azote, Lanzamiento, Última Baza, Lengüetazo, Metrónomo, Reciclaje, Chirrido, Reserva, Tragar, Placaje

MUNCHLAX **SNORLAX**

MUNNA

Pokémon Comesueños

REGIONES:
GALAR
UNOVA

TIPO: PSÍQUICO

Aparece en plena noche junto a la almohada de la gente. Cuando devora los sueños, los motivos de su cuerpo emiten una luz tenue.

El humo que despide cambia de color en función del sueño que haya consumido. Si es alegre, será rosa, o negruzco en el caso de una pesadilla.

PRONUNCIACIÓN: MUN-na
ALTURA: 0,6 m
PESO: 23,3 kg

MOVIMIENTOS: Paz Mental, Rizo Defensa, Comesueños, Premonición, Hipnosis, Sellar, Capa Mágica, Fuerza Lunar, Luz Lunar, Psicorrayo, Psíquico, Poder Reserva, Zona Extraña, Bostezo, Cabezazo Zen

MUNNA **MUSHARNA**

TIPO: SINIESTRO-VOLADOR

Le gustan los objetos brillantes. Su fascinación por todo cuanto reluce lo lleva a buscar tesoros incluso en los nidos de Gabite.

Busca objetos brillantes para su patrón. No cuenta con muchas simpatías, pues la gente lo considera ave de mal agüero.

PRONUNCIACIÓN: MAR-krou
ALTURA: 0,5 m
PESO: 2,1 kg

MOVIMIENTOS: Picotazo, Impresionar, Persecución, Niebla, Ataque Ala, Tinieblas, Buena Baza, Mofa, Finta, Mal de Ojo, Juego Sucio, Viento Afín, Golpe Bajo, Tormento, Último Lugar

REGIONES:
ALOLA
JOHTO
KALOS
(MONTAÑA)

MURKROW
Pokémon Oscuridad

MURKROW → **HONCHKROW**

TIPO: PSÍQUICO

Cuando el humo que desprende es de un color negruzco, conviene no acercarse, ya que puede hacer realidad las pesadillas.

Siempre está soñando o adormecido. Se pone de muy mal humor al despertar, por lo que es mejor no perturbarlo.

PRONUNCIACIÓN: mu-SHAR-na
ALTURA: 1,1 m
PESO: 60,5 kg

MOVIMIENTOS: Paz Mental, Rizo Defensa, Comesueños, Premonición, Hipnosis, Sellar, Capa Mágica, Fuerza Lunar, Luz Lunar, Psicorrayo, Psíquico, Campo Psíquico, Poder Reserva, Zona Extraña, Bostezo, Cabezazo Zen

REGIONES:
GALAR
UNOVA

MUSHARNA
Pokémon Duermevela

MUNNA → **MUSHARNA**

NAGANADEL
Pokémon Pin Veneno

ULTRAENTE

TIPO: VENENO-DRAGÓN

Una de las temibles criaturas conocidas como Ultraentes. En su cuerpo almacena cientos de litros de veneno.

Uno de los Ultraentes. Su aguijón segrega un líquido tóxico cuya viscosidad le da una apariencia brillante.

PRONUNCIACIÓN: NA-ga-na-del
ALTURA: 3,6 m
PESO: 150,0 kg

MOVIMIENTOS: Aire Afilado, Pulso Dragón, Picotazo, Gruñido, Refuerzo, Ácido, Ataque Furia, Carga Tóxica, Encanto, Trampa Venenosa, Maquinación, Puya Nociva, Tóxico, Aguijón Letal, Tajo Aéreo, Pulso Dragón

POIPOLE   NAGANADEL

NATU
Pokémon Pajarito

TIPO: PSÍQUICO-VOLADOR

Trepa con gran habilidad por el tronco de los árboles, donde aprovecha para picotear los brotes nuevos.

Se desplaza dando saltitos porque sus alas no han crecido lo suficiente. Siempre está mirando algo fijamente.

PRONUNCIACIÓN: NA-tu
ALTURA: 0,2 m
PESO: 2,0 kg

MOVIMIENTOS: Rayo Confuso, Premonición, Cambiadefensa, Malicioso, Tinieblas, Picotazo, Cambiafuerza, Psíquico, Psicocambio, Poder Reserva, Teletransporte, Deseo

NATU   XATU

NECROZMA
Pokémon Prisma

TIPO: PSÍQUICO

La luz es su fuente de energía y la busca con tal desespero que da la impresión de que sufre. Parece ser una criatura de otro mundo.

La luz es su fuente de energía. Si no absorbe la suficiente, empieza a acumular impurezas que hacen que se quede negruzco e inmóvil.

PRONUNCIACIÓN: ne-CROZ-ma
ALTURA: 2,4 m
PESO: 230,0 kg

MOVIMIENTOS: Luz Lunar, Sol Matinal, Rayo Carga, Disparo Espejo, Garra Metal, Confusión, Cuchillada, Poder Reserva, Pedrada, Tajo Umbrío, Gravedad, Psicocorte, Joya de Luz, Aligerar, Géiser Fotónico, Trampa Rocas, Defensa Férrea, Estrujón, Láser Prisma

NECROZMA MELENA CREPUSCULAR

ULTRA-NECROZMA

NO EVOLUCIONA

NECROZMA ALAS DEL ALBA

NICKIT

Pokémon Zorro

TIPO: SINIESTRO

Se sustenta con el alimento que roba a otros Pokémon. Las almohadillas de sus patas son tan blandas que no hace ningún ruido al caminar.

Prudente y astuto, borra con la cola las huellas que deja al huir tras robarle el alimento a otro Pokémon.

PRONUNCIACIÓN: NI-kit
ALTURA: 0,6 m
PESO: 8,9 kg

MOVIMIENTOS: Buena Baza, Paliza, Juego Sucio, Afilagarras, Maquinación, Tajo Umbrío, Ataque Rápido, Alarido, Golpe Bajo, Plumerazo, Látigo

NICKIT → THIEVUL

342

NIDOKING
Pokémon Taladro

TIPO: VENENO-TIERRA

Su piel dura como el acero refuerza el impacto al cargar contra sus enemigos. Su cuerno puede atravesar hasta diamantes.

PRONUNCIACIÓN: NI-do-king
ALTURA: 1,4 m
PESO: 62,0 kg

MOVIMIENTOS: Megacuerno, Picotazo, Foco Energía, Doble Patada, Picotazo Veneno, Guardia Baja, Golpe, Tierra Viva

NIDORAN ♂   NIDORINO   NIDOKING

TIPO: VENENO-TIERRA

Su robusto cuerpo está recubierto de escamas durísimas que se renuevan constantemente.

PRONUNCIACIÓN: NI-do-kuin
ALTURA: 1,3 m
PESO: 60,0 kg

MOVIMIENTOS: Fuerza Bruta, Arañazo, Látigo, Doble Patada, Picotazo Veneno, Guardia Baja, Golpe Cuerpo, Tierra Viva

NIDOQUEEN
Pokémon Taladro

NIDORAN ♀   NIDORINA   NIDOQUEEN

NIDORAN ♀

Pokémon Pin Veneno

TIPO: VENENO

A este dócil Pokémon no le gusta luchar, pero conviene tener cuidado con su pequeño cuerno, ya que segrega veneno.

PRONUNCIACIÓN: Ni-do-ran
ALTURA: 0,4 m
PESO: 7,0 kg

MOVIMIENTOS: Gruñido, Arañazo, Látigo, Doble Patada, Picotazo Veneno, Golpes Furia, Mordisco, Refuerzo, Púas Tóxicas, Camelo, Triturar, Seducción, Colmillo Veneno

NIDORAN ♀ NIDORINA NIDOQUEEN

NIDORAN ♂

Pokémon Pin Veneno

TIPO: VENENO

Mantiene sus grandes orejas levantadas, siempre alerta. Si advierte peligro, ataca con las púas venenosas.

PRONUNCIACIÓN: Ni-do-ran
ALTURA: 0,5 m
PESO: 9,0 kg

MOVIMIENTOS: Malicioso, Picotazo, Foco Energía, Doble Patada, Picotazo Veneno, Ataque Furia, Cornada, Refuerzo, Púas Tóxicas, Camelo, Puya Nociva, Seducción, Perforador

NIDORAN ♂ NIDORINO NIDOKING

NIDORINA
Pokémon Pin Veneno

TIPO: VENENO

Mientras se cobija en su madriguera, retrae las púas, señal inequívoca de que se siente a salvo.

PRONUNCIACIÓN: ni-do-RI-na
ALTURA: 0,8 m
PESO: 20,0 kg

MOVIMIENTOS: Gruñido, Arañazo, Látigo, Doble Patada, Picotazo Veneno, Golpes Furia, Mordisco, Refuerzo, Púas Tóxicas, Camelo, Triturar, Seducción, Colmillo Veneno

NIDORAN ♀   NIDORINA   NIDOQUEEN

NIDORINO
Pokémon Pin Veneno

TIPO: VENENO

El cuerno de su frente contiene toxinas que se liberan al punzar al rival.

PRONUNCIACIÓN: ni-do-RI-no
ALTURA: 0,9 m
PESO: 19,5 kg

MOVIMIENTOS: Malicioso, Picotazo, Foco Energía, Doble Patada, Picotazo Veneno, Ataque Furia, Cornada, Refuerzo, Púas Tóxicas, Camelo, Puya Nociva, Seducción, Perforador

NIDORAN ♂   NIDORINO   NIDOKING

NIHILEGO

Pokémon Parásito

ULTRAENTE

TIPO: ROCA-VENENO

Una forma de vida de otro mundo conocida como Ultraente. Se cree que posee una neurotoxina muy potente.

Llegó a este mundo a través de un Ultraumbral. Es un parásito que se aprovecha de Pokémon y personas.

PRONUNCIACIÓN: ni-i-LE-go
ALTURA: 1,2 m
PESO: 55,5 kg

MOVIMIENTOS: Isofuerza, Isoguardia, Cosquillas, Ácido, Restricción, Destructor, Niebla Clara, Psicoonda, Golpe Cabeza, Carga Tóxica, Púas Tóxicas, Velo Sagrado, Joya de Luz, Manto Espejo, Bomba Ácida, Trampa Venenosa, Trampa Rocas, Zona Extraña, Testarazo

NO EVOLUCIONA

NINCADA

Pokémon Aprendiz

REGIONES:
GALAR
HOENN
KALOS
(CENTRO)

TIPO: BICHO-TIERRA

Vivir bajo tierra durante tanto tiempo lo ha dejado prácticamente ciego. Las antenas que tiene le ayudan a orientarse.

Pueden pasar más de diez años bajo tierra. Absorben nutrientes de las raíces de los árboles.

PRONUNCIACIÓN: nin-CA-da
ALTURA: 0,5 m
PESO: 5,5 kg

MOVIMIENTOS: Absorber, Excavar, Falso Tortazo, Golpes Furia, Fortaleza, Garra Metal, Telépata, Bofetón Lodo, Ataque Arena, Arañazo

NINJASK

NINCADA

SHEDINJA

TIPO: FUEGO

NINETALES
Pokémon Zorro

Cuentan que llega a vivir hasta mil años y que cada una de las colas posee poderes sobrenaturales.

Muy inteligente y vengativo. Agarrar una de sus colas podría traer mil años de mala suerte.

PRONUNCIACIÓN: NAIN-teils
ALTURA: 1,1 m
PESO: 19,9 kg

MOVIMIENTOS: Rayo Confuso, Anulación, Ascuas, Paranormal, Llamarada, Giro Fuego, Lanzallamas, Rabia, Sellar, Calcinación, Infierno, Maquinación, Ataque Rápido, Velo Sagrado, Rencor, Látigo, Fuego Fatuo

VULPIX **NINETALES**

NINETALES DE ALOLA
Pokémon Zorro

TIPO: HIELO-HADA

Antaño lo veneraban como la encarnación de una deidad que se creía que moraba en las montañas nevadas.

Ayuda y guía a los que sufren algún percance en las montañas nevadas, pero no muestra piedad alguna hacia los maleantes que las mancillan.

PRONUNCIACIÓN: NAIN-teils
ALTURA: 1,1 m
PESO: 19,9 kg

MOVIMIENTOS: Rayo Aurora, Velo Aurora, Ventisca, Rayo Confuso, Brillo Mágico, Anulación, Paranormal, Rabia, Rayo Hielo, Canto Helado, Viento Hielo, Sellar, Neblina, Maquinación, Nieve Polvo, Frío Polar, Rencor, Látigo

VULPIX
DE ALOLA **NINETALES**
DE ALOLA

NINJASK

Pokémon Ninja

TIPO: BICHO-VOLADOR

Escuchar su zumbido de forma continuada provoca jaquecas persistentes. Se mueve con tanta rapidez que es casi imposible verlo.

Este Pokémon es tan rápido que, según dicen, puede esquivar cualquier ataque. Le encanta alimentarse de la dulce savia de los árboles.

PRONUNCIACIÓN: NIN-yask
ALTURA: 0,8 m
PESO: 12,0 kg

MOVIMIENTOS: Absorber, Golpe Aéreo, Agilidad, Relevo, Picadura, Excavar, Doble Equipo, Falso Tortazo, Corte Furia, Golpes Furia, Fortaleza, Garra Metal, Telépata, Bofetón Lodo, Ataque Arena, Arañazo, Chirrido, Cuchillada, Danza Espada, Tijera X

NINCADA → **NINJASK**

NOCTOWL

Pokémon Búho

REGIONES:
ALOLA
GALAR
JOHTO
KALOS
(MONTAÑA)

TIPO: NORMAL-VOLADOR

Tiene los ojos muy desarrollados y puede ver con increíble claridad en la oscuridad más absoluta.

Cuando necesita pensar, gira la cabeza 180° para agudizar su capacidad intelectual.

PRONUNCIACIÓN: NOC-to-ul
ALTURA: 1,6 m
PESO: 40,8 kg

MOVIMIENTOS: Tajo Aéreo, Confusión, Comesueños, Eco Voz, Paranormal, Gruñido, Hipnosis, Fuerza Lunar, Picotazo, Psicocambio, Reflejo, Respiro, Ataque Aéreo, Placaje, Derribo, Alboroto

HOOTHOOT → **NOCTOWL**

NOIBAT
Pokémon Onda Sónica

TIPO: VOLADOR-DRAGÓN

Al caer la noche, abandona su cueva y revolotea en busca de fruta madura, que localiza mediante ondas ultrasónicas.

Su registro vocal cubre todo el espectro de frecuencias. Ni los Pokémon más grandes soportan las ondas ultrasónicas que emite.

PRONUNCIACIÓN: NOI-bat
ALTURA: 0,5 m
PESO: 8,0 kg

MOVIMIENTOS: Absorber, Aire Afilado, Tajo Aéreo, Mordisco, Doble Equipo, Tornado, Vendaval, Respiro, Chirrido, Superdiente, Supersónico, Placaje, Viento Afín, Remolino, Ataque Ala

NOIBAT   NOIVERN

NOIVERN
Pokémon Onda Sónica

TIPO: VOLADOR-DRAGÓN

Posee un carácter violento y cruel, por lo que no muestra reparos en aprovechar la oscuridad para atacar a enemigos indefensos.

Vuela en la oscuridad atormentando al enemigo con ondas ultrasónicas capaces de partir rocas antes de rematarlo con sus afilados colmillos.

PRONUNCIACIÓN: NOI-bern
ALTURA: 1,5 m
PESO: 85,0 k

MOVIMIENTOS: Absorber, Aire Afilado, Tajo Aéreo, Mordisco, Estruendo, Doble Equipo, Pulso Dragón, Tornado, Vendaval, Luz Lunar, Respiro, Chirrido, Superdiente, Supersónico, Placaje, Viento Afín, Remolino, Ataque Ala

NOIBAT   NOIVERN

NOSEPASS

Pokémon Brújula

REGIONES:
ALOLA
HOENN
KALOS
(COSTA)

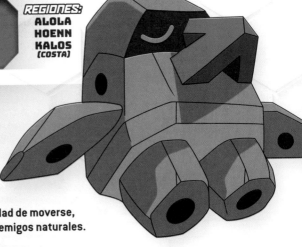

TIPO: ROCA

Solo se desplaza un centímetro al año, pero, si se siente amenazado, gira sobre sí mismo y se hunde bajo tierra en un abrir y cerrar de ojos.

Su potente fuerza magnética le permite atraer a sus presas sin necesidad de moverse, aunque a veces también atrae a sus enemigos naturales.

PRONUNCIACIÓN: NO-us-pas
ALTURA: 1,0 m
PESO: 97,0 kg

MOVIMIENTOS: Placaje, Fortaleza, Bloqueo, Lanzarrocas, Onda Trueno, Descanso, Chispa, Avalancha, Joya de Luz, Pedrada, Chispazo, Tormenta de Arena, Tierra Viva, Roca Afilada, Fijar Blanco, Electrocañón

NOSEPASS → PROBOPASS

NUMEL

Pokémon Torpe

REGIÓN:
HOENN

TIPO: FUEGO-TIERRA

Numel tarda en percibir las cosas, no se entera ni cuando lo golpean, pero se da cuenta enseguida de si tiene hambre. El cuerpo de este Pokémon es un caldero de magma hirviendo.

Numel acumula en su interior un magma de 1200°C. Si se moja, el magma se enfría y se solidifica. Cuando esto ocurre, aumenta su tamaño y se vuelve pesado y lento en sus movimientos.

PRONUNCIACIÓN: NA-mel
ALTURA: 0,7 m
PESO: 24,0 kg

MOVIMIENTOS: Gruñido, Placaje, Ascuas, Magnitud, Foco Energía, Pirotecnia, Derribo, Amnesia, Humareda, Tierra Viva, Maldición, Bostezo, Terremoto, Lanzallamas, Doble Filo

NUMEL → CAMERUPT → MEGA-CAMERUPT

NUZLEAF
Pokémon Astuto

TIPO: PLANTA-SINIESTRO

Vive en lo más profundo del bosque. Utiliza la hoja de la cabeza como flauta para emitir un sonido perturbador.

Vive en las oquedades de los árboles grandes. El sonido que emite al usar la hoja de la cabeza como flauta asusta a quienes lo escuchan.

PRONUNCIACIÓN: NAS-lif
ALTURA: 1,0 m
PESO: 28,0 kg

MOVIMIENTOS: Absorber, Aire Afilado, Impresionar, Explosión, Paranormal, Sorpresa, Desarrollo, Fortaleza, Hoja Aguda, Megaagotar, Adaptación, Vendetta, Hoja Afilada, Rodar, Golpe Bajo, Día Soleado, Contoneo, Síntesis, Placaje, Tormento

SEEDOT → **NUZLEAF** → **SHIFTRY**

OBSTAGOON
Pokémon Bloqueador

TIPO: SINIESTRO-NORMAL

La potencia de su voz es realmente pasmosa. La técnica que usa para intimidar al rival mientras grita recibe el nombre de Obstrucción.

Evoluciona tras haber librado numerosas peleas. El grito de guerra que profiere mientras pone los brazos en cruz atemoriza a cualquier rival.

PRONUNCIACIÓN: OBS-ta-gun
ALTURA: 1,6 m
PESO: 46,0 kg

MOVIMIENTOS: Ojitos Tiernos, Contraataque, Tajo Cruzado, Doble Filo, Golpes Furia, Golpe Cabeza, Afilagarras, Malicioso, Lengüetazo, Tajo Umbrío, Obstrucción, Pin Misil, Descanso, Ataque Arena, Cara Susto, Alarido, Sumisión, Trapicheo, Placaje, Derribo, Mofa

ZIGZAGOON DE GALAR → **LINOONE DE GALAR** → **OBSTAGOON**

351

OCTILLERY

Pokémon Reactor

REGIONES:
ALOLA
GALAR
JOHTO
KALOS
(COSTA)

TIPO: AGUA

Tiene querencia por los agujeros, hasta el punto de ocupar los que han hecho otros para anidar y dormir en ellos.

Atrapa a sus enemigos con los tentáculos y después los golpea con su dura cabeza.

PRONUNCIACIÓN: oc-TI-le-ri
ALTURA: 0,9 m
PESO: 28,5 kg

MOVIMIENTOS: Rayo Aurora, Rayo Burbuja, Semilladora, Foco Energía, Lanzamugre, Refuerzo, Hidrobomba, Hiperrayo, Rayo Hielo, Fijar Blanco, Pulpocañón, Psicorrayo, Pedrada, Anegar, Pistola Agua, Hidropulso, Constricción

REMORAID

OCTILLERY

ODDISH

Pokémon Hierbajo

REGIONES:
GALAR
KALOS
(CENTRO)
KANTO

TIPO: PLANTA-VENENO

Se mueve al exponerse a la luz de la luna. Merodea por la noche para esparcir sus semillas.

Durante el día, se agazapa en el frío subsuelo huyendo del sol. La luz de la luna le hace crecer.

PRONUNCIACIÓN: O-dish
ALTURA: 0,5 m
PESO: 5,4 kg

MOVIMIENTOS: Absorber, Ácido, Gigadrenado, Campo de Hierba, Desarrollo, Megaagotar, Fuerza Lunar, Luz Lunar, Danza Pétalo, Polvo Veneno, Somnífero, Paralizador, Dulce Aroma, Tóxico

VILEPLUME

ODDISH

GLOOM

BELLOSSOM

OMANYTE
Pokémon Espiral

TIPO: ROCA-AGUA

Este antiguo Pokémon fue regenerado a partir de un fósil. Solía nadar en antiguos mares moviendo con destreza sus 10 tentáculos.

PRONUNCIACIÓN: O-ma-nait
ALTURA: 0,4 m
PESO: 7,5 kg

MOVIMIENTOS: Restricción, Refugio, Mordisco, Pistola Agua, Rodar, Malicioso, Disparo Lodo, Salmuera, Protección, Poder Pasado, Cosquillas, Pedrada, Rompecoraza, Hidrobomba

OMANYTE ➡ OMASTAR

OMASTAR
Pokémon Espiral

TIPO: ROCA-AGUA

Poseía unos colmillos afilados, pero el excesivo tamaño de su concha le impedía moverse con libertad, lo que acabó provocando su extinción.

PRONUNCIACIÓN: O-mas-tar
ALTURA: 1,0 m
PESO: 35,0 kg

MOVIMIENTOS: Restricción, Refugio, Mordisco, Pistola Agua, Rodar, Malicioso, Disparo Lodo, Salmuera, Protección, Poder Pasado, Clavo Cañón, Cosquillas, Pedrada, Rompecoraza, Hidrobomba

OMANYTE ➡ OMASTAR

ONIX

Pokémon Serpiente Roca

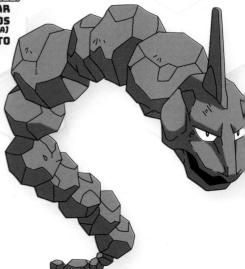

TIPO: ROCA-TIERRA

Al abrirse paso bajo tierra, va absorbiendo todo lo que encuentra. Eso hace que su cuerpo sea así de sólido.

Perfora el suelo a una velocidad de 80 km/h girando y retorciendo su robusto y enorme cuerpo.

PRONUNCIACIÓN: O-nix
ALTURA: 8,8 m
PESO: 210,0 kg

MOVIMIENTOS: Atadura, Maldición, Excavar, Doble Filo, Dragoaliento, Fortaleza, Cola Férrea, Pulimento, Avalancha, Lanzarrocas, Bucle Arena, Tormenta de Arena, Chirrido, Atizar, Antiaéreo, Trampa Rocas, Roca Afilada, Placaje

ONIX · STEELIX

ORANGURU

Pokémon Sabio

TIPO: NORMAL-PSÍQUICO

Cuando agita su abanico hecho de hojas y pelo, puede controlar a otros Pokémon y hacer que cumplan su voluntad.

Conoce hasta el último rincón del bosque y, si encuentra un Pokémon herido, va en busca de hierbas medicinales para curarlo.

PRONUNCIACIÓN: o-ran-GU-ru
ALTURA: 1,5 m
PESO: 76,0 kg

MOVIMIENTOS: Cede Paso, Paz Mental, Confusión, Juego Sucio, Premonición, Mandato, Maquinación, Más Psique, Psíquico, Último Lugar, Poder Reserva, Mofa, Espacio Raro, Cabezazo Zen

NO EVOLUCIONA

ORBEETLE
Pokémon Siete Puntos

TIPO: BICHO-PSÍQUICO

Este Pokémon es conocido por su inteligencia. El gran tamaño de su cerebro es un indicio de la magnitud de sus poderes psíquicos.

Se sirve de sus poderes psíquicos, con los que es capaz de percibir lo que ocurre en un radio de 10 km, para examinar sus alrededores.

PRONUNCIACIÓN: or-BI-tel
ALTURA: 0,4 m
PESO: 40,8 kg

MOVIMIENTOS: Cede Paso, Agilidad, Cambio de Banda, Zumbido, Paz Mental, Rayo Confuso, Confusión, Hipnosis, Pantalla de Luz, Capa Mágica, Manto Espejo, Psicorrayo, Psíquico, Campo Psíquico, Reflejo, Estoicismo

BLIPBUG   DOTTLER   ORBEETLE

Forma alternativa:
ORBEETLE GIGAMAX

Su cerebro se ha agigantado, por lo que ha adquirido una inteligencia abrumadora y una colosal energía psíquica.

Si despliega su máximo poder, es capaz de controlar la mente de todos cuantos se hallen a su alrededor.

ALTURA: >14,0 m
PESO: ???,? kg

ORICORIO (ESTILO APASIONADO)

Pokémon Danza

TIPO: FUEGO-VOLADOR

Con su danza apasionada cautiva al enemigo. En cuanto este baja la guardia, lo calcina con sus enormes llamaradas.

Forma que toma Oricorio al libar Néctar Rojo. Su vehemencia le lleva a ponerse hecho una furia si el Entrenador le imparte la orden equivocada.

PRONUNCIACIÓN: o-ri-CO-rio
ALTURA: 0,6 m
PESO: 3,4 kg

MOVIMIENTOS: Destructor, Gruñido, Picotazo, Refuerzo, Aire Afilado, Relevo, Danza Pluma, Doble Bofetón, Danza Caos, Respiro, Seducción, Tajo Aéreo, Danza Despertar, Espejo, Agilidad, Vendaval

NO EVOLUCIONA

ORICORIO (ESTILO PLÁCIDO)

Pokémon Danza

TIPO: PSÍQUICO-VOLADOR

Con su elegante danza tranquiliza al enemigo. En cuanto este baja la guardia, lo ataca con sus poderes psíquicos.

Forma que toma Oricorio al libar Néctar Rosa. Se relaja tanto cuando está bailando que deja de oír las órdenes de su Entrenador.

PRONUNCIACIÓN: o-ri-CO-rio
ALTURA: 0,6 m
PESO: 3,4 kg

MOVIMIENTOS: Destructor, Gruñido, Picotazo, Refuerzo, Aire Afilado, Relevo, Danza Pluma, Doble Bofetón, Danza Caos, Respiro, Seducción, Tajo Aéreo, Danza Despertar, Espejo, Agilidad, Vendaval

NO EVOLUCIONA

ORICORIO (ESTILO ANIMADO)
Pokémon Danza

TIPO:
ELÉCTRICO-VOLADOR

Con su alegre y viva danza anima al enemigo. En cuanto este baja la guardia, le suelta una descarga eléctrica.

Forma que toma Oricorio al libar Néctar Amarillo. Si ve a alguien con la moral baja, intenta animarlo con su baile.

PRONUNCIACIÓN: o-ri-CO-rio
ALTURA: 0,6 m
PESO: 3,4 kg

MOVIMIENTOS: Destructor, Gruñido, Picotazo, Refuerzo, Aire Afilado, Relevo, Danza Pluma, Doble Bofetón, Danza Caos, Respiro, Seducción, Tajo Aéreo, Danza Despertar, Espejo, Agilidad, Vendaval

NO EVOLUCIONA

ORICORIO (ESTILO REFINADO)
Pokémon Danza

TIPO:
FANTASMA-VOLADOR

Con su refinada danza seduce al enemigo. En cuanto este baja la guardia, lo convierte en presa de una maldición mortífera.

Forma que toma Oricorio al libar Néctar Violeta. Hay bailarines que se inspiran en la fluidez y hermosura de su danza.

PRONUNCIACIÓN: o-ri-CO-rio
ALTURA: 0,6 m
PESO: 3,4 kg

MOVIMIENTOS: Destructor, Gruñido, Picotazo, Refuerzo, Aire Afilado, Relevo, Danza Pluma, Doble Bofetón, Danza Caos, Respiro, Seducción, Tajo Aéreo, Danza Despertar, Espejo, Agilidad, Vendaval

NO EVOLUCIONA

OSHAWOTT

Pokémon Nutria

TIPO: AGUA

La vieira de su ombligo no solo sirve como arma, sino también como instrumento para cortar las bayas que estén duras.

Ataca con la vieira de su ombligo. En cuanto para un ataque, pasa al contraataque sin dilación.

PRONUNCIACIÓN: O-sha-uot
ALTURA: 0,5 m
PESO: 5,9 kg

MOVIMIENTOS: Placaje, Látigo, Pistola Agua, Hidrochorro, Foco Energía, Concha Filo, Corte Furia, Hidropulso, Desquite, Acua Jet, Otra Vez, Acua Cola, Represalia, Danza Espada, Hidrobomba

OSHAWOTT　**DEWOTT**　**SAMUROTT**

PACHIRISU

Pokémon Ardillalec

TIPO: ELÉCTRICO

Crea bolas de pelo que crepitan con electricidad estática. Las almacena en agujeros de árboles.

A veces se ve a dos frotándose las bolsas de las mejillas para compartir electricidad almacenada.

PRONUNCIACIÓN: pa-chi-RI-su
ALTURA: 0,4 m
PESO: 3,9 kg

MOVIMIENTOS: Gruñido, Venganza, Ataque Rápido, Encanto, Chispa, Aguante, Moflete Estático, Rapidez, Bola Voltio, Beso Dulce, Onda Trueno, Superdiente, Chispazo, Última Baza, Hipercolmillo

NO EVOLUCIONA

TIPO: AGUA-DRAGÓN

Se dice que vive en una dimensión espacial paralela. Aparece en la mitología.

Tiene la habilidad de distorsionar el espacio. La mitología de Sinnoh lo describe como una deidad.

PRONUNCIACIÓN: PAL-kia
ALTURA: 4,2 m
PESO: 336,0 kg

MOVIMIENTOS: Dragoaliento, Cara Susto, Hidropulso, Poder Pasado, Cuchillada, Joya de Luz, Acua Aro, Garra Dragón, Tierra Viva, Esfera Aural, Acua Cola, Corte Vacío, Hidrobomba

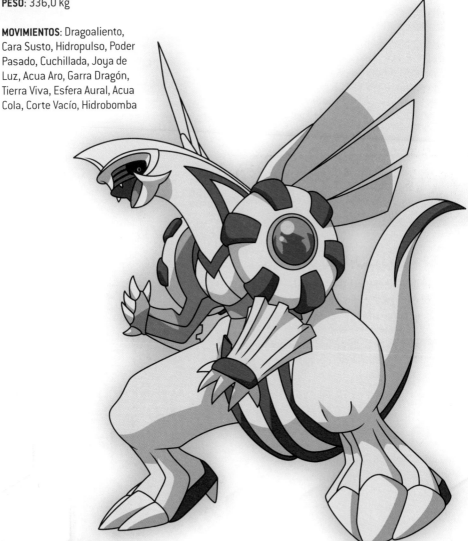

NO EVOLUCIONA

PALOSSAND

Pokémon Castiarena

TIPO: FANTASMA-TIERRA

Lo apodan la Pesadilla de las Playas. Hunde a sus presas en la arena para luego absorberles la energía vital.

Habita en las playas, aunque odia el agua. Cuando caen fuertes lluvias, no es capaz de preservar su forma de castillo.

PRONUNCIACIÓN: PA-lo-sand
ALTURA: 1,3 m
PESO: 250,0 kg

MOVIMIENTOS: Fortaleza, Absorber, Impresionar, Ataque Arena, Bucle Arena, Megaagotar, Terratemblor, Hipnosis, Defensa Férrea, Gigadrenado, Bola Sombra, Tierra Viva, Recogearena, Tormenta de Arena

SANDYGAST

PALOSSAND

PALPITOAD

Pokémon Vibrante

TIPO: AGUA-TIERRA

Las ondas sonoras que emite pueden provocar dolor de cabeza. Con ellas debilita a sus presas para luego atraparlas con su lengua viscosa.

A veces emiten un bello canto. Cuanto mayores son las protuberancias del cuerpo, más extenso es su registro vocal.

PRONUNCIACIÓN: PAL-pi-toud
ALTURA: 0,8 m
PESO: 17,0 kg

MOVIMIENTOS: Ácido, Acua Aro, Rayo Burbuja, Eco Voz, Azote, Gruñido, Hidrobomba, Vozarrón, Disparo Lodo, Agua Lodosa, Danza Lluvia, Canon, Supersónico, Alboroto

TYMPOLE

PALPITOAD

SEISMITOAD

PANCHAM

Pokémon Juguetón

TIPO: LUCHA

Sigue los pasos de Pangoro, a quien considera su mentor. A base de imitarlo, aprende a combatir y a cazar presas.

Siempre lanza una mirada fulminante al rival para que no lo menosprecie, pero en cuanto se relaja esboza sin querer una sonrisa.

PRONUNCIACIÓN: PAN-cham
ALTURA: 0,6 m
PESO: 8,0 kg

MOVIMIENTOS: Empujón, Golpe Cuerpo, Llave Giro, Triturar, Danza Amiga, Malicioso, Puntapié, Última Palabra, Cuchillada, Placaje, Mofa, Tiro Vital, Avivar

PANCHAM → PANGORO

TIPO: LUCHA-SINIESTRO

Este Pokémon de carácter agresivo lo soluciona todo a golpes. Desata su espíritu combativo al enfrentarse a los Obstagoon.

La hoja que lleva en la boca le permite predecir los movimientos del rival. Puede reducir un camión a chatarra de un solo puñetazo.

PRONUNCIACIÓN: pan-GO-ro
ALTURA: 2,1 m
PESO: 136,0 kg

MOVIMIENTOS: Empujón, Golpe Cuerpo, Puño Bala, Llave Giro, Triturar, Danza Amiga, Machada, Malicioso, Puntapié, Tajo Umbrío, Última Palabra, Cuchillada, Placaje, Mofa, Tiro Vital, Avivar

PANGORO

Pokémon Rostro Fiero

PANCHAM → PANGORO

PANPOUR

Pokémon Salpicadura

TIPO: AGUA

El agua acumulada en su mata de pelo es rica en nutrientes. Usa su cola para regar plantas con esa misma agua.

La acuosidad que acumula en su mata de pelo es rica en nutrientes, ideal para regar plantas y que crezcan mucho.

PRONUNCIACIÓN: PAN-pur
ALTURA: 0,6 m
PESO: 13,5 kg

MOVIMIENTOS: Arañazo, Camaradería, Malicioso, Lengüetazo, Pistola Agua, Golpes Furia, Hidrochorro, Mordisco, Escaldar, Mofa, Lanzamiento, Acróbata, Salmuera, Reciclaje, Don Natural, Triturar

PANPOUR → SIMIPOUR

PANSAGE

Pokémon Mono Hierba

TIPO: PLANTA

Comparte las hojas de su cabeza con Pokémon agotados. Posee la facultad de aliviar el cansancio.

Es todo un experto en la búsqueda de bayas y es tan gentil que las comparte con todos sus compañeros.

PRONUNCIACIÓN: PAN-seichj
ALTURA: 0,6 m
PESO: 10,5 kg

MOVIMIENTOS: Arañazo, Camaradería, Malicioso, Lengüetazo, Látigo Cepa, Golpes Furia, Drenadoras, Mordisco, Bomba Germen, Tormento, Lanzamiento, Acróbata, Hierba Lazo, Reciclaje, Don Natural, Triturar

PANSAGE → SIMISAGE

PANSEAR

Pokémon Ardiente

TIPO: FUEGO

Pokémon muy inteligente que tiene la costumbre de tostar las bayas antes de comérselas. Ayuda mucho a los humanos.

Vive en cuevas volcánicas. El interior de su mata de pelo arde, llegando a alcanzar hasta 300 ºC.

PRONUNCIACIÓN: PAN-siar
ALTURA: 0,6 m
PESO: 11,0 kg

MOVIMIENTOS: Arañazo, Camaradería, Malicioso, Lengüetazo, Calcinación, Golpes Furia, Bostezo, Mordisco, Pirotecnia, Amnesia, Lanzamiento, Acróbata, Llamarada, Reciclaje, Don Natural, Triturar

PANSEAR → SIMISEAR

PARAS

Pokémon Hongo

TIPO: BICHO-PLANTA

Escarba en el suelo para extraer nutrientes de las raíces de los árboles, que las setas del lomo absorben después casi por completo.

PRONUNCIACIÓN: PA-ras
ALTURA: 0,3 m
PESO: 5,4 kg

MOVIMIENTOS: Arañazo, Paralizador, Polvo Veneno, Absorber, Corte Furia, Espora, Cuchillada, Desarrollo, Gigadrenado, Aromaterapia, Polvo Ira, Tijera X

PARAS → PARASECT

PARASECT

Pokémon Hongo

TIPO: BICHO-PLANTA

Tras largo tiempo absorbiendo la energía del huésped, la seta parásita del lomo es la que parece controlar la voluntad de este Pokémon.

PRONUNCIACIÓN: PA-ra-sect
ALTURA: 1,0 m
PESO: 29,5 kg

MOVIMIENTOS: Veneno X, Arañazo, Paralizador, Polvo Veneno, Absorber, Corte Furia, Espora, Cuchillada, Desarrollo, Gigadrenado, Aromaterapia, Polvo Ira, Tijera X

PARAS → PARASECT

PASSIMIAN

Pokémon Cooperación

TIPO: LUCHA

Bajo la tutela del líder, hacen gala de una gran capacidad de trabajo en equipo para buscar sus bayas predilectas y ayudarse los unos a los otros.

Viven en grupos de unos veinte ejemplares. Cada individuo tiene un rol definido, lo que les permite sobrevivir en entornos hostiles.

PRONUNCIACIÓN: pa-SI-mian
ALTURA: 2,0 m
PESO: 82,8 kg

MOVIMIENTOS: Paliza, Corpulencia, A Bocajarro, Doble Filo, Lanzamiento, Foco Energía, Gigaimpacto, Malicioso, Inversión, Golpe Roca, Cara Susto, Placaje, Derribo, Golpe

NO EVOLUCIONA

PATRAT
Pokémon Explorador

TIPO: NORMAL

Almacena víveres en unas bolsas en sus mofletes y vigila durante días. Hace señales con la cola a sus compañeros.

Aunque es un Pokémon muy precavido y siempre hay uno montando guardia, si se acercan por detrás, no se dará cuenta.

PRONUNCIACIÓN: PAT-rat
ALTURA: 0,5 m
PESO: 11,6 kg

MOVIMIENTOS: Placaje, Malicioso, Mordisco, Venganza, Detección, Ataque Arena, Triturar, Hipnosis, Superdiente, Cede Paso, Avivar, Hipercolmillo, Mal de Ojo, Relevo, Atizar

PATRAT   WATCHOG

REGIONES:
GALAR
ALOLA
KALOS
(MONTAÑA)
UNOVA

PAWNIARD
Pokémon Tajo

TIPO: SINIESTRO-ACERO

Acorrala a los enemigos con las cuchillas de su cuerpo, que afila usando cantos rodados a la orilla del río.

Forman grupos encabezados por un Bisharp. Se entrenan a diario soñando con llegar a liderar el grupo algún día.

PRONUNCIACIÓN: PO-niard
ALTURA: 0,5 m
PESO: 10,2 kg

MOVIMIENTOS: Buena Baza, Corte Furia, Guillotina, Defensa Férrea, Cabeza de Hierro, Aguzar, Malicioso, Garra Metal, Eco Metálico, Tajo Umbrío, Cara Susto, Arañazo, Cuchillada, Danza Espada, Tormento

PAWNIARD   BISHARP

PELIPPER

Pokémon Ave Agua

REGIONES:
ALOLA
GALAR
HOENN
KALOS
(COSTA)

TIPO: AGUA-VOLADOR

Transporta a pequeños Pokémon y Huevos en su pico hasta lugares seguros.

Vuela a ras de la superficie marina para llenar su inmenso pico de agua y comida, que se lleva consigo.

PRONUNCIACIÓN: PE-li-per
ALTURA: 1,2 m
PESO: 28,0 kg

MOVIMIENTOS: Agilidad, Tajo Aéreo, Lanzamiento, Gruñido, Vendaval, Hidrobomba, Neblina, Protección, Ataque Rápido, Respiro, Anegar, Escupir, Reserva, Supersónico, Tragar, Viento Afín, Pistola Agua, Hidropulso, Ataque Ala

WINGULL → PELIPPER

PERRSERKER

Pokémon Vikingo

REGIÓN:
GALAR

TIPO: ACERO

El pelo de la cabeza se le ha endurecido hasta el punto de parecer un yelmo de hierro. Posee un temperamento muy combativo.

Su devoción por la lucha ha propiciado que evolucionara y le ha conferido unas peligrosas garras que se convierten en dagas al extenderse.

PRONUNCIACIÓN: per-SER-ker
ALTURA: 0,8 m
PESO: 28,0 kg

MOVIMIENTOS: Sorpresa, Golpes Furia, Gruñido, Afilagarras, Defensa Férrea, Cabeza de Hierro, Represión Metal, Garra Metal, Eco Metálico, Día de Pago, Arañazo, Chirrido, Cuchillada, Contoneo, Mofa, Golpe

MEOWTH
DE GALAR → PERRSERKER

PERSIAN

Pokémon Gato Fino

TIPO: NORMAL

Trabar amistad con este Pokémon es una ardua tarea debido a su enorme orgullo. Cuando algo no le place, saca las uñas de inmediato.

Hace gala de un porte elegante y majestuoso. No congenia con los toscos Perrserker y ambos se profesan un mutuo desprecio.

PRONUNCIACIÓN: PER-sian
ALTURA: 1,0 m
PESO: 32,0 kg

MOVIMIENTOS: Buena Baza, Mordisco, Sorpresa, Amago, Golpes Furia, Gruñido, Maquinación, Día de Pago, Carantoña, Joya de Luz, Arañazo, Chirrido, Cuchillada, Trapicheo, Mofa

MEOWTH → PERSIAN

PERSIAN DE ALOLA

Pokémon Gato Fino

TIPO: SINIESTRO

En Alola todos consideran la cara redonda de los Persian un símbolo de buena fortuna, por lo que los tratan con mucho respeto.

Posee una gran fortaleza física y emplea tácticas rastreras en combate, lo que lo convierte en un rival duro de roer.

PRONUNCIACIÓN: PER-sian
ALTURA: 1,1 m
PESO: 33,0 kg

MOVIMIENTOS: Buena Baza, Mordisco, Sorpresa, Amago, Golpes Furia, Gruñido, Maquinación, Tajo Umbrío, Día de Pago, Carantoña, Joya de Luz, Último Lugar, Arañazo, Chirrido, Trapicheo, Mofa

MEOWTH DE ALOLA → PERSIAN DE ALOLA

PETILIL

Pokémon Bulbo

TIPO: PLANTA

Aparece en lugares de aguas limpias. La decocción de las hojas de su cabeza se puede utilizar como repelente de insectos.

Cuanto más sano está este Pokémon, más intenso se vuelve el color de sus hojas. A veces se asienta en huertos o jardines de flores bien cuidados.

PRONUNCIACIÓN: PE-ti-lil
ALTURA: 0,5 m
PESO: 6,6 kg

MOVIMIENTOS: Absorber, Desarrollo, Drenadoras, Somnífero, Megaagotar, Síntesis, Hoja Mágica, Paralizador, Gigadrenado, Aromaterapia, Refuerzo, Energibola, Danza Amiga, Día Soleado, Cede Paso, Lluevehojas

PETILIL ➡ LILLIGANT

PHANPY

Pokémon Narizotas

TIPO: TIERRA

Phanpy cava un agujero profundo para hacer su nido en el suelo, en la ribera de los ríos, y marca con la trompa la zona para que el resto vea que ese terreno ya está ocupado.

Phanpy se vale de la trompa para ducharse. Cuando varios se agrupan, se dedican a echarse agua unos a otros. Es muy fácil ver a estos Pokémon secándose cerca del agua.

PRONUNCIACIÓN: FAN-pi
ALTURA: 0,5 m
PESO: 33,5 kg

MOVIMIENTOS: Rastreo, Placaje, Gruñido, Rizo Defensa, Azote, Derribo, Rodar, Don Natural, Atizar, Aguante, Encanto, Última Baza, Doble Filo

PHANPY ➡ DONPHAN

PHANTUMP
Pokémon Tocón

TIPO: FANTASMA-PLANTA

Se dice que en realidad son almas de niños que pasaron a mejor vida tras perderse en el bosque y se convirtieron en Pokémon al habitar un tocón.

Imita el llanto de un niño con la intención de que algún adulto se adentre y se pierda en lo más profundo del bosque.

PRONUNCIACIÓN: FAN-tamp
ALTURA: 0,4 m
PESO: 7,0 kg

MOVIMIENTOS: Impresionar, Punzada Rama, Rayo Confuso, Maldición, Mismo Destino, Condena Silvana, Desarrollo, Infortunio, Asta Drenaje, Arraigo, Drenadoras, Golpe Fantasma, Placaje, Fuego Fatuo, Mazazo

PHANTUMP ➡ TREVENANT

ULTRAENTE

PHEROMOSA
Pokémon Elegancia

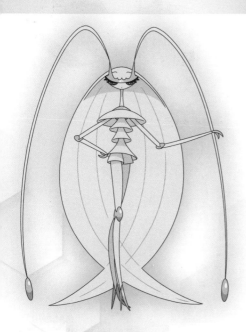

TIPO: BICHO-LUCHA

Una forma de vida procedente de otro mundo. Aunque su cuerpo es esbelto y flexible, alberga un gran poder.

Para los seres de este mundo resulta extraño y peligroso, pero en el mundo del que procede es una criatura muy común.

PRONUNCIACIÓN: fe-ro-MO-sa
ALTURA: 1,8 m
PESO: 25,0 kg

MOVIMIENTOS: Danza Aleteo, Anticipo, Patada Baja, Giro Rápido, Malicioso, Doble Patada, Rapidez, Pisotón, Amago, Viento Plata, Bote, Patada Salto, Agilidad, Triple Patada, Plancha, Zumbido, Yo Primero, Patada Salto Alta, Cambiavelocidad

NO EVOLUCIONA

PHIONE
Pokémon Marino

REGIÓN: SINNOH

POKÉMON MÍTICO

TIPO: AGUA

Si sube la temperatura del mar, infla el flotador de su cabeza y flota en grupo en la superficie.

Va a la deriva por mares cálidos. Siempre vuelve a donde nació, por mucho que se haya alejado.

PRONUNCIACIÓN: fi-O-ne
ALTURA: 0,4 m
PESO: 3,1 kg

MOVIMIENTOS: Burbuja, Hidrochorro, Encanto, Supersónico, Rayo Burbuja, Armadura Ácida, Torbellino, Hidropulso, Acua Aro, Buceo, Danza Lluvia

NO EVOLUCIONA

PICHU
Pokémon Ratoncito

REGIONES:
ALOLA
GALAR
JOHTO
KALOS
(CENTRO)

TIPO: ELÉCTRICO

A pesar de su pequeño tamaño, puede soltar descargas capaces de electrocutar a un adulto, si bien él también acaba sobresaltado.

Las bolsas de electricidad de sus mejillas son muy pequeñas y, a poco que se desborden, recibe una fuerte descarga.

PRONUNCIACIÓN: PI-chu
ALTURA: 0,3 m
PESO: 2,0 kg

MOVIMIENTOS: Encanto, Maquinación, Moflete Estático, Camaradería, Beso Dulce, Látigo, Impactrueno

RAICHU

PICHU **PIKACHU**

RAICHU DE ALOLA

PIDGEOT

Pokémon Pájaro

TIPO:
NORMAL-VOLADOR

Este Pokémon vuela a una velocidad de 2 mach en busca de presas. Sus grandes garras son armas muy peligrosas.

PRONUNCIACIÓN: PID-yi-ot
ALTURA: 1,5 m
PESO: 39,5 kg

MOVIMIENTOS: Vendaval, Placaje, Ataque Arena, Tornado, Ataque Rápido, Remolino, Ciclón, Danza Pluma, Agilidad, Ataque Ala, Respiro, Viento Afín, Espejo, Tajo Aéreo

MEGA-PIDGEOT

Pokémon Pájaro

TIPO: NORMAL-VOLADOR

ALTURA: 2,2 m
PESO: 50,5 kg

PIDGEY   PIDGEOTTO   PIDGEOT   MEGA-PIDGEOT

PIDGEOTTO

Pokémon Pájaro

TIPO: NORMAL-VOLADOR

Su extraordinaria vitalidad y resistencia le permiten cubrir grandes distancias del territorio que habita en busca de presas.

PRONUNCIACIÓN: pid-YIO-to
ALTURA: 1,1 m
PESO: 30,0 kg

MOVIMIENTOS: Placaje, Ataque Arena, Tornado, Ataque Rápido, Remolino, Ciclón, Danza Pluma, Agilidad, Ataque Ala, Respiro, Viento Afín, Espejo, Tajo Aéreo, Vendaval

PIDGEY   PIDGEOTTO   PIDGEOT   MEGA-PIDGEOT

PIDGEY

Pokémon Pajarito

TIPO: NORMAL-VOLADOR

Su docilidad es tal que suelen defenderse levantando arena en lugar de contraatacar.

PRONUNCIACIÓN: PID-yi
ALTURA: 0,3 m
PESO: 1,8 kg

MOVIMIENTOS: Placaje, Ataque Arena, Tornado, Ataque Rápido, Remolino, Ciclón, Danza Pluma, Agilidad, Ataque Ala, Respiro, Viento Afín, Espejo, Tajo Aéreo, Vendaval

PIDGEY   PIDGEOTTO   PIDGEOT   MEGA-PIDGEOT

PIDOVE
Pokémon Pichón

TIPO: NORMAL-VOLADOR

Aparece en lugares habitados por humanos. Conviene tener cuidado al darles de comer, ya que esto podría atraer a cientos de ejemplares.

Es muy olvidadizo y no demasiado avispado, pero muchos Entrenadores le tienen simpatía por su carácter afable y sincero.

PRONUNCIACIÓN: pi-DAF
ALTURA: 0,3 m
PESO: 2,1 kg

MOVIMIENTOS: Aire Afilado, Tajo Aéreo, Detección, Danza Pluma, Gruñido, Tornado, Malicioso, Ataque Rápido, Respiro, Ataque Aéreo, Contoneo, Viento Afín, Mofa

PIDOVE → TRANQUILL → UNFEZANT

PIGNITE
Pokémon Cerdo Fuego

TIPO: FUEGO-LUCHA

Cuanto más come, más combustible tiene en su interior para avivar sus llamas, con lo que también aumenta su poder.

Cuando las llamas de su interior se avivan, aumenta su velocidad y agilidad. Emite humo si está en peligro.

PRONUNCIACIÓN: pig-NAIT
ALTURA: 1,0 m
PESO: 55,5 kg

MOVIMIENTOS: Placaje, Látigo, Ascuas, Rastreo, Rizo Defensa, Nitrocarga, Empujón, Polución, Rodar, Derribo, Golpe Calor, Buena Baza, Lanzallamas, Testarazo, Rugido, Envite Ígneo

TEPIG → PIGNITE → EMBOAR

PIKACHU

Pokémon Ratón

REGIONES:
ALOLA
GALAR
KALOS
(CENTRO)
KANTO

TIPO: ELÉCTRICO

Cuanto más potente es la energía eléctrica que genera este Pokémon, más suaves y elásticas se vuelven las bolsas de sus mejillas.

Los miembros de esta especie se saludan entre sí uniendo sus colas y transmitiéndose corriente eléctrica.

PRONUNCIACIÓN: pi-KA-chu
ALTURA: 0,4 m
PESO: 6,0 kg

MOVIMIENTOS: Agilidad, Encanto, Chispazo, Doble Equipo, Bola Voltio, Amago, Gruñido, Pantalla de Luz, Maquinación, Moflete Estático, Camaradería, Ataque Rápido, Atizar, Chispa, Beso Dulce, Látigo, Trueno, Impactrueno, Onda Trueno, Rayo

PICHU PIKACHU RAICHU

RAICHU DE ALOLA

PIKACHU ENMASCARADA

MOVIMIENTO ESPECIAL:
Plancha Voladora

PIKACHU ARISTÓCRATA

MOVIMIENTO ESPECIAL:
Chuzos

PIKACHU ERUDITA

MOVIMIENTO ESPECIAL:
Campo Eléctrico

PIKACHU SUPERSTAR

MOVIMIENTO ESPECIAL:
Beso Drenaje

PIKACHU ROQUERA

MOVIMIENTO ESPECIAL:
Puño Meteoro

NO EVOLUCIONA

Forma alternativa:
PIKACHU GIGAMAX

La energía del fenómeno Gigamax ha hecho que su cuerpo se expanda y que su cola pueda estirarse hasta alcanzar el cielo.

Un golpe con su cola en forma de rayo puede propinar al rival una descarga eléctrica con una intensidad comparable a la de un relámpago.

ALTURA: >21,0 m
PESO: ???,? kg

PIKIPEK
Pokémon Carpintero

TIPO:
NORMAL-VOLADOR

Agujerea los árboles con su robusto pico. Al oír su picoteo, uno puede deducir más o menos su humor o su estado de forma.

Pese a su fino aspecto, tiene la musculatura del cuello muy desarrollada: agujerea los árboles a una velocidad de 16 picotazos por segundo.

PRONUNCIACIÓN: PI-ki-pek
ALTURA: 0,3 m
PESO: 1,2 kg

MOVIMIENTOS: Picotazo, Gruñido, Eco Voz, Golpe Roca, Supersónico, Picoteo, Respiro, Ataque Furia, Chirrido, Pico Taladro, Semilladora, Danza Pluma, Vozarrón

PIKIPEK **TRUMBEAK** **TOUCANNON**

PILOSWINE
Pokémon Puerco

TIPO: HIELO-TIERRA

Cuando carga contra un enemigo, se le erizan los pelos del lomo. Es muy sensible al sonido.

Aunque tiene las patas cortas, sus fuertes pezuñas le permiten caminar por la nieve sin resbalar.

PRONUNCIACIÓN: PI-lo-suain
ALTURA: 1,1 m
PESO: 55,8 kg

MOVIMIENTOS: Amnesia, Poder Pasado, Ventisca, Terremoto, Aguante, Azote, Colmillo Hielo, Canto Helado, Viento Hielo, Neblina, Bofetón Lodo, Nieve Polvo, Placaje, Derribo, Golpe

SWINUB **PILOSWINE** **MAMOSWINE**

PINCURCHIN
Pokémon Erizo de Mar

TIPO: ELÉCTRICO

Libera electricidad por la punta de las púas. Con sus afilados dientes raspa las algas pegadas a las rocas para ingerirlas.

Acumula electricidad en cada una de sus púas. Aunque estas se rompan, son capaces de seguir descargando energía durante 3 h.

PRONUNCIACIÓN: PIN-car-chin
ALTURA: 0,3 m
PESO: 1,0 kg

MOVIMIENTOS: Acupresión, Rayo Burbuja, Carga, Maldición, Chispazo, Campo Eléctrico, Ataque Furia, Picotazo, Puya Nociva, Recuperación, Chispa, Impactrueno, Pistola Agua, Electropunzada

NO EVOLUCIONA

PINECO
Pokémon Larva

TIPO: BICHO

Se aposta en los árboles y espera inmóvil a que pase un Pokémon insecto al que atrapar. En Alola tiene predilección por los Cutiefly.

Usa saliva para adherir corteza de árbol a su cuerpo y así aumentar de volumen. Con la edad puede alcanzar un tamaño gigantesco.

PRONUNCIACIÓN: PAIN-co
ALTURA: 0,6 m
PESO: 7,2 kg

MOVIMIENTOS: Placaje, Protección, Autodestrucción, Picadura, Derribo, Giro Rápido, Venganza, Don Natural, Púas, Vendetta, Explosión, Defensa Férrea, Giro Bola, Doble Filo

PINECO

FORRETRESS

PINSIR

Pokémon Escarabajo

REGIONES:
ALOLA
KALOS
(COSTA)
KANTO

TIPO: BICHO

Los Pinsir se juzgan entre
ellos por la robustez de la
cornamenta. Cuanto más
imponente sea, más agradará
a sus congéneres del sexo opuesto.

Usa la cornamenta a modo de pinza
para atrapar a sus presas. Acto seguido,
las parte por la mitad o las arroja lejos.

PRONUNCIACIÓN: PIN-sir
ALTURA: 1,5 m
PESO: 55,0 kg

MOVIMIENTOS: Agarre, Foco Energía, Atadura,
Sísmico, Fortaleza, Desquite, Tiro Vital, Doble
Golpe, Demolición, Tijera X, Sumisión, Llave
Corsé, Danza Espada, Golpe, Fuerza Bruta,
Guillotina

MEGA-PINSIR

Pokémon Escarabajo

TIPO: BICHO-VOLADOR

ALTURA: 1,7 m
PESO: 59,0 kg

PINSIR → MEGA-PINSIR

PIPLUP

Pokémon Pingüino

TIPO: AGUA

No le gusta que lo cuiden. Como no aprecia el apoyo de su Entrenador, le cuesta confiar en él.

Es muy orgulloso, por lo que odia aceptar comida de la gente. Su grueso plumón lo protege del frío.

PRONUNCIACIÓN: PI-plap
ALTURA: 0,4 m
PESO: 5,2 kg

MOVIMIENTOS: Destructor, Gruñido, Burbuja, Hidrochorro, Picotazo, Rayo Burbuja, Venganza, Ataque Furia, Salmuera, Torbellino, Neblina, Pico Taladro, Hidrobomba

PIPLUP ➡ **PRINPLUP** ➡ **EMPOLEON**

PLUSLE

Pokémon Ánimo

TIPO: ELÉCTRICO

Plusle siempre anima a sus compañeros. Cuando algún miembro de su grupo hace un gran esfuerzo en combate, causa un cortocircuito en su interior para mostrar con el chisporroteo su alegría.

Cuando Plusle está animando a su compañero, resplandece y provoca un chisporroteo que le rodea todo el cuerpo. Si su compañero pierde, se pone a chillar a voz en grito.

PRONUNCIACIÓN: PLU-sel
ALTURA: 0,4 m
PESO: 4,2 kg

MOVIMIENTOS: Moflete Estático, Camaradería, Gruñido, Onda Trueno, Ataque Rápido, Refuerzo, Chispa, Otra Vez, Ofrenda, Rapidez, Bola Voltio, Copión, Encanto, Carga, Chispazo, Relevo, Agilidad, Última Baza, Trueno, Maquinación, Danza Amiga

NO EVOLUCIONA

POIPOLE

Pokémon Pin Veneno

ULTRAENTE

TIPO: VENENO

En su mundo, este Ultraente se considera tan entrañable como para ser elegido compañero de viaje.

Un Ultraente originario de otro mundo. Se burla del oponente mientras lo rocía de veneno con el aguijón que tiene en la cabeza.

PRONUNCIACIÓN: poi-POL
ALTURA: 0,6 m
PESO: 1,8 kg

MOVIMIENTOS: Pulso Dragón, Picotazo, Gruñido, Refuerzo, Ácido, Ataque Furia, Carga Tóxica, Encanto, Trampa Venenosa, Maquinación, Puya Nociva, Tóxico, Aguijón Letal

POIPOLE ➡ NAGANADEL

POLITOED
Pokémon Rana

TIPO: AGUA

Aparece a orillas de las charcas al caer la noche. Reclama su territorio profiriendo un fuerte grito que recuerda a un bramido.

Los machos emiten gritos muy potentes. Las hembras sienten predilección por los de voz grave e imponente.

PRONUNCIACIÓN: PO-li-toud
ALTURA: 1,1 m
PESO: 33,9 kg

MOVIMIENTOS: Rayo Burbuja, Hipnosis, Doble Bofetón, Canto Mortal, Contoneo, Bote, Vozarrón

POLIWAG   POLIWHIRL   POLITOED

POLIWAG
Pokémon Renacuajo

TIPO: AGUA

Es más ágil en el agua que en la tierra. La espiral de su vientre no es más que parte de sus vísceras que se ven a través de la piel.

En ríos de aguas bravas, usa sus gruesos labios a modo de ventosa para adherirse a las rocas.

PRONUNCIACIÓN: PO-li-uag
ALTURA: 0,6 m
PESO: 12,4 kg

MOVIMIENTOS: Hidrochorro, Pistola Agua, Hipnosis, Burbuja, Doble Bofetón, Danza Lluvia, Golpe Cuerpo, Rayo Burbuja, Disparo Lodo, Tambor, Espabila, Hidrobomba, Bomba Fango

POLIWRATH

POLIWAG   POLIWHIRL   POLITOED

POLIWHIRL

Pokémon Renacuajo

TIPO: AGUA

Mirar fijamente la espiral de su vientre provoca somnolencia, por lo que puede usarse como alternativa a las nanas para dormir a los niños.

Secreta un sudor viscoso que le sirve para escurrirse y escapar del agarre de sus enemigos.

PRONUNCIACIÓN: PO-li-uirl
ALTURA: 1,0 m
PESO: 20,0 kg

MOVIMIENTOS: Hidrochorro, Pistola Agua, Hipnosis, Burbuja, Doble Bofetón, Danza Lluvia, Golpe Cuerpo, Rayo Burbuja, Disparo Lodo, Tambor, Espabila, Hidrobomba, Bomba Fango

POLIWAG   POLIWHIRL

POLIWRATH

POLITOED

POLIWRATH

Pokémon Renacuajo

TIPO: AGUA-LUCHA

Su cuerpo es puro músculo. Logra abrirse paso por aguas gélidas partiendo el hielo con sus fornidos brazos.

No solo es un experto nadador, sino que también domina las artes marciales. Propina enérgicos puñetazos gracias a sus musculosos brazos.

PRONUNCIACIÓN: PO-li-rraz
ALTURA: 1,3 m
PESO: 54,0 kg

MOVIMIENTOS: Llave Giro, Rayo Burbuja, Hipnosis, Doble Bofetón, Sumisión, Puño Dinámico, Telépata

POLIWAG   POLIWHIRL   POLIWRATH

POLTEAGEIST

Pokémon Té

TIPO: FANTASMA

Se hospeda en teteras dignas de un anticuario. Las originales son escasísimas, pero existe un gran número de burdas falsificaciones.

Si avista una taza de té abandonada a su suerte, la rellena vertiendo parte de su propio cuerpo para generar otro Polteageist.

PRONUNCIACIÓN: POL-ti-gaist
ALTURA: 0,2 m
PESO: 0,4 kg

MOVIMIENTOS: Aromaterapia, Niebla Aromática, Impresionar, Maldición, Gigadrenado, Megaagotar, Legado, Maquinación, Protección, Bola Sombra, Rompecoraza, Absorbefuerza, Golpe Bajo, Hora del Té, Refugio

SINISTEA → POLTEAGEIST

PONYTA

Pokémon Caballo Fuego

TIPO: FUEGO

Al nacer es un poco lento, pero va fortaleciendo las patas paulatinamente al disputar carreras con sus congéneres.

Por extraño que parezca, una vez que alguien se ha hecho merecedor de su confianza, puede tocarle la ardiente crin sin quemarse.

PRONUNCIACIÓN: po-NI-ta
ALTURA: 1,0 m
PESO: 30,0 kg

MOVIMIENTOS: Agilidad, Ascuas, Llamarada, Giro Fuego, Nitrocarga, Rueda Fuego, Envite Ígneo, Gruñido, Infierno, Pisotón, Placaje, Látigo, Derribo

PONYTA   RAPIDASH

PONYTA DE GALAR

Pokémon Unicorne

TIPO: PSÍQUICO

Su pequeño cuerno posee poderes curativos capaces de sanar heridas no muy graves con tan solo un leve roce.

Puede leerle la mente a cualquiera con tan solo mirarle a los ojos. Si detecta algún pensamiento ruin, desaparece instantáneamente.

PRONUNCIACIÓN: po-NI-ta
ALTURA: 0,8 m
PESO: 24,0 kg

MOVIMIENTOS: Agilidad, Confusión, Brillo Mágico, Viento Feérico, Gruñido, Pulso Cura, Deseo Cura, Psicorrayo, Psíquico, Pisotón, Placaje, Látigo, Derribo

PONYTA
DE GALAR   RAPIDASH
DE GALAR

POOCHYENA

Pokémon Mordisco

TIPO: SINIESTRO

La primera reacción que Poochyena tiene al ver algo moverse es darle un mordisco. Este Pokémon persigue a su presa hasta que cae agotada. Aunque, a veces, sale huyendo si su presa le responde con un ataque.

Poochyena es un Pokémon omnívoro. Se come lo que sea. Le caracteriza el gran tamaño de sus colmillos respecto al resto del cuerpo. Este Pokémon hace que se le erice la cola para intentar intimidar a su rival.

PRONUNCIACIÓN: pu-CHIE-na
ALTURA: 0,5 m
PESO: 13,6 kg

POOCHYENA **MIGHTYENA**

MOVIMIENTOS: Placaje, Aullido, Ataque Arena, Mordisco, Rastreo, Rugido, Contoneo, Buena Baza, Cara Susto, Mofa, Embargo, Derribo, Golpe Bajo, Triturar, Bostezo, Carantoña

POPPLIO

Pokémon León Marino

TIPO: AGUA

Gracias al entrenamiento diario al que se somete, es capaz de inflar burbujas cada vez más grandes a través de la nariz.

Monta sobre las burbujas de agua para realizar grandes saltos. Su estilo de combate es bastante acrobático.

PRONUNCIACIÓN: PO-plio
ALTURA: 0,4 m
PESO: 7,5 kg

MOVIMIENTOS: Destructor, Pistola Agua, Gruñido, Voz Cautivadora, Ojitos Tiernos, Acua Jet, Viento Hielo, Otra Vez, Rayo Burbuja, Canto, Doble Bofetón, Vozarrón, Fuerza Lunar, Seducción, Hidrobomba, Campo de Niebla

POPPLIO **BRIONNE** **PRIMARINA**

PORYGON
Pokémon Virtual

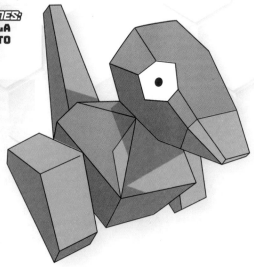

REGIONES:
ALOLA
KANTO

TIPO: NORMAL

Se trata del primer Pokémon del mundo creado a partir de códigos de programación gracias al uso de tecnología de vanguardia.

Durante los últimos años, ha estado muy activo en el ciberespacio comprobando que no haya datos sospechosos.

PRONUNCIACIÓN: PO-ri-gon
ALTURA: 0,8 m
PESO: 36,5 kg

MOVIMIENTOS: Conversión 2, Placaje, Conversión, Afilar, Psicorrayo, Agilidad, Recuperación, Levitón, Doble Rayo, Reciclaje, Chispazo, Fijar Blanco, Triataque, Capa Mágica, Electrocañón

PORYGON   **PORYGON2**   **PORYGON-Z**

PORYGON2
Pokémon Virtual

REGIONES:
ALOLA
JOHTO

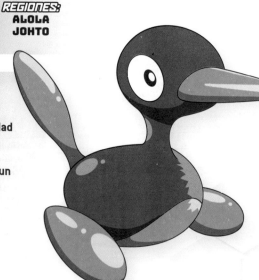

TIPO: NORMAL

Se trata de una versión mejorada de Porygon mediante un software especial. Tiene capacidad de aprendizaje autónomo.

Al dotarlo de inteligencia artificial, desarrolló un misterioso lenguaje que solo los miembros de su especie son capaces de comprender.

PRONUNCIACIÓN: PO-ri-gon DOS
ALTURA: 0,6 m
PESO: 32,5 kg

MOVIMIENTOS: Electrocañón, Capa Mágica, Conversión 2, Placaje, Conversión, Rizo Defensa, Psicorrayo, Agilidad, Recuperación, Levitón, Doble Rayo, Reciclaje, Chispazo, Fijar Blanco, Triataque, Capa Mágica, Hiperrayo

PORYGON   **PORYGON2**   **PORYGON-Z**

PORYGON-Z
Pokémon Virtual

TIPO: NORMAL

Se le instaló un software que le permite entrar y salir de otras dimensiones, pero que provocó que su comportamiento se volviese inestable.

Se dice que evolucionó con la instalación de un nuevo software, pero la comunidad científica está dividida respecto a si es o no una evolución.

PRONUNCIACIÓN: PO-ri-gon ZE-ta
ALTURA: 0,9 m
PESO: 34,0 kg

MOVIMIENTOS: Espacio Raro, Electrocañón, Capa Mágica, Conversión 2, Placaje, Conversión, Maquinación, Psicorrayo, Agilidad, Recuperación, Levitón, Doble Rayo, Embargo, Chispazo, Fijar Blanco, Triataque, Hiperrayo

PORYGON   **PORYGON2**   **PORYGON-Z**

PRIMARINA
Pokémon Solista

TIPO: AGUA-HADA

Primarina considera los combates como un escenario ideal donde abatir a su presa con un canto y baile que derrochan elegancia.

Recibe el sobrenombre de Diva. El espectáculo que ofrece al dirigir el coro de sus congéneres a la luz de la luna es absolutamente primoroso.

PRONUNCIACIÓN: pri-ma-RI-na
ALTURA: 1,8 m
PESO: 44,0 kg

MOVIMIENTOS: Aria Burbuja, Destructor, Pistola Agua, Gruñido, Voz Cautivadora, Ojitos Tiernos, Acua Jet, Viento Hielo, Otra Vez, Rayo Burbuja, Canto, Doble Bofetón, Vozarrón, Fuerza Lunar, Seducción, Hidrobomba, Campo de Niebla

POPPLIO   **BRIONNE**   **PRIMARINA**

PRIMEAPE

Pokémon Mono Cerdo

TIPO: LUCHA

Solo se calma cuando no hay nadie cerca, por lo que llegar a ver ese momento resulta verdaderamente difícil.

PRONUNCIACIÓN: PRAIM-eip
ALTURA: 1,0 m
PESO: 32,0 kg

MOVIMIENTOS: Furia, Sacrificio, Lanzamiento, Arañazo, Patada Baja, Malicioso, Foco Energía, Golpes Furia, Golpe Kárate, Persecución, Sísmico, Contoneo, Tajo Cruzado, Buena Baza, Castigo, Golpe, A Bocajarro, Chirrido, Pataleta, Enfado

MANKEY   PRIMEAPE

PRINPLUP

Pokémon Pingüino

TIPO: AGUA

Vive solo, alejado de los demás. Cada uno piensa que es el más importante.

No hace amigos. Puede partir en dos un árbol gigantesco de un fuerte aletazo.

PRONUNCIACIÓN: PRIN-plap
ALTURA: 0,8 m
PESO: 23,0 kg

MOVIMIENTOS: Placaje, Gruñido, Burbuja, Hidrochorro, Picotazo, Garra Metal, Rayo Burbuja, Venganza, Ataque Furia, Salmuera, Torbellino, Neblina, Pico Taladro, Hidrobomba

PIPLUP   PRINPLUP   EMPOLEON

TIPO: ROCA-ACERO

PROBOPASS
Pokémon Brújula

Manipula unas pequeñas unidades conocidas como mininarices, aunque estas a veces se pierden y no saben cómo regresar a Probopass.

Usa sus tres pequeñas unidades para capturar presas o combatir, mientras que el resto de su cuerpo se dedica casi solo a impartir órdenes.

PRONUNCIACIÓN: PRO-bo-pas
ALTURA: 1,4 m
PESO: 340,0 kg

MOVIMIENTOS: Triataque, Aura Magnética, Levitón, Gravedad, Vastaguardia, Placaje, Defensa Férrea, Bloqueo, Bomba Imán, Onda Trueno, Descanso, Chispa, Avalancha, Joya de Luz, Pedrada, Chispazo, Tormenta de Arena, Tierra Viva, Roca Afilada, Fijar Blanco, Electrocañón

NOSEPASS   PROBOPASS

PSYDUCK
Pokémon Pato

TIPO: AGUA

Siempre padece dolores de cabeza. Tras desatar sus misteriosos poderes, la jaqueca remite unos instantes.

Sus dolores de cabeza empeoran a medida que aumenta su nivel de estrés. Su increíble poder psíquico puede causar estragos a su alrededor.

PRONUNCIACIÓN: SAI-dac
ALTURA: 0,8 m
PESO: 19,6 kg

MOVIMIENTOS: Hidrochorro, Arañazo, Látigo, Pistola Agua, Confusión, Golpes Furia, Hidropulso, Anulación, Chirrido, Cabezazo Zen, Acua Cola, Anegar, Más Psique, Amnesia, Hidrobomba, Zona Extraña

PSYDUCK   GOLDUCK

389

PUMPKABOO

Pokémon Calabaza

REGIONES:
GALAR
KALOS
(MONTAÑA)

TIPO: FANTASMA-PLANTA

Las almas errantes de este mundo se introducen en su cuerpo e inician así su viaje al más allá.

La luz que emite por los orificios de la calabaza hipnotiza a humanos y Pokémon y los deja bajo su control.

PRONUNCIACIÓN: pam-ca-BU
ALTURA: 0,4 m
PESO: 5,0 kg

MOVIMIENTOS: Impresionar, Semilladora, Rayo Confuso, Drenadoras, Divide Dolor, Hoja Afilada, Cara Susto, Bomba Germen, Bola Sombra, Sombra Vil, Truco, Halloween, Abatidoras

PUMPKABOO   GOURGEIST

PUPITAR

Pokémon Caparazón

REGIONES:
ALOLA
GALAR
JOHTO
KALOS
(MONTAÑA)

TIPO: ROCA-TIERRA

Se mueve libremente aun encerrado en la coraza. Su enorme poder destructivo se une a su dureza y rapidez.

No se está quieto ni aun siendo una pupa. Sus extremidades ya se han formado bajo su robusta coraza.

PRONUNCIACIÓN: PIU-pi-tar
ALTURA: 1,2 m
PESO: 152,0 kg

MOVIMIENTOS: Mordisco, Triturar, Pulso Umbrío, Terremoto, Hiperrayo, Defensa Férrea, Malicioso, Vendetta, Avalancha, Lanzarrocas, Tormenta de Arena, Cara Susto, Chirrido, Pataleta, Roca Afilada, Placaje, Golpe

LARVITAR   PUPITAR   TYRANITAR   MEGA-TYRANITAR

REGIONES:
GALAR
KALOS
(MONTAÑA)
UNOVA

PURRLOIN

Pokémon Malicioso

TIPO: SINIESTRO

Sustrae las pertenencias de las personas solo para verlas pasar apuros. Es un rival encarnizado de Nickit.

Una vez que ha logrado distraer al rival mediante sus gestos adorables, lo araña de improviso con las garras mientras muestra un semblante risueño.

PRONUNCIACIÓN: PURR-lo-in
ALTURA: 0,4 m
PESO: 10,1 kg

MOVIMIENTOS: Buena Baza, Sorpresa, Golpes Furia, Gruñido, Afilagarras, Maquinación, Tajo Umbrío, Carantoña, Ataque Arena, Arañazo, Golpe Bajo, Tormento

PURRLOIN   LIEPARD

REGIÓN:
SINNOH

PURUGLY

Pokémon Tigre Gato

TIPO: NORMAL

Si se siente a gusto, no tiene ningún reparo en apropiarse de las moradas de otros Pokémon.

Para intimidar y parecer más corpulento, se aprieta la cintura con su cola bífida.

PRONUNCIACIÓN: pu-RA-gli
ALTURA: 1,0 m
PESO: 43,8 kg

MOVIMIENTOS: Sorpresa, Arañazo, Gruñido, Hipnosis, Finta, Golpes Furia, Encanto, Ayuda, Seducción, Cuchillada, Contoneo, Golpe Cuerpo, Atracción, Afilagarras

GLAMEOW   PURUGLY

PYROAR

Pokémon Regio

MACHO

HEMBRA

REGIONES:
ALOLA
KALOS
(CENTRO)

TIPO: FUEGO-NORMAL

Por lo general, el macho suele ser un holgazán, pero si aparece un enemigo poderoso, no duda en plantarle cara para proteger a los suyos.

Su aliento alcanza temperaturas de 6000°C, aunque no lo emplea contra sus presas, ya que prefiere la carne más bien cruda.

PRONUNCIACIÓN: PAI-rror
ALTURA: 1,5 m
PESO: 81,5 kg

MOVIMIENTOS: Hiperrayo, Placaje, Malicioso, Ascuas, Avivar, Golpe Cabeza, Rugido de Guerra, Derribo, Colmillo Ígneo, Esfuerzo, Eco Voz, Lanzallamas, Triturar, Vozarrón, Calcinación, Sofoco

LITLEO → PYROAR

PYUKUMUKU

Pokémon Pepino Mar

REGIONES:
ALOLA
GALAR

TIPO: AGUA

Vive en los cálidos bajíos de las playas. Si se topa con un enemigo, ataca golpeándolo sin cesar con las entrañas que expulsa por la boca.

La formidable mucosidad que envuelve su piel lo mantiene hidratado y le permite permanecer en tierra firme varios días sin secarse.

PRONUNCIACIÓN: piu-ku-MU-ku
ALTURA: 0,3 m
PESO: 1,2 kg

MOVIMIENTOS: Relevo, Contraataque, Maldición, Bilis, Fortaleza, Refuerzo, Legado, Divide Dolor, Purificación, Recuperación, Velo Sagrado, Anegar, Mofa, Tóxico

NO EVOLUCIONA

QUAGSIRE
Pokémon Pez Agua

TIPO: AGUA-TIERRA

Es de naturaleza tranquila. Permanece impasible cuando, al nadar, choca de cabeza contra rocas de río o el casco de los barcos.

Su cuerpo siempre resulta escurridizo al tacto. Suele chocarse contra el lecho del río al nadar, pero no le importa demasiado.

PRONUNCIACIÓN: CUAG-sair
ALTURA: 1,4 m
PESO: 75,0 kg

MOVIMIENTOS: Amnesia, Acua Cola, Terremoto, Niebla, Neblina, Disparo Lodo, Agua Lodosa, Danza Lluvia, Atizar, Látigo, Tóxico, Pistola Agua, Bostezo

WOOPER → QUAGSIRE

TIPO: FUEGO

REGIÓN:
JOHTO

QUILAVA
Pokémon Volcán

Quilava mantiene a sus rivales a raya con la intensidad de sus llamas y las ráfagas de aire ígneo que producen. También aprovecha su espectacular agilidad para esquivar ataques a la vez que abrasa al rival con sus llamas.

PRONUNCIACIÓN: cuí-LA-ba
ALTURA: 0,9 m
PESO: 19,0 kg

MOVIMIENTOS: Placaje, Malicioso, Pantalla de Humo, Ascuas, Ataque Rápido, Rueda Fuego, Rizo Defensa, Rapidez, Nitrocarga, Humareda, Lanzallamas, Infierno, Rodar, Doble Filo, Llama Final, Estallido

CYNDAQUIL → QUILAVA → TYPHLOSION

QUILLADIN

Pokémon Corazaespín

TIPO: PLANTA

Desvía los ataques de los enemigos con la robusta coraza que cubre su cuerpo y contraataca con sus dos afilados cuernos.

Chocan contra sus congéneres para fortalecer sus piernas. Debido a su carácter afable, nunca son los que provocan un combate.

PRONUNCIACIÓN: CUI-la-din
ALTURA: 0,7 m
PESO: 29,0 kg

MOVIMIENTOS: Gruñido, Látigo Cepa, Rodar, Mordisco, Drenadoras, Pin Misil, Brazo Pincho, Derribo, Bomba Germen, Disparo Lodo, Corpulencia, Golpe Cuerpo, Divide Dolor, Mazazo

CHESPIN   QUILLADIN   CHESNAUGHT

QWILFISH

Pokémon Globo

TIPO: AGUA-VENENO

Cuando su rival es mayor que él, infla el cuerpo bebiendo agua hasta casi reventar para lograr igualarlo en tamaño.

Las pequeñas púas que cubren su cuerpo eran escamas. Inyectan una toxina que hace perder el conocimiento.

PRONUNCIACIÓN: CUIL-fish
ALTURA: 0,5 m
PESO: 3,9 kg

MOVIMIENTOS: Acupresión, Acua Cola, Salmuera, Mismo Destino, Aguijón Letal, Fortaleza, Reducción, Pin Misil, Puya Nociva, Picotazo Veneno, Desquite, Púas, Escupir, Reserva, Placaje, Derribo, Tóxico, Púas Tóxicas, Pistola Agua

NO EVOLUCIONA

TIPO: FUEGO

Su suave pelaje lo protege del frío y le permite incrementar todavía más la temperatura de sus movimientos de tipo Fuego.

Para mejorar su habilidad con los pies, toma bayas de las ramas de los árboles sin usar las manos y juega a darles toques.

PRONUNCIACIÓN: RA-but
ALTURA: 0,6 m
PESO: 9,0 kg

MOVIMIENTOS: Agilidad, Bote, Contraataque, Doble Patada, Doble Filo, Ascuas, Nitrocarga, Gruñido, Golpe Cabeza, Ataque Rápido, Placaje

REGIÓN: GALAR

RABOOT
Pokémon Conejo

SCORBUNNY

RABOOT

CINDERACE

RAICHU
Pokémon Ratón

TIPO: ELÉCTRICO

Su larga cola le sirve como toma de tierra para protegerse a sí mismo del alto voltaje que genera su cuerpo.

Cuando ha descargado las bolsas de las mejillas, levanta la cola y absorbe la carga eléctrica que hay en el ambiente.

PRONUNCIACIÓN: RAI-chu
ALTURA: 0,8 m
PESO: 30,0 kg

MOVIMIENTOS: Agilidad, Encanto, Chispazo, Doble Equipo, Bola Voltio, Amago, Gruñido, Pantalla de Luz, Maquinación, Moflete Estático, Camaradería, Atizar, Chispa, Beso Dulce, Látigo, Trueno, Puño Trueno, Impactrueno, Onda Trueno, Rayo

PICHU **PIKACHU** **RAICHU**

RAICHU DE ALOLA
Pokémon Ratón

TIPO: ELÉCTRICO-PSÍQUICO

Se cree que Raichu adoptó esta forma en Alola debido a las distintas condiciones topográficas, meteorológicas y alimentarias de la región.

Se sube a su cola y usa sus poderes psíquicos para desplazarse flotando mientras ataca con poderosos rayos en forma de estrella.

PRONUNCIACIÓN: RAI-chu
ALTURA: 0,7 m
PESO: 21,0 kg

MOVIMIENTOS: Psíquico, Cambiavelocidad, Impactrueno, Látigo, Ataque Rápido, Rayo

PICHU **PIKACHU** **RAICHU DE ALOLA**

TIPO: ELÉCTRICO

Raikou tiene la velocidad del rayo. Los rugidos de este Pokémon emiten ondas de choque que se esparcen vibrando por el aire y sacuden el suelo como si fueran auténticas descargas de rayo.

PRONUNCIACIÓN: RAI-ku
ALTURA: 1,9 m
PESO: 178,0 kg

MOVIMIENTOS: Mordisco, Malicioso, Impactrueno, Rugido, Ataque Rápido, Chispa, Reflejo, Triturar, Colmillo Rayo, Chispazo, Paranormal, Danza Lluvia, Paz Mental, Trueno

RALTS

Pokémon Sensible

TIPO: PSÍQUICO-HADA

Capta muy bien lo que sienten las personas y los Pokémon. Cuando nota cierta hostilidad, se esconde.

Si sus cuernos perciben emociones positivas de personas o Pokémon, su cuerpo se calienta un poco.

PRONUNCIACIÓN: RALTS
ALTURA: 0,4 m
PESO: 6,6 kg

MOVIMIENTOS: Paz Mental, Encanto, Confusión, Voz Cautivadora, Doble Equipo, Beso Drenaje, Comesueños, Premonición, Gruñido, Pulso Cura, Hipnosis, Gota Vital, Psicorrayo, Psíquico, Teletransporte

GARDEVOIR **MEGA-GARDEVOIR**

RALTS **KIRLIA**

GALLADE **MEGA-GALLADE**

RAMPARDOS

Pokémon Cabezazo

TIPO: ROCA

Los hombres de antaño que encontraban restos fosilizados de Rampardos usaban su cráneo, más duro que el metal, para fabricar cascos.

Pokémon prehistórico especializado en dar cabezazos. Una teoría atribuye su extinción a su cerebro pequeño y a su poca inteligencia.

PRONUNCIACIÓN: ram-PAR-dos
ALTURA: 1,6 m
PESO: 102,5 kg

MOVIMIENTOS: Esfuerzo, Golpe Cabeza, Malicioso, Foco Energía, Persecución, Derribo, Cara Susto, Buena Baza, Guardia Baja, Poder Pasado, Cabezazo Zen, Chirrido, Testarazo

CRANIDOS **RAMPARDOS**

RAPIDASH
Pokémon Caballo Fuego

TIPO: FUEGO

Su ardiente crin ondea al viento mientras atraviesa extensas praderas a una velocidad de 240 km/h.

El ejemplar más rápido se convierte en el líder de la manada y decide tanto el ritmo de galope como su destino.

PRONUNCIACIÓN: RA-pi-dash
ALTURA: 1,7 m
PESO: 95,0 kg

MOVIMIENTOS: Agilidad, Ascuas, Llamarada, Giro Fuego, Nitrocarga, Rueda Fuego, Envite Ígneo, Gruñido, Infierno, Megacuerno, Puya Nociva, Ataque Rápido, Cuerno Certero, Pisotón, Placaje, Látigo, Derribo

PONYTA → RAPIDASH

RAPIDASH DE GALAR
Pokémon Unicorne

TIPO: PSÍQUICO-HADA

El movimiento Psicocorte que realiza con su cuerno posee tal poder destructivo que hasta puede atravesar gruesas placas de metal.

Es un Pokémon orgulloso y gallardo. Atraviesa bosques sin esfuerzo concentrando sus poderes psíquicos en el pelaje de las patas.

PRONUNCIACIÓN: RA-pi-dash
ALTURA: 1,7 m
PESO: 80,0 kg

MOVIMIENTOS: Agilidad, Confusión, Brillo Mágico, Viento Feérico, Gruñido, Pulso Cura, Deseo Cura, Megacuerno, Psicorrayo, Psíquico, Psicocorte, Ataque Rápido, Pisotón, Placaje, Látigo, Derribo

PONYTA
DE GALAR → RAPIDASH
DE GALAR

RATICATE

Pokémon Ratón

TIPO: NORMAL

Gracias a las pequeñas membranas de las patas traseras, puede nadar por los ríos para capturar presas.

PRONUNCIACIÓN: RA-ti-queit
ALTURA: 0,7 m
PESO: 18,5 kg

MOVIMIENTOS: Cara Susto, Danza Espada, Placaje, Látigo, Ataque Rápido, Foco Energía, Mordisco, Persecución, Hipercolmillo, Buena Baza, Triturar, Golpe Bajo, Superdiente, Doble Filo, Esfuerzo

RATTATA   RATICATE

RATICATE DE ALOLA

Pokémon Ratón

TIPO: SINIESTRO-NORMAL

Obliga a los Rattata a llevar comida a su madriguera. Solo acepta los manjares más deliciosos y nutritivos.

PRONUNCIACIÓN: RA-ti-queit
ALTURA: 0,7 m
PESO: 25,5 kg

MOVIMIENTOS: Cara Susto, Danza Espada, Placaje, Látigo, Foco Energía, Ataque Rápido, Mordisco, Persecución, Hipercolmillo, Buena Baza, Triturar, Golpe Bajo, Superdiente, Doble Filo, Esfuerzo

RATTATA DE ALOLA   RATICATE DE ALOLA

RATTATA

Pokémon Ratón

TIPO: NORMAL

Es propenso a hincar los incisivos en cualquier cosa que se le ponga por delante. Si se ve alguno, seguramente haya cuarenta cerca.

PRONUNCIACIÓN: RA-ta-ta
ALTURA: 0,3 m
PESO: 3,5 kg

MOVIMIENTOS: Placaje, Látigo, Ataque Rápido, Foco Energía, Mordisco, Persecución, Hipercolmillo, Buena Baza, Triturar, Golpe Bajo, Superdiente, Doble Filo, Esfuerzo

RATTATA **RATICATE**

RATTATA DE ALOLA

Pokémon Ratón

TIPO: SINIESTRO-NORMAL

Sus bigotes son órganos olfativos muy agudos que le permiten localizar el alimento ipso facto, aunque esté oculto.

PRONUNCIACIÓN: RA-ta-ta
ALTURA: 0,3 m
PESO: 3,8 kg

MOVIMIENTOS: Placaje, Látigo, Ataque Rápido, Foco Energía, Mordisco, Persecución, Hipercolmillo, Buena Baza, Triturar, Golpe Bajo, Superdiente, Doble Filo, Esfuerzo

RATTATA DE ALOLA **RATICATE DE ALOLA**

RAYQUAZA

Pokémon Cielo

TIPO: DRAGÓN-VOLADOR

Dicen que Rayquaza ha vivido durante millones de años. Las leyendas cuentan que puso fin al continuo enfrentamiento entre Groudon y Kyogre.

PRONUNCIACIÓN: rei-CUA-za
ALTURA: 7,0 m
PESO: 206,5 kg

MOVIMIENTOS: Ciclón, Cara Susto, Triturar, Vozarrón, Descanso, Tajo Aéreo, Poder Pasado, Enfado, Danza Dragón, Vuelo, Velocidad Extrema, Hiperrayo, Pulso Dragón, Descanso

MEGA-RAYQUAZA

Pokémon Cielo

TIPO: DRAGÓN-VOLADOR
ALTURA: 10,8 m
PESO: 392,0 kg

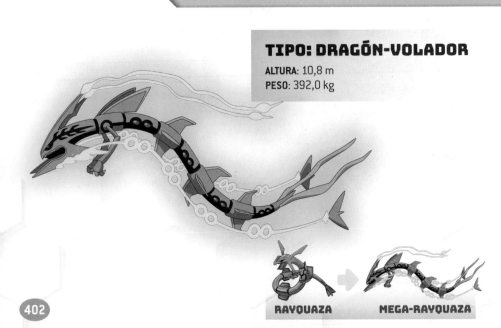

RAYQUAZA → MEGA-RAYQUAZA

POKÉMON LEGENDARIO

REGICE
Pokémon Iceberg

TIPO: HIELO

Regice surgió durante la edad de hielo. El cuerpo de este Pokémon está totalmente congelado, ni siquiera el fuego puede derretirlo. Regice libera y regula un aire gélido de -200 °C.

Regice se rodea de un aire gélido que llega a -200 °C y deja congelado a todo lo que se le acerca. Es imposible derretir a este Pokémon; tiene una temperatura demasiado baja.

PRONUNCIACIÓN: re-YAIS
ALTURA: 1,8 m
PESO: 175,0 kg

MOVIMIENTOS: Explosión, Pisotón, Viento Hielo, Maldición, Fuerza Bruta, Poder Pasado, Amnesia, Rayo Carga, Fijar Blanco, Electrocañón, Rayo Hielo, Machada, Hiperrayo, Terratemblor

NO EVOLUCIONA

POKÉMON LEGENDARIO

REGIGIGAS
Pokémon Colosal

TIPO: NORMAL

Se dice que usó rocas, magma y un hielo especial de montaña para crear Pokémon con su aspecto.

Una antigua leyenda afirma que este Pokémon arrastraba continentes con cuerdas.

PRONUNCIACIÓN: re-yi-GUI-gas
ALTURA: 3,7 m
PESO: 420,0 kg

MOVIMIENTOS: Puño Fuego, Puño Hielo, Puño Trueno, Puño Mareo, Desarme, Rayo Confuso, Profecía, Desquite, Vastaguardia, Cabezazo Zen, Vendetta, Agarrón, Cuerpo Pesado, Gigaimpacto

NO EVOLUCIONA

REGIROCK
Pokémon Pico Roca

TIPO: ROCA

A Regirock lo mantuvieron encerrado y lejos hace tiempo. Dicen que, si resulta dañado en combate, se pone él mismo a buscar piedras parecidas a las suyas y se las pone para recomponerse.

Regirock está formado en su totalidad por piedras. En un estudio reciente, se descubrió que cada una de las piedras había sido desenterrada en sitios distintos.

PRONUNCIACIÓN: re-yi-RROC
ALTURA: 1,7 m
PESO: 230,0 kg

MOVIMIENTOS: Explosión, Pisotón, Lanzarrocas, Maldición, Fuerza Bruta, Poder Pasado, Defensa Férrea, Rayo Carga, Fijar Blanco, Electrocañón, Roca Afilada, Machada, Hiperrayo, Terratemblor

NO EVOLUCIONA

REGISTEEL
Pokémon Hierro

TIPO: ACERO

No hay metal que supere en dureza el cuerpo de Registeel, que tiene aspecto de estar hueco. Nadie sabe de qué se alimenta este Pokémon.

Hace mucho tiempo Registeel estuvo preso. La gente piensa que el metal del que está hecho es una curiosa sustancia extraterrestre.

PRONUNCIACIÓN: re-yis-TIL
ALTURA: 1,9 m
PESO: 205,0 kg

MOVIMIENTOS: Explosión, Pisotón, Garra Metal, Maldición, Fuerza Bruta, Poder Pasado, Defensa Férrea, Amnesia, Rayo Carga, Fijar Blanco, Electrocañón, Cabeza de Hierro, Foco Resplandor, Machada, Hiperrayo, Terratemblor

NO EVOLUCIONA

RELICANTH
Pokémon Longevo

TIPO: AGUA-ROCA

Se creía que esta especie se había extinguido. Le pusieron su nombre, Relicanth, en honor a su descubridor.

La razón por la que su aspecto no ha cambiado un ápice durante 100 millones de años se debe, al parecer, a que es una forma de vida perfecta.

PRONUNCIACIÓN: RE-li-canz
ALTURA: 1,0 m
PESO: 23,4 kg

MOVIMIENTOS: Azote, Testarazo, Placaje, Fortaleza, Chapoteo Lodo, Pistola Agua, Tumba Rocas, Poder Pasado, Buceo, Derribo, Bostezo, Descanso, Hidrobomba, Doble Filo

NO EVOLUCIONA

REMORAID
Pokémon Reactor

TIPO: AGUA

Los chorros de agua que escupe pueden alcanzar a presas en movimiento a una distancia de hasta 100 m.

Usa su aleta dorsal a modo de ventosa para aferrarse a un Mantine en busca de restos de comida.

PRONUNCIACIÓN: RE-mo-raid
ALTURA: 0,6 m
PESO: 12,0 kg

MOVIMIENTOS: Rayo Aurora, Rayo Burbuja, Semilladora, Foco Energía, Refuerzo, Hidrobomba, Hiperrayo, Rayo Hielo, Fijar Blanco, Psicorrayo, Anegar, Pistola Agua, Hidropulso

REMORAID   OCTILLERY

TIPO: DRAGÓN-FUEGO

Pokémon legendario capaz de abrasar el mundo con sus llamas. Ayuda a quienes persiguen un mundo veraz.

Cuando la cola de Reshiram arde, su energía calorífica altera la atmósfera, y el tiempo meteorológico cambia.

PRONUNCIACIÓN: RE-shi-ram
ALTURA: 3,2 m
PESO: 330,0 kg

MOVIMIENTOS: Colmillo Ígneo, Furia Dragón, Sellar, Poder Pasado, Lanzallamas, Dragoaliento, Cuchillada, Paranormal, Llama Fusión, Pulso Dragón, Rugido de Guerra, Triturar, Llamarada, Enfado, Vozarrón, Llama Azul

FORMA AMPLIFICADA

NO EVOLUCIONA

REUNICLUS
Pokémon Ampliación

TIPO: PSÍQUICO

Prefiere derribar a los rivales haciendo girar sus fuertes brazos antes que valerse de sus poderes extrasensoriales.

Al parecer, beber su líquido especial otorga un intelecto sin par, pero resulta muy venenoso, excepto para los propios Reuniclus.

PRONUNCIACIÓN: re-u-NI-clus
ALTURA: 1,0 m
PESO: 20,1 kg

MOVIMIENTOS: Cambio de Banda, Encanto, Confusión, Esfuerzo, Premonición, Machada, Pantalla de Luz, Divide Dolor, Protección, Psicorrayo, Psíquico, Psicocarga, Recuperación, Reflejo, Intercambio, Zona Extraña

SOLOSIS

DUOSION

REUNICLUS

RHYDON

Pokémon Taladro

TIPO: TIERRA-ROCA

Cuando evoluciona, comienza a andar con las patas traseras. Es capaz de horadar rocas con el cuerno que tiene.

La piel le sirve de escudo protector. Puede vivir en lava líquida a 2000 ºC.

PRONUNCIACIÓN: RAI-don
ALTURA: 1,9 m
PESO: 120,0 kg

MOVIMIENTOS: Terratemblor, Taladradora, Terremoto, Machada, Cornada, Perforador, Megacuerno, Pedrada, Cara Susto, Antiaéreo, Pisotón, Roca Afilada, Placaje, Látigo, Derribo

RHYHORN   RHYDON   RHYPERIOR

RHYHORN

Pokémon Clavos

TIPO: TIERRA-ROCA

Su inteligencia es limitada, aunque posee una fuerza tan considerable que le permite incluso derribar rascacielos con solo embestirlos.

La cabeza no le da para retener más de una cosa. Si se pone a correr, se le olvida al instante por qué empezó a hacerlo.

PRONUNCIACIÓN: RAI-jorn
ALTURA: 1,0 m
PESO: 115,0 kg

MOVIMIENTOS: Terratemblor, Taladradora, Terremoto, Cornada, Perforador, Megacuerno, Pedrada, Cara Susto, Antiaéreo, Pisotón, Roca Afilada, Placaje, Látigo, Derribo

RHYHORN   RHYDON   RHYPERIOR

RHYPERIOR

Pokémon Taladro

REGIONES: GALAR, KALOS (COSTA), SINNOH

TIPO: TIERRA-ROCA

Introduce rocas o Roggenrola en las cavidades de las manos y los dispara con fuerza. Es capaz de cargar hasta tres proyectiles en cada brazo.

Repele los ataques usando un Protector y aprovecha el momento en que el rival baja la guardia para perforarlo con su taladro.

PRONUNCIACIÓN: RAI-pi-rior
ALTURA: 2,4 m
PESO: 282,8 kg

MOVIMIENTOS: Terratemblor, Taladradora, Terremoto, Machada, Cornada, Perforador, Megacuerno, Pedrada, Romperrocas, Cara Susto, Antiaéreo, Pisotón, Roca Afilada, Placaje, Látigo, Derribo

 RHYHORN RHYDON  RHYPERIOR

RIBOMBEE

Pokémon Mosca Abeja

REGIONES: ALOLA, GALAR

TIPO: BICHO-HADA

Mezcla polen y néctar para elaborar unas bolas cuyo efecto varía en función de los ingredientes usados y de sus proporciones.

Detesta verse empapado por la lluvia, por lo que rara vez se deja ver en la nubosa región de Galar.

PRONUNCIACIÓN: RI-bom-bi
ALTURA: 0,2 m
PESO: 0,5 kg

MOVIMIENTOS: Absorber, Aromaterapia, Zumbido, Antojo, Brillo Mágico, Beso Drenaje, Viento Feérico, Bola de Polen, Danza Aleteo, Estoicismo, Paralizador, Dulce Aroma, Trapicheo

CUTIEFLY RIBOMBEE

409

RILLABOOM

Pokémon Percusión

TIPO: PLANTA

Controla los poderes y las raíces de su singular tocón en combate golpeándolo como si fuera un tambor.

El percusionista con la técnica más depurada se convierte en líder. Son de carácter tranquilo y dan mucha importancia a la armonía del grupo.

PRONUNCIACIÓN: RI-la-bum
ALTURA: 2,1 m
PESO: 90,0 kg

MOVIMIENTOS: Estruendo, Punzada Rama, Doble Golpe, Batería Asalto, Esfuerzo, Campo de Hierba, Gruñido, Desarme, Rugido de Guerra, Hoja Afilada, Arañazo, Chirrido, Atizar, Mofa, Alboroto, Mazazo

GROOKEY   **THWACKEY**   **RILLABOOM**

Forma alternativa:
RILLABOOM GIGAMAX

La energía del fenómeno Gigamax ha hecho crecer el tocón hasta convertirlo en una especie de batería forestal.

Tras fusionarse con su batería forestal, Rillaboom marca ritmos atronadores que sacuden la región de Galar entera.

ALTURA: >28,0 m
PESO: ???,? kg

REGIONES:
ALOLA
GALAR
KALOS
(CENTRO)
SINNOH

RIOLU

Pokémon Emanación

TIPO: LUCHA

Su gran resistencia le permite correr durante toda una noche sin problema, pero tanta energía hace que sea sumamente complicado seguirle el ritmo.

Percibe los sentimientos de quienes lo rodean, así como las condiciones del entorno, mediante unas ondas conocidas como auras.

PRONUNCIACIÓN: ri-O-lu
ALTURA: 0,7 m
PESO: 20,2 kg

MOVIMIENTOS: Copión, Contraataque, Aguante, Amago, Sacrificio, Palmeo, Refuerzo, Garra Metal, Maquinación, Ataque Rápido, Anticipo, Inversión, Golpe Roca, Chirrido, Danza Espada, Avivar

RIOLU   LUCARIO   MEGA-LUCARIO

ROCKRUFF

Pokémon Perrito

TIPO: ROCA

Se encariña con su Entrenador rápidamente, pero su tendencia a dar mordiscos hace que dedicarse a entrenarlo sea una ardua labor.

Intimida a los rivales golpeando contra el suelo las rocas que tiene en el cuello y, tan pronto como retroceden, se abalanza sobre ellos.

PRONUNCIACIÓN: ROC-rraf
ALTURA: 0,5 m
PESO: 9,2 kg

MOVIMIENTOS: Placaje, Malicioso, Ataque Arena, Mordisco, Aullido, Lanzarrocas, Rastreo, Tumba Rocas, Rugido, Trampa Rocas, Avalancha, Cara Susto, Triturar, Treparrocas, Roca Afilada

ROCKRUFF

LYCANROC
(FORMA DIURNA)

LYCANROC
(FORMA CREPUSCULAR)

LYCANROC
(FORMA NOCTURNA)

ROGGENROLA

Pokémon Manto

REGIONES:
ALOLA
GALAR
KALOS
(COSTA)
UNOVA

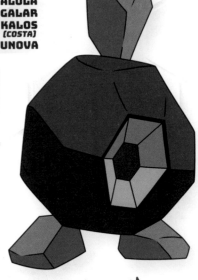

TIPO: ROCA

Su cuerpo es casi tan duro como el acero, pero al parecer puede reblandecerse levemente si permanece sumergido en agua mucho tiempo.

Se dirige hacia cualquier sonido que perciba. Es ligeramente cálido al tacto, debido al efecto de su núcleo energético.

PRONUNCIACIÓN: ro-jen-RRO-la
ALTURA: 0,4 m
PESO: 18,0 kg

MOVIMIENTOS: Explosión, Fortaleza, Golpe Cabeza, Defensa Férrea, Bofetón Lodo, Pedrada, Avalancha, Ataque Arena, Tormenta de Arena, Antiaéreo, Trampa Rocas, Roca Afilada, Placaje

ROGGENROLA   **BOLDORE**   **GIGALITH**

ROLYCOLY

Pokémon Carbón

TIPO: ROCA

Fue descubierto hace aproximadamente 400 años en una mina. Casi la totalidad de su cuerpo presenta una composición igual a la del carbón.

Recorre incluso los caminos más impracticables y pedregosos como si de un monociclo se tratase. La combustión de carbón es su fuente vital.

PRONUNCIACIÓN: ro-li-CO-li
ALTURA: 0,3 m
PESO: 12,0 kg

MOVIMIENTOS: Poder Pasado, Golpe Calor, Calcinación, Giro Rápido, Pedrada, Pulimento, Antiaéreo, Pantalla de Humo, Trampa Rocas, Placaje

ROLYCOLY   **CARKOL**   **COALOSSAL**

ROOKIDEE
Pokémon Pajarito

TIPO: VOLADOR

De naturaleza valiente, planta cara a cualquier rival, por muy fuerte que sea. Los contraataques que recibe le sirven para fortalecerse.

Su pequeño cuerpo le permite volar a gran velocidad para golpear los puntos débiles de rivales mucho más grandes que él.

PRONUNCIACIÓN: RU-ki-di
ALTURA: 0,2 m
PESO: 1,8 kg

MOVIMIENTOS: Pájaro Osado, Pico Taladro, Ataque Furia, Afilagarras, Malicioso, Picotazo, Picoteo, Chulería, Cara Susto, Contoneo, Mofa

ROOKIDEE   CORVISQUIRE   CORVIKNIGHT

413

ROSELIA

Pokémon Espina

TIPO: PLANTA-VENENO

Las flores que tiene emanan un aroma relajante. Cuanto más intenso, mejor es su estado de salud.

Ataca con sus manos, cada una de las cuales contiene un tipo de veneno diferente. Cuanto más intenso es su aroma, mejor salud tiene.

PRONUNCIACIÓN: ro-SE-lia
ALTURA: 0,3 m
PESO: 2,0 kg

MOVIMIENTOS: Absorber, Aromaterapia, Gigadrenado, Desarrollo, Arraigo, Drenadoras, Hoja Mágica, Megaagotar, Tormenta Floral, Danza Pétalo, Picotazo Veneno, Paralizador, Dulce Aroma, Síntesis, Tóxico, Púas Tóxicas, Abatidoras

BUDEW → ROSELIA → ROSERADE

ROSERADE

Pokémon Ramillete

TIPO: PLANTA-VENENO

Aturde a los rivales con la fragancia de sus flores para luego azotarlos sin piedad con sus cepas espinosas.

Las toxinas de la mano derecha son de efecto inmediato, y las de la izquierda, retardado. No obstante, ambas pueden ser letales.

PRONUNCIACIÓN: RO-se-reid
ALTURA: 0,9 m
PESO: 14,5 kg

MOVIMIENTOS: Absorber, Aromaterapia, Gigadrenado, Campo de Hierba, Desarrollo, Arraigo, Drenadoras, Hoja Mágica, Megaagotar, Tormenta Floral, Danza Pétalo, Picotazo Veneno, Paralizador, Dulce Aroma, Síntesis, Tóxico, Púas Tóxicas, Trampa Venenosa, Abatidoras

BUDEW → ROSELIA → ROSERADE

TIPO: ELÉCTRICO-FANTASMA

ROTOM
Pokémon Plasma

Gracias a la inventiva de cierto joven, se ha iniciado la fabricación de diversos artilugios que aprovechan todo el potencial de Rotom.

Su cuerpo de plasma le permite infiltrarse en toda clase de dispositivos electrónicos. Adora sobresaltar a la gente.

PRONUNCIACIÓN: ROU-tom
ALTURA: 0,3 m
PESO: 0,3 kg

MOVIMIENTOS:
Impresionar, Carga, Rayo Confuso, Chispazo, Doble Equipo, Bola Voltio, Infortunio, Onda Voltio, Sustituto, Impactrueno, Onda Trueno, Truco, Alboroto

FORMA CALOR

FORMA LAVADO

FORMA FRÍO

FORMA CORTE

FORMA VENTILADOR

NO EVOLUCIONA

ROWLET

Pokémon Pluma Hoja

TIPO: PLANTA-VOLADOR

Usa sus afiladas plumas como arma arrojadiza y la fuerza de sus patas le permite asestar poderosas patadas que es mejor no subestimar.

Se siente a gusto en lugares angostos y oscuros. En más de una ocasión usa el bolsillo o la mochila de su Entrenador a modo de nido.

PRONUNCIACIÓN: RAU-let
ALTURA: 0,3 m
PESO: 1,5 kg

MOVIMIENTOS: Placaje, Follaje, Gruñido, Picotazo, Impresionar, Hoja Afilada, Viento Aciago, Profecía, Picoteo, Síntesis, Ataque Furia, Golpe Bajo, Hoja Aguda, Danza Pluma, Pájaro Osado, Maquinación

 ROWLET
 DARTRIX
 DECIDUEYE

RUFFLET

Pokémon Aguilucho

TIPO: NORMAL-VOLADOR

Cuando ve a un Pokémon de aspecto fuerte, no puede resistirse a desafiarlo en combate. Si pierde, llora y se lamenta a pleno pulmón.

Es capaz de partir hasta la baya más dura gracias a la fuerza de sus extremidades. Belicoso por naturaleza, planta cara a cualquiera.

PRONUNCIACIÓN: RAF-let
ALTURA: 0,5 m
PESO: 10,5 kg

MOVIMIENTOS: Golpe Aéreo, Tajo Aéreo, Pájaro Osado, Garra Brutal, Despejar, Afilagarras, Malicioso, Picotazo, Cara Susto, Cuchillada, Viento Afín, Golpe, Remolino, Ataque Ala

 RUFFLET
 BRAVIARY

RUNERIGUS

Pokémon Resquemor

TIPO: TIERRA-FANTASMA

Una poderosa maldición pesa sobre esta antigua imagen grabada, que ha cobrado vida tras adueñarse del alma de Yamask.

Su cuerpo, similar a una sombra, no debe tocarse bajo ningún concepto o se visualizarán los horribles recuerdos impregnados en la imagen.

PRONUNCIACIÓN: ru-ne-RI-gus
ALTURA: 1,6 m
PESO: 66,6 kg

MOVIMIENTOS: Impresionar, Giro Vil, Truco Defensa, Maldición, Mismo Destino, Anulación, Terremoto, Isoguardia, Niebla, Infortunio, Mal de Ojo, Tinieblas, Isofuerza, Protección, Cara Susto, Bola Sombra, Garra Umbría, Atizar

YAMASK DE GALAR

RUNERIGUS

417

SABLEYE

Pokémon Oscuridad

REGIONES:
ALOLA
GALAR
HOENN
KALOS
(COSTA)

TIPO: SINIESTRO-FANTASMA

Se dice que, cuando las gemas de los ojos de estos Pokémon tan temidos brillan de manera siniestra, están robándole el alma a alguien.

Se alimenta de gemas. En la oscuridad, los ojos le brillan con el destello las piedras preciosas.

PRONUNCIACIÓN: SEI-be-lai
ALTURA: 0,5 m
PESO: 11,0 kg

MOVIMIENTOS: Impresionar, Rayo Confuso, Detección, Anulación, Sorpresa, Juego Sucio, Golpes Furia, Desarme, Malicioso, Mal de Ojo, Tinieblas, Joya de Luz, Último Lugar, Arañazo, Bola Sombra, Garra Umbría, Sombra Vil, Cabezazo Zen

MEGA-SABLEYE

Pokémon Oscuridad

TIPO: SINIESTRO-FANTASMA

ALTURA: 0,5 m
PESO: 161,0 kg

SABLEYE → MEGA-SABLEYE

TIPO:
DRAGÓN-VOLADOR

SALAMENCE
Pokémon Dragón

Ahora que por fin puede volar, surca los cielos con una sonrisa en el rostro. No pisa tierra firme a no ser que tenga que dormir o esté exhausto.

Su fuerte y firme deseo de volar provocó una mutación repentina de su estructura celular que le permitió obtener las alas que tanto ansiaba.

PRONUNCIACIÓN: SA-la-mens
ALTURA: 1,5 m
PESO: 102,6 kg

MOVIMIENTOS: Vuelo, Protección, Cola Dragón, Colmillo Ígneo, Colmillo Rayo, Furia, Ascuas, Malicioso, Mordisco, Dragoaliento, Golpe Cabeza, Foco Energía, Triturar, Garra Dragón, Cabezazo Zen, Cara Susto, Lanzallamas, Doble Filo

MEGA-SALAMENCE
Pokémon Dragón

TIPO:
DRAGÓN-VOLADOR

ALTURA: 1,8 m
PESO: 112,6 kg

BAGON ➡ **SHELGON** ➡ **SALAMENCE** ➡ **MEGA-SALAMENCE**

SALANDIT

Pokémon Lagartoxina

TIPO: VENENO-FUEGO

Produce un gas venenoso al quemar con las llamas de la cola el líquido secretado en sus bolsas de veneno.

Se aproxima a su presa por la espalda y, antes de que pueda advertirlo, la inmoviliza con un gas venenoso.

PRONUNCIACIÓN: sa-LAN-dit
ALTURA: 0,6 m
PESO: 4,8 kg

MOVIMIENTOS: Pulso Dragón, Ascuas, Esfuerzo, Lanzallamas, Calcinación, Maquinación, Colmillo Veneno, Gas Venenoso, Arañazo, Polución, Dulce Aroma, Tóxico, Trampa Venenosa, Carga Tóxica

SALANDIT   SALAZZLE

SALAZZLE

Pokémon Lagartoxina

TIPO: VENENO-FUEGO

Solo hay hembras. Gracias a sus feromonas, atrae a los Salandit macho y los somete a su voluntad.

Libran disputas con sus congéneres cuyo resultado, al parecer, se inclina por quien tenga un séquito de Salandit machos más numeroso.

PRONUNCIACIÓN: sa-LA-zel
ALTURA: 1,2 m
PESO: 22,2 kg

MOVIMIENTOS: Anulación, Pulso Dragón, Ascuas, Otra Vez, Esfuerzo, Látigo Ígneo, Lanzallamas, Calcinación, Desarme, Maquinación, Colmillo Veneno, Gas Venenoso, Destructor, Arañazo, Polución, Contoneo, Dulce Aroma, Tormento, Tóxico, Trampa Venenosa, Carga Tóxica

SALANDIT   SALAZZLE

TIPO: AGUA

En un abrir y cerrar de ojos, puede desenvainar y envainar los sables que hay en sus patas delanteras.

Derriba a su rival con un solo tajo del sable que lleva en su coraza. Acalla al enemigo con una simple mirada.

PRONUNCIACIÓN: SA-mu-rot
ALTURA: 1,5 m
PESO: 94,6 kg

MOVIMIENTOS: Megacuerno, Placaje, Látigo, Pistola Agua, Hidrochorro, Foco Energía, Concha Filo, Corte Furia, Hidropulso, Desquite, Acua Jet, Cuchillada, Otra Vez, Acua Cola, Represalia, Danza Espada, Hidrobomba

REGIÓN: UNOVA

SAMUROTT
Pokémon Majestuoso

OSHAWOTT

DEWOTT

SAMUROTT

SANDACONDA

Pokémon Serp. Arena

REGIÓN: GALAR

TIPO: TIERRA

Se retuerce para expulsar por los orificios nasales hasta 100 kg de arena. La ausencia de esta mina su ánimo.

La manera tan particular que tiene de enrollarse sobre sí mismo le permite expulsar con mayor eficacia la arena que almacena en la bolsa.

PRONUNCIACIÓN: san-da-CON-da
ALTURA: 3,8 m
PESO: 65,5 kg

MOVIMIENTOS: Giro Vil, Terratemblor, Enrosque, Excavar, Deslumbrar, Golpe Cabeza, Reducción, Ataque Arena, Bucle Arena, Tormenta de Arena, Cabezazo, Atizar, Constricción

SILICOBRA → SANDACONDA

Forma alternativa:

GIGANTAMAX SANDACONDA

Su bolsa de arena también se ha agigantado. El torbellino arenoso que lo rodea supera el millón de toneladas.

La arena que gira vertiginosamente en torno a su cuerpo posee suficiente capacidad destructiva para reducir a escombros un rascacielos.

ALTURA: >22,0 m
PESO: ???,? kg

SANDILE
Pokémon Desierdrilo

TIPO:
TIERRA-SINIESTRO

En las frías noches del desierto se oculta a mucha profundidad en la arena y duerme hasta que sale el sol.

Es pequeño, pero cuenta con un tren inferior fuerte. Se desplaza por el desierto abriéndose paso entre la arena, como si nadase.

PRONUNCIACIÓN: SAN-dail
ALTURA: 0,7 m
PESO: 15,2 kg

MOVIMIENTOS: Malicioso, Furia, Mordisco, Ataque Arena, Tormento, Bucle Arena, Buena Baza, Bofetón Lodo, Embargo, Contoneo, Triturar, Excavar, Cara Susto, Juego Sucio, Tormenta de Arena, Terremoto, Golpe

SANDILE

KROKOROK

KROOKODILE

SANDSHREW

Pokémon Ratón

TIPO: TIERRA

Le gusta revolcarse por la arena seca para eliminar todo rastro de suciedad y humedad en la piel.

Excava madrigueras profundas en las que vive. Parte con sus afiladas garras cualquier roca, por dura que sea, que le entorpezca el camino.

PRONUNCIACIÓN: SANDS-ru
ALTURA: 0,6 m
PESO: 12,0 kg

MOVIMIENTOS: Arañazo, Rizo Defensa, Ataque Arena, Picotazo Veneno, Rodar, Giro Rápido, Rapidez, Corte Furia, Magnitud, Golpes Furia, Bucle Arena, Cuchillada, Excavar, Giro Bola, Danza Espada, Tormenta de Arena, Terremoto

SANDSHREW   **SANDSLASH**

SANDSHREW DE ALOLA

Pokémon Ratón

TIPO: HIELO-ACERO

Ha desarrollado un caparazón de hielo duro como el acero para adaptarse a las montañas de nieves perpetuas donde habita.

Vive en las montañas nevadas de una isla sureña. Si se alza una ventisca, se protege ocultándose bajo la nieve hasta que amaina el temporal.

PRONUNCIACIÓN: SANDS-ru
ALTURA: 0,7 m
PESO: 40,0 kg

MOVIMIENTOS: Arañazo, Rizo Defensa, Venganza, Nieve Polvo, Bola Hielo, Giro Rápido, Corte Furia, Garra Metal, Rapidez, Golpes Furia, Defensa Férrea, Cuchillada, Magnitud, Cabeza de Hierro, Giro Bola, Danza Espada, Granizo, Ventisca

SANDSHREW DE ALOLA   **SANDSLASH DE ALOLA**

SANDSLASH
Pokémon Ratón

TIPO: TIERRA

Cuanto más seco es el terreno en el que habita, más duras y lisas se vuelven las púas que le recubren la espalda.

Trepa a los árboles con sus afiladas garras y deja caer bayas para los Sandshrew que esperan debajo.

PRONUNCIACIÓN: SANDS-las
ALTURA: 1,0 m
PESO: 29,5 kg

MOVIMIENTOS: Arañazo, Rizo Defensa, Ataque Arena, Picotazo Veneno, Rodar, Giro Rápido, Rapidez, Corte Furia, Magnitud, Golpes Furia, Garra Brutal, Bucle Arena, Cuchillada, Excavar, Giro Bola, Danza Espada, Tormenta de Arena, Terremoto

SANDSHREW → **SANDSLASH**

SANDSLASH DE ALOLA
Pokémon Ratón

TIPO: HIELO-ACERO

Sus enormes garras le permiten abrirse camino por la nieve que cubre su hábitat y recorrerlo a mayor velocidad que ningún otro Pokémon.

Mucha gente escala las montañas solo para poder admirar el hermoso brillo que despiden sus púas de hielo bañadas por el sol matutino.

PRONUNCIACIÓN: SANDS-las
ALTURA: 1,2 m
PESO: 55,0 kg

MOVIMIENTOS: Carámbano, Represión Metal, Chuzos, Cuchillada, Rizo Defensa, Bola Hielo, Garra Metal

**SANDSHREW
DE ALOLA** → **SANDSLASH
DE ALOLA**

SANDYGAST

Pokémon Montearena

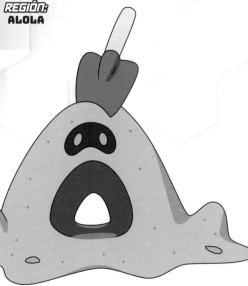

TIPO: FANTASMA-TIERRA

Nace de un montículo de arena poseído por el resentimiento de un difunto. Siente mucho apego por la pala de su cabeza.

Suele habitar en playas. Aumenta de tamaño al tomar control de todo aquel que se atreva a introducir la mano en su boca.

PRONUNCIACIÓN: SAN-di-gast
ALTURA: 0,5 m
PESO: 70,0 kg

MOVIMIENTOS: Fortaleza, Absorber, Impresionar, Ataque Arena, Bucle Arena, Megaagotar, Terratemblor, Hipnosis, Defensa Férrea, Gigadrenado, Bola Sombra, Tierra Viva, Recogearena, Tormenta de Arena

SANDYGAST → PALOSSAND

SAWK

Pokémon Kárate

REGIONES:
GALAR
KALOS
(COSTA)
UNOVA

TIPO: LUCHA

Viven obsesionados con hacerse más fuertes. Si se los encuentra entrenando en la montaña, lo más recomendable es alejarse en silencio.

Cuando un Sawk ha entrenado duro, es capaz de separar las aguas del océano con la potencia de sus técnicas de kárate.

PRONUNCIACIÓN: SOK
ALTURA: 1,4 m
PESO: 51,0 kg

MOVIMIENTOS: Demolición, Corpulencia, A Bocajarro, Contraataque, Doble Patada, Aguante, Foco Energía, Malicioso, Puntapié, Anticipo, Represalia, Inversión, Golpe Roca

NO EVOLUCIONA

TIPO: NORMAL-PLANTA

Cambia de morada dependiendo de las estaciones. Observando sus cuernos, la gente sabe cuándo estas van a cambiar.

Migra con el cambio de estación, por lo que hay quien considera a Sawsbuck el heraldo de la primavera.

PRONUNCIACIÓN: SOS-bak
ALTURA: 1,9 m
PESO: 92,5 kg

MOVIMIENTOS: Megacuerno, Placaje, Camuflaje, Gruñido, Ataque Arena, Doble Patada, Drenadoras, Finta, Derribo, Patada Salto, Aromaterapia, Energibola, Encanto, Asta Drenaje, Adaptación, Doble Filo, Rayo Solar

SAWSBUCK

Pokémon Estacional

FORMA PRIMAVERA

FORMA VERANO

FORMA OTOÑO

FORMA INVIERNO

DEERLING → SAWSBUCK

SCATTERBUG

Pokémon Tiraescamas

TIPO: BICHO

Cuando recibe el ataque de un Pokémon pájaro, expulsa unas escamas negras que provocan parálisis si se entra en contacto con ellas.

Gracias al polvo de escamas que lo recubre y regula su temperatura, puede vivir en cualquier región, sin importar las características del terreno o el clima.

PRONUNCIACIÓN: es-CA-ter-bag
ALTURA: 0,3 m
PESO: 2,5 kg

MOVIMIENTOS: Placaje, Disparo Demora, Paralizador, Picadura

SCATTERBUG SPEWPA VIVILLON

SCEPTILE
Pokémon Monte

TIPO: PLANTA

Las hojas que le salen a Sceptile del cuerpo tienen unos bordes muy afilados. Este Pokémon es muy ágil, va saltando de rama en rama y se lanza sobre el enemigo por la espalda.

A Sceptile le crecen en la espalda unas semillas llenas de nutrientes que sirven para revitalizar los árboles. De hecho, se dedica a cuidarlos con cariño para que crezcan bien.

PRONUNCIACIÓN: SEP-tail
ALTURA: 1,7 m
PESO: 52,2 kg

MOVIMIENTOS: Golpe Bis, Corte Furia, Lluevehojas, Tajo Umbrío, Destructor, Malicioso, Absorber, Ataque Rápido, Megaagotar, Persecución, Hoja Aguda, Agilidad, Atizar, Detección, Tijera X, Falso Tortazo, Anticipo, Chirrido

MEGA-SCEPTILE
Pokémon Monte

TIPO: PLANTA-DRAGÓN
ALTURA: 1,9 m
PESO: 55,2 kg

TREECKO → GROVYLE → SCEPTILE → MEGA-SCEPTILE

SCIZOR
Pokémon Tenaza

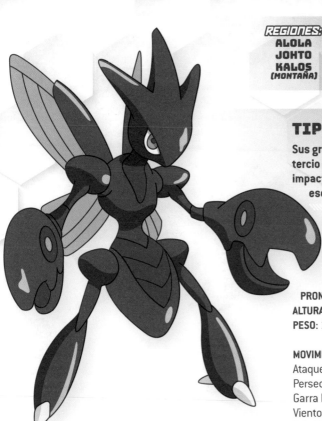

TIPO: BICHO-ACERO

Sus grandes pinzas representan un tercio de su peso corporal. Basta el impacto de una de ellas para reducir a escombros una enorme roca.

Su potencia de ataque, que asombra dada su delgadez, se debe a que sus músculos están hechos de metal.

PRONUNCIACIÓN: SI-sor
ALTURA: 1,8 m
PESO: 118,0 kg

MOVIMIENTOS: Amago, Puño Bala, Ataque Rápido, Malicioso, Foco Energía, Persecución, Falso Tortazo, Agilidad, Garra Metal, Corte Furia, Cuchillada, Viento Cortante, Defensa Férrea, Tijera X, Tajo Umbrío, Doble Golpe, Cabeza de Hierro, Danza Espada

MEGA-SCIZOR
Pokémon Tenaza

TIPO: BICHO-ACERO

ALTURA: 2,0 m
PESO: 125,0 kg

SCYTHER → SCIZOR → MEGA-SCIZOR

SCOLIPEDE

Pokémon Megaciempiés

REGIONES:
KALOS
(CENTRO)
UNOVA

TIPO: BICHO-VENENO

Usa las garras que le sobresalen del cuello para atrapar a su presa, golpearla contra el suelo y rematarla inoculando un potente veneno.

Las disputas territoriales con Centiskorch son extremadamente violentas. El perdedor se convierte en la presa del ganador.

PRONUNCIACIÓN: es-CO-li-pid
ALTURA: 2,5 m
PESO: 200,5 kg

MOVIMIENTOS: Defensa Férrea, Megacuerno, Rizo Defensa, Rodar, Picotazo Veneno, Chirrido, Persecución, Protección, Cola Veneno, Picadura, Carga Tóxica, Relevo, Agilidad, Rodillo de Púas, Tóxico, Trampa Venenosa, Treparrocas, Doble Filo

VENIPEDE   WHIRLIPEDE   SCOLIPEDE

SCORBUNNY

Pokémon Conejo

REGIÓN:
GALAR

TIPO: FUEGO

Se pone a correr para elevar su temperatura corporal y propagar la energía ígnea por todo el cuerpo. Desata así su verdadera fuerza.

Cuando se prepara para combatir, irradia calor por la punta de la nariz y el pelo que le recubre las patas.

PRONUNCIACIÓN: es-COR-ba-ni
ALTURA: 0,3 m
PESO: 4,5 kg

MOVIMIENTOS: Agilidad, Bote, Contraataque, Doble Patada, Doble Filo, Ascuas, Nitrocarga, Gruñido, Golpe Cabeza, Ataque Rápido, Placaje

SCORBUNNY   RABOOT   CINDERACE

SCRAFTY

Pokémon Gamberro

REGIONES:
ALOLA
GALAR
KALOS
(CENTRO)
UNOVA

TIPO: SINIESTRO-LUCHA

Las patadas que propina con aparente desgana poseen una fuerza capaz de destrozar incluso los pilares de hormigón que llevan los Conkeldurr.

A pesar de su carácter agresivo, se muestra muy protector con sus allegados y su territorio.

PRONUNCIACIÓN: es-CRAF-ti
ALTURA: 1,1 m
PESO: 30,0 kg

MOVIMIENTOS: Paliza, Demolición, Triturar, Imagen, Puño Certero, Testarazo, Golpe Cabeza, Patada Salto Alta, Malicioso, Patada Baja, Vendetta, Protección, Ataque Arena, Cara Susto, Contoneo

SCRAGGY   SCRAFTY

REGIONES:
ALOLA
GALAR
KALOS
(CENTRO)
UNOVA

SCRAGGY

Pokémon Mudapiel

TIPO: SINIESTRO-LUCHA

No tiene reparos en liarse a cabezazos con quien se le ponga por delante, por lo que es peligroso cruzar la mirada con él.

Su robusta piel le sirve de protección. Cuando ya no puede estirarse más, es señal de que va a evolucionar pronto.

PRONUNCIACIÓN: es-CRA-gui
ALTURA: 0,6 m
PESO: 11,8 kg

MOVIMIENTOS: Paliza, Demolición, Triturar, Imagen, Puño Certero, Testarazo, Golpe Cabeza, Patada Salto Alta, Malicioso, Patada Baja, Vendetta, Protección, Ataque Arena, Cara Susto, Contoneo

SCRAGGY   SCRAFTY

431

SCYTHER

Pokémon Mantis

TIPO: BICHO-VOLADOR

Sus guadañas se vuelven más afiladas con cada combate. Es capaz de rebanar troncos gruesos de un tajo.

El territorio de un Scyther se identifica fácilmente por el gran número de árboles talados de forma indiscriminada en una misma zona del bosque.

PRONUNCIACIÓN: SAI-zer
ALTURA: 1,5 m
PESO: 56,0 kg

MOVIMIENTOS: Onda Vacío, Ataque Rápido, Malicioso, Foco Energía, Persecución, Falso Tortazo, Agilidad, Ataque Ala, Corte Furia, Cuchillada, Viento Cortante, Doble Equipo, Tijera X, Tajo Umbrío, Doble Golpe, Tajo Aéreo, Danza Espada, Amago

SCYTHER → SCIZOR → MEGA-SCIZOR

SEADRA

Pokémon Dragón

TIPO: AGUA

En esta especie, es el macho quien se ocupa de la prole. Durante la época de cría, el veneno de las púas de su espalda se vuelve más potente.

Su estrecho hocico posee tal fuerza de succión que es capaz de aspirar presas de mayor tamaño y engullirlas enteras.

PRONUNCIACIÓN: SI-dra
ALTURA: 1,2 m
PESO: 25,0 kg

MOVIMIENTOS: Pistola Agua, Pantalla de Humo, Malicioso Burbuja, Foco Energía, Rayo Burbuja, Agilidad, Ciclón, Salmuera, Hidrobomba, Danza Dragón, Pulso Dragón

HORSEA → SEADRA → KINGDRA

REGIONES:
ALOLA
GALAR
KALOS
(COSTA)
KANTO

SEAKING
Pokémon Pez Color

TIPO: AGUA

En otoño gana algo de peso para atraer a posibles parejas y se cubre de llamativos colores.

Perfora las piedras del lecho del río con su cuerno para hacer un nido y que la corriente no arrastre sus huevos.

PRONUNCIACIÓN: SII-king
ALTURA: 1,3 m
PESO: 39,0 kg

MOVIMIENTOS: Agilidad, Acua Aro, Azote, Cornada, Perforador, Megacuerno, Picotazo, Anegar, Supersónico, Látigo, Hidropulso, Cascada

GOLDEEN **SEAKING**

SEALEO
Pokémon Rodabola

TIPO: HIELO-AGUA

Cada vez que Sealeo ve algo nuevo, se lo pone en el morro y empieza a darle vueltas. A veces, para entretenerse, hace lo mismo con un Spheal.

Sealeo suele balancear y hacer rodar cosas en la punta del morro. Al mismo tiempo, aprovecha para olerlas y detectar la textura que tienen para ver si le gustan o no.

PRONUNCIACIÓN: SI-li-o
ALTURA: 1,1 m
PESO: 87,6 kg

MOVIMIENTOS: Nieve Polvo, Gruñido, Pistola Agua, Otra Vez, Bola Hielo, Golpe Cuerpo, Rayo Aurora, Granizo, Contoneo, Descanso, Ronquido, Ventisca, Frío Polar, Rizo Defensa, Rodar, Salmuera

SPHEAL **SEALEO** **WALREIN**

SEEDOT
Pokémon Bellota

TIPO: PLANTA

Cuando se queda inmóvil, parece una bellota de verdad. Le encanta sorprender a los Pokémon que se acercan a picotearlo.

Se cuelga de las ramas con el extremo de la cabeza. A veces se cae cuando soplan vientos fuertes.

PRONUNCIACIÓN: SI-do
ALTURA: 0,5 m
PESO: 4,0 kg

MOVIMIENTOS: Absorber, Impresionar, Explosión, Desarrollo, Fortaleza, Megaagotar, Adaptación, Vendetta, Rodar, Golpe Bajo, Día Soleado, Síntesis, Placaje

SEEDOT   NUZLEAF   SHIFTRY

SEEL
Pokémon León Marino

TIPO: AGUA

Le encantan los lugares gélidos y disfruta nadando en aguas a temperaturas en torno a los -10 ºC.

PRONUNCIACIÓN: SIIL
ALTURA: 1,1 m
PESO: 90,0 kg

MOVIMIENTOS: Golpe Cabeza, Gruñido, Hidrochorro, Viento Hielo, Otra Vez, Canto Helado, Descanso, Acua Aro, Rayo Aurora, Acua Jet, Salmuera, Derribo, Buceo, Acua Cola, Rayo Hielo, Velo Sagrado, Granizo

SEEL   DEWGONG

SEISMITOAD

Pokémon Vibrante

TIPO: AGUA-TIERRA

Cuando hace vibrar los bultos de su cuerpo, provoca sacudidas que parecen terremotos. Está emparentado con los Croagunk.

Las vibraciones de sus bultos resultan perfectas para dar masajes, lo que lo ha hecho muy popular entre la tercera edad.

PRONUNCIACIÓN: SIS-mi-toud
ALTURA: 1,5 m
PESO: 62,0 kg

MOVIMIENTOS: Ácido, Acua Aro, Rayo Burbuja, Puño Drenaje, Eco Voz, Azote, Bilis, Gruñido, Hidrobomba, Vozarrón, Disparo Lodo, Agua Lodosa, Danza Lluvia, Canon, Supersónico, Alboroto

TYMPOLE   PALPITOAD   SEISMITOAD

SENTRET

Pokémon Explorador

TIPO: NORMAL

Sentret no duerme a menos que otro haga guardia. El que hace de centinela lo despertará al mínimo signo de peligro. Cuando este Pokémon se separa de su manada, es incapaz de echarse a dormir, presa del miedo.

PRONUNCIACIÓN: SEN-tret
ALTURA: 0,8 m
PESO: 6,0 kg

MOVIMIENTOS: Arañazo, Profecía, Rizo Defensa, Ataque Rápido, Golpes Furia, Refuerzo, Señuelo, Atizar, Descanso, Golpe Bajo, Amnesia, Relevo, Yo Primero, Vozarrón

SENTRET   FURRET

SERPERIOR

Pokémon Realeza

TIPO: PLANTA

Tan solo muestra su verdadero poder a quienes no se amedrentan ante su noble pero inquisitoria mirada.

Detiene los movimientos del rival con una sola mirada. Expande la energía solar dentro de su cuerpo.

PRONUNCIACIÓN: ser-PE-rior
ALTURA: 3,3 m
PESO: 63,0 kg

MOVIMIENTOS: Placaje, Malicioso, Látigo Cepa, Constricción, Desarrollo, Ciclón de Hojas, Drenadoras, Megaagotar, Atizar, Hoja Aguda, Enrosque, Gigadrenado, Estrujón, Bilis, Lluevehojas

SNIVY   SERVINE   SERPERIOR

SERVINE

Pokémon Serpiente Hierba

TIPO: PLANTA

Parece que se desliza al correr. Engaña a sus rivales con su velocidad y los fustiga con su látigo.

Cuando su cuerpo está sucio, no puede realizar la fotosíntesis con sus hojas, así que cuida mucho su higiene personal.

PRONUNCIACIÓN: SER-bain
ALTURA: 0,8 m
PESO: 16,0 kg

MOVIMIENTOS: Placaje, Malicioso, Látigo Cepa, Constricción, Desarrollo, Ciclón de Hojas, Drenadoras, Megaagotar, Atizar, Hoja Aguda, Enrosque, Gigadrenado, Estrujón, Bilis, Lluevehojas

SNIVY   SERVINE   SERPERIOR

SEVIPER

Pokémon Colmillos

TIPO: VENENO

Seviper lleva años de gran enemistad con Zangoose. Las cicatrices que tiene por todo el cuerpo dan buena muestra de los encarnizados combates en los que se han enfrentado. Seviper ataca usando su cola con forma de espada.

Seviper tiene una cola que parece una espada y le sirve para dar un sablazo al enemigo y para envenenarlo. Este Pokémon se mantiene firme en la enemistad que siente hacia Zangoose.

PRONUNCIACIÓN: se-VAI-per
ALTURA: 2,7 m
PESO: 52,5 kg

NO EVOLUCIONA

MOVIMIENTOS: Constricción, Contoneo, Mordisco, Lengüetazo, Cola Veneno, Amago, Chirrido, Carga Tóxica, Deslumbrar, Colmillo Veneno, Trampa Venenosa, Tajo Umbrío, Bilis, Niebla, Puya Nociva, Triturar, Eructo, Enrosque, Estrujón, Danza Espada

SEWADDLE

Pokémon Sastre

TIPO: BICHO-PLANTA

Recorta hojas y las teje con el líquido viscoso que segrega por la boca para hacerse su propia ropa.

Usa hojas como material para fabricar su propia ropa, por lo que los diseñadores más famosos los tienen como mascota.

PRONUNCIACIÓN: si-WA-del
ALTURA: 0,3 m
PESO: 2,5 kg

MOVIMIENTOS: Placaje, Disparo Demora, Picadura, Hoja Afilada, Estoicismo, Aguante, Red Viscosa, Zumbido, Azote

SEWADDLE → SWADLOON → LEAVANNY

SHARPEDO

Pokémon Voraz

TIPO: AGUA-SINIESTRO

En cuanto detecta el olor de una presa, expele agua marina para propulsarse hacia delante y atacar a una velocidad de 120 km/h.

Conocido como el Terror de los Mares, ataca sin excepción a todo barco que ose adentrarse en su territorio oceánico.

PRONUNCIACIÓN: shar-PI-do
ALTURA: 1,8 m
PESO: 88,8 kg

MOVIMIENTOS: Cuchillada, Tajo Umbrío, Amago, Malicioso, Mordisco, Furia, Foco Energía, Acua Jet, Buena Baza, Chirrido, Contoneo, Colmillo Hielo, Cara Susto, Colmillo Veneno, Triturar, Agilidad, Cabezazo, Mofa

MEGA-SHARPEDO

Pokémon Voraz

TIPO: AGUA-SINIESTRO

ALTURA: 2,5 m
PESO: 130,3 kg

CARVANHA ➡ SHARPEDO ➡ MEGA-SHARPEDO

SHAYMIN FORMA TIERRA

Pokémon Gratitud

TIPO: PLANTA

Puede disolver las toxinas del aire para transformar tierra yerma en campos de flores.

Se dice que, cuando florecen las Gracídeas, Shaymin alza el vuelo para mostrar su gratitud.

PRONUNCIACIÓN: SHEI-min
ALTURA: 0,2 m
PESO: 2,1 kg

MOVIMIENTOS: Desarrollo, Hoja Mágica, Drenadoras, Síntesis, Dulce Aroma, Don Natural, Abatidoras, Aromaterapia, Energibola, Beso Dulce, Deseo Cura, Fogonazo

SHAYMIN FORMA CIELO

Pokémon Gratitud

TIPO: PLANTA

ALTURA: 0,4 m
PESO: 5,2 kg

NO EVOLUCIONA

SHEDINJA

Pokémon Muda

TIPO: BICHO-FANTASMA

Es un Pokémon muy peculiar; aparece de repente en una Poké Ball cuando Nincada evoluciona.

Revolotea sin batir las alas, no respira y su cuerpo está hueco por dentro.

PRONUNCIACIÓN: she-DIN-yia
ALTURA: 0,8 m
PESO: 1,2 kg

MOVIMIENTOS: Absorber, Rayo Confuso, Excavar, Falso Tortazo, Golpes Furia, Rabia, Fortaleza, Garra Metal, Telépata, Bofetón Lodo, Golpe Fantasma, Ataque Arena, Arañazo, Bola Sombra, Garra Umbría, Sombra Vil, Rencor

NINCADA → SHEDINJA

SHELGON

Pokémon Resistencia

TIPO: DRAGÓN

Las células de su cuerpo se transforman a una velocidad vertiginosa. Su dura coraza está formada por una especie de tejido óseo.

Vive en el fondo de las grutas. Mientras se recluye en su dura concha, sueña con el día en el que pueda surcar el cielo volando.

PRONUNCIACIÓN: SHEL-gon
ALTURA: 1,1 m
PESO: 110,5 kg

MOVIMIENTOS: Protección, Furia, Ascuas, Malicioso, Mordisco, Dragoaliento, Golpe Cabeza, Foco Energía, Triturar, Garra Dragón, Cabezazo Zen, Cara Susto, Lanzallamas, Doble Filo

BAGON → SHELGON → SALAMENCE → MEGA-SALAMENCE

TIPO: AGUA

Nada hacia atrás abriendo y cerrando su concha. Es sorprendentemente rápido.

La concha lo protege de cualquier tipo de ataque. Solo es vulnerable cuando se abre.

PRONUNCIACIÓN: SHEL-der
ALTURA: 0,3 m
PESO: 4,0 kg

MOVIMIENTOS: Rayo Aurora, Hidrobomba, Rayo Hielo, Canto Helado, Defensa Férrea, Malicioso, Protección, Concha Filo, Rompecoraza, Supersónico, Placaje, Pistola Agua, Torbellino, Refugio

REGIONES:
ALOLA
GALAR
KALOS
(COSTA)
KANTO

SHELLDER
Pokémon Bivalvo

SHELLDER **CLOYSTER**

SHELLOS (MAR ESTE)
Pokémon Babosa Marina

TIPO: AGUA

Se dice que su aspecto cambia según el tipo de alimentación, aunque la veracidad de esta teoría aún está por comprobar.

Su aspecto cambia en función de su entorno. En teoría, esta es la forma que adopta cuando habita en mares de aguas heladas.

PRONUNCIACIÓN: SHE-los
ALTURA: 0,3 m
PESO: 6,3 kg

MOVIMIENTOS: Poder Pasado, Golpe Cuerpo, Tierra Viva, Fortaleza, Legado, Agua Lodosa, Bofetón Lodo, Danza Lluvia, Recuperación, Pistola Agua, Hidropulso

SHELLOS
(MAR ESTE)

GASTRODON
(MAR ESTE)

SHELLOS (MAR OESTE)

Pokémon Babosa Marina

TIPO: AGUA

Su aspecto cambia según el entorno. Al parecer, esta es la forma que adopta en mares de aguas cálidas.

Si se le aprieta muy fuerte, secreta un misterioso fluido morado que, aunque inofensivo, resulta desagradable por su viscosidad.

PRONUNCIACIÓN: SHE-los
ALTURA: 0,3 m
PESO: 6,3 kg

MOVIMIENTOS: Poder Pasado, Golpe Cuerpo, Tierra Viva, Fortaleza, Legado, Agua Lodosa, Bofetón Lodo, Danza Lluvia, Recuperación, Pistola Agua, Hidropulso

SHELLOS (MAR OESTE) → **GASTRODON (MAR OESTE)**

SHELMET

Pokémon Caracol

TIPO: BICHO

Cierra a cal y canto la visera de su caparazón al ser atacado. Solo los Karrablast pueden abrirla.

Debido a su peculiar constitución, reacciona ante la energía eléctrica. Por alguna misteriosa razón, evoluciona en presencia de Karrablast.

PRONUNCIACIÓN: SHEL-met
ALTURA: 0,4 m
PESO: 7,7 kg

MOVIMIENTOS: Absorber, Ácido, Armadura Ácida, Golpe Cuerpo, Zumbido, Maldición, Sacrificio, Gigadrenado, Cambiadefensa, Megaagotar, Protección, Recuperación, Estoicismo, Bostezo

SHELMET → **ACCELGOR**

TIPO: ROCA-ACERO

Un Pokémon herbívoro de carácter afable. Con su dura protección facial podía desenterrar las raíces de los árboles para comérselas.

Los fósiles que se han encontrado hasta ahora en estratos prehistóricos pertenecen solo a su cara.

PRONUNCIACIÓN: SHIL-don
ALTURA: 0,5 m
PESO: 57,0 kg

MOVIMIENTOS: Placaje, Protección, Mofa, Eco Metálico, Derribo, Defensa Férrea, Contoneo, Poder Pasado, Aguante, Represión Metal, Cabeza de Hierro, Cuerpo Pesado

REGIONES: ALOLA SINNOH

SHIELDON
Pokémon Escudo

SHIELDON ➡ BASTIODON

REGIONES: GALAR HOENN

SHIFTRY
Pokémon Malvado

TIPO: PLANTA-SINIESTRO

Infundía temor por su condición de guardián de los bosques. Es capaz de leer los pensamientos del rival y actuar en consecuencia.

Vive sigiloso en lo más profundo del bosque. Se dice que con sus abanicos puede generar vientos gélidos.

PRONUNCIACIÓN: SHIF-tri
ALTURA: 1,3 m
PESO: 59,6 kg

MOVIMIENTOS: Aire Afilado, Explosión, Paranormal, Sorpresa, Desarrollo, Vendaval, Hoja Aguda, Ciclón de Hojas, Megaagotar, Adaptación, Vendetta, Hoja Afilada, Rodar, Golpe Bajo, Día Soleado, Contoneo, Síntesis, Placaje, Tormento, Remolino

SEEDOT ➡ NUZLEAF ➡ SHIFTRY

SHIINOTIC
Pokémon Luminiscente

TIPO: PLANTA-HADA

Atrae y duerme a su presa con la luz parpadeante de sus esporas y luego le absorbe la energía vital con la punta de los dedos.

Conviene no acercarse si se avistan luces en la espesura del bosque en plena noche, ya que podrían ser las esporas soporíferas de Shiinotic.

PRONUNCIACIÓN: shi-NO-tic
ALTURA: 1,0 m
PESO: 11,5 kg

MOVIMIENTOS: Absorber, Impresionar, Rayo Confuso, Brillo Mágico, Comesueños, Gigadrenado, Arraigo, Megaagotar, Fuerza Lunar, Luz Lunar, Somnífero, Espora, Absorbefuerza

MORELULL → SHIINOTIC

SHINX
Pokémon Flash

TIPO: ELÉCTRICO

Produce energía eléctrica al contraer los músculos. Si tiembla de emoción, significa que está generando gran cantidad de electricidad.

Su pelaje brilla gracias a la electricidad. Envía señales a sus semejantes agitando la punta luminosa de la cola.

PRONUNCIACIÓN: SHINX
ALTURA: 0,5 m
PESO: 9,5 kg

MOVIMIENTOS: Placaje, Malicioso, Carga, Ojitos Tiernos, Chispa, Mordisco, Rugido, Contoneo, Colmillo Rayo, Triturar, Cara Susto, Chispazo, Voltio Cruel

SHINX → LUXIO → LUXRAY

SHROOMISH

Pokémon Hongo

TIPO: PLANTA

Los Shroomish viven en zonas húmedas en la profunda oscuridad del bosque. Suelen quedarse tranquilamente bajo las hojas caídas. Se alimentan del abono que estas generan al empezar a pudrirse.

Si Shroomish siente peligro, agita el cuerpo y libera esporas venenosas por la cabeza. Estas esporas son tan tóxicas que pueden hacer que se marchiten los árboles y hasta las malas hierbas.

PRONUNCIACIÓN: es-RU-mish
ALTURA: 0,4 m
PESO: 4,5 kg

MOVIMIENTOS: Absorber, Placaje, Paralizador, Drenadoras, Megaagotar, Golpe Cabeza, Polvo Veneno, Abatidoras, Desarrollo, Gigadrenado, Bomba Germen, Espora, Tóxico

SHROOMISH   BRELOOM

SHUCKLE

Pokémon Moho

TIPO: BICHO-ROCA

Almacena bayas dentro de su concha. Para evitar ataques, se esconde inmóvil bajo las rocas.

Las bayas que almacena en su caparazón con forma de vasija se convierten al final en un espeso zumo.

PRONUNCIACIÓN: SHA-kel
ALTURA: 0,6 m
PESO: 20,5 kg

MOVIMIENTOS: Picadura, Bilis, Isoguardia, Isofuerza, Truco Fuerza, Descanso, Avalancha, Lanzarrocas, Rodar, Velo Sagrado, Rompecoraza, Red Viscosa, Roca Afilada, Estoicismo, Refugio, Constricción

NO EVOLUCIONA

SHUPPET

Pokémon Títere

TIPO: FANTASMA

Se alimenta de sentimientos negativos como la envidia, el rencor y el odio, así que su presencia es más que bienvenida por los humanos.

Según un viejo proverbio, conviene mantenerse alejado de aquellas casas a las que se arrime una multitud de Shuppet cuando cae la noche.

PRONUNCIACIÓN: SHA-pet
ALTURA: 0,6 m
PESO: 2,3 kg

MOVIMIENTOS: Desarme, Chirrido, Tinieblas, Rencor, Fuego Fatuo, Sombra Vil, Maldición, Finta, Infortunio, Bola Sombra, Golpe Bajo, Embargo, Robo, Rabia, Truco, Golpe Fantasma

| SHUPPET | BANETTE | MEGA-BANETTE |

SIGILYPH

Pokémon Pseudopájaro

TIPO: PSÍQUICO-VOLADOR

Vuela gracias a sus poderes psíquicos. Dicen que había sido la deidad protectora de una antigua ciudad, si bien otros creen que era su mensajero.

Explorando la zona desértica que sobrevuela, se han descubierto los vestigios de lo que parece ser una antigua ciudad.

PRONUNCIACIÓN: SI-yi-lif
ALTURA: 1,4 m
PESO: 14,0 kg

MOVIMIENTOS: Aire Afilado, Tajo Aéreo, Confusión, Masa Cósmica, Gravedad, Tornado, Hipnosis, Pantalla de Luz, Psicorrayo, Psíquico, Reflejo, Intercambio, Ataque Aéreo, Viento Afín, Remolino

NO EVOLUCIONA

SILCOON
Pokémon Capullo

TIPO: BICHO

Silcoon usa la seda que produce para aferrarse a la rama de un árbol y sujetarse bien. Se queda ahí colgado a la espera de su evolución, mientras lo observa todo a través de dos pequeños agujeros en su capullo de seda.

Se pensaba que Silcoon podía aguantar el hambre y no consumir nada antes de evolucionar. Sin embargo, ahora se cree que sacia su sed bebiendo el agua de la lluvia que se le queda sobre la seda del capullo.

PRONUNCIACIÓN: sil-CUN
ALTURA: 0,6 m
PESO: 10,0 kg

WURMPLE   SILCOON   BEAUTIFLY

MOVIMIENTO: Fortaleza

SILICOBRA
Pokémon Serp. Arena

TIPO: TIERRA

Almacena la arena que ingiere al perforar hoyos en la saca del cuello, cuya capacidad llega a alcanzar incluso los 8 kg.

Expulsa arena por los orificios nasales. Una vez que aturde al enemigo, aprovecha la ocasión para ocultarse bajo tierra.

PRONUNCIACIÓN: si-li-CO-bra
ALTURA: 2,2 m
PESO: 7,6 kg

MOVIMIENTOS: Giro Vil, Terratemblor, Enrosque, Excavar, Deslumbrar, Golpe Cabeza, Reducción, Ataque Arena, Bucle Arena, Tormenta de Arena, Atizar, Constricción

SILICOBRA   SANDACONDA

SILVALLY

Pokémon Multigénico

POKÉMON LEGENDARIO

TIPO: NORMAL

Gracias a los fuertes vínculos que lo unen a su Entrenador, ha despertado todo su potencial. Es capaz de cambiar de tipo a voluntad.

El factor decisivo que le ha permitido liberar toda su fuerza ha sido el estrecho vínculo y la confianza que profesa a su Entrenador.

PRONUNCIACIÓN: sil-VA-li
ALTURA: 2,3 m
PESO: 100,5 kg

MOVIMIENTOS: Golpe Aéreo, Tajo Aéreo, Mordisco, Triturar, Garra Brutal, Doble Golpe, Doble Filo, Explosión, Colmillo Ígneo, Colmillo Hielo, Sellar, Cabeza de Hierro, Eco Metálico, Multiataque, Última Palabra, Colmillo Veneno, Cara Susto, Placaje, Derribo, Colmillo Rayo, Triataque, Tijera X

CÓDIGO CERO → SILVALLY

SIMIPOUR

Pokémon Drenaje

TIPO: AGUA

Cuando lanza agua a alta presión con su cola, puede incluso resquebrajar una pared de cemento.

Le encantan los lugares con agua limpia. Cuando desciende el nivel de agua de su pelo, se abastece a través de su cola.

PRONUNCIACIÓN: SI-mi-pur
ALTURA: 1,0 m
PESO: 29,0 kg

MOVIMIENTOS: Malicioso, Lengüetazo, Golpes Furia, Escaldar

PANPOUR

SIMIPOUR

TIPO: PLANTA

SIMISAGE
Pokémon Mono Pincho

Ataca estampando las espinas de su cola en el enemigo. Es un Pokémon con mucho temperamento.

Pokémon muy temperamental que lucha con su cola revestida de púas. Las hojas de su cabeza son muy amargas.

PRONUNCIACIÓN: SI-mi-seich
ALTURA: 1,1 m
PESO: 30,5 kg

MOVIMIENTOS: Malicioso, Lengüetazo, Golpes Furia, Bomba Germen

REGIONES: KALOS (CENTRO) UNOVA

PANSAGE   SIMISAGE

SIMISEAR
Pokémon Lumbre

REGIONES: KALOS (CENTRO) UNOVA

TIPO: FUEGO

Achicharra a sus enemigos desprendiendo llamas por la cola y la cabeza, fruto de su desmesurado calor interno.

Cuando se emociona, echa chispas por la cola y la cabeza, y calienta su cuerpo. Por alguna razón le encantan los dulces.

PRONUNCIACIÓN: SI-mi-siar
ALTURA: 1,0 m
PESO: 28,0 kg

MOVIMIENTOS: Malicioso, Lengüetazo, Golpes Furia, Pirotecnia

PANSEAR   SIMISEAR

SINISTEA

Pokémon Té

REGIÓN: GALAR

TIPO: FANTASMA

Según se dice, este Pokémon surgió de un alma solitaria que poseyó una taza abandonada llena de un té ya frío.

La taza de té donde se hospeda forma parte de una antigua y valiosa vajilla, de la que circulan numerosas falsificaciones.

PRONUNCIACIÓN: SI-nis-ti
ALTURA: 0,1 m
PESO: 0,2 kg

MOVIMIENTOS: Aromaterapia, Niebla Aromática, Impresionar, Gigadrenado, Megaagotar, Legado, Maquinación, Protección, Bola Sombra, Rompecoraza, Golpe Bajo, Refugio

SINISTEA → POLTEAGEIST

SIRFETCH'D

Pokémon Pato Salvaje

REGIÓN: GALAR

TIPO: LUCHA

Los ejemplares que superan numerosos combates evolucionan y adoptan esta forma. Abandonan el terreno de combate en cuanto el puerro se seca.

Repele ataques con las hojas de su duro puerro y contraataca con su tallo afilado. El puerro que le sirve de armamento sigue siendo comestible.

PRONUNCIACIÓN: SIR-fetch
ALTURA: 0,8 m
PESO: 117,0 kg

MOVIMIENTOS: Pájaro Osado, Demolición, Giro Vil, Despejar, Detección, Sacrificio, Escaramuza, Corte Furia, Defensa Férrea, Desarme, Hoja Aguda, Malicioso, Asalto Estelar, Picotazo, Golpe Roca, Ataque Arena, Atizar, Danza Espada

FARFETCH'D DE GALAR → SIRFETCH'D

TIPO: FUEGO-BICHO

SIZZLIPEDE
Pokémon Radiador

Genera calor consumiendo el gas inflamable que almacena en su cuerpo. Los círculos amarillos del abdomen están particularmente calientes.

Oprime a sus presas con su cuerpo candente. Una vez bien tostadas, las devora con fruición.

PRONUNCIACIÓN: SIS-li-pid
ALTURA: 0,7 m
PESO: 1,0 kg

MOVIMIENTOS: Mordisco, Picadura, Llama Final, Enrosque, Triturar, Ascuas, Látigo Ígneo, Giro Fuego, Rueda Fuego, Plancha, Atizar, Pantalla de Humo, Constricción

SIZZLIPEDE   **CENTISKORCH**

SKARMORY
Pokémon Coraza Ave

TIPO: ACERO-VOLADOR

Sus afiladas plumas son más cortantes que el filo de una espada. Tiene disputas territoriales muy agresivas con Corviknight.

Aparece a menudo en escudos heráldicos, pues se pueden forjar espadas a partir de las plumas que pierde.

PRONUNCIACIÓN: es-KAR-mo-ri
ALTURA: 1,7 m
PESO: 50,5 kg

MOVIMIENTOS: Malicioso, Picotazo, Ataque Arena, Garra Metal, Aire Afilado, Ataque Furia, Amago, Rapidez, Púas, Agilidad, Ala de Acero, Cuchillada, Eco Metálico, Tajo Aéreo, Aligerar, Tajo Umbrío

NO EVOLUCIONA

SKIDDO

Pokémon Montura

TIPO: PLANTA

Se dice que fue la primera especie de Pokémon que se acostumbró a vivir con los seres humanos. Tiene una naturaleza muy afable.

Puede generar energía con las hojas que tiene en la espalda disponiendo tan solo de agua y luz solar. Gracias a ello puede sobrevivir sin comer.

PRONUNCIACIÓN: es-KI-do
ALTURA: 0,9 m
PESO: 31,0 kg

MOVIMIENTOS: Placaje, Desarrollo, Látigo Cepa, Látigo, Drenadoras, Hoja Afilada, Abatidoras, Síntesis, Derribo, Terratemblor, Bomba Germen, Corpulencia, Doble Filo, Asta Drenaje, Hoja Aguda, Batido

SKIDDO   GOGOAT

SKIPLOOM

Pokémon Diente León

TIPO: PLANTA-VOLADOR

Skiploom florece cuando la temperatura llega a 18°C. La apertura de los pétalos varía según la temperatura que haga. Por este motivo, la gente lo usa a veces a modo de termómetro.

PRONUNCIACIÓN: es-KI-plum
ALTURA: 0,6 m
PESO: 1,0 kg

MOVIMIENTOS: Salpicadura, Absorber, Síntesis, Látigo, Placaje, Viento Feérico, Polvo Veneno, Paralizador, Somnífero, Semilladora, Drenadoras, Megaagotar, Acróbata, Polvo Ira, Esporagodón, Ida y Vuelta, Abatidoras, Gigadrenado, Bote, Legado

HOPPIP

SKIPLOOM

JUMPLUFF

SKITTY
Pokémon Gatito

TIPO: NORMAL

A Skitty le encanta mover cosas e ir detrás de ellas. Es de todos sabido que se dedica a ir detrás de su propia cola y que, al final, acaba mareándose.

Skitty es conocido por la costumbre que tiene de juguetear y de intentar pillarse la cola. En estado salvaje, habita en las cavidades de los troncos de los árboles del bosque. Es la mascota de muchos por lo dulce que parece.

PRONUNCIACIÓN: es-KI-ti
ALTURA: 0,6 m
PESO: 11,0 kg

MOVIMIENTOS: Sorpresa, Gruñido, Látigo, Placaje, Profecía, Atracción, Canto, Voz Cautivadora, Doble Bofetón, Copión, Ayuda, Encanto, Finta, Espabila, Antojo, Campana Cura, Doble Filo, Seducción, Carantoña

SKITTY → DELCATTY

TIPO: VENENO-BICHO

Se entierra en la arena y aguarda inmóvil a sus presas. Sus antepasados están relacionados con los de Sizzlipede.

Ataca con las pinzas venenosas de la cola. Tras clavarlas, inyecta una toxina que inmoviliza a la presa.

PRONUNCIACIÓN: es-ko-RU-pi
ALTURA: 0,8 m
PESO: 12,0 kg

MOVIMIENTOS: Acupresión, Mordisco, Picadura, Veneno X, Triturar, Aguijón Letal, Afilagarras, Desarme, Malicioso, Tajo Umbrío, Pin Misil, Colmillo Veneno, Picotazo Veneno, Cara Susto, Tóxico, Púas Tóxicas, Carga Tóxica, Tijera X

SKORUPI
Pokémon Escorpión

SKORUPI → DRAPION

SKRELP

Pokémon Pseudoalga

REGIONES:
ALOLA
KALOS
(COSTA)

TIPO: VENENO-AGUA

Vaga por el océano oculto entre las algas y da buena cuenta de los Pokémon que se acercan para alimentarse de ellas.

Su aspecto de alga podrida le permite ocultarse entre los restos que flotan a la deriva y pasar desapercibido ante sus enemigos.

PRONUNCIACIÓN: es-CRELP
ALTURA: 0,5 m
PESO: 7,3 kg

MOVIMIENTOS: Placaje, Pantalla de Humo, Pistola Agua, Finta, Látigo, Burbuja, Ácido, Camuflaje, Cola Veneno, Hidropulso, Doble Equipo, Tóxico, Acua Cola, Bomba Lodo, Hidrobomba, Pulso Dragón

SKRELP   DRAGALGE

SKUNTANK

Pokémon Mofeta

REGIONES:
GALAR
KALOS
(COSTA)
SINNOH

TIPO: VENENO-SINIESTRO

Ataca expulsando por la cola un fluido apestoso que almacena en el vientre y cuyo hedor es distinto en función de su dieta.

El fluido que expulsa por la punta de la cola emana una hediondez insoportable. Construye sus madrigueras cavando hoyos en la tierra.

PRONUNCIACIÓN: es-KAN-tank
ALTURA: 1,0 m
PESO: 38,0 kg

MOVIMIENTOS: Bomba Ácida, Eructo, Mordisco, Explosión, Amago, Lanzallamas, Foco Energía, Golpes Furia, Legado, Tajo Umbrío, Gas Venenoso, Arañazo, Chirrido, Pantalla de Humo, Golpe Bajo, Tóxico, Trampa Venenosa, Carga Tóxica

STUNKY   SKUNTANK

SKWOVET

Pokémon Abazón

TIPO: NORMAL

Este Pokémon se encuentra por todo Galar. No se queda tranquilo hasta que tiene ambos carrillos atiborrados de bayas.

Siempre están comiendo bayas, por lo que son más robustos de lo que aparentan. Frecuentan los huertos en busca de su preciado manjar.

PRONUNCIACIÓN: es-KUO-bet
ALTURA: 0,3 m
PESO: 2,5 kg

MOVIMIENTOS: Eructo, Mordisco, Golpe Cuerpo, Semilladora, Contraataque, Descanso, Escupir, Reserva, Atiborramiento, Superdiente, Tragar, Placaje, Látigo

SKWOVET   GREEDENT

TIPO: NORMAL

Slaking se pasa todo el día tumbado vagueando. Se come la hierba que tiene a su alcance y, una vez que ha acabado con ella, se va de mala gana a otro sitio.

Cuando Slaking se instala a vivir en una zona, aparecen círculos de un metro de radio de terreno baldío, pues se come todo el césped que pilla mientras está tumbado boca abajo.

PRONUNCIACIÓN: es-LA-king
ALTURA: 2,0 m
PESO: 130,5 kg

MOVIMIENTOS: Arañazo, Bostezo, Otra Vez, Relajo, Finta, Amnesia, Antojo, Contoneo, Guardia Baja, Contraataque, Azote, Lanzamiento, Castigo, Machada

SLAKING

Pokémon Holgazán

SLAKOTH   VIGOROTH   SLAKING

SLAKOTH

Pokémon Gandul

REGIÓN: HOENN

TIPO: NORMAL

Slakoth se pasa más de veinte horas al día tumbado. Como se mueve tan poco, necesita muy poca comida. De hecho, la única toma que hace al día la componen tan solo tres hojas.

A Slakoth le late el corazón una vez por minuto. Ya puede pasar lo que pase, que este Pokémon no mueve un dedo. Está todo el día holgazaneando. Es muy raro verlo en movimiento.

PRONUNCIACIÓN: es-LA-koz
ALTURA: 0,8 m
PESO: 24,0 kg

MOVIMIENTOS: Arañazo, Bostezo, Otra Vez, Relajo, Finta, Amnesia, Antojo, Guardia Baja, Contraataque, Azote, Carantoña

SLAKOTH → VIGOROTH → SLAKING

SLIGGOO

Pokémon Molusco

REGIONES: ALOLA GALAR KALOS (MONTAÑA)

TIPO: DRAGÓN

Segrega una mucosidad que corroe todo lo que toca. Esto le ha permitido protegerse y evitar la extinción a pesar de su debilidad intrínseca.

La protuberancia del lomo contiene su pequeño cerebro, que solo piensa en buscar comida y huir de los enemigos.

PRONUNCIACIÓN: es-LI-gu
ALTURA: 0,8 m
PESO: 17,5 kg

MOVIMIENTOS: Absorber, Bomba Ácida, Golpe Cuerpo, Maldición, Dragoaliento, Pulso Dragón, Azote, Agua Lodosa, Protección, Danza Lluvia, Placaje, Pistola Agua, Hidropulso

GOOMY → SLIGGOO → GOODRA

SLOWBRO

Pokémon Ermitaño

TIPO: AGUA-PSÍQUICO

Ha evolucionado después de que lo mordiera un Shellder, al cual le embelesa la sustancia que secreta por la cola.

Se volvió bípedo por el impacto que le causó la mordedura del Shellder. Si este se desprende, vuelve a convertirse en un Slowpoke.

PRONUNCIACIÓN: es-LOU-bro
ALTURA: 1,6 m
PESO: 78,5 kg

MOVIMIENTOS: Refugio, Pulso Cura, Maldición, Bostezo, Placaje, Gruñido, Pistola Agua, Confusión, Anulación, Golpe Cabeza, Hidropulso, Cabezazo Zen, Relajo, Amnesia, Psíquico, Danza Lluvia, Más Psique

MEGA-SLOWBRO

Pokémon Ermitaño

TIPO: AGUA-PSÍQUICO

ALTURA: 2,0 m
PESO: 120,0 kg

SLOWPOKE   SLOWBRO   MEGA-SLOWBRO

457

SLOWKING

Pokémon Regio

TIPO: AGUA-PSÍQUICO

Las toxinas del Shellder impregnaron el cerebro del anfitrión y despertaron el increíble intelecto oculto que poseía Slowpoke.

Es capaz de dar respuesta a cualquier cuestión que se le formule, pero, por desgracia, nadie logra descifrar una sola palabra de lo que dice.

PRONUNCIACIÓN: es-LOU-king
ALTURA: 2,0 m
PESO: 79,5 kg

MOVIMIENTOS: Pulso Cura, Joya de Luz, Poder Oculto, Maldición, Bostezo, Placaje, Gruñido, Pistola Agua, Confusión, Anulación, Golpe Cabeza, Hidropulso, Cabezazo Zen, Maquinación, Conteneo, Psíquico, As Oculto, Más Psique

SLOWPOKE   SLOWKING

SLOWPOKE

Pokémon Atontado

TIPO: AGUA-PSÍQUICO

Es lento y abstraído. Aunque le devoren la cola, ni siquiera se percata, ya que no siente ningún dolor. Tampoco nota cuando le vuelve a crecer.

Hunde la cola en el agua y la usa cual caña de pescar. La sustancia dulce que secreta le sirve de cebo para atraer a sus presas.

PRONUNCIACIÓN: es-LOU-pouk
ALTURA: 1,2 m
PESO: 36,0 kg

MOVIMIENTOS: Maldición, Bostezo, Placaje, Gruñido, Pistola Agua, Confusión, Anulación, Golpe Cabeza, Hidropulso, Cabezazo Zen, Relajo, Amnesia, Psíquico, Danza Lluvia, Más Psique, Pulso Cura

SLOWBRO   MEGA-SLOWBRO

SLOWPOKE

SLOWKING

SLUGMA

Pokémon Lava

TIPO: FUEGO

Por el sistema circulatorio de Slugma corre magma líquido. Si este Pokémon se enfriara, el magma perdería el calor y se solidificaría, por lo que se resquebrajaría por completo, perdería algunos trozos y reduciría su tamaño.

Slugma no tiene sangre en su organismo, sino ardiente magma que hace circular por todo el cuerpo los nutrientes y el oxígeno que necesitan sus órganos.

PRONUNCIACIÓN: es-LUG-ma
ALTURA: 0,7 m
PESO: 35,0 kg

MOVIMIENTOS: Bostezo, Polución, Ascuas, Lanzarrocas, Fortaleza, Calcinación, Niebla Clara, Recuperación, Pirotecnia, Poder Pasado, Amnesia, Humareda, Avalancha, Golpe Cuerpo, Lanzallamas, Tierra Viva

SLUGMA

MAGCARGO

SLURPUFF

Pokémon Nata

TIPO: HADA

Puede percibir el estado físico y mental de alguien solo con olerlo, lo que podría tener aplicaciones útiles en el campo de la medicina.

La gran cantidad de aire acumulada en su pelaje le confiere un tacto aterciopelado y un peso muy inferior al que aparenta.

PRONUNCIACIÓN: es-LUR-paf
ALTURA: 0,8 m
PESO: 5,0 kg

MOVIMIENTOS: Aromaterapia, Rizo Algodón, Esporagodón, Beso Drenaje, Esfuerzo, Energibola, Viento Feérico, Llanto Falso, Camaradería, Carantoña, Canon, Red Viscosa, Disparo Demora, Dulce Aroma, Placaje, Deseo

SWIRLIX SLURPUFF

SMEARGLE

Pokémon Pintor

TIPO: NORMAL

La tonalidad del líquido que libera por la cola cambia en función de su estado anímico.

Dibuja marcas con el líquido que secreta por la cola. Algunos de sus admiradores han llegado a pagar auténticas fortunas por ellas.

PRONUNCIACIÓN: es-MIR-gol
ALTURA: 1,2 m
PESO: 58,0 kg

MOVIMIENTO: Esquema

NO EVOLUCIONA

SMOOCHUM

Pokémon Beso

TIPO: HIELO-PSÍQUICO

Cuando quiere examinar algo, lo toca con los labios antes que con las manos. Si está sucio, limpia la mugre lamiendo repetidamente.

Los labios son la parte más sensible de su cuerpo. Para que no se le cuarteen, los mantiene hidratados a diario con savia de los árboles.

PRONUNCIACIÓN: es-MU-chum
ALTURA: 0,4 m
PESO: 6,0 kg

MOVIMIENTOS: Destructor, Lengüetazo, Beso Dulce, Nieve Polvo, Confusión, Canto, Arrumaco, Mal de Ojo, Llanto Falso, Conjuro, Alud, Psíquico, Copión, Canto Mortal, Ventisca

SMOOCHUM → JYNX

REGIONES:
ALOLA
GALAR
JOHTO
KALOS
(MONTAÑA)

SNEASEL
Pokémon Garra Filo

TIPO: SINIESTRO-HIELO

Sus patas ocultan garras sumamente afiladas, que extiende de repente para intimidar al enemigo en caso de amenaza.

Es un Pokémon de naturaleza astuta y fiera. Se cuela en los nidos de otros Pokémon cuando no están y roba sus huevos.

PRONUNCIACIÓN: es-NI-sel
ALTURA: 0,9 m
PESO: 28,0 kg

MOVIMIENTOS: Agilidad, Paliza, Golpes Furia, Afilagarras, Viento Hielo, Malicioso, Garra Metal, Ataque Rápido, Arañazo, Chirrido, Cuchillada, Mofa

SNEASEL → WEAVILE

SNIVY
Pokémon Serpiente Hierba

TIPO: PLANTA

Cuando recibe los rayos de sol, se mueve mucho más rápido que de costumbre. Usa mejor sus lianas que sus manos.

Sintetiza la luz del sol que recoge con su cola. Esta se le queda abatida cuando le fallan las energías.

PRONUNCIACIÓN: es-NAI-bi
ALTURA: 0,6 m
PESO: 8,1 kg

MOVIMIENTOS: Placaje, Malicioso, Látigo Cepa, Constricción, Desarrollo, Ciclón de Hojas, Drenadoras, Megaagotar, Atizar, Hoja Aguda, Enrosque, Gigadrenado, Estrujón, Bilis, Lluevehojas

SNIVY → SERVINE → SERPERIOR

SNOM

Pokémon Gusano

TIPO: HIELO-BICHO

Teje un hilo gélido que le permite aferrarse a las ramas y simula ser un carámbano mientras duerme.

Se nutre de la nieve acumulada en el terreno. Cuanta más ingiere, más imponentes se vuelven las púas que presenta en el lomo.

PRONUNCIACIÓN: es-NOM
ALTURA: 0,3 m
PESO: 3,8 kg

MOVIMIENTOS: Nieve Polvo, Estoicismo

SNOM

FROSMOTH

REGIONES:
ALOLA
GALAR
KALOS
(CENTRO)
KANTO

SNORLAX

Pokémon Dormir

TIPO: NORMAL

No se encuentra satisfecho hasta haber ingerido 400 kg de comida cada día. Cuando acaba de comer, se queda dormido.

Este Pokémon tiene un estómago a prueba de bomba, por lo que es capaz de ingerir incluso comida podrida o mohosa.

PRONUNCIACIÓN: es-NOR-lax
ALTURA: 2,1 m
PESO: 460,0 kg

MOVIMIENTOS: Amnesia, Eructo, Tambor, Mordisco, Bloqueo, Golpe Cuerpo, Antojo, Triturar, Rizo Defensa, Azote, Lanzamiento, Gigaimpacto, Machada, Cuerpo Pesado, Fuerza Equina, Última Baza, Lengüetazo, Metrónomo, Reciclaje, Descanso, Chirrido, Sonámbulo, Ronquido, Reserva, Tragar, Placaje, Bostezo

MUNCHLAX   SNORLAX

Forma alternativa:
SNORLAX GIGAMAX

La energía del fenómeno Gigamax ha hecho que las semillas y los guijarros enredados en los pelos de su panza alcancen grandes dimensiones.

Posee una fuerza aterradora. Su imponente aspecto y proverbial indolencia hacen que sea fácil confundirlo con una montaña.

ALTURA: >35,0 m
PESO: ???,? kg

SNORUNT

Pokémon Gorro Nieve

TIPO: HIELO

Dicen que, si aparece a medianoche, provoca grandes nevadas. Se alimenta de nieve y hielo.

Las regiones frías son su hábitat natural. Se encuentra a sus anchas incluso en lugares donde la temperatura alcanza los -100°C.

PRONUNCIACIÓN: es-NO-runt
ALTURA: 0,7 m
PESO: 16,8 kg

MOVIMIENTOS: Impresionar, Mordisco, Ventisca, Triturar, Doble Equipo, Vaho Gélido, Granizo, Golpe Cabeza, Colmillo Hielo, Canto Helado, Viento Hielo, Malicioso, Nieve Polvo, Protección

FROSLASS

SNORUNT

GLALIE   MEGA-GLALIE

SNOVER

Pokémon Árbol Nieve

TIPO: PLANTA-HIELO

Viven en montañas perennemente nevadas. Hunden las piernas en la nieve y absorben tanto humedad como aire frío.

Las bayas con aspecto de helado que le crecen alrededor de la barriga son la comida favorita de los Darumaka que habitan en Galar.

PRONUNCIACIÓN: es-NOU-ver
ALTURA: 1,0 m
PESO: 50,5 kg

MOVIMIENTOS: Ventisca, Canto Helado, Viento Hielo, Arraigo, Follaje, Malicioso, Neblina, Nieve Polvo, Hoja Afilada, Frío Polar, Contoneo, Mazazo

SNOVER   ABOMASNOW   MEGA-ABOMASNOW

SNUBBULL

Pokémon Hada

TIPO: HADA

Le gusta que le den cariño y agarra confianza con facilidad. A la gente le fascina el contraste entre su aspecto fiero y carácter dulce.

A pesar de su aspecto, es muy tímido y afable. A menudo es objeto de burla cuando se junta con otros Pokémon perro.

PRONUNCIACIÓN: es-NA-bol
ALTURA: 0,6 m
PESO: 7,8 kg

MOVIMIENTOS: Colmillo Hielo, Colmillo Ígneo, Colmillo Rayo, Placaje, Cara Susto, Látigo, Encanto, Mordisco, Lengüetazo, Golpe Cabeza, Rugido, Furia, Carantoña, Vendetta, Triturar

SNUBBULL → GRANBULL

SOBBLE

Pokémon Acuartija

TIPO: AGUA

Cuando se espanta, libera unas lágrimas con un factor lacrimógeno equivalente a 100 cebollas para hacer llorar también al rival.

Al mojarse, su piel cambia de color y pasa a ser invisible, como si se hubiese camuflado.

PRONUNCIACIÓN: SO-bel
ALTURA: 0,3 m
PESO: 4,0 kg

MOVIMIENTOS: Atadura, Gruñido, Hidroariete, Destructor, Danza Lluvia, Anegar, Golpe Bajo, Ojos Llorosos, Ida y Vuelta, Pistola Agua, Hidropulso

SOBBLE   DRIZZILE   INTELEON

465

SOLGALEO
Pokémon Corona Solar

POKÉMON LEGENDARIO

TIPO: PSÍQUICO-ACERO

Es capaz de crear Ultraumbrales a través de los cuales formas de vida y energía procedentes de otros mundos acuden al nuestro.

PRONUNCIACIÓN: sol-ga-LE-o
ALTURA: 3,4 m
PESO: 230,0 kg

MOVIMIENTOS: Meteoimpacto, Masa Cósmica, Espabila, Teletransporte, Garra Metal, Cabeza de Hierro, Eco Metálico, Cabezazo Zen, Foco Resplandor, Sol Matinal, Triturar, Represión Metal, Rayo Solar, Rugido de Guerra, Envite Ígneo, Vastaguardia, Gigaimpacto

COSMOG

COSMOEM

SOLGALEO

SOLOSIS
Pokémon Célula

TIPO: PSÍQUICO

Se comunica mediante telepatía. Si recibe un fuerte golpe, la sustancia viscosa que lo envuelve se desparrama.

Se cree que la sustancia viscosa que lo envuelve le permite sobrevivir en el espacio exterior.

PRONUNCIACIÓN: so-LO-sis
ALTURA: 0,3 m
PESO: 1,0 kg

MOVIMIENTOS: Cambio de Banda, Encanto, Confusión, Esfuerzo, Premonición, Pantalla de Luz, Divide Dolor, Protección, Psicorrayo, Psíquico, Psicocarga, Recuperación, Reflejo, Intercambio, Zona Extraña

SOLOSIS   DUOSION   REUNICLUS

SOLROCK
Pokémon Meteorito

TIPO: ROCA-PSÍQUICO

Al girar emite una luz como la del sol, con la que consigue deslumbrar a sus enemigos.

Usa el sol como fuente de energía, por lo que es más poderoso de día. Brilla al rotar.

PRONUNCIACIÓN: SOL-roc
ALTURA: 1,2 m
PESO: 154,0 kg

MOVIMIENTOS: Confusión, Masa Cósmica, Explosión, Envite Ígneo, Fortaleza, Hipnosis, Sol Matinal, Psíquico, Pulimento, Avalancha, Lanzarrocas, Rayo Solar, Roca Afilada, Placaje, Zona Extraña, Cabezazo Zen

NO EVOLUCIONA

SPEAROW
Pokémon Pajarito

TIPO: NORMAL-VOLADOR

A la hora de proteger su territorio, compensa su incapacidad para volar a gran altura con una increíble velocidad.

PRONUNCIACIÓN: es-PI-rou
ALTURA: 0,3 m
PESO: 2,0 kg

MOVIMIENTOS: Picotazo, Gruñido, Malicioso, Persecución, Ataque Furia, Golpe Aéreo, Espejo, Buena Baza, Agilidad, Foco Energía, Respiro, Pico Taladro

SPEAROW   FEAROW

SPEWPA
Pokémon Tiraescamas

REGIÓN:
KALOS
(CENTRO)

TIPO: BICHO

Habita en la sombra de la espesura. Si percibe alguna amenaza, su pelaje se eriza y se vuelve muy afilado para así intimidar al enemigo.

Su cuerpo es tan duro que ni siquiera los Pokémon pájaro pueden hacerle el menor rasguño con sus picos. Esparce polvo de escamas para defenderse.

PRONUNCIACIÓN: es-PIU-pa
ALTURA: 0,3 m
PESO: 8,4 kg

MOVIMIENTOS: Fortaleza, Protección

SCATTERBUG   SPEWPA   VIVILLON

SPHEAL

Pokémon Aplauso

TIPO: HIELO-AGUA

Spheal se desplaza por el suelo más rápido rodando que caminando. Cuando come con otros de su especie, todos se ponen a aplaudir para expresar su alegría. Por eso, a veces son algo escandalosos.

Spheal se desplaza siempre rodando gracias al cuerpo esférico que tiene. Al comenzar la época glacial, es fácil verle rodando por superficies heladas y atravesando el mar.

PRONUNCIACIÓN: es-FIL
ALTURA: 0,8 m
PESO: 39,5 kg

MOVIMIENTOS: Rizo Defensa, Nieve Polvo, Gruñido, Pistola Agua, Rodar, Otra Vez, Bola Hielo, Golpe Cuerpo, Rayo Aurora, Granizo, Descanso, Ronquido, Ventisca, Frío Polar, Salmuera

SPHEAL   SEALEO   WALREIN

SPINARAK

Pokémon Escupehilo

TIPO: BICHO-VENENO

Segrega un hilo de increíble resistencia con el que teje su tela, capaz de soportar el peso de una roca de 10 kg sin romperse.

El veneno de sus colmillos no es demasiado tóxico, pero basta para mantener inmovilizadas a las presas que caen en sus redes.

PRONUNCIACIÓN: es-PI-na-rak
ALTURA: 0,5 m
PESO: 8,5 kg

MOVIMIENTOS: Picotazo Veneno, Disparo Demora, Restricción, Absorber, Acoso, Cara Susto, Tinieblas, Sombra Vil, Golpes Furia, Golpe Bajo, Telaraña, Agilidad, Pin Misil, Psíquico, Puya Nociva, Veneno X, Red Viscosa, Hilo Venenoso

SPINARAK   ARIADOS

SPINDA

Pokémon Panda Topos

TIPO: NORMAL

Se mueve tambaleándose de un lado para otro y termina mareado si camina durante un largo período.

Los dibujos en el pelaje de cada Spinda son diferentes. Esquiva de forma asombrosa los ataques de los rivales gracias a sus tambaleos.

PRONUNCIACIÓN: es-PIN-da
ALTURA: 1,1 m
PESO: 5,0 kg

MOVIMIENTOS: Placaje, Copión, Finta, Psicorrayo, Hipnosis, Puño Mareo, Golpe Bajo, Danza Caos, Alboroto, Más Psique, Doble Filo, Azote, Golpe

NO EVOLUCIONA

SPIRITOMB

Pokémon Prohibido

REGIÓN:
SINNOH

TIPO: FANTASMA-SINIESTRO

Se formó a partir de 108 espíritus. Está unido a la fisura de una piedra angular mística.

Como castigo por una fechoría 500 años atrás, está unido a la fisura de una piedra angular mística.

PRONUNCIACIÓN: es-PI-ri-tumb
ALTURA: 1,0 m
PESO: 108,0 kg

MOVIMIENTOS: Maldición, Persecución, Rayo Confuso, Rencor, Sombra Vil, Finta, Hipnosis, Comesueños, Viento Aciago, Golpe Bajo, Maquinación, Legado, Pulso Umbrío

NO EVOLUCIONA

SPOINK
Pokémon Saltarín

TIPO: PSÍQUICO

Spoink se pasa todo el día saltando sobre la cola. Cada salto hace que le lata el corazón. Por eso, no puede permitirse dejar de saltar. Si lo hiciera, se le pararía.

Spoink lleva una perla en la cabeza que sirve para amplificar los poderes psicoquinéticos que tiene. Por eso, está continuamente buscando una perla mayor.

PRONUNCIACIÓN: es-POINK
ALTURA: 0,7 m
PESO: 30,6 kg

MOVIMIENTOS: Salpicadura, Psicoonda, Rastreo, Psicorrayo, Más Psique, Rayo Confuso, Capa Mágica, Cabezazo Zen, Descanso, Ronquido, Joya de Luz, Psicocarga, Vendetta, Psíquico, Bote

SPOINK   **GRUMPIG**

SPRITZEE
Pokémon Aroma

TIPO: HADA

Posee un órgano interno con el cual produce una fragancia que varía en función de los alimentos que ingiere.

Su cuerpo emana una fragancia que embelesa a quien la huele. Llegó a ser muy apreciado entre las damas de la nobleza.

PRONUNCIACIÓN: es-PRIT-si
ALTURA: 0,2 m
PESO: 0,5 kg

MOVIMIENTOS: Aromaterapia, Atracción, Paz Mental, Encanto, Beso Drenaje, Eco Voz, Viento Feérico, Azote, Campo de Niebla, Fuerza Lunar, Psíquico, Intercambio, Beso Dulce, Dulce Aroma

SPRITZEE   **AROMATISSE**

SQUIRTLE

Pokémon Tortuguita

REGIONES:
KALOS (CENTRO)
KANTO

TIPO: AGUA

Cuando retrae su largo cuello en el caparazón, dispara agua a una presión increíble.

Cuando se siente en peligro, se esconde en su caparazón y escupe chorros de agua por la boca.

PRONUNCIACIÓN: es-CUIR-tel
ALTURA: 0,5 m
PESO: 9,0 kg

MOVIMIENTOS: Placaje, Látigo, Pistola Agua, Refugio, Burbuja, Mordisco, Giro Rápido, Protección, Hidropulso, Acua Cola, Cabezazo, Defensa Férrea, Danza Lluvia, Hidrobomba

SQUIRTLE **WARTORTLE** **BLASTOISE** **MEGA-BLASTOISE**

STAKATAKA

Pokémon Muro

REGIÓN:
ALOLA

ULTRAENTE

TIPO: ROCA-ACERO

Surgió de un Ultraumbral. Parece estar compuesto de varias criaturas que se han combinado para formar un solo ser.

Extraña criatura que podría ser un Ultraente. Parece un muro rocoso hasta que se mueve de repente y ataca.

PRONUNCIACIÓN: es-ta-ka-TA-ka
ALTURA: 5,5 m
PESO: 820,0 kg

MOVIMIENTOS: Protección, Placaje, Avalancha, Trampa Rocas, Venganza, Derribo, Lanzarrocas, Aligerar, Defensa Férrea, Cabeza de Hierro, Pedrada, Vastaguardia, Doble Filo

472

NO EVOLUCIONA

STANTLER

Pokémon Gran Cuerno

TIPO: NORMAL

Hace tiempo, se comerciaba con la magnífica cornamenta de Stantler. Se vendía como obra de arte a alto precio. Los interesados en cornamentas de valor incalculable empezaron a cazarlos y casi provocan su extinción.

PRONUNCIACIÓN: es-TAN-tler
ALTURA: 1,4 m
PESO: 71,2 kg

MOVIMIENTOS: Placaje, Malicioso, Impresionar, Hipnosis, Pisotón, Ataque Arena, Derribo, Rayo Confuso, Paz Mental, Imitación, Cabezazo Zen, Patada Salto, Sellar, Seducción, Yo Primero

NO EVOLUCIONA

TIPO: NORMAL-VOLADOR

Sus alas y sus patas son muy fuertes. Puede llevarse volando Pokémon pequeños.

Al evolucionar a Staraptor deja su bandada y pasa a vivir en soledad. Sus alas son inmensas.

REGIONES: KALOS (COSTA) SINNOH

STARAPTOR

Pokémon Depredador

PRONUNCIACIÓN: es-ta-RAP-tor
ALTURA: 1,2 m
PESO: 24,9 kg

MOVIMIENTOS: Placaje, Gruñido, Ataque Rápido, Ataque Ala, Doble Equipo, Esfuerzo, Remolino, Golpe Aéreo, Derribo, A Bocajarro, Agilidad, Pájaro Osado, Sacrificio

STARLY **STARAVIA** **STARAPTOR**

STARAVIA
Pokémon Estornino

TIPO:
NORMAL-VOLADOR

Vive siempre en grandes grupos y las disputas dentro de ellos son muy intensas.

Vive en bosques y campos. Si dos bandadas se encuentran, pelean por el territorio.

PRONUNCIACIÓN: es-ta-RA-bia
ALTURA: 0,6 m
PESO: 15,5 kg

MOVIMIENTOS: Placaje, Gruñido, Ataque Rápido, Ataque Ala, Doble Equipo, Esfuerzo, Remolino, Golpe Aéreo, Derribo, Agilidad, Pájaro Osado, Sacrificio

STARLY → STARAVIA → STARAPTOR

STARLY
Pokémon Estornino

TIPO:
NORMAL-VOLADOR

Viaja en grandes bandadas. Aunque es pequeño, agita las alas con gran fuerza.

Sobrevuela los campos buscando Pokémon de tipo Bicho. Chilla de forma muy estridente.

PRONUNCIACIÓN: es-TAR-li
ALTURA: 0,3 m
PESO: 2,0 kg

MOVIMIENTOS: Placaje, Gruñido, Ataque Rápido, Ataque Ala, Doble Equipo, Esfuerzo, Remolino, Golpe Aéreo, Derribo, Agilidad, Pájaro Osado, Sacrificio

STARLY → STARAVIA → STARAPTOR

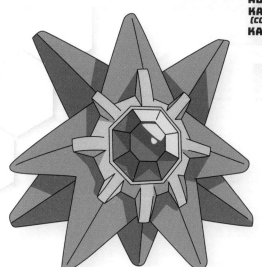

STARMIE
Pokémon Misterioso

TIPO: AGUA-PSÍQUICO

Su órgano Centro, conocido como núcleo, brilla con los colores del arcoíris cuando se dispone a liberar sus potentes poderes psíquicos.

Starmie absorbe plancton al tiempo que nada por el mar haciendo girar su cuerpo a gran velocidad.

PRONUNCIACIÓN: es-TAR-mi
ALTURA: 1,1 m
PESO: 80,0 kg

MOVIMIENTOS: Hidrobomba, Foco, Pistola Agua, Giro Rápido, Recuperación, Rapidez, Rayo Confuso

STARYU   STARMIE

STARYU
Pokémon Estrella

TIPO: AGUA

A finales de verano, se pueden ver grupos de Staryu en la orilla de la playa sincronizando el brillo de sus núcleos a ritmo regular.

No le importa que le mordisqueen el cuerpo los Pokémon pez, ya que las partes desgarradas se regeneran casi al instante.

PRONUNCIACIÓN: es-TA-riu
ALTURA: 0,8 m
PESO: 34,5 kg

MOVIMIENTOS: Placaje, Fortaleza, Pistola Agua, Giro Rápido, Recuperación, Psicoonda, Rapidez, Rayo Burbuja, Camuflaje, Giro Bola, Salmuera, Reducción, Clonatipo, Joya de Luz, Rayo Confuso, Psíquico, Pantalla de Luz, Masa Cósmica, Hidrobomba

STARYU   STARMIE

STEELIX

Pokémon Serpiente Férrea

TIPO: ACERO-TIERRA

Según dicen, si un Onix vive más de 100 años, su cuerpo adquiere una composición que recuerda a la de los diamantes.

Se cree que su cuerpo se ha ido transformando por el hierro acumulado en la tierra que ha ingerido.

PRONUNCIACIÓN: es-TI-lix
ALTURA: 9,2 m
PESO: 400,0 kg

MOVIMIENTOS: Aligerar, Atadura, Triturar, Maldición, Excavar, Doble Filo, Dragoaliento, Colmillo Ígneo, Fortaleza, Colmillo Hielo, Cola Férrea, Levitón, Pulimento, Avalancha, Lanzarrocas, Bucle Arena, Tormenta de Arena, Chirrido, Atizar, Antiaéreo, Trampa Rocas, Roca Afilada, Placaje, Colmillo Rayo

MEGA-STEELIX

Pokémon Serpiente Férrea

TIPO: ACERO-TIERRA

ALTURA: 10,5 m
PESO: 740,0 kg

ONIX STEELIX MEGA-STEELIX

STEENEE
Pokémon Fruto

TIPO: PLANTA

Se mueve como si danzara, desprendiendo una dulce fragancia que provoca una sensación de felicidad en quien la inhala.

Si un Corvisquire viene a picotearlo, se defiende golpeándolo con el cáliz de la cabeza y con fuertes patadas.

PRONUNCIACIÓN: es-TI-ni
ALTURA: 0,7 m
PESO: 8,2 kg

MOVIMIENTOS: Aromaterapia, Niebla Aromática, Azote, Lluevehojas, Hoja Mágica, Camaradería, Giro Rápido, Hoja Afilada, Salpicadura, Pisotón, Dulce Aroma, Danza Caos

BOUNSWEET ➡ **STEENEE** ➡ **TSAREENA**

STONJOURNER
Pokémon Megalito

TIPO: ROCA

Pasa el tiempo observando inmóvil el recorrido del sol sobre las extensas praderas que habita. Se especializa en técnicas de ágiles patadas.

Una vez al año y en una fecha concreta, tienen la costumbre de aparecer de la nada para reunirse y formar un círculo.

PRONUNCIACIÓN: es-ton-YUR-ner
ALTURA: 2,5 m
PESO: 520,0 kg

MOVIMIENTOS: Bloqueo, Golpe Cuerpo, Gravedad, Cuerpo Pesado, Megapatada, Pulimento, Avalancha, Lanzarrocas, Tumba Rocas, Trampa Rocas, Pisotón, Roca Afilada, Vastaguardia

NO EVOLUCIONA

STOUTLAND

Pokémon Magnánimo

REGIONES:
ALOLA
UNOVA

TIPO: NORMAL

Parece ser que le gusta vivir con personas. En tan solo tres días ya le toma cariño a cualquiera que lo haya atrapado en estado salvaje.

Sus impresionantes bigotes son su orgullo. Entre los de su especie se establece una jerarquía según su longitud.

PRONUNCIACIÓN: es-TAUT-land
ALTURA: 1,2 m
PESO: 61,0 kg

MOVIMIENTOS: Colmillo Hielo, Colmillo Ígneo, Colmillo Rayo, Malicioso, Placaje, Rastreo, Mordisco, Refuerzo, Derribo, Avivar, Triturar, Rugido, Represalia, Inversión, Última Baza, Gigaimpacto, Carantoña

 LILLIPUP HERDIER  STOUTLAND

REGIONES:
ALOLA
GALAR

STUFFUL

Pokémon Rabieta

TIPO: NORMAL-LUCHA

Su suave pelaje invita a acariciarlo, pero quien cometa semejante temeridad recibirá un severo escarmiento.

Cuando patalea para tratar de defenderse resulta adorable, pero conviene no fiarse, ya que su fuerza sería capaz de derribar un árbol.

PRONUNCIACIÓN: es-TA-ful
ALTURA: 0,5 m
PESO: 6,8 kg

MOVIMIENTOS: Ojitos Tiernos, Giro Vil, Doble Filo, Aguante, Azote, Machada, Malicioso, Divide Dolor, Vendetta, Fuerza, Fuerza Bruta, Placaje, Derribo, Golpe

 STUFFUL BEWEAR

STUNFISK
Pokémon Trampa

TIPO: TIERRA-ELÉCTRICO

Vive en humedales costeros. Ha desarrollado un órgano que produce electricidad gracias a una bacteria que vive en el lodo.

Se desconoce la razón, pero esboza una leve sonrisa al liberar potentes descargas eléctricas a través de las zonas amarillentas de su cuerpo.

PRONUNCIACIÓN: es-TAN-fisk
ALTURA: 0,7 m
PESO: 11,0 kg

MOVIMIENTOS: Bote, Carga, Chispazo, Campo Eléctrico, Aguante, Fisura, Azote, Disparo Lodo, Agua Lodosa, Bofetón Lodo, Desquite, Golpe Bajo, Placaje, Impactrueno, Pistola Agua

NO EVOLUCIONA

REGIÓN:
GALAR

STUNFISK DE GALAR
Pokémon Trampa

TIPO: TIERRA-ACERO

Al vivir en lodo rico en hierro, su cuerpo ha alcanzado la dureza del acero.

Atrae a su presa con los labios, que destacan al ocultar su cuerpo en el lodo, y la aferra con sus aletas serradas y duras como el acero.

PRONUNCIACIÓN: es-TAN-fisk
ALTURA: 0,7 m
PESO: 20,5 kg

MOVIMIENTOS: Bote, Aguante, Fisura, Azote, Defensa Férrea, Garra Metal, Eco Metálico, Disparo Lodo, Agua Lodosa, Bofetón Lodo, Desquite, Cepo, Golpe Bajo, Placaje, Pistola Agua

NO EVOLUCIONA

STUNKY

Pokémon Mofeta

TIPO: VENENO-SINIESTRO

Expulsa un líquido de olor nauseabundo por sus cuartos traseros con el que puede acertar a su enemigo en el rostro a 5 metros de distancia.

Si levanta la cola y apunta los cuartos traseros, es señal de que se dispone a expulsar un líquido cuyo hedor llega a provocar desmayos.

PRONUNCIACIÓN: es-TAN-ki
ALTURA: 0,4 m
PESO: 19,2 kg

MOVIMIENTOS: Bomba Ácida, Eructo, Mordisco, Explosión, Amago, Foco Energía, Golpes Furia, Legado, Tajo Umbrío, Gas Venenoso, Arañazo, Chirrido, Pantalla de Humo, Golpe Bajo, Tóxico, Trampa Venenosa, Carga Tóxica

STUNKY → SKUNTANK

SUDOWOODO

Pokémon Imitación

REGIONES:
ALOLA
GALAR
JOHTO
KALOS
(MONTAÑA)

TIPO: ROCA

Quien vea agitarse un árbol sin que sople el viento habrá encontrado un Sudowoodo. En los días lluviosos, sin embargo, se esconde.

Finge ser un árbol para evitar que lo ataquen. Odia tanto el agua que desaparecerá si empieza a llover.

PRONUNCIACIÓN: su-do-BU-du
ALTURA: 1,2 m
PESO: 38,0 kg

MOVIMIENTOS: Bloqueo, Copión, Contraataque, Doble Filo, Llanto Falso, Azote, Machada, Testarazo, Patada Baja, Mimético, Avalancha, Lanzarrocas, Tumba Rocas, Atizar, Roca Afilada, Golpe Bajo, Ojos Llorosos, Mazazo

BONSLY → SUDOWOODO

TIPO: AGUA

Suicune emana la pureza de los manantiales. Suele corretear por el campo con gran elegancia. Este Pokémon tiene el poder de purificar el agua contaminada.

PRONUNCIACIÓN: SUI-cun
ALTURA: 2,0 m
PESO: 187,0 kg

MOVIMIENTOS: Frío Polar, Mordisco, Malicioso, Rayo Burbuja, Danza Lluvia, Tornado, Rayo Aurora, Neblina, Manto Espejo, Colmillo Hielo, Viento Afín, Paranormal, Hidrobomba, Paz Mental, Ventisca

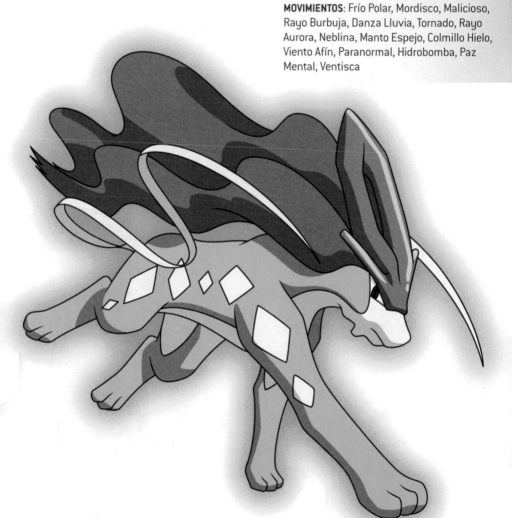

NO EVOLUCIONA

SUNFLORA

Pokémon Sol

TIPO: PLANTA

Sunflora transforma la energía solar en nutrientes. De día, cuando hace calor, está en continuo movimiento. Solo para cuando comienza a anochecer.

PRONUNCIACIÓN: san-FLO-ra
ALTURA: 0,8 m
PESO: 8,5 kg

MOVIMIENTOS: Defensa Floral, Absorber, Destructor, Desarrollo, Arraigo, Silbato, Megaagotar, Drenadoras, Hoja Afilada, Abatidoras, Gigadrenado, Semilladora, Danza Pétalo, Don Natural, Rayo Solar, Doble Filo, Día Soleado, Lluevehojas, Tormenta Floral

SUNKERN   SUNFLORA

SUNKERN

Pokémon Semilla

TIPO: PLANTA

Sunkern intenta moverse lo menos posible para conservar todos los nutrientes que ha guardado en su interior y poder evolucionar. Ni come siquiera; se alimenta solo del rocío de la mañana.

PRONUNCIACIÓN: SAN-kern
ALTURA: 0,3 m
PESO: 1,8 kg

MOVIMIENTOS: Absorber, Desarrollo, Megaagotar, Arraigo, Silbato, Drenadoras, Esfuerzo, Abatidoras, Hoja Afilada, Síntesis, Día Soleado, Gigadrenado, Bomba Germen, Don Natural, Doble Filo, Rayo Solar

SUNKERN   SUNFLORA

TIPO: BICHO-AGUA

SURSKIT
Pokémon Zapatero

Si se siente amenazado, segrega un líquido dulce por la cabeza. El jarabe elaborado con ese líquido resulta delicioso untado en pan.

Vive en estanques y pantanales donde abunde la flora acuática y compite fieramente con los Dewpider por el territorio y el sustento.

PRONUNCIACIÓN: SURS-kit
ALTURA: 0,5 m
PESO: 1,7 kg

MOVIMIENTOS: Burbuja, Ataque Rápido, Dulce Aroma, Hidrochorro, Rayo Burbuja, Agilidad, Neblina, Niebla, Acua Jet, Relevo, Red Viscosa

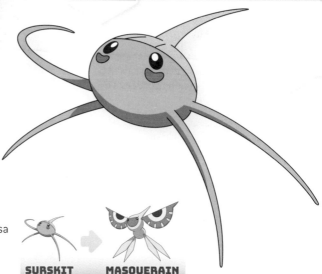

SURSKIT → MASQUERAIN

TIPO: NORMAL-VOLADOR

SWABLU
Pokémon Ave Algodón

Swablu tiene unas alas ligeras y esponjosas que parecen nubes de algodón. A este Pokémon no le asusta la gente. De hecho, puede llegar a posarse en la cabeza de alguien y servirle de gorro sedoso.

A Swablu le encanta limpiarlo todo. Si ve algo sucio, lo dejará como nuevo y reluciente con las alas de algodón que tiene. Cuando se le ensucian, busca un manantial y las limpia.

PRONUNCIACIÓN: sua-BLU
ALTURA: 0,4 m
PESO: 1,2 kg

MOVIMIENTOS: Picotazo, Gruñido, Impresionar, Canto, Ataque Furia, Velo Sagrado, Voz Cautivadora, Neblina, Canon, Don Natural, Derribo, Alivio, Espejo, Rizo Algodón, Pulso Dragón, Canto Mortal, Fuerza Lunar

SWABLU → ALTARIA → MEGA-ALTARIA

SWADLOON

Pokémon Arropado

TIPO: BICHO-PLANTA

La vegetación abunda en los bosques que habita. Este Pokémon transforma las hojas caídas en nutrientes.

Se guarece del frío envolviéndose en hojas. Se desplaza por el bosque comiendo a su paso las hojas caídas.

PRONUNCIACIÓN: suad-LUN
ALTURA: 0,5 m
PESO: 7,3 kg

MOVIMIENTOS: Silbato, Placaje, Disparo Demora, Picadura, Hoja Afilada, Protección

SEWADDLE   **SWADLOON**   **LEAVANNY**

SWALOT

Pokémon Bolsa Veneno

TIPO: VENENO

Cuando Swalot detecta una presa, echa por los poros, y a borbotones, un fluido tóxico espantoso con el que rocía a su víctima. Una vez que la debilita, se la traga entera gracias a la gigantesca boca que tiene.

Swalot no tiene dientes, así que lo que come se lo traga de una vez; da igual lo que sea. A este Pokémon le cabría un neumático en la boca sin problema.

PRONUNCIACIÓN: SUA-lot
ALTURA: 1,7 m
PESO: 80,0 kg

MOVIMIENTOS: Golpe Cuerpo, Trampa Venenosa, Lanzamugre, Estrujón, Destructor, Bostezo, Gas Venenoso, Residuos, Amnesia, Bomba Ácida, Otra Vez, Tóxico, Reserva, Escupir, Tragar, Bomba Lodo, Bilis, Eructo

GULPIN   **SWALOT**

TIPO: AGUA-TIERRA

Swampert es muy fuerte. Puede arrastrar una roca que pese más de una tonelada sin ningún problema. Este Pokémon tiene el sentido de la vista muy desarrollado. Es capaz de ver hasta en aguas cenagosas.

Swampert puede predecir tormentas al percibir con las aletas los sutiles cambios que producen las olas y las corrientes. Si está a punto de estallar una tormenta, empezará a apilar piedras para resguardarse.

PRONUNCIACIÓN: SUAM-per
ALTURA: 1,5 m
PESO: 81,9 kg

MOVIMIENTOS: Disparo Lodo, Machada, Placaje, Gruñido, Pistola Agua, Bofetón Lodo, Profecía, Venganza, Bomba Fango, Avalancha, Protección, Agua Lodosa, Derribo, Terremoto, Esfuerzo

SWAMPERT
Pokémon Pez Lodo

MEGA-SWAMPERT
Pokémon Pez Lodo

TIPO: AGUA-TIERRA

ALTURA: 1,9 m
PESO: 102,0 kg

MUDKIP

MARSHTOMP

SWAMPERT

MEGA-SWAMPERT

SWANNA

Pokémon Cisne

TIPO: AGUA-VOLADOR

Aunque no lo parezca por su grácil elegancia, puede batir con fuerza las alas y volar durante miles de kilómetros.

Comienzan a danzar al amanecer. El líder de la bandada se sitúa en el centro.

PRONUNCIACIÓN: SUA-na
ALTURA: 1,3 m
PESO: 24,2 kg

MOVIMIENTOS: Pistola Agua, Hidrochorro, Despejar, Ataque Ala, Hidropulso, Golpe Aéreo, Rayo Burbuja, Danza Pluma, Acua Aro, Tajo Aéreo, Respiro, Danza Lluvia, Viento Afín, Pájaro Osado, Vendaval

DUCKLETT   SWANNA

SWELLOW

Pokémon Buche

TIPO: NORMAL-VOLADOR

Swellow vuela muy alto dibujando elegantes arcos en el cielo. Este Pokémon se sumerge en el agua con rapidez y eficacia en cuanto detecta una presa. Con las garras, atrapa a la desdichada víctima y no la deja huir.

Swellow se preocupa a conciencia del mantenimiento de sus lustrosas alas. Cuando hay dos juntos, el uno se ocupa de limpiarle las alas al otro.

PRONUNCIACIÓN: SUE-lou
ALTURA: 0,7 m
PESO: 19,8 kg

MOVIMIENTOS: Tajo Aéreo, Picoteo, Picotazo, Gruñido, Foco Energía, Ataque Rápido, Ataque Ala, Doble Equipo, Esfuerzo, Golpe Aéreo, Agilidad, Anticipo, Pájaro Osado, Inversión

TAILLOW   SWELLOW

TIPO: HIELO-TIERRA

Frota el hocico contra el suelo para desenterrar comida. A veces descubre aguas termales.

Si percibe un aroma tentador, se lanza de cabeza sin pensárselo dos veces para hallar su origen.

PRONUNCIACIÓN: SUI-nab
ALTURA: 0,4 m
PESO: 6,5 kg

MOVIMIENTOS: Amnesia, Ventisca, Terremoto, Aguante, Azote, Canto Helado, Viento Hielo, Neblina, Bofetón Lodo, Nieve Polvo, Placaje, Derribo

SWINUB
Pokémon Cerdo

SWINUB **PILOSWINE** **MAMOSWINE**

SWIRLIX
Pokémon Chuchería

TIPO: HADA

Ingiere diariamente una cantidad de azúcar equivalente a su peso corporal. De lo contrario, se pone de muy mal humor.

Su esponjoso pelaje desprende un olor dulzón como el del algodón de azúcar. Escupe hebras pegajosas con las que envuelve a sus enemigos.

PRONUNCIACIÓN: SUIR-lics
ALTURA: 0,4 m
PESO: 3,5 kg

MOVIMIENTOS: Aromaterapia, Rizo Algodón, Esporagodón, Beso Drenaje, Esfuerzo, Energibola, Viento Feérico, Llanto Falso, Camaradería, Carantoña, Canon, Disparo Demora, Dulce Aroma, Placaje, Deseo

SWIRLIX **SLURPUFF**

SWOOBAT

Pokémon Galante

TIPO: PSÍQUICO-VOLADOR

Tras emitir sus potentísimas ondas, queda tan exhausto que es incapaz de volar durante un tiempo.

En algunas regiones se venera a este Pokémon, ya que consideran la forma de su nariz como un símbolo de felicidad.

PRONUNCIACIÓN: SWU-bat
ALTURA: 0,9 m
PESO: 10,5 kg

MOVIMIENTOS: Aire Afilado, Tajo Aéreo, Amnesia, Buena Baza, Atracción, Paz Mental, Confusión, Esfuerzo, Premonición, Tornado, Sellar, Psíquico, Onda Simple

WOOBAT   **SWOOBAT**

SYLVEON

Pokémon Vínculo

TIPO: HADA

Con sus apéndices sensoriales en forma de cinta, puede emitir ondas que neutralizan la hostilidad y detener así cualquier contienda.

En un cuento infantil de Galar se narra la victoria de un Sylveon de extraordinaria belleza sobre un temible Pokémon de tipo Dragón.

PRONUNCIACIÓN: SIL-ve-on
ALTURA: 1,0 m
PESO: 23,5 kg

MOVIMIENTOS: Ojitos Tiernos, Relevo, Mordisco, Encanto, Copión, Antojo, Voz Cautivadora, Doble Filo, Beso Drenaje, Gruñido, Refuerzo, Última Baza, Pantalla de Luz, Campo de Niebla, Fuerza Lunar, Más Psique, Ataque Rápido, Ataque Arena, Intercambio, Rapidez, Placaje, Látigo, Derribo

EEVEE   **SYLVEON**

TIPO: NORMAL-VOLADOR

REGIONES: HOENN KALOS (COSTA)

TAILLOW
Pokémon Pequebuche

Taillow se mantiene firme ante sus rivales, sean lo fuertes que sean. Este valiente Pokémon seguirá mostrándose desafiante, aunque pierda en combate. Además, si se enfada, se pondrá a gritar con energía.

Taillow es pequeño, está recién salido del nido. Por eso, se siente solo con frecuencia y se pone a piar. Este Pokémon se alimenta de los Wurmple que hay por el bosque.

PRONUNCIACIÓN: TAI-lou
ALTURA: 0,3 m
PESO: 2,3 kg

MOVIMIENTOS: Picotazo, Gruñido, Foco Energía, Ataque Rápido, Ataque Ala, Doble Equipo, Esfuerzo, Golpe Aéreo, Agilidad, Tajo Aéreo, Pájaro Osado, Inversión

TAILLOW ⇒ SWELLOW

TIPO: FUEGO-VOLADOR

REGIONES: ALOLA KALOS (CENTRO)

TALONFLAME
Pokémon Flamígero

Su presa predilecta son los Pokémon pájaro. Intimida a sus rivales lanzando ascuas desde los intersticios de su plumaje.

Arremete contra sus presas a una velocidad de 500 km/h y les asesta el golpe de gracia con una patada muy potente, sin dejarles escapatoria.

PRONUNCIACIÓN: ta-lon-FLEIM
ALTURA: 1,2 m
PESO: 24,5 kg

MOVIMIENTOS: Ascuas, Pájaro Osado, Envite Ígneo, Placaje, Gruñido, Ataque Rápido, Picotazo, Agilidad, Azote, Respiro, Viento Cortante, Don Natural, Nitrocarga, Acróbata, Yo Primero, Viento Afín, Ala de Acero

FLETCHLING ⇒ FLETCHINDER ⇒ TALONFLAME

TANGELA

Pokémon Enredadera

TIPO: PLANTA

Sus lianas no dejan de crecer aunque se le desprendan. Aún se desconoce qué aspecto tiene sin ellas.

Sus lianas despiden una fragancia peculiar. En cierta zona de Galar se usan como aderezo.

PRONUNCIACIÓN: TAN-ge-la
ALTURA: 1,0 m
PESO: 35,0 kg

MOVIMIENTOS: Arraigo, Restricción, Somnífero, Absorber, Desarrollo, Polvo Veneno, Látigo Cepa, Atadura, Megaagotar, Paralizador, Desarme, Poder Pasado, Don Natural, Atizar, Cosquillas, Estrujón, Latigazo, Campo de Hierba, Gigadrenado

TANGELA　　　TANGROWTH

TANGROWTH

Pokémon Enredadera

TIPO: PLANTA

Se ha descubierto recientemente que los dos brazos que estira a voluntad son en realidad lianas enredadas entre sí.

Las lianas le crecen más rápidamente si vive en regiones cálidas. Cuando alcanzan cierta longitud, se las corta.

PRONUNCIACIÓN: TAN-grouz
ALTURA: 2,0 m
PESO: 128,6 kg

MOVIMIENTOS: Bloqueo, Arraigo, Restricción, Somnífero, Látigo Cepa, Absorber, Polvo Veneno, Atadura, Desarrollo, Megaagotar, Desarme, Paralizador, Don Natural, Gigadrenado, Poder Pasado, Atizar, Cosquillas, Estrujón, Campo de Hierba, Latigazo

TANGELA　　　TANGROWTH

REGIÓN:
ALOLA

TAPU BULU
Pokémon Dios Nativo

TIPO: PLANTA-HADA

Se lo conoce como espíritu guardián, pero abate sin piedad a aquellos que considera sus enemigos.

El espíritu guardián de Ula-Ula, que gobierna la flora. Hace repicar su cola para alertar de su presencia y prevenir riñas sin sentido.

PRONUNCIACIÓN: TA-pu BU-lu
ALTURA: 1,9 m
PESO: 45,5 kg

MOVIMIENTOS: Campo de Hierba, Mazazo, Fuerza Bruta, Mal de Ojo, Anulación, Remolino, Refugio, Follaje, Cornada, Gigadrenado, Cara Susto, Drenadoras, Asta Drenaje, Fertilizante, Furia Natural, Cabezazo Zen, Megacuerno, Cabezazo

NO EVOLUCIONA

POKÉMON
LEGENDARIO

REGIÓN:
ALOLA

TAPU FINI
Pokémon Dios Nativo

TIPO: AGUA-HADA

El espíritu guardián de Poni, temido y venerado a la vez. Mora en una espesa niebla y manipula el agua a su antojo.

A pesar de ser un espíritu guardián, trae desgracias a aquellos que se le acercan sin la debida cortesía.

PRONUNCIACIÓN: TA-pu FI-ni
ALTURA: 1,3 m
PESO: 21,2 kg

MOVIMIENTOS: Campo de Niebla, Fuerza Lunar, Pulso Cura, Mal de Ojo, Niebla, Neblina, Refugio, Pistola Agua, Hidropulso, Torbellino, Anegar, Alivio, Salmuera, Despejar, Furia Natural, Agua Lodosa, Acua Aro, Hidrobomba

NO EVOLUCIONA

TAPU KOKO
Pokémon Dios Nativo

POKÉMON LEGENDARIO

TIPO: ELÉCTRICO-HADA

Aunque se le considera un espíritu guardián, obra también como espíritu vengativo contra las personas y Pokémon que desatan su ira.

Es el espíritu guardián de Melemele, capaz de blandir el rayo. Su eterna curiosidad le lleva a veces a mostrarse ante las personas.

PRONUNCIACIÓN: TA-pu KO-ko
ALTURA: 1,8 m
PESO: 20,5 kg

MOVIMIENTOS: Campo Eléctrico, Pájaro Osado, Cambiafuerza, Mal de Ojo, Ataque Rápido, Falso Tortazo, Refugio, Impactrueno, Chispa, Onda Voltio, Chirrido, Carga, Voltio Cruel, Espejo, Furia Natural, Chispazo, Agilidad, Bola Voltio

NO EVOLUCIONA

POKÉMON LEGENDARIO

TAPU LELE
Pokémon Dios Nativo

TIPO: PSÍQUICO-HADA

Esparce escamas brillantes que curan a las personas y los Pokémon. En la isla de Akala es venerado como su espíritu guardián.

Este espíritu guardián es tan candoroso como despiadado, por lo que se podría decir que es la encarnación de la naturaleza misma.

PRONUNCIACIÓN: TA-pu LE-le
ALTURA: 1,2 m
PESO: 18,6 kg

MOVIMIENTOS: Campo Psíquico, Niebla Aromática, Aromaterapia, Mal de Ojo, Beso Drenaje, Impresionar, Refugio, Confusión, Psicoonda, Psicorrayo, Dulce Aroma, Intercambio, Psicocarga, Cosquillas, Furia Natural, Paranormal, Camelo, Fuerza Lunar

NO EVOLUCIONA

TAUROS
Pokémon Toro Bravo

TIPO: NORMAL

Conviene tener cuidado si empieza a fustigarse con las colas, pues es señal de que va a arremeter a máxima velocidad.

Los Tauros que habitan en la región de Galar son de temperamento irascible y no permiten que los humanos monten en su lomo.

PRONUNCIACIÓN: TAU-ros
ALTURA: 1,4 m
PESO: 88,4 kg

MOVIMIENTOS: Placaje, Látigo, Furia, Cornada, Cara Susto, Persecución, Descanso, Vendetta, Avivar, Cabezazo Zen, Derribo, Contoneo, Golpe, Gigaimpacto, Doble Filo

NO EVOLUCIONA

TEDDIURSA
Pokémon Osito

TIPO: NORMAL

A Teddiursa le encanta chuparse las palmas impregnadas de dulce miel. Este Pokémon fabrica su propia miel mezclando frutos y el polen que recoge Beedrill.

PRONUNCIACIÓN: te-di-UR-sa
ALTURA: 0,6 m
PESO: 8,8 kg

MOVIMIENTOS: Lanzamiento, Antojo, Arañazo, Ojitos Tiernos, Lengüetazo, Llanto Falso, Golpes Furia, Finta, Dulce Aroma, Camaradería, Cuchillada, Encanto, Descanso, Ronquido, Golpe

TEDDIURSA   URSARING

493

TENTACOOL

Pokémon Medusa

TIPO:
AGUA-VENENO

Sus facultades natatorias son más bien escasas, por lo que se limita a flotar a la deriva en aguas poco profundas en busca de alimento.

Su cuerpo está compuesto casi por completo de agua, por lo que resulta muy difícil distinguirlo cuando está sumergido en el mar.

PRONUNCIACIÓN: TEN-ta-cul
ALTURA: 0,9 m
PESO: 45,5 kg

MOVIMIENTOS: Picotazo Veneno, Supersónico, Restricción, Ácido, Púas Tóxicas, Hidropulso, Constricción, Bomba Ácida, Rayo Burbuja, Barrera, Puya Nociva, Salmuera, Chirrido, Infortunio, Onda Tóxica, Hidrobomba, Estrujón

TENTACOOL   TENTACRUEL

TENTACRUEL

Pokémon Medusa

TIPO: AGUA-VENENO

Si las esferas rojas que tiene a ambos lados de la cabeza brillan con intensidad, indica que está a punto de lanzar ondas ultrasónicas.

Puede estirar y contraer con total libertad sus 80 tentáculos. Con ellos atrapa a sus presas y les inyecta un veneno debilitante.

PRONUNCIACIÓN: TEN-ta-crul
ALTURA: 1,6 m
PESO: 55,0 kg

MOVIMIENTOS: Clonatipo, Estrujón, Picotazo Veneno, Supersónico, Restricción, Ácido, Púas Tóxicas, Hidropulso, Constricción, Bomba Ácida, Rayo Burbuja, Barrera, Puya Nociva, Salmuera, Chirrido, Infortunio, Onda Tóxica, Hidrobomba

TENTACOOL   TENTACRUEL

TIPO: FUEGO

Evita con agilidad los ataques enemigos. Lanza bolas de fuego por su hocico y tuesta bayas del bosque para comer.

Le encanta comer bayas tostadas, pero a veces se emociona demasiado y termina churruscándolas.

PRONUNCIACIÓN: TE-pig
ALTURA: 0,5 m
PESO: 9,9 kg

MOVIMIENTOS: Placaje, Látigo, Ascuas, Rastreo, Rizo Defensa, Nitrocarga, Polución, Rodar, Derribo, Golpe Calor, Buena Baza, Lanzallamas, Testarazo, Rugido, Envite Ígneo

TEPIG
Pokémon Cerdo Fuego

TEPIG → PIGNITE → EMBOAR

TERRAKION
Pokémon Gruta

POKÉMON LEGENDARIO

TIPO: ROCA-LUCHA

Su potencia al embestir es capaz de derribar las murallas de un castillo. Las leyendas hablan de sus proezas.

Las leyendas hablan de este Pokémon, que derribó un castillo con su propia fuerza para proteger a otros Pokémon.

PRONUNCIACIÓN: te-RRA-quion
ALTURA: 1,9 m
PESO: 260,0 kg

MOVIMIENTOS: Ataque Rápido, Malicioso, Doble Patada, Antiaéreo, Derribo, Refuerzo, Represalia, Avalancha, Espada Santa, Danza Espada, Anticipo, Avivar, Roca Afilada, A Bocajarro

NO EVOLUCIONA

THIEVUL

Pokémon Zorro

TIPO: SINIESTRO

Marca a su presa sin ser advertido. Sigue el olor y, cuando el otro Pokémon baja la guardia, aprovecha para robarle.

Un Pokémon ágil y de afiladas garras que se alimenta de huevos y comida robados. Los Boltund son su enemigo natural.

PRONUNCIACIÓN: ZI-bul
ALTURA: 1,2 m
PESO: 19,9 kg

MOVIMIENTOS: Buena Baza, Paliza, Juego Sucio, Afilagarras, Maquinación, Tajo Umbrío, Última Palabra, Ataque Rápido, Alarido, Golpe Bajo, Plumerazo, Látigo, Ladrón

NICKIT → THIEVUL

THROH

Pokémon Judo

REGIONES:
GALAR
KALOS
(COSTA)
UNOVA

TIPO: LUCHA

Su técnica de lanzamiento es formidable. El sudor que exhala durante el combate impregna su cinturón, cuyo color se vuelve más intenso.

Entrenan en grupos de cinco individuos. Si alguno es incapaz de seguir el ritmo, arroja el cinturón y abandona la cuadrilla.

PRONUNCIACIÓN: ZRO
ALTURA: 1,3 m
PESO: 55,5 kg

MOVIMIENTOS: Atadura, Corpulencia, Llave Giro, Aguante, Foco Energía, Malicioso, Desquite, Inversión, Sísmico, Llave Corsé, Fuerza Bruta, Tiro Vital, Vastaguardia

NO EVOLUCIONA

THUNDURUS
Pokémon Centella

FORMA AVATAR

TIPO: ELÉCTRICO-VOLADOR

Lanza descargas eléctricas por las púas de su cola. Sobrevuela Unova dejando caer rayos.

Su gusto por surcar el cielo lanzando rayos y provocando incendios forestales le ha ganado pocas simpatías.

PRONUNCIACIÓN: ZAN-du-rus
ALTURA: Forma Avatar: 1,5 m
　　　　　 Forma Tótem: 3,0 m
PESO: 61,0 kg

MOVIMIENTOS: Alboroto, Impresionar, Impactrueno, Contoneo, Mordisco, Desquite, Onda Voltio, Anticura, Agilidad, Chispazo, Triturar, Carga, Maquinación, Trueno, Pulso Umbrío, Machada, Golpe

FORMA TÓTEM

THWACKEY
Pokémon Ritmo

TIPO: PLANTA

Los Thwackey que marcan el ritmo más contundente con sus dos baquetas son los más respetados por sus congéneres.

Se concentra tanto en marcar el ritmo que, cuando su rival se debilita en combate, no se da ni cuenta.

PRONUNCIACIÓN: ZUA-ki
ALTURA: 0,7 m
PESO: 14,0 kg

MOVIMIENTOS: Punzada Rama, Doble Golpe, Esfuerzo, Gruñido, Desarme, Hoja Afilada, Arañazo, Chirrido, Atizar, Mofa, Alboroto, Mazazo

 GROOKEY **THWACKEY** **RILLABOOM**

TIMBURR

Pokémon Musculoso

TIPO: LUCHA

Le gusta ayudar en labores de construcción. Cuando la lluvia obliga a interrumpir las obras, blande con furia su viga de madera.

Cuando logra transportar una viga de madera que triplica su altura y peso, es señal de que va a evolucionar.

PRONUNCIACIÓN: TIM-bur
ALTURA: 0,6 m
PESO: 12,5 kg

MOVIMIENTOS: Corpulencia, Puño Dinámico, Foco Energía, Puño Certero, Machada, Malicioso, Patada Baja, Destructor, Avalancha, Lanzarrocas, Cara Susto, Atizar, Roca Afilada, Fuerza Bruta

TIMBURR   **GURDURR**   **CONKELDURR**

TIRTOUGA

Pokémon Pretortuga

TIPO: AGUA-ROCA

Se ha logrado reconstruir a partir de fósiles. Aunque viviera en el mar, no dudaba en salir del agua a tierra firme en busca de presas.

Poseía un vasto territorio de caza, que abarcaba desde la tierra firme hasta una profundidad marina de 1 km.

PRONUNCIACIÓN: tir-TU-ga
ALTURA: 0,7 m
PESO: 16,5 kg

MOVIMIENTOS: Venganza, Refugio, Pistola Agua, Rodar, Mordisco, Protección, Acua Jet, Poder Pasado, Triturar, Vastaguardia, Salmuera, Antiaéreo, Maldición, Rompecoraza, Acua Cola, Avalancha, Danza Lluvia, Hidrobomba

TIRTOUGA   **CARRACOSTA**

TOGEDEMARU

Pokémon Bolita

REGIONES:
ALOLA
GALAR

TIPO: ELÉCTRICO-ACERO

Utiliza el apéndice de la cabeza para absorber los rayos o los ataques de los Pokémon de tipo Eléctrico para recargar su bolsa.

Cuando se encuentra en peligro, se hace una bola, eriza las púas del lomo y propina descargas eléctricas a diestro y siniestro.

PRONUNCIACIÓN: to-ge-de-MA-ru
ALTURA: 0,3 m
PESO: 3,3 kg

MOVIMIENTOS: Carga, Rizo Defensa, Chispazo, Campo Eléctrico, Aguijón Letal, Levitón, Moflete Estático, Pin Misil, Chispa, Barrera Espinosa, Placaje, Impactrueno, Voltio Cruel, Electropunzada

NO EVOLUCIONA

TOGEKISS

Pokémon Festejo

REGIONES:
GALAR
SINNOH

TIPO: HADA-VOLADOR

Este Pokémon jamás se muestra en lugares donde reine la discordia y la disensión. Últimamente apenas se avistan ejemplares.

Se dice que es portador de buena suerte. Por ello, su imagen aparece representada en talismanes y amuletos desde la antigüedad.

PRONUNCIACIÓN: TO-gue-quis
ALTURA: 1,5 m
PESO: 38,0 kg

MOVIMIENTOS: Cede Paso, Tajo Aéreo, Poder Pasado, Esfera Aural, Relevo, Encanto, Doble Filo, Velocidad Extrema, Viento Feérico, Señuelo, Gruñido, Última Baza, Metrónomo, Destructor, Velo Sagrado, Ataque Aéreo, Beso Dulce, Triataque, Deseo, Bostezo

TOGEPI   TOGETIC   TOGEKISS

TOGEPI
Pokémon Bolaclavos

TIPO: HADA

El cascarón parece estar lleno de alegría. Dicen que trae buena suerte si se le trata con cariño.

Se lo considera un símbolo de buena suerte y, según se dice, su cascarón está lleno de alegría.

PRONUNCIACIÓN: TO-ge-pi
ALTURA: 0,3 m
PESO: 1,5 kg

MOVIMIENTOS: Cede Paso, Poder Pasado, Relevo, Encanto, Doble Filo, Señuelo, Gruñido, Última Baza, Gota Vital, Metrónomo, Destructor, Velo Sagrado, Beso Dulce, Deseo, Bostezo

TOGEPI → **TOGETIC** → **TOGEKISS**

TOGETIC
Pokémon Felicidad

TIPO: HADA-VOLADOR

Dicen que se le aparece a la gente de buen corazón y la inunda de felicidad.

Si no está con gente amable, se entristece. Puede flotar en el aire sin mover las alas.

PRONUNCIACIÓN: TO-ge-tic
ALTURA: 0,6 m
PESO: 3,2 kg

MOVIMIENTOS: Cede Paso, Poder Pasado, Relevo, Encanto, Doble Filo, Viento Feérico, Señuelo, Gruñido, Última Baza, Gota Vital, Metrónomo, Destructor, Velo Sagrado, Beso Dulce, Deseo, Bostezo

TOGEPI → **TOGETIC** → **TOGEKISS**

TORCHIC

Pokémon Polluelo

TIPO: FUEGO

Torchic no se separa de su Entrenador. Siempre va tras él con sus pasitos inseguros. Este Pokémon escupe bolas de fuego que pueden alcanzar los 1000°C y carbonizar al enemigo.

Torchic tiene un lugar en el interior de su organismo en el que guarda la llama que posee. Si le das un abrazo, arderá encantado. Este Pokémon está recubierto totalmente de sedoso plumón.

PRONUNCIACIÓN: TOR-chic
ALTURA: 0,4 m
PESO: 2,5 kg

MOVIMIENTOS: Arañazo, Gruñido, Foco Energía, Ascuas, Picotazo, Ataque Arena, Giro Fuego, Ataque Rápido, Cuchillada, Espejo, Lanzallamas, Pirotecnia

TORCHIC → COMBUSKEN → BLAZIKEN → MEGA-BLAZIKEN

TORKOAL

Pokémon Carbón

TIPO: FUEGO

Quema carbón en su caparazón para obtener energía. Si se ve amenazado, despide un hollín negro.

Se junta con numerosos congéneres para establecer su morada en minas abandonadas, donde se afanan en localizar y extraer carbón.

PRONUNCIACIÓN: TOR-ko-ul
ALTURA: 0,5 m
PESO: 80,4 kg

MOVIMIENTOS: Amnesia, Golpe Cuerpo, Niebla Clara, Maldición, Ascuas, Estallido, Rueda Fuego, Lanzallamas, Onda Ígnea, Infierno, Defensa Férrea, Humareda, Protección, Giro Rápido, Rompecoraza, Polución, Pantalla de Humo, Refugio

NO EVOLUCIONA

TORNADUS

Pokémon Torbellino

TIPO: VOLADOR

La parte inferior de su cuerpo, similar a una nube, está recubierta de un campo de energía. Vuela a 300 km/h.

La energía que desprende de su cola genera violentas tempestades capaces de echar abajo casas.

PRONUNCIACIÓN: tor-NA-dus
ALTURA: Forma Avatar: 1,5 m
Forma Tótem: 1,4 m
PESO: 63,0 kg

MOVIMIENTOS: Alboroto, Impresionar, Tornado, Contoneo, Mordisco, Desquite, Aire Afilado, Paranormal, Agilidad, Tajo Aéreo, Triturar, Viento Afín, Danza Lluvia, Vendaval, Pulso Umbrío, Machada, Golpe

FORMA AVATAR

FORMA TÓTEM

NO EVOLUCIONA

TORRACAT

Pokémon Gato Fuego

REGIÓN: ALOLA

TIPO: FUEGO

Si le coge cariño a su Entrenador se muestra afectuoso, pero es tan fuerte y sus garras tan afiladas que lo puede dejar lleno de arañazos.

Una crin alzada viene a significar que su estado físico es bueno, mientras que una crin lacia hacia atrás indica lo contrario.

PRONUNCIACIÓN: TO-rra-cat
ALTURA: 0,7 m
PESO: 25,0 kg

MOVIMIENTOS: Arañazo, Ascuas, Gruñido, Lengüetazo, Malicioso, Colmillo Ígneo, Rugido, Mordisco, Contoneo, Golpes Furia, Golpe, Lanzallamas, Cara Susto, Envite Ígneo, Enfado, Doble Patada

LITTEN — TORRACAT — INCINEROAR

TORTERRA

Pokémon Continente

REGIÓN: SINNOH

TIPO: PLANTA-TIERRA

Las gentes de antaño creían que el planeta se sustentaba en la espalda de un gran Torterra.

Algunos Pokémon pequeños se juntan en su espalda para hacer sus nidos.

PRONUNCIACIÓN: tor-TE-rra
ALTURA: 2,2 m
PESO: 310,0 kg

MOVIMIENTOS: Mazazo, Placaje, Refugio, Absorber, Hoja Afilada, Maldición, Mordisco, Megaagotar, Terremoto, Drenadoras, Síntesis, Triturar, Gigadrenado, Lluevehojas

TURTWIG — GROTLE — TORTERRA

TOTODILE
Pokémon Fauces

TIPO: AGUA

Totodile tiene cuerpo pequeño, pero fuertes mandíbulas. A veces, piensa que solo está dando un mordisquito y hace unas heridas bastante considerables.

PRONUNCIACIÓN: TO-to-dail
ALTURA: 0,6 m
PESO: 9,5 kg

MOVIMIENTOS: Arañazo, Malicioso, Pistola Agua, Furia, Mordisco, Cara Susto, Colmillo Hielo, Azote, Triturar, Guardia Baja, Cuchillada, Chirrido, Golpe, Acua Cola, Fuerza Bruta, Hidrobomba

TOTODILE   CROCONAW   FERALIGATR

TOUCANNON
Pokémon Cañón

TIPO: NORMAL-VOLADOR

Se comunican con sus compañeros chocando los picos. El número de veces y la fuerza con la que lo hacen transmiten sus distintos sentimientos.

Las parejas de Toucannon son famosas por la armonía que reina entre ellas. Por eso se llevan a las bodas como portadores de buena fortuna.

PRONUNCIACIÓN: tu-CA-non
ALTURA: 1,1 m
PESO: 26,0 kg

MOVIMIENTOS: Pico Cañón, Pedrada, Picotazo, Gruñido, Eco Voz, Golpe Roca, Supersónico, Picoteo, Respiro, Ataque Furia, Chirrido, Pico Taladro, Semilladora, Danza Pluma, Vozarrón

PIKIPEK   TRUMBEAK   TOUCANNON

TOXAPEX

Pokémon Estrellatroz

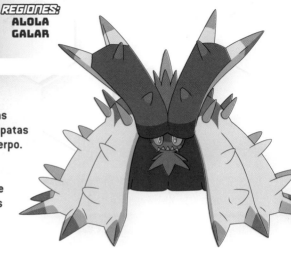

TIPO: VENENO-AGUA

Para resistir las bajas temperaturas de las aguas de Galar, forma una cúpula con las patas y calienta el interior con el calor de su cuerpo.

La bolsa de veneno en el interior de su cuerpo contiene toxinas tan potentes que provocarían tres días de dolores intensos hasta a un Wailord.

PRONUNCIACIÓN: TOC-sa-pecs
ALTURA: 0,7 m
PESO: 14,5 kg

MOVIMIENTOS: Búnker, Mordisco, Hidroariete, Picotazo, Pin Misil, Puya Nociva, Picotazo Veneno, Recuperación, Tóxico, Púas Tóxicas, Trampa Venenosa, Carga Tóxica, Vastaguardia

MAREANIE → TOXAPEX

TOXEL

Pokémon Retoño

REGIÓN: GALAR

TIPO: ELÉCTRICO-VENENO

Secreta toxinas por la piel y las almacena en una bolsa de veneno interna. Tocarlo da calambre.

Provoca una reacción química para generar energía eléctrica con sus toxinas. Aunque de bajo voltaje, puede causar entumecimiento.

PRONUNCIACIÓN: TOC-sel
ALTURA: 0,4 m
PESO: 11,0 kg

MOVIMIENTOS: Ácido, Eructo, Azote, Gruñido, Moflete Estático, Ojos Llorosos

TOXEL → TOXTRICITY

TOXICROAK

Pokémon Boca Tóxica

TIPO: VENENO-LUCHA

Se abalanza sobre el rival y lo destroza con sus garras venenosas. Basta un rasguño para debilitar al adversario.

Cuando abate una presa, emite un croar de victoria a pleno pulmón. Está emparentado con los Seismitoad.

PRONUNCIACIÓN: TOC-si-crouk
ALTURA: 1,3 m
PESO: 44,4 kg

MOVIMIENTOS: Impresionar, Eructo, Camelo, Bofetón Lodo, Maquinación, Puya Nociva, Picotazo Veneno, Desquite, Bomba Lodo, Golpe Bajo, Contoneo, Mofa, Tóxico, Carga Tóxica

CROAGUNK

TOXICROAK

TOXTRICITY
Pokémon Punki

TIPO: ELÉCTRICO-VENENO

Puede liberar descargas eléctricas de hasta 15.000 V. Se enfrenta a cualquier rival con la misma actitud chulesca.

Posee un órgano en el pecho que genera electricidad. Al hacerlo, emite un sonido que recuerda al de un bajo eléctrico.

PRONUNCIACIÓN: tocs-TRI-si-ti
ALTURA: 1,6 m
PESO: 40,0 kg

MOVIMIENTOS: Ácido, Bomba Ácida, Eructo, Estruendo, Carga, Chispazo, Onda Anómala, Azote, Gruñido, Malicioso, Aura Magnética, Rugido de Guerra, Moflete Estático, Amplificador, Puya Nociva, Cara Susto, Chirrido, Onda Voltio, Chispa, Contoneo, Mofa, Ojos Llorosos, Impactrueno, Tóxico, Trampa Venenosa

FORMA GRAVE

FORMA AGUDA

TOXEL → TOXTRICITY

Forma alternativa:
GIGANTAMAX TOXTRICITY

Usa la electricidad que le sobra como arma. Sus reservas energéticas superan incluso la carga eléctrica de un nubarrón de tormenta.

Su propio veneno le afecta al cerebro y le hace perder el control. Cuando esto ocurre, transpira un sudor tóxico que contamina el terreno.

ALTURA: >24,0 m
PESO: ???,? kg

TRANQUILL
Pokémon Torcaz

TIPO:
NORMAL-VOLADOR

Posee una velocidad de vuelo nada desdeñable. Por más que se aleje, siempre recuerda el camino de regreso a su nido o hasta su Entrenador.

Posee una mente ágil y muy buena memoria. Tal vez por eso muchos repartidores lo eligen como compañero.

PRONUNCIACIÓN: TRAN-cuil
ALTURA: 0,6 m
PESO: 15,0 kg

MOVIMIENTOS: Aire Afilado, Tajo Aéreo, Detección, Danza Pluma, Gruñido, Tornado, Malicioso, Ataque Rápido, Respiro, Ataque Aéreo, Contoneo, Viento Afín, Mofa

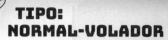

PIDOVE → **TRANQUILL** → **UNFEZANT**

REGIONES:
ALOLA
GALAR
HOENN
KALOS
(MONTAÑA)

TRAPINCH
Pokémon Hormiga León

TIPO: TIERRA

Si una presa cae en las fosas cóncavas de arena que cava en el desierto, no podrá salir de ellas.

Excava fosas cóncavas, de las cuales resulta imposible escapar, y espera a que una presa caiga en su interior.

PRONUNCIACIÓN: TRA-pinch
ALTURA: 0,7 m
PESO: 15,0 kg

MOVIMIENTOS: Impresionar, Mordisco, Terratemblor, Triturar, Excavar, Tierra Viva, Terremoto, Fisura, Aguzar, Bofetón Lodo, Ataque Arena, Bucle Arena, Tormenta de Arena, Fuerza Bruta

TRAPINCH → **VIBRAVA** → **FLYGON**

TREECKO

Pokémon Geco Bosque

REGIÓN: HOENN

TIPO: PLANTA

Treecko tiene unos ganchos pequeños en las plantas de los pies con los que puede escalar superficies verticales. Este Pokémon ataca dando un golpetazo con la cola.

Treecko es tranquilo y tiene gran capacidad de autocontrol; no pierde la calma en ninguna situación. Si algún rival se le queda mirando fijamente, le devolverá la mirada sin ceder ni lo más mínimo de su territorio.

PRONUNCIACIÓN: TRI-co
ALTURA: 0,5 m
PESO: 5,0 kg

MOVIMIENTOS: Destructor, Malicioso, Absorber, Ataque Rápido, Persecución, Chirrido, Megaagotar, Agilidad, Atizar, Detección, Gigadrenado, Energibola, Anticipo, Esfuerzo

TREECKO	GROVYLE	SCEPTILE	MEGA-SCEPTILE

TREVENANT

Pokémon Árbol Viejo

REGIONES: ALOLA GALAR KALOS (MONTAÑA)

TIPO: FANTASMA-PLANTA

Los humanos lo temen porque devora a quienes osen talar los árboles, pero es amable con los Pokémon que habitan en el bosque.

Puede extender las finas raíces que le brotan de las extremidades inferiores para conectarse con el resto de los árboles y controlarlos a voluntad.

PRONUNCIACIÓN: TRE-ve-nant
ALTURA: 1,5 m
PESO: 71,0 kg

MOVIMIENTOS: Impresionar, Punzada Rama, Rayo Confuso, Maldición, Mismo Destino, Condena Silvana, Desarrollo, Infortunio, Asta Drenaje, Arraigo, Drenadoras, Golpe Fantasma, Garra Umbría, Placaje, Fuego Fatuo, Mazazo

PHANTUMP	TREVENANT

TROPIUS
Pokémon Fruto

TIPO: PLANTA-VOLADOR

Los frutos que crecen en el cuello del Tropius de la región de Alola son mucho más dulces y ricos que los de otros lugares.

A la gente le encanta la deliciosa fruta de sus racimos. En las regiones cálidas abundan las granjas que se dedican a criar Tropius.

PRONUNCIACIÓN: TRO-pi-us
ALTURA: 2,0 m
PESO: 100,0 kg

MOVIMIENTOS: Malicioso, Tornado, Desarrollo, Hoja Afilada, Pisotón, Dulce Aroma, Remolino, Hoja Mágica, Golpe Cuerpo, Síntesis, Ciclón de Hojas, Tajo Aéreo, Ofrenda, Rayo Solar, Don Natural, Lluevehojas

NO EVOLUCIONA

REGIONES:
ALOLA
GALAR
KALOS
(MONTAÑA)
UNOVA

TRUBBISH
Pokémon Bolsa Basura

TIPO: VENENO

Le gustan los lugares insalubres. Puede llegar a establecerse en las casas de aquellas personas que no hagan la limpieza con regularidad.

Nació a partir de una rebosante bolsa de basura. Los gases nocivos que eructa son un manjar para los Weezing de Galar.

PRONUNCIACIÓN: TRA-bish
ALTURA: 0,6 m
PESO: 31,0 kg

MOVIMIENTOS: Bomba Ácida, Amnesia, Eructo, Niebla Clara, Explosión, Lanzamugre, Divide Dolor, Gas Venenoso, Destructor, Reciclaje, Residuos, Bomba Lodo, Reserva, Tragar, Derribo, Tóxico, Púas Tóxicas

TRUBBISH　　　GARBODOR

TRUMBEAK

Pokémon Trompeta

TIPO: NORMAL-VOLADOR

Al torcer la punta del pico es capaz de emitir a su antojo más de 100 graznidos diferentes.

Dispara por el pico las semillas de las bayas ingeridas. Al dispersarse por el suelo, de ellas acaban germinando nuevas plantas.

PRONUNCIACIÓN: TRAM-bik
ALTURA: 0,6 m
PESO: 14,8 kg

MOVIMIENTOS: Pedrada, Picotazo, Gruñido, Eco Voz, Golpe Roca, Supersónico, Picoteo, Respiro, Ataque Furia, Chirrido, Pico Taladro, Semilladora, Danza Pluma, Vozarrón

PIKIPEK   TRUMBEAK   TOUCANNON

TSAREENA

Pokémon Fruto

TIPO: PLANTA

Sus piernas son tan esbeltas como cruel es su corazón. Un temible Pokémon que pisotea sin piedad al rival.

Propina patadas con sus duras y puntiagudas piernas, con las que deja heridas indelebles en el cuerpo y el corazón del adversario.

PRONUNCIACIÓN: tsa-RI-na
ALTURA: 1,2 m
PESO: 21,4 kg

MOVIMIENTOS: Aromaterapia, Niebla Aromática, Azote, Patada Salto Alta, Lluevehojas, Hoja Mágica, Camaradería, Latigazo, Giro Rápido, Hoja Afilada, Salpicadura, Pisotón, Contoneo, Dulce Aroma, Danza Caos, Patada Tropical

BOUNSWEET   STEENEE   TSAREENA

TURTONATOR

Pokémon Tortugabomba

TIPO: FUEGO-DRAGÓN

Su caparazón está recubierto de un material explosivo. Responde con un gran estallido a todo aquel que lo ataque.

El material explosivo de su caparazón está compuesto por el azufre del que se alimenta. Sus excrementos explosivos son muy peligrosos.

PRONUNCIACIÓN: tur-to-NEI-tor
ALTURA: 2,0 m
PESO: 212,0 kg

MOVIMIENTOS: Golpe Cuerpo, Pulso Dragón, Ascuas, Aguante, Explosión, Azote, Lanzallamas, Calcinación, Defensa Férrea, Sofoco, Protección, Rompecoraza, Coraza Trampa, Polución, Placaje

NO EVOLUCIONA

TURTWIG

Pokémon Hojita

TIPO: PLANTA

Realiza la fotosíntesis al bañarle los rayos de sol. Su concha está formada por tierra endurecida.

Realiza la fotosíntesis para obtener oxígeno. Si tiene sed, las hojas de la cabeza se marchitan.

PRONUNCIACIÓN: TUR-tuig
ALTURA: 0,4 m
PESO: 10,2 kg

MOVIMIENTOS: Placaje, Refugio, Absorber, Hoja Afilada, Maldición, Mordisco, Megaagotar, Drenadoras, Síntesis, Triturar, Gigadrenado, Lluevehojas

TURTWIG   GROTLE   TORTERRA

TYMPOLE

Pokémon Renacuajo

REGIONES:
GALAR
UNOVA

TIPO: AGUA

El agudo canto de los Tympole bajo el agua crea hermosas ondas que se extienden por la superficie.

Se comunica con los suyos mediante ondas sonoras. Su grito de alerta es imperceptible para los humanos y el resto de los Pokémon.

PRONUNCIACIÓN: TIM-pol
ALTURA: 0,5 m
PESO: 4,5 kg

MOVIMIENTOS: Ácido, Acua Aro, Rayo Burbuja, Eco Voz, Azote, Gruñido, Hidrobomba, Vozarrón, Disparo Lodo, Agua Lodosa, Danza Lluvia, Canon, Supersónico, Alboroto

TYMPOLE   PALPITOAD   SEISMITOAD

TYNAMO

Pokémon Electropez

REGIÓN:
UNOVA

TIPO: ELÉCTRICO

La electricidad de uno solo es diminuta, pero, si multitud de Tynamo se conectan, consiguen la potencia de un rayo.

Apenas puede generar energía por sí mismo, pero un banco de Tynamo puede crear violentas descargas eléctricas.

PRONUNCIACIÓN: TAI-na-mo
ALTURA: 0,2 m
PESO: 0,3 kg

MOVIMIENTOS: Placaje, Onda Trueno, Chispa, Rayo Carga

TYNAMO   EELEKTRIK   EELEKTROSS

TYPHLOSION

Pokémon Volcán

TIPO: FUEGO

Typhlosion se oculta tras un trémulo haz de calor que crea mediante sus intensas y sofocantes llamaradas. Este Pokémon causa explosiones de fuego que reducen todo a cenizas.

PRONUNCIACIÓN: tai-FLOU-sion
ALTURA: 1,7 m
PESO: 79,5 kg

MOVIMIENTOS: Giro Bola, Placaje, Malicioso, Pantalla de Humo, Ascuas, Ataque Rápido, Rueda Fuego, Rizo Defensa, Rapidez, Nitrocarga, Humareda, Lanzallamas, Infierno, Rodar, Doble Filo, Estallido, Llama Final

CYNDAQUIL   QUILAVA   TYPHLOSION

TYRANITAR

Pokémon Coraza

REGIONES:
ALOLA
GALAR
JOHTO
KALOS
(MONTAÑA)

TIPO: ROCA-SINIESTRO

Casi ningún ataque hace daño a su cuerpo, por lo que le encanta desafiar a sus enemigos.

Sus estrepitosos pasos derrumban montañas y hacen que el terreno a su alrededor cambie drásticamente.

PRONUNCIACIÓN: ti-RA-ni-tar
ALTURA: 2,0 m
PESO: 202,0 kg

MOVIMIENTOS: Mordisco, Triturar, Pulso Umbrío, Terremoto, Colmillo Ígneo, Gigaimpacto, Hiperrayo, Colmillo Hielo, Defensa Férrea, Malicioso, Vendetta, Avalancha, Lanzarrocas, Tormenta de Arena, Cara Susto, Chirrido, Pataleta, Roca Afilada, Placaje, Golpe, Colmillo Rayo

MEGA-TYRANITAR

Pokémon Coraza

TIPO: ROCA-SINIESTRO

ALTURA: 2,5 m
PESO: 255,0 kg

LARVITAR → PUPITAR → TYRANITAR → MEGA-TYRANITAR

TIPO: ROCA-DRAGÓN

TYRANTRUM
Pokémon Tirano

Según algunas teorías, este Pokémon no es una recreación exacta del de épocas pasadas, ya que debería estar recubierto de plumas.

Antaño era considerado un rey indiscutible. El brutal poder de su mandíbula le permite triturar un coche con suma facilidad.

PRONUNCIACIÓN: tai-RAN-trum
ALTURA: 2,5 m
PESO: 270,0 kg

MOVIMIENTOS: Testarazo, Látigo, Placaje, Rugido, Pisotón, Venganza, Trampa Rocas, Mordisco, Encanto, Poder Pasado, Cola Dragón, Triturar, Garra Dragón, Golpe, Terremoto, Perforador, Avalancha, Gigaimpacto

TYRUNT ➡ TYRANTRUM

TYROGUE
Pokémon Peleón

TIPO: LUCHA

Siempre está rebosante de energía. Por muchas derrotas que acumule, no deja de plantar cara a sus rivales con tal de fortalecerse.

Su pequeño tamaño no debe ser motivo para subestimarlo, ya que se liará de inmediato a golpes con cualquier rival que estime oportuno.

PRONUNCIACIÓN: tai-ROUG
ALTURA: 0,7 m
PESO: 21,0 kg

MOVIMIENTOS: Sorpresa, Foco Energía, Refuerzo, Placaje

TYROGUE

HITMONLEE

HITMONCHAN

HITMONTOP

TYRUNT
Pokémon Heredero

TIPO: ROCA-DRAGÓN

Puede ejercer una enorme presión con su gran mandíbula. Se cree que esta especie regenerada a partir de un fósil difiere de la de hace tiempo.
Un tanto egoísta y malcriado. Aunque solo esté bromeando, a veces puede causar graves heridas a sus compañeros de juegos.

PRONUNCIACIÓN: TAI-rant
ALTURA: 0,8 m
PESO: 26,0 kg

MOVIMIENTOS: Látigo, Placaje, Rugido, Pisotón, Venganza, Trampa Rocas, Mordisco, Encanto, Poder Pasado, Cola Dragón, Triturar, Garra Dragón, Golpe, Terremoto, Perforador

TYRUNT

TYRANTRUM

TIPO: SINIESTRO

Cuando se enfurece, secreta un sudor venenoso por los poros que lanza a los ojos de sus enemigos.

En las noches de luna llena, o cuando se exalta, le empiezan a brillar los anillos de color dorado.

PRONUNCIACIÓN: UM-bre-on
ALTURA: 1,0 m
PESO: 27,0 kg

MOVIMIENTOS: Buena Baza, Ojitos Tiernos, Relevo, Mordisco, Encanto, Rayo Confuso, Copión, Antojo, Pulso Umbrío, Doble Filo, Gruñido, Cambiadefensa, Refuerzo, Última Baza, Mal de Ojo, Luz Lunar, Ataque Rápido, Ataque Arena, Chirrido, Alarido, Rapidez, Placaje, Látigo, Derribo

REGIONES:
ALOLA
GALAR
JOHTO
KALOS
(COSTA)

UMBREON
Pokémon Luz Lunar

EEVEE → UMBREON

MACHO

REGIONES:
GALAR
UNOVA

UNFEZANT
Pokémon Altanero

TIPO: NORMAL-VOLADOR

Hacen gala de una soberbia destreza al volar. La hembra posee una mayor resistencia, mientras que el macho la supera en velocidad.

Es un Pokémon muy inteligente y orgulloso. Se tiene en alta estima a aquellos que se convierten en sus Entrenadores.

PRONUNCIACIÓN: an-FE-sant
ALTURA: 0,8 m
PESO: 26,0 kg

MOVIMIENTOS: Aire Afilado, Tajo Aéreo, Detección, Danza Pluma, Gruñido, Tornado, Malicioso, Ataque Rápido, Respiro, Ataque Aéreo, Contoneo, Viento Afín, Mofa

HEMBRA

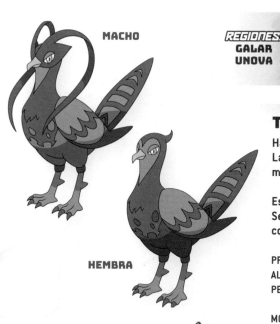

PIDOVE → TRANQUILL → UNFEZANT

UNOWN

Pokémon Símbolo

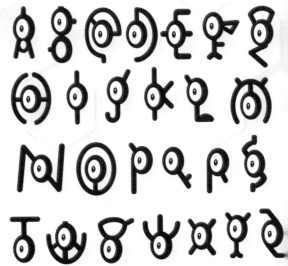

REGIÓN:
JOHTO

TIPO: PSÍQUICO

Estos Pokémon tienen forma de caracteres antiguos. No se sabe qué surgió primero, si la vieja escritura o los distintos Unown. Esta cuestión sigue siendo objeto de estudio, pero aún no se ha averiguado nada.

PRONUNCIACIÓN: a-NOUN
ALTURA: 0,5 m
PESO: 5,0 kg

MOVIMIENTO: Poder Oculto

NO EVOLUCIONA

URSARING

Pokémon Hibernante

REGIONES:
JOHTO
KALOS
(MONTAÑA)

TIPO: NORMAL

En los bosques habitados por Ursaring, dicen que abundan los arroyos y árboles gigantes en los que guardan su alimento. Este Pokémon se dedica todos los días a pasear por el bosque para buscar comida y guardarla.

PRONUNCIACIÓN: UR-sa-ring
ALTURA: 1,8 m
PESO: 125,8 kg

MOVIMIENTOS: Machada, Antojo, Arañazo, Malicioso, Lengüetazo, Llanto Falso, Golpes Furia, Finta, Dulce Aroma, Camaradería, Cuchillada, Cara Susto, Descanso, Ronquido, Golpe

TEDDIURSA → URSARING

TIPO: PSÍQUICO

Se le conoce como el Ser de la Sabiduría. Se dice que puede borrar la memoria con una mirada.

Se dice que su aparición otorgó a los humanos la inteligencia para mejorar sus vidas.

PRONUNCIACIÓN: Uc-si
ALTURA: 0,3 m
PESO: 0,3 kg

MOVIMIENTOS: Descanso, Confusión, Sellar, Aguante, Rapidez, Bostezo, Premonición, Amnesia, Paranormal, Azote, Don Natural, Legado

NO EVOLUCIONA

VANILLISH

Pokémon Nieve Helada

REGIONES:
ALOLA
GALAR
KALOS
(MONTAÑA)
UNOVA

TIPO: HIELO

Bebe agua pura para agrandar su cuerpo de hielo. Apenas se ven ejemplares durante los días soleados.

Congela a sus enemigos con un vaho a -100 ºC, pero no llega a arrebatarles la vida debido a su carácter benévolo.

PRONUNCIACIÓN: va-NI-lish
ALTURA: 1,1 m
PESO: 41,0 kg

MOVIMIENTOS: Armadura Ácida, Impresionar, Alud, Ventisca, Granizo, Fortaleza, Rayo Hielo, Carámbano, Viento Hielo, Manto Espejo, Neblina, Frío Polar, Mofa, Alboroto

VANILLITE → VANILLISH → VANILLUXE

VANILLITE

Pokémon Nieve Fresca

REGIONES:
ALOLA
GALAR
KALOS
(MONTAÑA)
UNOVA

TIPO: HIELO

No puede vivir en lugares muy cálidos. Provoca nevadas exhalando un vaho gélido y luego se acurruca en la nieve acumulada para dormir.

Este Pokémon nació a partir de un carámbano. Exhala un vaho a -50ºC con el que congela el ambiente para adaptarlo a sus necesidades.

PRONUNCIACIÓN: va-NI-lait
ALTURA: 0,4 m
PESO: 5,7 kg

MOVIMIENTOS: Armadura Ácida, Impresionar, Alud, Ventisca, Granizo, Fortaleza, Rayo Hielo, Carámbano, Viento Hielo, Manto Espejo, Neblina, Frío Polar, Mofa, Alboroto

VANILLITE → VANILLISH → VANILLUXE

REGIONES:
ALOLA
GALAR
KALOS
(MONTAÑA)
UNOVA

VANILLUXE
Pokémon Nieve Gélida

TIPO: HIELO

Cuando su rabia alcanza el punto máximo, genera una ventisca que congela tanto a amigos como a enemigos.

Su temperatura corporal ronda los -6ºC. Se dice que nace de la fusión de dos Vanillish.

PRONUNCIACIÓN: va-NI-lax
ALTURA: 1,3 m
PESO: 57,5 kg

MOVIMIENTOS: Armadura Ácida, Impresionar, Alud, Ventisca, Liofilización, Granizo, Fortaleza, Rayo Hielo, Chuzos, Carámbano, Viento Hielo, Manto Espejo, Neblina, Frío Polar, Mofa, Alboroto, Meteorobola

VANILLITE ➡ VANILLISH ➡ VANILLUXE

VAPOREON

Pokémon Burbuja

REGIONES:
ALOLA
GALAR
KALOS
(COSTA)
KANTO

TIPO: AGUA

Cuando las aletas de Vaporeon comienzan a vibrar, significa que lloverá en las próximas horas.

La composición celular de su cuerpo es tan similar a la estructura molecular del agua que se vuelve invisible al fundirse en ella.

PRONUNCIACIÓN: va-PO-reon
ALTURA: 1,0 m
PESO: 29,0 kg

MOVIMIENTOS: Armadura Ácida, Acua Aro, Rayo Aurora, Ojitos Tiernos, Relevo, Mordisco, Encanto, Copión, Antojo, Doble Filo, Gruñido, Niebla, Refuerzo, Hidrobomba, Última Baza, Agua Lodosa, Ataque Rápido, Ataque Arena, Rapidez, Placaje, Látigo, Derribo, Pistola Agua, Hidropulso

EEVEE　　　**VAPOREON**

VENIPEDE

Pokémon Ciempiés

TIPO: BICHO-VENENO

Aunque se trata de una especie emparentada con los Sizzlipede, si se encuentran ejemplares de ambas, entablarán una lucha encarnizada.

Sus colmillos contienen un veneno letal. Si encuentra una presa que parece comestible, se abalanza sobre ella sin pensárselo dos veces.

PRONUNCIACIÓN: VE-ni-pid
ALTURA: 0,4 m
PESO: 5,3 kg

MOVIMIENTOS: Rizo Defensa, Rodar, Picotazo Veneno, Chirrido, Persecución, Protección, Cola Veneno, Picadura, Carga Tóxica, Agilidad, Rodillo de Púas, Tóxico, Trampa Venenosa, Treparrocas, Doble Filo

VENIPEDE

WHIRLIPEDE

SCOLIPEDE

TIPO: BICHO-VENENO

Las alas desprenden un polvillo de escamas impregnado de toxinas que se adhiere al contacto y resulta difícil de quitar.

VENOMOTH

Pokémon Polilla Venenosa

PRONUNCIACIÓN: VE-no-moz
ALTURA: 1,5 m
PESO: 12,5 kg

MOVIMIENTOS: Viento Plata, Placaje, Anulación, Profecía, Supersónico, Confusión, Polvo Veneno, Chupavidas, Paralizador, Psicorrayo, Somnífero, Tornado, Doble Rayo, Cabezazo Zen, Colmillo Veneno, Psíquico, Zumbido, Danza Aleteo

VENONAT   VENOMOTH

VENONAT

Pokémon Insecto

TIPO: BICHO-VENENO

Sus grandes ojos actúan como radares. A plena luz se percibe que son, en realidad, grupos de ojos diminutos.

PRONUNCIACIÓN: VE-no-nat
ALTURA: 1,0 m
PESO: 30,0 kg

MOVIMIENTOS: Placaje, Anulación, Profecía, Supersónico, Confusión, Polvo Veneno, Chupavidas, Paralizador, Psicorrayo, Somnífero, Doble Rayo, Cabezazo Zen, Colmillo Veneno, Psíquico

VENONAT   VENOMOTH

VENUSAUR

Pokémon Semilla

TIPO: PLANTA-VENENO

La planta florece cuando absorbe energía solar, lo cual le obliga a buscar siempre la luz del sol.

La flor que tiene en el lomo libera un delicado aroma, que tiene un efecto relajante en combate.

PRONUNCIACIÓN: VE-nu-saur
ALTURA: 2,0 m
PESO: 100,0 kg

MOVIMIENTOS: Placaje, Gruñido, Látigo Cepa, Drenadoras, Polvo Veneno, Somnífero, Derribo, Hoja Afilada, Dulce Aroma, Desarrollo, Doble Filo, Danza Pétalo, Abatidoras, Síntesis, Tormenta Floral, Rayo Solar

MEGA-VENUSAUR

Pokémon Semilla

TIPO: PLANTA-VENENO

ALTURA: 2,4 m
PESO: 155,5 kg

BULBASAUR → **IVYSAUR** → **VENUSAUR** → **MEGA-VENUSAUR**

Forma alternativa:
GIGANTAMAX VENUSAUR

Lucha blandiendo sus dos gruesas lianas. Tiene fuerza como para derribar fácilmente un edificio de diez plantas.

Esparce cantidades ingentes de polen con la fuerza de una erupción volcánica. Inhalado en exceso, puede provocar vahídos.

ALTURA: >24,0 m
PESO: ???,? kg

VESPIQUEN

Pokémon Colmena

TIPO: BICHO-VOLADOR

Combate dirigiendo a sus larvas, que obedecen a su reina sin rechistar y se sacrifican por ella si es necesario.

Cuanto mayor sea la cantidad de feromonas que segregue, mayor será el número de Combee que pueda controlar.

PRONUNCIACIÓN: VES-pi-cuen
ALTURA: 1,2 m
PESO: 38,5 kg

MOVIMIENTOS: Tajo Aéreo, Aromaterapia, Niebla Aromática, Al Ataque, Picadura, Rayo Confuso, A Defender, Mismo Destino, Aguijón Letal, Corte Furia, Golpes Furia, Tornado, Picotazo Veneno, Joya de Luz, Cuchillada, Estoicismo, Contoneo, Dulce Aroma, Tóxico

COMBEE **VESPIQUEN**

VIBRAVA

Pokémon Vibrante

REGIONES:
ALOLA
GALAR
HOENN
KALOS
(MONTAÑA)

TIPO: TIERRA-DRAGÓN

Al agitar sus alas a gran velocidad, emite ondas ultrasónicas que provocan fuertes dolores de cabeza.

Para terminar de desarrollar sus alas, se nutre a diario de un gran número de presas, a las que disuelve con ácido antes de devorarlas.

PRONUNCIACIÓN: vai-BRA-ba
ALTURA: 1,1 m
PESO: 15,3 kg

MOVIMIENTOS: Impresionar, Mordisco, Estruendo, Zumbido, Terratemblor, Triturar, Excavar, Dragoaliento, Carga Dragón, Cola Dragón, Tierra Viva, Terremoto, Fisura, Aguzar, Bofetón Lodo, Ataque Arena, Bucle Arena, Tormenta de Arena, Chirrido, Fuerza Bruta, Supersónico, Alboroto

TRAPINCH **VIBRAVA** **FLYGON**

POKÉMON MÍTICO

VICTINI
Pokémon Victoria

TIPO: PSÍQUICO-FUEGO

Pokémon que atrae la victoria. Dicen que el Entrenador que lo lleve saldrá vencedor de cualquier batalla.

Cuando Victini comparte su energía ilimitada, esa persona o Pokémon irradia abundante poder.

PRONUNCIACIÓN: vic-TI-ni
ALTURA: 0,4 m
PESO: 4,0 kg

MOVIMIENTOS: Bomba Ígnea, Foco Energía, Confusión, Calcinación, Ataque Rápido, Aguante, Golpe Cabeza, Nitrocarga, Inversión, Pirotecnia, Cabezazo Zen, Infierno, Doble Filo, Envite Ígneo, Sacrificio, Poder Reserva, Sofoco

NO EVOLUCIONA

REGIONES: KALOS (MONTAÑA) KANTO

VICTREEBEL
Pokémon Matamoscas

TIPO: PLANTA-VENENO

Atrae a su presa con un dulce aroma a miel. Una vez atrapada en la boca, la disuelve en tan solo un día, huesos incluidos.

PRONUNCIACIÓN: VIC-tri-bel
ALTURA: 1,7 m
PESO: 15,5 kg

MOVIMIENTOS: Reserva, Tragar, Escupir, Látigo Cepa, Somnífero, Dulce Aroma, Hoja Afilada, Ciclón de Hojas, Lluevehojas, Hoja Aguda

BELLSPROUT   WEEPINBELL   VICTREEBEL

VIGOROTH

Pokémon Mono Feroz

REGIÓN: HOENN

TIPO: NORMAL

Vigoroth está continuamente inquieto, rabiando por salir corriendo sin control. Estar quieto un solo minuto es superior a sus fuerzas. Si no puede estar en continuo movimiento, el nivel de estrés de este Pokémon se dispara.

A Vigoroth le resulta totalmente imposible estarse quieto. Cuando intenta dormir, la sangre le fluye a velocidad de vértigo y se pone a correr por el bosque de un lado a otro hasta que se calma.

PRONUNCIACIÓN: VI-go-roz
ALTURA: 1,4 m
PESO: 46,5 kg

MOVIMIENTOS: Arañazo, Foco Energía, Otra Vez, Alboroto, Golpes Furia, Aguante, Cuchillada, Contraataque, Guardia Baja, Puño Certero, Inversión

SLAKOTH → VIGOROTH → SLAKING

VIKAVOLT

Pokémon Escarabajo

REGIONES: ALOLA GALAR

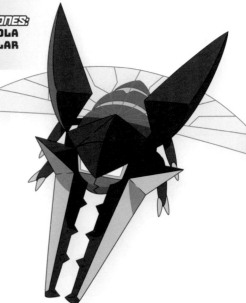

TIPO: BICHO-ELÉCTRICO

Acumula en sus enormes mandíbulas la carga eléctrica que genera en su abdomen y la libera en forma de rayos de alto voltaje.

Cuando vuela llevando consigo un Charjabug a modo de batería adicional, puede liberar potentes descargas electromagnéticas.

PRONUNCIACIÓN: VI-ka-volt
ALTURA: 1,5 m
PESO: 45,0 kg

MOVIMIENTOS: Agilidad, Mordisco, Picadura, Zumbido, Carga, Triturar, Excavar, Chispazo, Vuelo, Guillotina, Defensa Férrea, Bofetón Lodo, Chispa, Red Viscosa, Disparo Demora, Rayo, Agarre, Tijera X, Electrocañón

GRUBBIN → CHARJABUG → VIKAVOLT

TIPO: PLANTA-VENENO

Tiene los pétalos más grandes del mundo. Al caminar, de ellos se desprenden densas nubes de polen tóxico.

Cuanto mayores son sus pétalos, más tóxico es su polen. Le pesa la cabeza y le cuesta mantenerla erguida.

PRONUNCIACIÓN: VAIL-plum
ALTURA: 1,2 m
PESO: 18,6 kg

MOVIMIENTOS: Absorber, Ácido, Aromaterapia, Gigadrenado, Campo de Hierba, Desarrollo, Megaagotar, Fuerza Lunar, Luz Lunar, Tormenta Floral, Danza Pétalo, Polvo Veneno, Somnífero, Paralizador, Dulce Aroma, Tóxico

REGIONES: GALAR KALOS (CENTRO) KANTO

VILEPLUME
Pokémon Flor

ODDISH → **GLOOM** → **VILEPLUME**

POKÉMON LEGENDARIO

REGIÓN: UNOVA

VIRIZION
Pokémon Prado

TIPO: PLANTA-LUCHA

Cuenta la leyenda que Virizion confunde a sus rivales con rápidos movimientos para proteger a otros Pokémon.

Sus cuernos son hojas afiladas. Sacude a sus enemigos con sus relampagueantes movimientos y los reduce.

PRONUNCIACIÓN: vi-RI-zion
ALTURA: 2,0 m
PESO: 200,0 kg

MOVIMIENTOS: Ataque Rápido, Malicioso, Doble Patada, Hoja Mágica, Derribo, Refuerzo, Represalia, Gigadrenado, Espada Santa, Danza Espada, Anticipo, Avivar, Hoja Aguda, A Bocajarro

NO EVOLUCIONA

VIVILLON

Pokémon Escamaposa

TIPO: BICHO-VOLADOR

En el mundo existen Vivillon con diferentes motivos en sus alas. El clima de cada región influye en sus rasgos.

Las alas cambian de motivo según el clima y las características naturales del terreno que habite. Esparce escamas de lo más coloridas.

PRONUNCIACIÓN: vi-VI-yon
ALTURA: 1,2 m
PESO: 17,0 kg

MOVIMIENTOS: Polvo Explosivo, Somnífero, Polvo Veneno, Paralizador, Tornado, Pantalla de Luz, Estoicismo, Psicorrayo, Supersónico, Beso Drenaje, Aromaterapia, Zumbido, Velo Sagrado, Danza Aleteo, Vendaval

SCATTERBUG ➡ SPEWPA ➡ VIVILLON

VOLBEAT

Pokémon Luciérnaga

TIPO: BICHO

Cuando llega la noche, Volbeat emite luz por la cola y regula la intensidad y el destello para comunicarse con el resto. A este Pokémon le atrae el dulce aroma de Illumise.

La cola de Volbeat brilla como una bombilla. Ante otro de su grupo, la usa para dibujar formas geométricas en la oscuridad del cielo por la noche. Este Pokémon adora el dulce aroma que desprende Illumise.

PRONUNCIACIÓN: VOL-bit
ALTURA: 0,7 m
PESO: 17,7 kg

MOVIMIENTOS: Destello, Placaje, Doble Equipo, Rayo Confuso, Luz Lunar, Ataque Rápido, Ráfaga, Doble Rayo, Protección, Refuerzo, Cabezazo Zen, Zumbido, Doble Filo, Estoicismo, Carantoña, Acoso

NO EVOLUCIONA

REGIÓN:
KALOS

VOLCANION
Pokémon Vapor

TIPO: FUEGO-AGUA

Expulsa vapor y desaparece entre la densa niebla. Dicen que habita en montañas solitarias.

Expulsa vapor de agua por los brazos que tiene en la espalda. Sale a tal potencia que sería capaz de arrasar una montaña entera.

PRONUNCIACIÓN: vol-CA-nion
ALTURA: 1,7 m
PESO: 195,0 kg

MOVIMIENTOS: Chorro de Vapor, Envite Ígneo, Derribo, Neblina, Niebla, Nitrocarga, Hidropulso, Pisotón, Escaldar, Meteorobola, Golpe Cuerpo, Hidrobomba, Sofoco, Explosión

NO EVOLUCIONA

REGIÓN:
ALOLA
TESELIA

VOLCARONA
Pokémon Sol

TIPO: BICHO-FUEGO

Se dice que sus escamas flamígeras pueden tanto causar incendios como amparar a aquellos que sufren las inclemencias del frío.

Nace de una pupa envuelta en llamas. En algunas pinturas rupestres aparece representado como una deidad del fuego.

PRONUNCIACIÓN: vol-ca-RO-na
ALTURA: 1,6 m
PESO: 46,0 kg

MOVIMIENTOS: Tornado, Giro Fuego, Remolino, Viento Plata, Danza Aleteo, Onda Ígnea, Zumbido, Polvo Ira, Vendaval, Danza Llama, Envite Ígneo, Golpe, Amnesia, Absorber, Rueda Fuego, Ascuas, Disparo Demora

LARVESTA

VOLCARONA

VOLTORB

Pokémon Bola

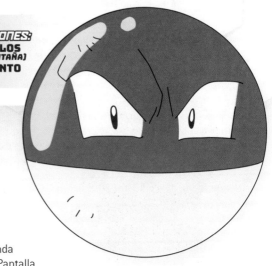

TIPO: ELÉCTRICO

Se dice que se camufla como una Poké Ball.
Al más mínimo estímulo se autodestruirá.

PRONUNCIACIÓN: VOL-torb
ALTURA: 0,5 m
PESO: 10,4 kg

MOVIMIENTOS: Carga, Placaje, Bomba Sónica, Onda
Anómala, Chispa, Rodar, Chirrido, Rayo Carga, Pantalla
de Luz, Bola Voltio, Autodestrucción, Rapidez, Levitón,
Giro Bola, Explosión, Manto Espejo, Chispazo

VOLTORB　　　**ELECTRODE**

VULLABY

Pokémon Pañal

TIPO: SINIESTRO-VOLADOR

Usa una calavera para proteger sus posaderas.
A menudo pelea con sus congéneres para hacerse
con la más cómoda.

Deja en el nido las calaveras que
va descartando a medida que
crece con celeridad para que las
reutilicen futuras generaciones.

PRONUNCIACIÓN: VU-la-bai
ALTURA: 0,5 m
PESO: 9,0 kg

MOVIMIENTOS: Tajo Aéreo, Atracción, Pájaro Osado,
Pulso Umbrío, Despejar, Camelo, Tornado, Defensa
Férrea, Desarme, Malicioso, Maquinación, Picoteo,
Viento Afín, Remolino

VULLABY　　　**MANDIBUZZ**

TIPO: FUEGO

De pequeño, tiene seis colas de gran belleza. A medida que crece, le van saliendo más.

Su pelaje se va volviendo más suave, lustroso y bello a medida que le crecen las seis colas. Al abrazarlo, emana una ligera calidez.

PRONUNCIACIÓN: VUL-pix
ALTURA: 0,6 m
PESO: 9,9 kg

MOVIMIENTOS: Rayo Confuso, Anulación, Ascuas, Paranormal, Llamarada, Giro Fuego, Lanzallamas, Rabia, Sellar, Calcinación, Infierno, Ataque Rápido, Velo Sagrado, Rencor, Látigo, Fuego Fatuo

VULPIX
Pokémon Zorro

VULPIX → **NINETALES**

VULPIX DE ALOLA
Pokémon Zorro

TIPO: HIELO

Aprendió a dominar el hielo tras habitar durante años las montañas de nieves eternas de la región de Alola.

Al estudiar el pelaje de su cabeza o de su cola a través de un microscopio, es posible observar las minúsculas partículas de hielo que emite.

PRONUNCIACIÓN: VUL-pix
ALTURA: 0,6 m
PESO: 9,9 kg

MOVIMIENTOS: Rayo Aurora, Velo Aurora, Ventisca, Rayo Confuso, Anulación, Paranormal, Rabia, Rayo Hielo, Canto Helado, Viento Hielo, Sellar, Neblina, Nieve Polvo, Frío Polar, Rencor, Látigo

VULPIX DE ALOLA → **NINETALES DE ALOLA**

WAILMER

Pokémon Ballenabola

REGIONES:
ALOLA
GALAR
HOENN
KALOS
(COSTA)

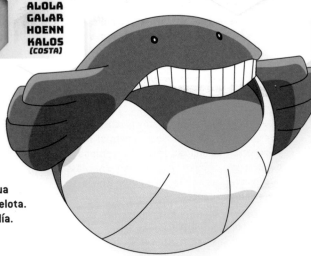

TIPO: AGUA

Wailmer se come una tonelada de Wishiwashi cada día. Le gusta llamar la atención expulsando chorros de agua marina por su espiráculo.

Cuando traga una gran cantidad de agua marina, se hincha hasta parecer una pelota. Necesita una tonelada de alimento al día.

PRONUNCIACIÓN: UEIL-mer
ALTURA: 2,0 m
PESO: 130,0 kg

MOVIMIENTOS: Amnesia, Impresionar, Golpe Cuerpo, Bote, Salmuera, Buceo, Gruñido, Cuerpo Pesado, Hidrobomba, Neblina, Descanso, Salpicadura, Pistola Agua, Hidropulso, Salpicar, Torbellino

WAILMER   WAILORD

WAILORD

Pokémon Ballenaflot

REGIONES:
ALOLA
GALAR
HOENN
KALOS
(COSTA)

TIPO: AGUA

Puede dejar fuera de combate a sus oponentes con el impacto de su enorme cuerpo al caer en el agua tras uno de sus saltos.

Su descomunal tamaño lo convierte en un Pokémon muy popular. Los enclaves turísticos donde se avistan Wailord son todo un éxito.

PRONUNCIACIÓN: UEI-lor
ALTURA: 14,5 m
PESO: 398,0 kg

MOVIMIENTOS: Amnesia, Impresionar, Golpe Cuerpo, Bote, Salmuera, Buceo, Gruñido, Cuerpo Pesado, Hidrobomba, Neblina, Rugido de Guerra, Descanso, Anegar, Salpicadura, Pistola Agua, Hidropulso, Salpicar, Torbellino

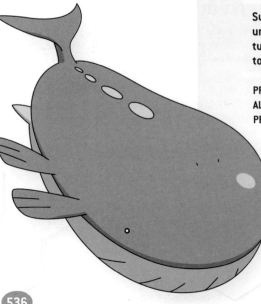

WAILMER   WAILORD

TIPO: HIELO-AGUA

Walrein tiene unos exagerados colmillos con los que puede hacer añicos bloques de hielo de hasta 10 toneladas de una sola dentellada. La gruesa capa de grasa que lo recubre le protege de temperaturas inferiores a 0 °C.

Walrein va nadando por mares glaciales y destrozando icebergs con los enormes e imponentes colmillos que tiene. La gruesa capa de grasa que tiene en el cuerpo hace que los ataques enemigos reboten y no le hagan ningún daño.

PRONUNCIACIÓN: UAL-rein
ALTURA: 1,4 m
PESO: 150,6 kg

MOVIMIENTOS: Triturar, Nieve Polvo, Gruñido, Pistola Agua, Otra Vez, Bola Hielo, Golpe Cuerpo, Rayo Aurora, Granizo, Contoneo, Descanso, Ronquido, Colmillo Hielo, Ventisca, Frío Polar, Rizo Defensa, Rodar, Salmuera

REGIÓN: HOENN

WALREIN
Pokémon Rompehielo

SPHEAL → SEALEO → WALREIN

TIPO: AGUA

Se lo considera un símbolo de longevidad. Los ejemplares más ancianos tienen musgo sobre el caparazón.

Utiliza hábilmente sus peludas orejas y la cola para mantener el equilibrio al nadar.

PRONUNCIACIÓN: uar-TOR-tel
ALTURA: 1,0 m
PESO: 22,5 kg

MOVIMIENTOS: Placaje, Látigo, Pistola Agua, Látigo, Pistola Agua, Refugio, Burbuja, Mordisco, Giro Rápido, Protección, Hidropulso, Acua Cola, Cabezazo, Defensa Férrea, Danza Lluvia, Hidrobomba

REGIONES: KALOS (CENTRO) KANTO

WARTORTLE
Pokémon Tortuga

SQUIRTLE → WARTORTLE → BLASTOISE → MEGA-BLASTOISE

WATCHOG

Pokémon Alerta

TIPO: NORMAL

Los componentes luminiscentes de su interior hacen que sus ojos y su cuerpo brillen, y así intimida a sus rivales.

Ataca lanzando las semillas de las bayas que acumula en sus mofletes. Su cola se tensa al avistar a un enemigo.

PRONUNCIACIÓN: WA-chog
ALTURA: 1,1 m
PESO: 27,0 kg

MOVIMIENTOS: Fertilizante, Placaje, Malicioso, Mordisco, Patada Baja, Venganza, Detección, Ataque Arena, Triturar, Hipnosis, Rayo Confuso, Superdiente, Cede Paso, Más Psique, Hipercolmillo, Mal de Ojo, Relevo, Atizar, Maquinación, Foco Energía

PATRAT ➡ WATCHOG

WEAVILE

Pokémon Garra Filo

REGIONES:
ALOLA
GALAR
KALOS
(MONTAÑA)
SINNOH

TIPO: SINIESTRO-HIELO

Cazan en grupo, lo que les permite abatir con facilidad presas de gran tamaño, como los Mamoswine.

Se comunican mediante marcas que tallan con sus garras. Se cree que tienen un repertorio de más de 500.

PRONUNCIACIÓN: Ul-vail
ALTURA: 1,1 m
PESO: 34,0 kg

MOVIMIENTOS: Agilidad, Buena Baza, Paliza, Pulso Umbrío, Lanzamiento, Golpes Furia, Afilagarras, Canto Helado, Viento Hielo, Malicioso, Garra Metal, Maquinación, Tajo Umbrío, Ataque Rápido, Desquite, Arañazo, Chirrido, Cuchillada, Mofa

SNEASEL ➡ WEAVILE

WEEDLE
Pokémon Oruga

TIPO: BICHO-VENENO

El aguijón de la cabeza es muy puntiagudo. Se alimenta de hojas oculto en la espesura de bosques y praderas.

PRONUNCIACIÓN: Ul-del
ALTURA: 0,3 m
PESO: 3,2 kg

MOVIMIENTOS: Picotazo Veneno, Disparo Demora, Picadura

WEEDLE **KAKUNA** **BEEDRILL** **MEGA-BEEDRILL**

WEEPINBELL
Pokémon Matamoscas

TIPO: PLANTA-VENENO

Cuando tiene hambre, engulle a todo lo que se mueve. La pobre presa acaba disuelta en sus ácidos.

PRONUNCIACIÓN: Ul-pin-bel
ALTURA: 1,0 m
PESO: 6,4 kg

MOVIMIENTOS: Látigo Cepa, Desarrollo, Constricción, Somnífero, Polvo Veneno, Paralizador, Ácido, Desarme, Dulce Aroma, Bilis, Hoja Afilada, Puya Nociva, Atizar, Estrujón

BELLSPROUT **WEEPINBELL** **VICTREEBEL**

WEEZING

Pokémon Gas Venenoso

KOFFING → WEEZING

KOFFING → WEEZING DE GALAR

TIPO: VENENO

Usa sus dos cuerpos para mezclar gases. Según parece, en el pasado podían hallarse ejemplares por todos los rincones de Galar.

Posee una capacidad de succión inferior a la del Weezing de Galar, pero las toxinas que genera son más potentes.

PRONUNCIACIÓN: Ul-zing
ALTURA: 1,2 m
PESO: 9,5 kg

MOVIMIENTOS: Buena Baza, Eructo, Niebla Clara, Mismo Destino, Doble Golpe, Explosión, Niebla, Onda Ígnea, Legado, Gas Venenoso, Autodestrucción, Residuos, Bomba Lodo, Polución, Pantalla de Humo, Placaje, Tóxico

WEEZING DE GALAR

Pokémon Gas Venenoso

TIPO: VENENO-HADA

Absorbe las partículas contaminantes de la atmósfera y expulsa aire limpio.

Se desconoce el motivo, pero adoptó esta forma tiempo atrás, cuando las numerosas chimeneas de las fábricas de la región contaminaban el aire.

PRONUNCIACIÓN: Ul-zing
ALTURA: 3,0 m
PESO: 16,0 kg

MOVIMIENTOS: Aromaterapia, Niebla Aromática, Buena Baza, Eructo, Niebla Clara, Despejar, Mismo Destino, Doble Golpe, Explosión, Viento Feérico, Niebla, Onda Ígnea, Legado, Campo de Niebla, Gas Venenoso, Autodestrucción, Residuos, Bomba Lodo, Polución, Pantalla de Humo, Cautivapor, Placaje, Tóxico

WHIMSICOTT
Pokémon Vuelalviento

TIPO: PLANTA-HADA

Este travieso Pokémon se divierte esparciendo bolas de algodón. Al mojarlo, su peso aumenta tanto que no logra moverse y se da por vencido.

Su algodón se expande cuando recibe los rayos del sol, pero acaba desprendiéndose si se vuelve demasiado voluminoso.

PRONUNCIACIÓN: WIM-si-cot
ALTURA: 0,7 m
PESO: 6,6 kg

MOVIMIENTOS: Absorber, Encanto, Rizo Algodón, Esporagodón, Esfuerzo, Energibola, Gigadrenado, Desarrollo, Tornado, Refuerzo, Vendaval, Drenadoras, Megaagotar, Legado, Fuerza Lunar, Polvo Veneno, Hoja Afilada, Rayo Solar, Día Soleado, Viento Afín

COTTONEE → **WHIMSICOTT**

WHIRLIPEDE
Pokémon Pupaciempiés

TIPO: BICHO-VENENO

Gira a gran velocidad y carga contra sus rivales. Puede alcanzar los 100 km/h.

Se defiende con su duro caparazón y sus púas venenosas mientras acumula la energía necesaria para evolucionar.

PRONUNCIACIÓN: WIR-li-pid
ALTURA: 1,2 m
PESO: 58,5 kg

MOVIMIENTOS: Rizo Defensa, Rodar, Picotazo Veneno, Chirrido, Persecución, Protección, Cola Veneno, Defensa Férrea, Picadura, Carga Tóxica, Agilidad, Rodillo de Púas, Tóxico, Trampa Venenosa, Treparrocas, Doble Filo

 VENIPEDE → **WHIRLIPEDE** → **SCOLIPEDE**

WHISCASH

Pokémon Bigotudo

REGIONES:
ALOLA
GALAR
HOENN
KALOS
(MONTAÑA)

TIPO: AGUA-TIERRA

Construye su nido en el fondo de los pantanos. Es tan voraz que no le hace ascos a ningún tipo de comida, siempre que se trate de seres vivos.

Habita en grandes pantanos. Si se acerca un enemigo, monta en cólera y causa temblores monumentales.

PRONUNCIACIÓN: UIS-cas
ALTURA: 0,9 m
PESO: 23,6 kg

MOVIMIENTOS: Amnesia, Acua Cola, Eructo, Terremoto, Fisura, Premonición, Agua Lodosa, Bofetón Lodo, Descanso, Ronquido, Golpe, Cosquillas, Pistola Agua, Hidropulso, Cabezazo Zen

BARBOACH → WHISCASH

WHISMUR

Pokémon Susurro

TIPO: NORMAL

Su grito llega a superar los 100 decibelios y provoca a quien lo oiga un dolor de cabeza que puede durar un día entero.

Al chillar, se asusta con su propia voz, lo cual le lleva a gritar más fuerte todavía. Cuando se cansa, se echa a dormir.

PRONUNCIACIÓN: UIS-mur
ALTURA: 0,6 m
PESO: 16,3 kg

MOVIMIENTOS: Destructor, Alboroto, Impresionar, Aullido, Supersónico, Pisotón, Chirrido, Rugido, Sincrorruido, Descanso, Sonámbulo, Vozarrón, Eco Voz

WHISMUR → LOUDRED → EXPLOUD

WIGGLYTUFF
Pokémon Globo

TIPO: NORMAL-HADA

Cuanto más aire inhala, más aumenta de tamaño. Si se enfada, hincha el cuerpo con el fin de intimidar a su oponente.

Se enorgullece de su pelaje fino y sedoso. El rizo de la frente, en especial, posee un tacto sublime.

PRONUNCIACIÓN: Ul-gli-taf
ALTURA: 1,0 m
PESO: 12,0 kg

MOVIMIENTOS: Doble Filo, Carantoña, Canto, Rizo Defensa, Anulación, Doble Bofetón

IGGLYBUFF   **JIGGLYPUFF**   **WIGGLYTUFF**

WIMPOD
Pokémon Huidizo

TIPO: BICHO-AGUA

Hace de barrendero natural al ir devorándolo todo, basura y podredumbre incluidas. Alrededor de su nido reina siempre la mayor pulcritud.

Forman colonias y permanecen siempre alerta. En cuanto perciben a un enemigo, salen huyendo en todas direcciones.

PRONUNCIACIÓN: UIM-pod
ALTURA: 0,5 m
PESO: 12,0 kg

MOVIMIENTOS: Rizo Defensa, Ataque Arena, Estoicismo

WIMPOD   **GOLISOPOD**

WINGULL

Pokémon Gaviota

REGIONES:
ALOLA
GALAR
HOENN
KALOS
(COSTA)

TIPO: AGUA-VOLADOR

Construye sus nidos en acantilados escarpados. Aprovecha la brisa marina para elevarse hacia el inmenso cielo y planear.

Aprovecha las corrientes de aire para ganar altura sin necesidad de batir las alas. Anida en acantilados costeros.

PRONUNCIACIÓN: UIN-gul
ALTURA: 0,6 m
PESO: 9,5 kg

MOVIMIENTOS: Agilidad, Tajo Aéreo, Gruñido, Vendaval, Neblina, Ataque Rápido, Respiro, Supersónico, Pistola Agua, Hidropulso, Ataque Ala

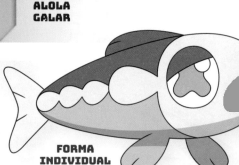

WINGULL → PELIPPER

WISHIWASHI

Pokémon Pececillo

TIPO: AGUA

Debido a su manifiesta debilidad cuando van solos, han adquirido la capacidad de agruparse en bancos a la hora de enfrentarse a un enemigo.

Al sentirse amenazado, le lloran los ojos. La luz que se refleja en sus lágrimas sirve de señal a sus congéneres para agruparse en gran número.

PRONUNCIACIÓN: ui-shi-UA-shi
ALTURA: Forma Individual: 0,2 m
　　　　　Forma Banco: 8,2 m
PESO: Forma Individual: 0,3 kg
　　　　Forma Banco: 78,6 kg

MOVIMIENTOS: Acua Aro, Acua Cola, Paliza, Salmuera, Buceo, Doble Filo, Esfuerzo, Gruñido, Refuerzo, Hidrobomba, Anegar, Ojos Llorosos, Alboroto, Pistola Agua

FORMA INDIVIDUAL

FORMA BANCO

NO EVOLUCIONA

TIPO: PSÍQUICO

Odia la luz y las sacudidas. Si le atacan, infla su cuerpo para contraatacar con más ímpetu.

Para mantener oculta su negra cola, vive en silencio en la oscuridad. Nunca ataca primero.

PRONUNCIACIÓN: UO-bu-fet
ALTURA: 1,3 m
PESO: 28,5 kg

MOVIMIENTOS: Amnesia, Encanto, Contraataque, Mismo Destino, Otra Vez, Manto Espejo, Velo Sagrado, Salpicadura

WOBBUFFET
Pokémon Paciente

WYNAUT   **WOBBUFFET**

WOOBAT
Pokémon Murciélago

TIPO: PSÍQUICO-VOLADOR

Si al alzar la vista en una cueva se ven marcas con forma de corazón en las paredes, es señal de que Woobat la ha convertido en su guarida.

Emite ultrasonidos mientras revolotea en busca de los Pokémon insecto con los que se sustenta.

PRONUNCIACIÓN: WU-bat
ALTURA: 0,4 m
PESO: 2,1 kg

MOVIMIENTOS: Aire Afilado, Tajo Aéreo, Amnesia, Buena Baza, Atracción, Paz Mental, Confusión, Esfuerzo, Premonición, Tornado, Sellar, Psíquico, Onda Simple

WOOBAT   **SWOOBAT**

WOOLOO

Pokémon Oveja

TIPO: NORMAL

Su lana rizada es tan acolchada que no se hace daño ni aunque se caiga por un precipicio.

Si le crece el pelo demasiado, no puede moverse. Las telas confeccionadas con lana de Wooloo son sorprendentemente resistentes.

PRONUNCIACIÓN: WU-lu
ALTURA: 0,6 m
PESO: 6,0 kg

MOVIMIENTOS: Copión, Rizo Algodón, Rizo Defensa, Doble Patada, Doble Filo, Gruñido, Isoguardia, Cambiadefensa, Golpe Cabeza, Inversión, Placaje, Derribo

WOOLOO → DUBWOOL

WOOPER

Pokémon Pez Agua

TIPO: AGUA-TIERRA

Este Pokémon vive en aguas frías. Sale del agua para buscar comida cuando refresca el ambiente.

Cuando se desplaza en tierra firme, cubre su cuerpo con una membrana mucosa y venenosa para mantener hidratada la piel.

PRONUNCIACIÓN: u-U-per
ALTURA: 0,4 m
PESO: 8,5 kg

MOVIMIENTOS: Amnesia, Acua Cola, Terremoto, Niebla, Neblina, Disparo Lodo, Agua Lodosa, Danza Lluvia, Atizar, Látigo, Tóxico, Pistola Agua, Bostezo

WOOPER → QUAGSIRE

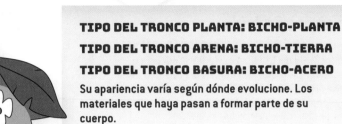

WORMADAM

Pokémon Larva

TIPO DEL TRONCO PLANTA: BICHO-PLANTA

TIPO DEL TRONCO ARENA: BICHO-TIERRA

TIPO DEL TRONCO BASURA: BICHO-ACERO

Su apariencia varía según dónde evolucione. Los materiales que haya pasan a formar parte de su cuerpo.

Cuando Burmy evolucionó, su caparazón pasó a formar parte de este Pokémon.

PRONUNCIACIÓN: UOR-ma-dam
ALTURA: 0,5 m
PESO: 6,5 kg

MOVIMIENTOS: Danza Aleteo, Golpe Bajo, Placaje, Protección, Picadura, Poder Oculto, Confusión, Hoja Afilada, Desarrollo, Psicorrayo, Seducción, Azote, Atracción, Psíquico, Lluevehojas, Zumbido

TRONCO PLANTA

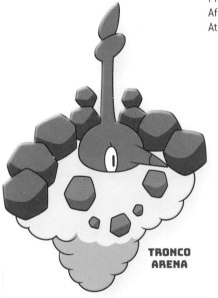

TRONCO ARENA

TRONCO BASURA

BURMY **WORMADAM**

WURMPLE

Pokémon Gusano

REGIÓN: HOENN

TIPO: BICHO

Wurmple usa las púas del lomo para raspar los troncos de los árboles, quitarles la corteza y beber la savia que emanan. Este Pokémon tiene unas ventosas rematándole los pies, con las que se adhiere al cristal sin resbalarse.

Wurmple es la presa preferida de Swellow. La forma que tiene de intentar defenderse es apuntar con las púas del lomo al amenazante enemigo y debilitarlo inyectándole veneno.

PRONUNCIACIÓN: UORM-pel
ALTURA: 0,3 m
PESO: 3,6 kg

MOVIMIENTOS: Placaje, Disparo Demora, Picotazo Veneno, Picadura

SILCOON

BEAUTIFLY

WURMPLE

CASCOON

DUSTOX

WYNAUT

Pokémon Radiante

REGIONES: GALAR HOENN KALOS (COSTA)

TIPO: PSÍQUICO

Suelen ir en grupo. Templan su paciencia jugando a empujarse los unos a los otros.

Suelen ir en grupo y, a la hora de dormir, se pegan unos a otros para descansar resguardados en cuevas.

PRONUNCIACIÓN: UAI-not
ALTURA: 0,6 m
PESO: 14,0 kg

MOVIMIENTOS: Amnesia, Encanto, Contraataque, Mismo Destino, Otra Vez, Manto Espejo, Velo Sagrado, Salpicadura

WYNAUT

WOBBUFFET

XATU
Pokémon Místico

TIPO: PSÍQUICO-VOLADOR

Dicen que se mantiene prácticamente inmóvil y en silencio porque observa el pasado y el futuro al mismo tiempo.

Este extraño Pokémon puede ver el pasado y el futuro. Se pasa el día mirando al sol.

PRONUNCIACIÓN: SHA-tu
ALTURA: 1,5 m
PESO: 15,0 kg

MOVIMIENTOS: Tajo Aéreo, Rayo Confuso, Premonición, Cambiadefensa, Malicioso, Tinieblas, Picotazo, Cambiafuerza, Psíquico, Psicocambio, Poder Reserva, Viento Afín, Teletransporte, Deseo

NATU → **XATU**

POKÉMON LEGENDARIO

XERNEAS
Pokémon Creación

TIPO: HADA

Según las leyendas, puede compartir el secreto de la vida eterna. Ha despertado tras dormir durante mil años bajo la apariencia de un árbol.

Cuando los cuernos de su cabeza brillan en siete colores, se dice que comparte el don de la vida eterna.

PRONUNCIACIÓN: SHER-ne-as
ALTURA: 3,0 m
PESO: 215,0 kg

MOVIMIENTOS: Pulso Cura, Aromaterapia, Arraigo, Derribo, Pantalla de Luz, Rayo Aurora, Gravedad, Geocontrol, Fuerza Lunar, Megacuerno, Tajo Umbrío, Asta Drenaje, Más Psique, Campo de Niebla, Adaptación, A Bocajarro, Gigaimpacto, Enfado

NO EVOLUCIONA

XURKITREE

Pokémon Luminaria

ULTRAENTE

TIPO: ELÉCTRICO

Para los seres de este mundo resulta extraño y peligroso, pero en el mundo del que procede es una criatura muy común.

Uno de los llamados Ultraentes. Algunos ejemplares plantan sus extremidades en el suelo como si fueran árboles y permanecen inmóviles.

PRONUNCIACIÓN: SHAR-ki-tri
ALTURA: 3,8 m
PESO: 100,0 kg

MOVIMIENTOS: Ráfaga, Chispa, Carga, Constricción, Impactrueno, Onda Trueno, Onda Voltio, Arraigo, Puño Trueno, Onda Anómala, Doble Rayo, Rayo, Hipnosis, Chispazo, Campo Eléctrico, Latigazo, Cortina Plasma, Electrocañón

NO EVOLUCIONA

YAMASK
Pokémon Espíritu

TIPO: FANTASMA

Merodea todas las noches entre ruinas. Se dice que la máscara que lleva replica su antiguo rostro humano.

Surgió del alma de una persona que vivió en tiempos remotos. Merodea por las ruinas en busca de alguien que reconozca su rostro.

PRONUNCIACIÓN: ya-MASK
ALTURA: 0,5 m
PESO: 1,5 kg

MOVIMIENTOS: Impresionar, Truco Defensa, Maldición, Pulso Umbrío, Mismo Destino, Anulación, Rabia, Isoguardia, Niebla, Infortunio, Mal de Ojo, Tinieblas, Isofuerza, Protección, Bola Sombra, Fuego Fatuo

YAMASK → COFAGRIGUS

YAMASK DE GALAR
Pokémon Espíritu

TIPO: TIERRA-FANTASMA

Yamask ha sido poseído por una tabla de arcilla sobre la que pesa una maldición. Se dice que absorbe y se nutre de rencor e inquina.

Se dice que este Pokémon no es sino un alma lastrada por un intenso rencor, atraída por una antigua tabla de arcilla.

PRONUNCIACIÓN: ya-MASK
ALTURA: 0,5 m
PESO: 1,5 kg

MOVIMIENTOS: Impresionar, Giro Vil, Truco Defensa, Maldición, Mismo Destino, Anulación, Terremoto, Isoguardia, Niebla, Infortunio, Mal de Ojo, Tinieblas, Isofuerza, Protección, Bola Sombra, Atizar

YAMASK DE GALAR → RUNERIGUS

YAMPER

Pokémon Perrito

REGIÓN:
GALAR

TIPO: ELÉCTRICO

Al correr, genera electricidad por la base de la cola. Es muy popular entre los pastores de Galar.

Son muy glotones, por lo que ayudan a la gente a cambio de comida. Echan chispas al correr.

PRONUNCIACIÓN: YAM-per
ALTURA: 0,3 m
PESO: 13,5 kg

MOVIMIENTOS: Mordisco, Carga, Encanto, Triturar, Moflete Estático, Carantoña, Rugido, Chispa, Placaje, Látigo, Voltio Cruel

YAMPER   ➡   BOLTUND

YANMA

Pokémon Ala Clara

REGIONES:
JOHTO
KALOS
(COSTA)

TIPO: BICHO-VOLADOR

Yanma tiene un ángulo de visión de 360° sin mover los ojos. Es un gran volador, experto en hacer repentinas paradas y cambios de dirección en el aire. Aprovecha la habilidad que tiene de volar para lanzarse sobre su presa.

PRONUNCIACIÓN: YEN-ma
ALTURA: 1,2 m
PESO: 38,0 kg

MOVIMIENTOS: Placaje, Profecía, Ataque Rápido, Doble Equipo, Bomba Sónica, Detección, Supersónico, Alboroto, Persecución, Poder Pasado, Hipnosis, Ataque Ala, Chirrido, Ida y Vuelta, Tajo Aéreo, Zumbido

YANMA   ➡   YANMEGA

YANMEGA
Pokémon Libélula

TIPO:
BICHO-VOLADOR

Su técnica favorita consiste en volar a gran velocidad y despedazar con su mandíbula a su oponente en un instante.

Con sus seis patas puede llevar a un adulto y volar con comodidad. Se equilibra con las alas de su cola.

PRONUNCIACIÓN: yan-ME-ga
ALTURA: 1,9 m
PESO: 51,5 kg

MOVIMIENTOS: Zumbido, Tajo Aéreo, Tajo Umbrío, Picadura, Placaje, Profecía, Ataque Rápido, Doble Equipo, Bomba Sónica, Detección, Supersónico, Alboroto, Persecución, Poder Pasado, Amago, Cuchillada, Chirrido, Ida y Vuelta

YANMA → YANMEGA

TIPO: NORMAL

El estómago le ocupa gran parte de su largo cuerpo. Alimentar a este auténtico tragaldabas no es moco de pavo, por el coste que conlleva.

Pese a ser omnívoro, siente predilección por los alimentos frescos o incluso seres vivos. Por eso marcha por los caminos en busca de presas.

PRONUNCIACIÓN: YAN-gus
ALTURA: 0,4 m
PESO: 6,0 kg

MOVIMIENTOS: Placaje, Malicioso, Persecución, Ataque Arena, Rastreo, Venganza, Mordisco, Bofetón Lodo, Superdiente, Derribo, Cara Susto, Triturar, Hipercolmillo, Bostezo, Golpe, Descanso

YUNGOOS
Pokémon Patrulla

YUNGOOS → GUMSHOOS

YVELTAL

Pokémon Destrucción

POKÉMON LEGENDARIO

TIPO: SINIESTRO-VOLADOR

Pokémon legendario que, al extender sus alas y las plumas de la cola, emite un brillo carmesí que absorbe la energía vital de su enemigo.

Cuando su vida se extingue, absorbe la vitalidad de todos los seres vivos y regresa a su forma de crisálida.

PRONUNCIACIÓN: I-bel-tal
ALTURA: 5,8 m
PESO: 203,0 kg

MOVIMIENTOS: Vendaval, Viento Cortante, Mofa, Respiro, Doble Equipo, Tajo Aéreo, Alarido, Ala Mortífera, Anulación, Pulso Umbrío, Juego Sucio, Golpe Fantasma, Psíquico, Carga Dragón, Onda Certera, Golpe Bajo, Hiperrayo, Ataque Aéreo

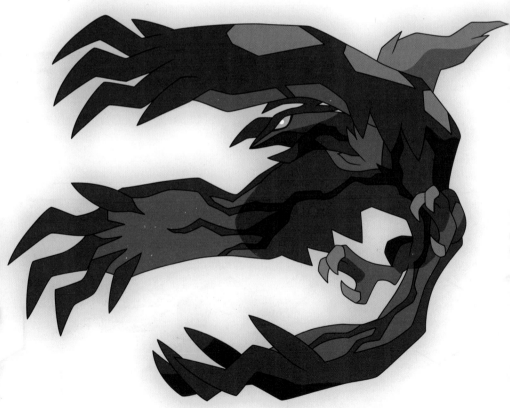

NO EVOLUCIONA

TIPO: HADA-ACERO

Esta forma había servido como arma en tiempos remotos. Es capaz de abatir de una sola estocada incluso a un Pokémon Gigamax.

En esta forma, capaz de cortar cualquier cosa, es temido y respetado y se lo conoce como la Regia Espada Silvana.

PRONUNCIACIÓN: ZA-shian
ALTURA: 2,8 m
PESO: 355,0 kg

MOVIMIENTOS: Mordisco, A Bocajarro, Triturar, Gigaimpacto, Aullido, Cabeza de Hierro, Aguzar, Garra Metal, Fuerza Lunar, Ataque Rápido, Anticipo, Espada Santa, Cuchillada, Danza Espada

ESPADA SUPREMA

GUERRERO AVEZADO

ZAMAZENTA

Pokémon Guerrero

POKÉMON LEGENDARIO

TIPO: LUCHA-ACERO

Esta forma, temida y venerada por igual, le ha valido el nombre de Regio Escudo Guerrero por su capacidad de repeler cualquier ataque.

En esta forma, su capacidad defensiva es tal que puede bloquear con extrema facilidad incluso los ataques de un Pokémon Dinamax.

PRONUNCIACIÓN: za-ma-ZEN-ta
ALTURA: 2,9 m
PESO: 785,0 kg

MOVIMIENTOS: Mordisco, A Bocajarro, Triturar, Gigaimpacto, Aullido, Defensa Férrea, Cabeza de Hierro, Aguzar, Represión Metal, Garra Metal, Fuerza Lunar, Ataque Rápido, Cuchillada, Vastaguardia

ESCUDO SUPREMO

GUERRERO AVEZADO

NO EVOLUCIONA

ZANGOOSE
Pokémon Gato Hurón

TIPO: NORMAL

Los ecos del combate mantenido con su rival más feroz, Seviper, resuenan aún en cada célula de Zangoose. Este Pokémon esquiva los ataques con auténtica destreza.

Zangoose suele caminar a cuatro patas, pero cuando se enfada se pone de pie sobre las traseras y saca las zarpas. Este Pokémon tiene desde hace varias generaciones una áspera rivalidad con Seviper.

PRONUNCIACIÓN: ZAN-gus
ALTURA: 1,3 m
PESO: 40,3 kg

MOVIMIENTOS: Arañazo, Malicioso, Ataque Rápido, Corte Furia, Persecución, Cuchillada, Embargo, Garra Brutal, Desquite, Falso Tortazo, Detección, Tijera X, Mofa, Danza Espada, A Bocajarro, Afilagarras

NO EVOLUCIONA   557

ZAPDOS
Pokémon Eléctrico

POKÉMON LEGENDARIO

TIPO: ELÉCTRICO-VOLADOR

Este Pokémon pájaro legendario solo aparece cuando el cielo se torna oscuro y caen rayos sin cesar.

PRONUNCIACIÓN: ZAP-dos
ALTURA: 1,6 m
PESO: 52,6 kg

MOVIMIENTOS: Respiro, Electrocañón, Pico Taladro, Picotazo, Impactrueno, Onda Trueno, Detección, Picoteo, Poder Pasado, Carga, Agilidad, Chispazo, Danza Lluvia, Pantalla de Luz, Trueno, Aura Magnética

NO EVOLUCIONA

ZEBSTRIKA
Pokémon Rayo

TIPO: ELÉCTRICO

Es un Pokémon con mucho temperamento. Cuando se enoja, lanza rayos desde su crin en todas direcciones.

Su velocidad se asemeja a la de un rayo. Si corre al máximo, se dejan oír truenos por doquier.

PRONUNCIACIÓN: zebs-TRAI-ca
ALTURA: 1,6 m
PESO: 79,5 kg

MOVIMIENTOS: Ataque Rápido, Látigo, Carga, Onda Trueno, Onda Voltio, Nitrocarga, Persecución, Chispa, Pisotón, Chispazo, Agilidad, Voltio Cruel, Golpe, Cortina Plasma

BLITZLE ZEBSTRIKA

ZEKROM
Pokémon Negro Puro

TIPO: DRAGÓN-ELÉCTRICO

Pokémon legendario capaz de chamuscar el mundo con sus rayos. Ayuda a quienes persiguen un mundo de ideales.

Genera electricidad con su cola y, para ocultarse, sobrevuela Unova envuelto en nubes de rayos.

PRONUNCIACIÓN: ZE-krom
ALTURA: 2,9 m
PESO: 345,0 kg

MOVIMIENTOS: Colmillo Rayo, Furia Dragón, Sellar, Poder Pasado, Rayo, Dragoaliento, Cuchillada, Cabezazo Zen, Rayo Fusión, Garra Dragón, Rugido de Guerra, Triturar, Trueno, Enfado, Vozarrón, Ataque Fulgor

FORMA AMPLIFICADA

NO EVOLUCIONA

ZERAORA

Pokémon Fulgor

POKÉMON MÍTICO

TIPO: ELÉCTRICO

Hace jirones al oponente con sus garras electrificadas. Aunque este esquive los golpes, acaba electrocutado por las descargas.

Se acerca a su enemigo de forma tan súbita como la caída de un rayo, y lo hace trizas con sus afiladas garras.

PRONUNCIACIÓN: ze-ra-O-ra
ALTURA: 1,5 m
PESO: 44,5 kg

MOVIMIENTOS: Sorpresa, Puño Incremento, Ataque Rápido, Arañazo, Alarido, Chispa, Golpes Furia, Anticipo, Cuchillada, Voltiocambio, Carga, Puño Trueno, Afilagarras, Chispazo, Voltio Cruel, Agilidad, Puños Plasma, A Bocajarro

NO EVOLUCIONA

ZIGZAGOON
Pokémon Mapachito

TIPO: NORMAL

Frota su pelo hirsuto contra los árboles con el fin de marcar su territorio. Tiene un carácter más afable que el Zigzagoon de Galar.

El Zigzagoon de Galar desarrolló este aspecto tras adaptarse a otras regiones. Muestra una gran habilidad a la hora de encontrar cosas.

PRONUNCIACIÓN: zig-za-GUN
ALTURA: 0,4 m
PESO: 17,5 kg

MOVIMIENTOS: Ojitos Tiernos, Tambor, Antojo, Doble Filo, Azote, Lanzamiento, Gruñido, Golpe Cabeza, Pin Misil, Descanso, Ataque Arena, Placaje, Látigo, Derribo

ZIGZAGOON → **LINOONE**

ZIGZAGOON DE GALAR
Pokémon Mapachito

TIPO: SINIESTRO-NORMAL

Corretea por doquier sin descanso. En cuanto ve a otro Pokémon, se lanza contra él para provocarlo y buscar pelea.

Parece ser que esta es la forma primitiva de Zigzagoon. Arma un alboroto tremendo a su alrededor cuando se mueve en zigzag.

PRONUNCIACIÓN: zig-za-GUN
ALTURA: 0,4 m
PESO: 17,5 kg

MOVIMIENTOS: Ojitos Tiernos, Contraataque, Doble Filo, Golpe Cabeza, Malicioso, Lengüetazo, Pin Misil, Descanso, Ataque Arena, Cara Susto, Alarido, Placaje, Derribo, Mofa

ZIGZAGOON DE GALAR → **LINOONE DE GALAR** → **OBSTAGOON**

ZOROARK

Pokémon Disfrazorro

TIPO: SINIESTRO

Cuida de sus semejantes. Provoca ilusiones terroríficas para proteger tanto su guarida como a su manada de sus adversarios.

Los Entrenadores solitarios le piden a Zoroark que les muestre ilusiones con las que combatir la desazón de la soledad.

PRONUNCIACIÓN: ZO-ro-ark
ALTURA: 1,6 m
PESO: 81,1 kg

MOVIMIENTOS: Pulso Noche, Sellar, Ida y Vuelta, Arañazo, Malicioso, Persecución, Afilagarras, Golpes Furia, Finta, Cara Susto, Mofa, Juego Sucio, Tajo Umbrío, Tormento, Agilidad, Embargo, Castigo, Maquinación

ZORUA   ZOROARK

ZORUA

Pokémon Zorro Pillo

TIPO: SINIESTRO

Al parecer, fue su carácter miedoso lo que le llevó a desarrollar la capacidad de transformarse.

Suele transformarse en personas, sobre todo en niños, y se adentra en pueblos buscando comida.

PRONUNCIACIÓN: ZO-rua
ALTURA: 0,7 m
PESO: 12,5 kg

MOVIMIENTOS: Arañazo, Malicioso, Persecución, Llanto Falso, Golpes Furia, Finta, Cara Susto, Mofa, Juego Sucio, Tormento, Agilidad, Embargo, Castigo, Maquinación, Sellar, Pulso Noche

ZORUA   ZOROARK

ZUBAT
Pokémon Murciélago

TIPO: VENENO-VOLADOR

Emite ultrasonidos que utiliza como sonar para evitar obstáculos cuando vuela.

PRONUNCIACIÓN: ZU-bat
ALTURA: 0,8 m
PESO: 7,5 kg

MOVIMIENTOS: Absorber, Supersónico, Impresionar, Mordisco, Ataque Ala, Rayo Confuso, Aire Afilado, Rapidez, Colmillo Veneno, Mal de Ojo, Chupavidas, Niebla, Carga Tóxica, Tajo Aéreo, Anticipo

ZUBAT GOLBAT CROBAT

ZWEILOUS
Pokémon Violento

TIPO: SINIESTRO-DRAGÓN

Rastrea su territorio en busca de alimento. A menudo sus dos cabezas son incapaces de acordar hacia qué dirección avanzar.

Las dos cabezas se disputan la comida con brutalidad. Por eso siempre está cubierto de heridas, aunque no haya combatido contra nadie.

PRONUNCIACIÓN: es-VAI-lus
ALTURA: 1,4 m
PESO: 50,0 kg

MOVIMIENTOS: Buena Baza, Mordisco, Golpe Cuerpo, Triturar, Doble Golpe, Dragoaliento, Pulso Dragón, Carga Dragón, Foco Energía, Golpe Cabeza, Vozarrón, Maquinación, Enfado, Rugido, Cara Susto, Atizar, Placaje, Avivar

DEINO ZWEILOUS HYDREIGON

ZYGARDE

Pokémon Equilibrio

POKÉMON LEGENDARIO

TIPO: DRAGÓN-TIERRA

PRONUNCIACIÓN: ZAI-gard

MOVIMIENTOS: Deslumbrar, Terratemblor, Dragoaliento, Mordisco, Velo Sagrado, Excavar, Atadura, Fuerza Telúrica, Tormenta de Arena, Niebla, Triturar, Terremoto, Camuflaje, Pulso Dragón, Enrosque, Enfado

FORMA NÚCLEO

ZYGARDE 10%

Zygarde asume esta forma al reunir el 10% de sus células. Se abalanza sobre su oponente y lo hace trizas con sus afilados colmillos.

Zygarde adopta esta forma al reunir el 10% de sus células. Destaca en el combate a corta distancia.

ALTURA: 1,2 m
PESO: 33,5 kg

ZYGARDE 50%

Esta es la forma que adopta Zygarde al reunir el 50% de sus células. Su cometido consiste en vigilar el ecosistema.

Según los rumores, puede adoptar una forma aún más poderosa cuando se enfrenta a quienquiera que amenace el ecosistema.

ALTURA: 5,0 m
PESO: 305,0 kg

ZYGARDE COMPLETO

Esta es la forma definitiva de Zygarde. Por la boca de su pecho emite una potente energía que arrasa con todo.

Zygarde adopta esta forma al reunir el 100% de sus células. Con su fuerza, abate a quienquiera que amenace el ecosistema.

ALTURA: 4,5 m
PESO: 610,0 kg

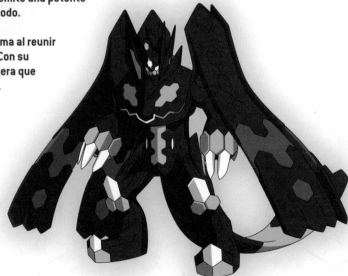

NO EVOLUCIONA

Pokémon. Super extra delux guía esencial definitiva
se terminó de imprimir en el mes de diciembre de 2021
en los talleres de Diversidad Gráfica S.A. de C.V.
Privada de Av. 11 #1 Col. El Vergel, Iztapalapa,
C.P. 09880, Ciudad de México.